HAYMON taschenbuch 164

Gefördert von 

Gedruckt mit freundlicher Unterstützung durch die Abteilung Kultur des Amtes der Tiroler Landesregierung.

Auflage:
6 5 4
2027 2026 2025

HAYMON tb 164

Originalausgabe

Haymon Verlag Ges.m.b.H.
Erlerstraße 10
A-6020 Innsbruck
office@haymonverlag.at
www.haymonverlag.at

ISBN 978-3-85218-964-2

Umschlag- und Buchgestaltung, Satz:
hœretzeder grafische gestaltung, Scheffau/Tirol
Umschlagfoto: Transport der exhumierten Leiche Sepp Innerkoflers nach Sexten, hier die „Station“ vor den Drei Zinnen, 27. 8. 1918
Fotograf: Anton Trixl; Sammlung Werkmeister Anton Trixl – Tiroler Archiv für photographische Dokumentation und Kunst (TAP)
Karten: Hana Hubálková nach Angaben von Michael Forcher
Autorenfoto: Haymon Verlag

Gedruckt auf umweltfreundlichem,
chlor- und säurefrei gebleichtem Papier.

Michael Forcher

Tirol und der Erste Weltkrieg

Ereignisse, Hintergründe, Schicksale

Michael Forcher

Tirol und der Erste Weltkrieg

Inhalt

Meinem Vater Gabriel Forcher gewidmet,
der als Sechzehnjähriger
mit den Lienzer Standschützen auszog,
seine Heimat zu verteidigen

Kein gerechter Krieg

Vorwort

Das gefühlt hunderste Buch zum Thema Erster Weltkrieg zu schreiben, ist keine dankbare Aufgabe. Ich habe mich auch nicht leicht dazu überreden lassen. Schließlich haben mich Verleger Markus Hatzer und sein Programmchef Georg Hasibeder aber überzeugen können, dass es ein populäres Buch zum Thema „Tirol und der Erste Weltkrieg“ geben sollte, das den neuesten Forschungs- und Wissensstand zusammenfasst. Unter diesem Titel kam 1995 in der von mir im Haymon Verlag begonnenen und von Hatzer im Studienverlag fortgesetzten Reihe „Innsbrucker Forschungen zur Zeitgeschichte“ ein Sammelband heraus, der einen Meilenstein in der Forschungsgeschichte und einen Wandel in der Rezeption dieses epochalen Ereignisses bedeutete. Denn erstmals seit Ernst Eigentlers Dissertation aus den 1950er Jahren wurde darin das Hauptaugenmerk nicht auf den militärischen Aspekt und das Geschehen an der Front gelegt, sondern auf die politischen, wirtschaftlichen und sozialen Verhältnisse im Lande. Seit damals sind fast 20 Jahre vergangen, ist viel geforscht worden und eine Vielzahl von wissenschaftlichen Büchern und Aufsätzen erschienen, die sich immer detailreicher mit diesem Themenkomplex befassten. So haben wir heute einen anderen Blick auf den Ersten Weltkrieg und das Land Tirol in diesen Katastrophenjahren als vor 20 Jahren. Zumindest können wir ihn haben. Vielen Menschen ist es jedoch zu zeitraubend, sich die nötigen Informationen aus der einschlägigen, vielfach sehr umfangreichen Fachliteratur zu holen. Wer sich doch eingehender informieren möchte, findet im Anhang ausführliche Hinweise.

Es ging bei dem Auftrag aber nicht nur um die zusammenfassende Wiedergabe des Wissensstandes, sondern auch um eine gut lesbare, erzählerische Darstellungsweise. Es sollte nicht noch ein wissenschaftliches Werk entstehen, sondern ein leicht verständliches Lesebuch, in dem geschichtsinteressierte Tirolerinnen und Tiroler ohne viel Zeitaufwand das Wichtigste und einige interessante Details erfahren. Ob mir der Spagat gelungen ist, müssen die Leserinnen und Leser beurteilen. Etwas muss ich vorausschicken, um falsche Erwartungen zu dämpfen. Es mag oft spannend sein zu lesen, was passiert ist und warum und mit welchen Problemen die Tiroler Bevölkerung zwischen 1914 und 1919 konfrontiert war, unterhaltsam ist es nicht! Denn dieser Krieg ist eines der schlimmsten Kapitel in der Tiroler Geschichte, ein Verbrechen von Anfang an, ein einziger Wahnsinn, sinnlos, grausam.

Diese meine Einschätzung des Ersten Weltkrieges war letztlich der Hauptgrund dafür, dass ich mich dieses Unterfangens angenommen habe. Denn der Erste Weltkrieg wird, besonders in Tirol, im Gegensatz zum Zweiten Weltkrieg oft als der gerechtfertigte, von den Nachbarn aufgezwungene, um nicht zu sagen: der „bessere" Krieg gesehen. Im Bewusstsein der meisten Tiroler verbindet sich mit dem Begriff „Erster Weltkrieg" nur die Abwehr des italienischen Angriffs, die Verteidigung der Heimat und die versuchte Verhinderung von deren Teilung. Dass die Tiroler Politiker die Chance eines multinationalen Tirol selbst verspielt haben, dass der Kaiser und seine Minister den Krieg leichtfertig begonnen haben und gegenüber Italien zu lange jede Konzession strikte ablehnten, wird nicht gewusst oder übersehen oder nicht geglaubt. Auch ist das Wesen dieses ersten industrialisierten Krieges weit entfernt vom romantisch verklärten Bild des zwar harten, aber ritterlichen Dolomitenkämpfers und des einsamen Postens auf den höchsten Gipfeln Tirols.

Es fiel mir oft nicht leicht, ein sachlicher Chronist zu bleiben. Einige Male konnte ich meine Emotionen nicht ganz unterdrücken. Da bin ich dann eben – ohne etwas zu erfinden – weniger der wissenschaftliche Publizist als der Erzähler von Geschichte. Eine Geschichte erzählt auch das Umschlagfoto von Anton Trixl, wir haben es wegen seines Symbolwertes ausgesucht – trotz des Nachteils, dass damit wieder der Dolomitenkrieg in den Vordergrund gerückt wird. Aber es wird darin sowohl Tirol (in seinen alten Grenzen) als auch der Krieg thematisiert. Auch eine Folge dieses Krieges, die Teilung des Landes, wird durch dieses Bild zumindest den Nord- und Osttirolern bewusst. Und die unendliche Traurigkeit des Geschehens, was alles verloren ging an Werten und an Leben. Kein gerechter, kein notwendiger, kein „guter“ Krieg. Ein schrecklicher Krieg und ein „gewaltiger Schmerz“, wie Georg Trakl in seinem Gedicht „Grodek“ formuliert. Der Untergang der alten Welt.

Michael Forcher
Innsbruck, im März 2014

„Wenigstens anständig untergehen“

Die Schüsse von Sarajevo • Das multi-ethnische Tirol in den letzten Jahren vor 1914 als Spiegelbild des Vielvölkerstaates • Wie und warum es zum „Großen Krieg“ kam

In den Tiroler Sommerfrischorten und Alpinzentren hatte die Saison gerade begonnen, Nobelhotels und Gasthöfe waren ausgebucht. Herrliches Wetter lockte die Feriengäste in die Berge, als am Sonntag, 28. Juni 1914, gegen Abend die ersten Nachrichten von einem Attentat eintrafen, dem im bosnischen Sarajevo der österreichisch-ungarische Thronfolger Franz Ferdinand und seine Gattin Sophie zum Opfer gefallen waren. Was zuerst kaum jemand glauben mochte, war am nächsten Tag Gewissheit. Ein serbischer Student hatte das Thronfolgerpaar ermordet. Allerorts traten die Gemeindeführungen zu Trauersitzungen zusammen, verurteilten die Bluttat und sandten Beileidskundgebungen an „unseren allgeliebten Kaiser“. In den Kirchen wurden Trauergottesdienste abgehalten. Schwarze Fahnen beherrschten das Bild der Tiroler Städte und Dörfer.

In die allgemeine Trauer mischte sich bald die Sorge über den weiteren Verlauf der Dinge. Was würden wohl die Folgen der Schüsse von Sarajevo sein? Würde es Krieg geben oder konnte Serbien, dessen Staatsführung beschuldigt wurde, die Hintermänner des Attentats zu unterstützen, auf andere Weise zur Raison gebracht werden? Und welcher Art würde so ein Krieg sein? Würde er sich lokal und zeitlich begrenzen lassen, wie alle Kriege der letzten hundert Jahre? Dass Serbien als Ausgangspunkt nationaler Hetze gegen Österreich-Ungarn eine Tracht Prügel verdiene und sich jetzt die Gelegenheit böte, diesen Unruheherd am Balkan auszu-

Abend-Ausgabe zum Allgemeiner

Tiroler Anzeiger.

Erscheint täglich.

Nr. 146. Innsbruck, Dienstag, den 30. Juni 1914. VII. Jahrg.

Die Trauer Oesterreichs um den Thronfolger.

Die Trauersitzung des Gemeinderates.

In der heute nach 11 Uhr abgehaltenen Trauersitzung des Innsbrucker Gemeinderates hielt Bürgermeister Wilhelm Greil folgenden Nachruf:

Meine sehr geehrten Herren!

Neuerlich wurde unser Vaterland von einem schweren Schicksalsschlage betroffen. Am Sonntag …

Zurückweisung serbischer Kondolenzen.

Wien, 30. Juni. …

Aus den Zeitungen erfahren die Tiroler, was in Sarajevo passiert ist.

merzen, war weit verbreitete Meinung von der Spitze der Monarchie bis hinunter zum kleinen Mann auf der Straße, auch in Tirol. Umso bemerkenswerter die Meinung eines Mitarbeiters des „Pusterthaler Boten", der am 17. Juli in seinem Kommentar zur Situation versicherte, es sei *„nicht der geringste Grund vorhanden, an einen Konflikt mit Serbien oder sogar an einen Krieg zu glauben"*. Trotzdem – oder gerade deshalb – gemahne man die politisch Verantwortlichen zur Vorsicht, es stehe nämlich außer Zweifel, *„daß ein Krieg mit Serbien unvermeidlich zum Krieg mit Rußland, das heißt also zum Weltkrieg führen würde"*.

Leider hörten die großen Herren in Wien nicht auf den kleinen Tiroler Zeitungsschreiber. Sie waren ganz auf Krieg eingestellt. Das Attentat war im Grunde der lange ersehnte Grund, Serbien mit Waffengewalt auszuschalten. Kaiser Franz Joseph I. – meist als alt und müde beschrieben, der den Dingen seinen Lauf ließ – wollte den Krieg, das ist durch die Forschungen der letzten Jahre eindeutig erwiesen. Und sein Generalstabschef Franz Conrad von Hötzendorf hatte seit

Warten auf Neuigkeiten.
Wird es Krieg geben?

1908 sogar mehrere Varianten für Angriffskriege der Donaumonarchie ausgearbeitet. Ziel war das eine Mal die Neuordnung am Balkan, das andere Mal die Wiedergewinnung des 1859 und 1866 verlorenen Oberitalien. Der Feldmarschall (Conrad ist der Familienname) hätte nicht die geringsten Skrupel gehabt, das seit 1882 mit Österreich und Deutschland verbündete Königreich Italien anzugreifen. Allerdings schien ihm 1914 der Zeitpunkt nicht mehr günstig, weil sich die potentiellen Gegner, Italien eben und Serbiens mächtiger Unterstützer Russland, seitdem von Krisen und Kriegen erholt (Russland vom Krieg mit Japan und Italien vom Libyenabenteuer) und wieder aufgerüstet hatten, während in Österreich-Ungarn die Rüstung sträflich vernachlässigt worden war. Schon 1913 hatte er gegenüber einem Berater des Thronfolgers Franz Ferdinand gemeint, *„im Jahr 1908 wäre* [der Krieg] *ein Spiel mit aufgelegten Karten gewesen, 1912 noch ein Spiel mit Chancen, jetzt ist es ein va banque Spiel“.*

Was nichts daran änderte, dass er – wie der Kaiser und die meisten seiner Minister – glaubte, das Wagnis eingehen und selbst Russland als weiteren Gegner riskieren zu müssen. Zumal es nicht nur um die Glaubwürdigkeit und das angeblich gefährdete Ansehen des Habsburgerstaates im europäischen Macht- und Bündnisgefüge ging, sondern um nichts weniger als den Erhalt des nur mehr notdürftig zusammengehaltenen Vielvölkerstaates. Das Zusammenleben der elf offiziell anerkannten Nationen und der zahllosen Minderheiten unter dem Dach der Doppelmonarchie wollte nicht mehr richtig funktionieren und vorsichtige, nur Detailprobleme angehende Reformversuche waren bisher schon in den Ansätzen gescheitert. Auch das Aufkommen neuer sozialer Ideen und die zunehmend politisch zersplitterte Gesellschaft in wirtschaftlich schwieriger werdenden Zeiten bedrohten den Staat, der weiterhin vom Geburts- und Geldadel beherrscht wurde und keine Rücksicht auf die nach Anerkennung, Aufwertung und Mitsprache drängenden unteren Schichten nahm.

In Tirol kannte man diese Probleme nur zu gut. Schließlich hatte über ein Drittel der Tiroler Bevölkerung Italienisch als Muttersprache. So vehement die Tiroler ihre Autonomiewünsche in Wien vorbrachten, so wenig Verständnis hatten die meisten deutschsprachigen Politiker für den Wunsch des italienischen Bevölkerungsteils nach größerer Selbständigkeit. In Innsbruck und Bozen wollte man unbedingt an der „historischen Einheit Tirols“ festhalten, während in Trient der Ruf „Los von Innsbruck“ immer lauter wurde. Im Sinne der Politik des „Irredentismus“ hatte das Königreich Italien die „Erlösung“ jener Italiener, die außerhalb seiner Grenzen lebten, auf seine Fahnen geschrieben. Das betraf in erster Linie Triest und den italienischen Teil von Tirol. Deshalb wäre es ein Gebot der politischen Klugheit gewesen, der dortigen Bevölkerung, den Welschtirolern, den Wunsch nach Autonomie zu erfüllen. Auf diese Weise hätte man jenen Trentiner Politikern zuvorkommen können, die nicht nur „los von Innsbruck“, sondern auch „los von Wien“ wollten. Doch in Innsbruck sah man das nicht ein. Die von den Autonomisten für das italienische Tirol verwendete Bezeichnung „Trentino“ wurde als „geographische Übersetzung“ der politischen „Los-von-Innsbruck“-Parole betrachtet und abgelehnt. Offiziell sprach man von Welschtirol oder von Südtirol.

Neben den 500.000 Deutschtirolern – so der ungefähre Stand um 1900 – lebten im Land rund 350.000 Welschtiroler. Sie hatten in ihrem geschlossenen Siedlungsgebiet die volle kulturell-nationale Autonomie: Italienisch war Amts- und Gerichtssprache; es gab genügend viele italienische Schulen; Aufschriften und Namenstafeln waren durchwegs italienisch. Nicht nur die Beamten der autonomen Behörden, wie der Gemeinden, waren stets Italiener, auch staatliche Beamtenstellen wurden fast durchwegs mit italienischsprachigen Einheimischen besetzt. Auch sonst kam es zu keiner Benachteiligung oder gar Unterdrückung der italienischen Bevölkerung. Trotzdem wollten die führenden Welschtiroler mehr, nämlich einen eigenen Landtag, eine eigene gesetzgebende und ausführende Gewalt. Man war im Tiroler Landtag nicht großzügig genug, diesem verständlichen Wunsch Rechnung zu tragen. Aus Protest blieben die italienischen Abgeordneten immer wieder längere Zeit hindurch den Sitzungen des Landtags fern.

Anders verhielten sich die Angehörigen der dritten tirolischen Volksgruppe, die Ladiner in den fünf Dolomitentälern, deren Zahl für die Jahrhundertwende auf rund 20.000 geschätzt wird. Die jahrhundertelange Zugehörigkeit zum Fürstentum Brixen bzw. zum Land Tirol und die enge persönliche, wirtschaftliche und rechtliche Bindung an den deutschen Siedlungsraum hatten bei Bewahrung der eigenen Sprache eine weitgehende Angleichung an die deutschen Lebens- und Kulturformen bewirkt. Mit Ausnahme des Fassatales, das seit 1815 zu einem Welschtiroler Kreis bzw. Bezirk gehörte, waren alle Dolomitentäler deutschen Verwaltungssprengeln zugeordnet. Ampezzo bildete zusammen mit Buchenstein seit 1868 eine eigene Bezirkshauptmannschaft. Ein Anspruch auf Autonomie in irgendeiner Form wurde von den Ladinern nie gestellt. Sie fühlten sich den Deutschtirolern verbunden, von denen sie auch im Landtag vertreten wurden. Eine Ausnahme bildeten auch hier die Ladiner im Fassatal, die von einem Welschtiroler vertreten wurden. Die Bemühungen der Fassaner, in allen Belangen an Deutschtirol angeschlossen zu werden, wurden zwar vom Tiroler Landtag unterstützt, scheiterten aber an der Verständnislosigkeit der Wiener Regierung.

Typisches Welschtiroler Ortsbild: Strigno in der Valsugana

Die Frage der Trentiner Autonomie trat – nach einigen früheren Zugeständnissen – um 1900 in eine entscheidende Phase. Schon 1889 hatte die deutsche Mehrheit im Tiroler Landtag die Berechtigung von *„besonderen Einrichtungen und Organen der Selbstverwaltung zur besseren Besorgung der nur den italienischen Landesteil betreffenden Angelegenheiten"* zugegeben. Die eingeleiteten Verhandlungen erbrachten jedoch kein Ergebnis. Zwischen 1900 und 1902 kam es zu mehreren ernsthaften Versuchen, das Problem zur beiderseitigen Zufriedenheit zu lösen. Zwar war nie an einen Trentiner Landtag und an eine Teilung des Landes gedacht; immerhin sollte es aber eine italienische Sektion der Landesregierung in Trient und verschiedene autonome Organe geben; auch andere für eine Minderheit vorteilhafte Regelungen waren vorgesehen, z. B. die Bildung nationaler Sektionen im Landtag und die Teilung des Budgets. Doch es sollte nicht dazu kommen, die Chance eines multinationalen Tirol

Der Christlichsoziale Alcide Degasperi: Autonomie als Druckmittel

wurde vertan. Einmal wurde eine Vereinbarung von der Staatsregierung sabotiert, die fürchtete, für Tschechen und Ruthenen einen Präzedenzfall zu schaffen; dann wieder waren die italienischen oder die deutschen Politiker mit dem Erreichten nicht zufrieden; oft scheiterte ein fertiger Entwurf nur an wenigen Detailfragen. Schließlich lehnten die Trentiner Wähler selbst durch eine Art Referendum die vorgeschlagene Lösung ab. Die Welschtiroler Nationalliberalen hatten mit Erfolg das „Alles oder Nichts" propagiert. Die Trentiner Sozialdemokraten waren entsetzt, weil sie in einem Kompromiss, auch wenn er nicht ihren Idealvorstellungen entsprach, einen „guten Schritt in Richtung Autonomie" gesehen hätten.

Nach diesem Misserfolg konstruktiver Verhandlungen änderten sich Taktik und Ziele der Trentiner Politiker, die seit 1901 wieder an den Landtagssitzungen teilnahmen. Die extremen italienischen Nationalisten wollten gar keine Autonomie mehr, um das ungelöste Problem für ihre Forderung nach einem Anschluss an Italien ausnützen zu können. Ihre Politik hatte sich auch nicht geändert, seit das Königreich dem Bündnis Österreich-Ungarns mit Deutschland beigetreten war und als Mitglied dieses Dreibundes natürlich die „unerlösten Brüder" in der Habsburgermonarchie nicht offiziell umwerben durfte. Die christlichsoziale „Unione politica popolare", deren rasch wachsende ländliche

Anhängerschaft durchaus österreichisch gesinnt war, arrangierte sich hingegen unter der Führung von Alcide Degasperi mit den Deutschtirolern in Innsbruck, um in Trient ihre Ziele verwirklichen zu können. Die Autonomieforderung war dabei als Druckmittel wertvoll, da die regierende christlichsoziale Partei bei den Landtagsabstimmungen auf die Unterstützung ihrer italienischen Gesinnungsfreunde angewiesen war. Dem Trentino kam diese realistische oder – je nach Standpunkt – opportunistische Politik sehr zugute, nicht zuletzt in wirtschaftlicher Hinsicht. Die „Popolari“ verstanden es auch, die Situation propagandistisch zu nützen. Alles Positive war ihr Verdienst, alles Negative konnten sie der deutschen Mehrheit anlasten. So führten die italienfreundlichen Nationalliberalen wie die proösterreichischen Christlichsozialen aus dem Trentino im Landtag nicht einen Kampf um die Autonomie, sondern einen Kampf mit der Autonomiefrage, wie es Claus Gatterer ausdrückte.

Der Sozialdemokrat Cesare Battisti: Trentiner Autonomie auch als Muster zur Lösung der Probleme des Vielvölkerstaates

Nur den zahlenmäßig schwachen Trentiner Sozialdemokraten, die 1914 nach Änderung des Wahlrechts mit Cesare Battisti in den Tiroler Landtag einzogen, ging es wirklich noch um die Autonomie. Battisti betrachtete das Trentiner Problem von zwei Seiten: Einmal meinte er, nach Gewährung einer Autonomie die Politik der herrschenden „Popolari“ als für das Trentino schädlich entlarven zu können, anderseits sah er in einer national sauberen Lösung einen Beitrag zur Bewältigung des Nationalitätenproblems im Vielvölkerstaat Österreich. Battisti schrieb: „*Wenn wir unseren Landtag in Trient haben werden, wird niemand mehr sagen können, dass die zunehmende Not in unserem Lande eine unmittelbare Folge des deutschen Regimes ist. Allein unser Bürgertum wird dann für Reformen und Gesetze verantwortlich sein. Nur eine autonome Verwaltung wird das Trentino wirtschaftlich heben und den nationalen Streitigkeiten ein Ende setzen. Das wird nicht nur zum Nutzen des Trentino und Tirols gereichen, sondern zum Nutzen des ganzen Staates.*“ Doch statt einer zukunftsweisenden Lösung näherzukommen, nahmen Radikalisierung und Misstrauen auf beiden Seiten zu.

In Welschtirol orientierten sich mittelständische Kreise immer mehr nach Italien, wobei sich das Bekenntnis zur Kulturnation durchaus mit Loyalität gegenüber dem habsburgischen Staatenverband vereinen ließ. Doch vor allem in den Städten wuchs die Zahl derer, die den Anschluss an das Königreich Italien forderten. Am Land waren die Aktivitäten dieser einheimischen Irredentisten und die Propaganda aus dem benachbarten Italien weniger wirksam. Einige der Trentiner, die knapp vor Kriegsbeginn 1914 nach Italien emigrierten, hatten in ihrem Gepäck eine Untersuchung über die nationale Einstellung der Landbevölkerung. Dazu waren 355 Haushalte in sechs Gemeinden befragt worden. Das Ergebnis konnte für sie nicht sehr erfreulich sein, denn 42 Prozent wurden als „austriacanti“, also österreichisch gesinnt, eingestuft und nur 16,9 Prozent als national eingestellt, was im Übrigen noch gar nicht bedeuten musste, dass diese Gruppe unbedingt den Anschluss an Italien wollte. Der Rest, also über 40 Prozent, war im Zwiespalt oder stand der Frage gleichgültig gegenüber.

Nicht nur unter den Welschtirolern, auch auf der Gegenseite gewann extremer Nationalismus an Boden. 1904 erregte die eingeleitete Gründung einer italienischen Rechtsfakultät in Innsbruck die Gemüter und führte zu gewaltsamen Auseinandersetzungen zwischen italienischen Studenten und deutschnationalen Demonstranten. 1905 wurde der „Tiroler Volksbund" gegründet, der in erster Linie – wie vorher schon der Deutsche Schulverein – die Erhaltung oder Errichtung von Schulen und Kindergärten in gemischtsprachigen Gemeinden des Bozner Unterlandes und in den deutschen Sprachinseln Welschtirols zum Ziel hatte. Zu seinen volkstumspolitischen Aktivitäten gehörte es, grundsätzlich jedweden Trentiner Ansprüchen den Kampf anzusagen. Der private Verein wurde – mit Ausnahme der Sozialdemokraten – von Politikern aus allen Parteien unterstützt, wenn auch nur einige radikale Wortführer so weit gingen, den Welschtirolern die Anerkennung eines geschlossenen italienischen Siedlungsgebietes zu verweigern und Germanisierungsmaßnahmen zu planen. Von den Regierungen in Wien und Innsbruck wurde jedoch das Territorialprinzip mit der ethnischen Grenze bei Salurn so streng eingehalten, dass man sich selbst um die großen deutschen Sprachinseln im Trentino, Lusern und Fersental, kaum kümmerte. Es war der Einsatz des Deutschen Volksbundes oder anderer privater Vereinigungen notwendig, um dort Maßnahmen zum Schutz dieses gefährdeten Volkstums in die Wege zu leiten. Trentiner Politiker waren empört über solche Aktivitäten. Umgekehrt wurde von Deutschtiroler Seite jede Initiative der Trentiner, gleich ob wirtschaftlicher oder kulturell-nationaler Art, als Irredentismus gedeutet, auch wenn sich die Verantwortlichen loyal zu Österreich verhielten.

Im Nachhinein betrachtet, fanden die patriotischen Feiern rund um das Anno-Neun-Jubiläum von 1909, in

Festzug zum 100-Jahr-Jubiläum des Freiheitskampfes von 1809: Die großartige Selbstinszenierung eines Landes verweigert die Sicht auf das ungelöste nationale Problem, das es auch in Tirol gab.

denen sich Tirol als selbstbewusstes, zwar traditionsverbundenes, jedoch der Zukunft gegenüber aufgeschlossenes Land inszenierte, unter bedrohlichen Gewitterwolken statt. In Tirol war man in jenen Jahren aufs Engste mit den Problemen konfrontiert, die den österreichisch-ungarischen Vielvölkerstaat erschütterten. Wie sollten sich ein Dutzend Völker untereinander verständigen können, wenn es in Tirol schon zwischen zwei Volksgruppen nicht möglich war, zu einer Einigung zu kommen? Ein übersteigerter Patriotismus, Denkmalenthüllungen, Jubiläumsfeste, patriotische Reden und glanzvolle Kaisermanöver konnten nicht darüber hinwegtäuschen, dass die Lebensfragen der Donaumonarchie ungelöst waren.

Nun sollte ein Krieg die Lösung sein. Mit Blick auf den äußeren Feind würden die Völker und sozialen Gruppen noch einmal zusammenstehen. Der Krieg auf Gedeih und Verderb würde sie zusammenschweißen, im politischen Streit gebundene Energien freisetzen und im Falle eines Sieges den Bestand der Monarchie sichern. So dachte man. Aber auch der Gedanke, dass ein Volk oder ein Staatsgebilde nicht wert sei zu überleben, wenn es sich nicht durchsetzen könne, spielte im Sinne der damals gerade in Militärkreisen weit verbreiteten Ideen des Sozialdarwinismus nicht nur eine untergeordnete Rolle. Äußerungen des Kaisers, dass die Monarchie, wenn sie schon untergehen müsse, *„wenigstens anständig zugrunde gehen"* solle, oder des einflussreichen späteren Außenministers Ottokar Czernin, dass Österreich *„mit einem gewissen Anstand krepieren"* möge, gehen in diese Richtung.

Kaiser Wilhelm II. (rechts) und sein Generalstabschef Paul von Hindenburg: Unterstützung für Österreich ohne Wenn und Aber

Entscheidend für die Bereitschaft, den für notwendig gehaltenen Krieg auch wirklich zu beginnen, war schließlich die „Blankovollmacht", die der deutsche Kaiser Wilhelm ausstellte: Bedingungslos würde er hinter der Entscheidung seines Verbündeten stehen, wie immer diese auch ausfalle. Mit dieser Rückendeckung wurde am 9. Juli 1914 im Ministerrat der Krieg beschlossen, obwohl niemand in diesem Leitungsgremium der Monarchie daran zweifelte, dass eine Kriegserklärung an Serbien mit allergrößter Wahrscheinlichkeit den Kriegseintritt Russlands zur Folge haben würde. Der Kaiser nahm an dieser entscheidenden Sitzung übrigens nicht teil. Er war mit dem Hofzug unterwegs nach Bad Ischl. Was sollte er auch in Wien. Seine Minister

Generalstabschef Franz Conrad von Hötzendorf: Va-banque-Spiel, aber es muss gespielt werden

wussten, was er wollte, nämlich den Krieg. Auf Drängen des ungarischen Ministerpräsidenten István Tisza wurde allerdings beschlossen, vor einer Kriegserklärung dem Königreich Serbien ein Ultimatum mit der Forderung zu stellen, die Hintergründe des Attentats vorbehaltlos aufzudecken, die Hintermänner namhaft zu machen und österreichischen Staatsorganen die Mitwirkung an der Untersuchung zu ermöglichen. Dieser diplomatische Schachzug brachte nicht nur Zeitgewinn, sondern eröffnete die Möglichkeit, Serbien als Schuldigen am bevorstehenden Krieg dastehen zu lassen. Denn niemand in der österreichisch-ungarischen Staats- und Militärführung rechnete damit, dass Serbien das äußerst harsche 48-Stunden-Ultimatum, das am 23. Juli in Belgrad übergeben wurde, zufriedenstellend beantworten würde. Und wenn doch?, hatte Außenminister Berchtold den Chef des Generalstabes während der Ministerratssitzung vom 9. Juli gefragt. Dessen Antwort: Trotzdem einmarschieren und so lange bleiben, bis Serbien alle Forderungen erfüllt und die Kriegs- und Besatzungskosten bezahlt hat.

Zeit war also gewonnen, trotzdem wollte Conrad von Hötzendorf mit der Mobilisierung noch warten, um die zukünftigen Feinde im Unklaren zu lassen. Er trat sogar seinen geplanten Urlaub im Pustertal an. Dass Serbien in seiner zeitgerecht übergebenen Antwort auf das Ultimatum Österreich weitestgehend entgegenkam und nur die Mitwirkung österreichischer Organe bei der Suche nach Schuldigen für das Attentat ablehnte, dafür aber die Angelegenheit dem Internationalen Gerichtshof in Den Haag übergeben wollte, änderte nichts am Kriegsbeschluss. Auch ein Vermittlungsversuch Englands – man schlug vor, den Streitfall auf einer internationalen Konferenz zu behandeln, und versicherte, vor diesem Forum Österreich-Ungarn jede gewünschte Genugtuung zu verschaffen – und die längst nicht mehr anzuzweifelnde Haltung Russlands, das einen Angriff auf Serbien als Kriegsgrund ansah, vermochten die österreichischen Verantwortungsträger nicht umzustimmen.

Deutschland lehnte das britische Ersuchen rundweg ab, den Bündnispartner zum Einlenken zu bewegen. Es war klar, dass die sture Haltung Österreichs in Berlin sehr willkommen war, denn so hatte nun auch Deutschland seinen nicht minder erwünschten Kriegsgrund und konnte losschlagen. Man fühlte sich in Berlin nach Jahren der konsequenten Aufrüstung stark genug, um es gleichzeitig mit Frankreich und Russland aufzunehmen. Schon lange lag für den Fall eines Zweifrontenkrieges ein Feldzugsplan vor, der das deutsche Kaiserreich aus einer als gefährlich erachteten Umklammerung befreien und zur dominierenden Macht am europäischen Festland machen sollte. Genau das wollte Frankreich verhindern, und hatte mit der Wiedergewinnung Elsass-Lothringens zudem ein ganz konkretes Kriegsziel. Russland ging es weniger um den Erhalt Serbiens als darum, die Donaumonarchie vom Balkan zu verdrängen und sich selbst und seinen Einfluss dort auszubauen, ja vielleicht bis an den Bosporus auszudehnen. Den völkerrechtswidrigen Einmarsch der deutschen Truppen im neutralen Belgien, der die Umgehung des französischen Festungsgürtels ermöglichte, erklärte schließlich England zum Kriegsgrund, doch ging es auch den Briten nicht wirklich um Belgien, sondern in erster Linie darum, dem deutschen Machtstreben entgegenzutreten, bevor es das weltweite koloniale Gefüge gefährden konnte.

Unter diesen Voraussetzungen kam parallel zum hektischen diplomatischen Hin und Her der Automatismus von Bündnisverträgen und meist geheimen militärischen Nebenabsprachen in Gang. Jeder misstraute dem anderen, jeder glaubte, dem anderen bei der Mobilmachung zuvorkommen zu müssen, letztlich torkelte Europa, wie von Schlafwandlern geführt (Christopher Clark), in die epochale Katastrophe. Eine Kette von Missverständnissen, Dummheiten, Fehleinschätzungen und Jetzt-oder-Nie-Beschlüssen, die einer zynischen Herausforderung des Schicksals gleichkamen,

Bündnissysteme und zu erwartende Fronten im Juli 1914: Die Mittelmächte Deutsches Reich und Österreich-Ungarn gegen Serbien und die Entente Frankreich-Russland-Großbritannien. Zukünftige Gegner der Mittelmächte: Montenegro (1914), Italien (1915), Rumänien (1916) und Griechenland (1917); Verbündete: Osmanisches Reich (1914) und Bulgarien (1915)

ließ *„in Europa die Lichter ausgehen“*, wie es der britische Außenminister Edward Grey ausdrückte.

Wollte den Krieg:
Kaiser Franz Joseph I.

Ein schicksalhafter Vorgang also, den niemand hätte stoppen können? Europa ein Pulverfass, das durch die Schüsse eines fanatisierten Studenten zur Explosion gebracht wurde? Keineswegs. Die europäischen Mächte waren zwar hoch aufgerüstet und allesamt kriegsbereit, und Misstöne gab es genügend in diesem „europäischen Konzert“, wie man das kontinentale Macht- und Bündnisgefüge nannte. Doch das hätte – wie ein halbes Jahrhundert später das Gleichgewicht des Schreckens zwischen den USA und der Sowjetunion – noch jahrelang so weitergehen können. Nicht ein junger Serbe ließ das angehäufte Dynamit explodieren, er hielt höchstens das Streichholz an die Lunte. Man hätte die glühende Zündschnur noch austreten können. Doch niemand, der die Macht besessen hätte, es zu tun, war vernünftig genug. Lieber als nachgeben wollten sie allesamt untergehen. Und einen ganzen Kontinent, Millionen Menschen in den Abgrund reißen. Der Erste Weltkrieg ist nicht „ausgebrochen“, er wurde entfesselt. Nur eines könnte man eventuell zur Entschuldigung der maßgeblichen Männer vorbringen, die immer noch glaubten, mit dem Schwert in der Hand nationale Interessenspolitik betreiben zu können. Sie kannten alle nur die kurzen, lokal begrenzten Kriege der Vergangenheit. Welch unvergleichliches Grauen ein moderner Krieg zwischen den industrialisierten Mächten Europas mit sich bringen würde und dass er sich über Jahre hinziehen sollte, das konnten wohl nur einige von ihnen im Ansatz erahnen.

So unterschrieb Kaiser Franz Joseph I. – trotz der nun offen ausgesprochenen Drohung Russlands – am 26. Juli sowohl den Befehl zur Mobilmachung der gegen Serbien bestimmten Armeekorps als auch die Kriegserklärung an den Balkanstaat, die am 28. Juli telegrafisch nach Belgrad geschickt wurde. Oft kann man lesen, der Kaiser sei zur Unterschrift erst bereit gewesen, als man ihm gesagt habe, die Serben hätten von einem Donauschiff aus auf eine k. u. k. Einheit geschossen und damit die Feindseligkeiten eröffnet. Tatsächlich erwähnte Außenminister Graf Berchtold, als er dem Monarchen den schon länger vorbereiteten Text der Kriegserklärung vorlegte, dieses angebliche Gefecht an der Donau. Für den Kaiser spielte dieser Punkt jedoch keine Rolle. Er hätte auf alle Fälle unterschrieben, das ist aktenkundig. Die Nachricht von dem angeblichen Gefecht an der serbischen Grenze sollte sich schon tags darauf als Falschmeldung herausstellen, wobei unklar ist, ob der Außenminister selber nicht richtig informiert war oder ob man bewusst eine bewaffnete Aktion der Serben konstruierte, um den Anschein zu erwecken, Österreich sei der angegriffene Staat. Jedenfalls gingen Österreichs Diplomaten mit dieser Behauptung noch tagelang bei Freund und Feind hausieren.

Nicht unwichtig war so ein Schachzug für die Haltung von Österreichs zweitem Verbündeten, dem Königreich Italien. Der 1882 abgeschlossene „Dreibund" war ein reines Verteidigungsbündnis und stellte es jedem Partner frei, sich aus einem Konflikt herauszuhalten, den einer der zwei anderen beginnen würde. Ausdrücklich im Vertrag steht auch, dass kriegerische Absichten den Bundesgenossen mitzuteilen waren.

Österreich-Ungarn hat dies Italien gegenüber absichtlich unterlassen. Zu groß war das Misstrauen. So durfte man sich auch nicht wundern, dass König und Regierung in Rom sich übergangen fühlten und Italien durchaus vertragskonform seine Neutralität erklärte.

Propagandapostkarte mit überholten Fakten: Der Dreibundpartner Italien erklärt sich für neutral.

Inzwischen hatten alle Großmächte mit der Mobilmachung ihrer Armeen begonnen. Da Russland diese als kriegerische Absicht zu verstehende Maßnahme nicht zurücknahm, erklärte Deutschland dem Zarenreich am 1. August den Krieg. Zwei Tage später schickte Berlin die Kriegserklärung nach Frankreich, wo die Vorbereitungen für einen Waffengang ebenfalls schon weit gediehen waren. Österreich-Ungarn folgte seinem Bündnispartner mit der Kriegserklärung an Russland erst am 6. August. Frankreich wiederum brach am 10. August die diplomatischen Beziehungen zur Habsburger Monarchie ab und teilte am folgenden Tag dem k. u. k. Botschafter in Paris mit, dass zwischen beiden Staaten Kriegszustand herrsche. Und so ging es weiter. Im Grunde war und ist es unwichtig, wer wem wann den Krieg erklärte, Österreich-Ungarn hatte einen Automatismus in Gang gesetzt. Dass am 4. August Großbritannien mit seinen Kolonien in den Krieg gegen die Mittelmächte eintrat, sollte den „Großen Krieg“ zum „Weltkrieg“ machen.

Zog man wirklich mit Begeisterung in den Krieg?

Die Stimmung zu Kriegsbeginn, der Abmarsch der Tiroler Regimenter und der kühle Empfang in Galizien

Wie in der gesamten Monarchie war am Dienstag, 28. Juli, das kaiserliche Manifest „An meine Völker“ mit der Kriegserklärung an Serbien auch in Tirol überall angeschlagen.

Und es wurde mit Zustimmung, ja sogar mit Begeisterung aufgenommen. Obwohl der Einrückungstag erst auf den 4. August festgelegt worden war, strömten unmittelbar nach Bekanntmachung der Mobilmachung von überall her die Reservisten der verschiedenen Truppenkörper vom 21. bis zum 32. Lebensjahr und die landsturmpflichtigen älteren Jahrgänge zu ihren Sammelpunkten oder gleich zu den Meldestellen. Der allgemeine Eindruck war, dass es gegen Serbien gehe, von Russland stand im Manifest des Kaisers nichts zu lesen. Und mit dem kleinen Serbien würde man bald fertig werden. „In ein paar Wochen sind wir wieder da“, war der einhellige Tenor. Auch wer nicht zu den Optimisten zählte, glaubte fest daran, zumindest das Weihnachtsfest wieder zu Hause im Familienkreis feiern zu können.

Wie es in diesen Tagen in einem Dorfwirtshaus zuging, erzählt Oswald Sint, der es als Vierzehnjähriger in Kartitsch miterlebt hat: *„Sie waren alle guter Dinge* [...] *Einige Burschen waren schon ziemlich beduselt, jauchzten, jodelten und waren voll Begier, die Serben niederraufen zu dürfen. Verheiratete Männer saßen meist bei Frau und Kindern, berieten mit den älteren von ihnen und da und dort auch mit einem älteren Knecht oder dem alten Vater das Notwendigste für die nächste*

Zeit. [...] Es war viel zu reden und regeln. Bauern, die einrücken mussten, hatten da und dort Schulden zu zahlen, auch Geld für Vieh und Holz abzuholen. Mancher junge Mann suchte seine Verlobte auf, mancher Bursch verabschiedete sich von seinem Mädchen. Jahrelange Zwistigkeiten wurden beseitigt. Sie gaben sich zum Abschied die Hände und sprachen miteinander, was sie schon lange nicht mehr getan hatten." Schon am 2. August ging es nach Messe, Kommunion und dem Segen des Ortspfarrers hinaus nach Tassenbach zum Zug, der die Kartitscher zu den Sammelplätzen im oberen Pustertal brachte. Die verbliebenen Musikanten begleiteten sie mit patriotischen Märschen.

Zum Abschied ein Erinnerungsbild beim Fotografen

Der damals dreizehnjährige ladinische Bauernsohn Anton Mollig aus dem Villnößtal schildert die Alarmierung durch Glockenläuten am 1. August und die Stimmung am folgenden Sonntag: *„Wir waren beim Oberschaufeser obern Haus Weizen schneiden mit der Sichel, plötzlich um 14 Uhr hören wir überall Sturmschlagen: St. Peter, St. Jakob, St. Valentin, St. Magdalena. Wir hatten schöne Aussicht, kein Brand war zu sehen. Der Sohn Hans lief zu St. Peter Hauptort. Kam mit der Nachricht: Allgemeine Mobilisierung bis Jahrgang 42 Jahre alt. Morgen geht's dahin. [...] Beim Zellenwirt kamen sie zusammen. Voll Humor, gute Stimmung. Viele meinten, in 14 Tagen sind wir fertig mit den Serben. Der alte Zellenwirt mit den grossen Bart sagte: 2–3 Jahre. Niemand wollte das glauben."*

Der überall in Europa vom Kriegsausbruch ausgelöste Rauschzustand nationaler Begeisterung schwappte auch über Tirol. Vor allem in den Städten herrschte Jubelstimmung, kam es zu Freudenkundgebungen. Der Krieg wurde vielfach als „reinigendes Gewitter“ in einer Zeit zunehmender sozialer und nationaler Spannungen und eines – wie man meinte – faulen Friedens und gesellschaftlicher Dekadenz von fast allen Schichten der Bevölkerung begrüßt. Man kann es heute kaum verstehen, aber selbst die besten Köpfe des Landes, Dichter und Denker wie die Mitarbeiter der Kulturzeitschrift „Der Brenner“, konnten dem Krieg – grundsätzlich wohlgemerkt, philosophisch betrachtet – so viele positive Aspekte abgewinnen, dass es dafürstand, ihn zu führen. Wie entsetzlich er werden würde, konnte wohl keiner ahnen, geschweige denn wissen. Bezeichnend für die Haltung vieler Literaten zum Thema Krieg ist allein schon der erste Absatz des noch vor dem Sommer 1914 entstandenen Gedichts des Tiroler Lyrikers Arthur von Wallpach in seinem Bändchen „Heiliges Land“:

„Wie Schafe in der Hürde
So sind wir feig und träg.
O nimm von uns die Bürde
des üblen Friedens weg!“

Nicht vergessen darf man dabei, dass die meisten Menschen von der als zögerlich, ja als feig empfundenen Haltung der Regierung in den vorangegangenen Jahren nichts mehr wissen wollten, als es während der Balkankriege zu Kriegsdrohungen und zweimaliger Mobilisierung der Armee kam, ohne dass wirklich etwas passierte. Auch die von der Presse mit großer Empörung verurteilten Provokationen der serbischen Regierung sollten nicht länger geduldet werden. Aufgehetzt von

„Augusterlebnis“: Freudig wird der Krieg begrüßt, vor allem in den Städten wie hier in der Innsbrucker Maria-Theresien-Straße.

Presse und Politikerreden sehnte man eine Entscheidung herbei. Dass sie zugunsten Österreichs ausfallen würde, davon war man in der Bevölkerung überzeugt. Politik und Presse hatten die Menschen in ganz Europa auf Krieg eingestimmt. Und die allgemeine Begeisterung war ansteckend; je mehr Menschen zusammenkamen, desto lauter und gedankenloser wurde gefeiert.

Der gelernte Buchhändler Karl Paulin, langjähriger Schriftleiter der „Innsbrucker Nachrichten“ und Autor, erinnert sich 25 Jahre später in einem Feuilleton seiner Zeitung: *„Eine ungeheure Welle der Begeisterung überspülte jede bange Regung, das ganze Volk wurde von dem Bewußtsein hingerissen, daß Österreich in gerechter Notwehr zu den Waffen greifen mußte. Kein Gedanke an das Kommende, keine Ahnung des drohenden Schicksals trübte die hellaufflammende Begeisterung* [...] *Bis in die späten Stunden dieser denkwürdigen Nacht klangen die patriotischen Märsche der Regiments-*

musik der ‚28er' durch die Straßen der ruhelosen Stadt am Inn."

Dieses sogenannte „Augusterlebnis" war vor allem ein Phänomen der größeren Städte. Auch war es eine Begeisterung der Massen. In privaten Äußerungen ist von Ausgelassenheit wenig zu spüren, da drängen sich Sorgen und Ängste in den Vordergrund, egal ob sie in Tagebüchern und Briefen von Städtern oder Bauern niedergeschrieben wurden. Der als Artillerieleutnant eingerückte Brixner Gastwirt Wolfgang Heiss zum Beispiel schreibt am 4. August an seine Braut: *„Gott gebe, dass diese schwere Zeit bald ein Ende nimmt. Lange kann es ja nicht dauern."* Und der Welschtiroler Bauer Giovanni Zontini aus Storo, der zu den Kaiserjägern einrückt, vertraut seinem Tagebuch an: *„Der Zug war mit Blumen, Laub und Fahnen geschmückt, aber die Gedanken waren ernst, der Tod schien nicht weit entfernt zu sein. Die Lieder waren traurig* [...]*"*

Trösten mochte so manchen guten Tiroler Katholiken, der im Grunde seines Herzens nicht einstimmen wollte in den Jubel, dass es wenigstens eine gute und gerechte Sache war, für die er sein Leben einsetzen würde. Dies hatte ihm immerhin der Bischof von Brixen in seinem Hirtenwort zum Kriegsbeginn bestätigt, und dasselbe hatte der Pfarrer in volksnahen Worten von der Kanzel wiederholt. Und auch der „Bötlmann", wie man Sebastian Rieger vulgo Reimmichl, den Redakteur des Tiroler Volksboten nannte, hat es ihm erklärt: Der Krieg war gerecht, weil er ein Verteidigungskrieg war, dem alten guten Kaiser war ja nichts anderes übrig geblieben, als sich gegen die Angriffe der bösen und noch dazu ketzerischen Serben zu wehren. Da mussten gar nicht erst fremde Divisionen ins Land eingefallen sein, die theologische Lehre, auf die sich Bischof Franz Egger berufen konnte, hielt selbst *„die Abwehr einer schweren Beleidigung gegen den Staat oder Fürsten"* schon für einen ausreichenden Kriegsgrund. Und der Krieg war nicht nur gerecht, er war sogar „heilig", denn es ging auch um die Abwehr eines Angriffs der Orthodoxie auf die allein seligmachende katholische Religion. Für den christlichsozialen Politiker Dr. Aemilian Schöpfer war es erwiesene Sache, dass der Krieg um die Existenz der Monarchie und damit für die Erhaltung der katholischen Religion in halb Europa geführt werde. Letztlich wurde es also von der Amtskirche und von ihren politischen Ablegern zur sittlichen Pflicht eines jeden Katholiken erklärt, in den Krieg zu ziehen oder auf andere Weise für den Sieg einzutreten.

Bischof Franz Egger von Brixen: ein gerechter, ein „heiliger" Krieg!

Bemerkenswert ist, dass Bischof Eggers Amtskollege in Trient keinen Hirtenbrief zur Kriegserklärung verfasste. In seinen Reden und Auftritten zu Kriegsbeginn, etwa bei der Verabschiedung und Segnung des 1. Kaiserjägerregiments am Bahnhof von Trient, ging es Bischof Celestino Endrici um seine Aufgabe als Seelsorger, der den Soldaten Mut und Gottvertrauen einzuflößen versuchte. Keine Rechtfertigung des Krieges, keine Spur von patriotischem Pathos auch in den Aufrufen an die Priester seiner Diözese, sondern ein ernstes Eingehen auf die Probleme und Anliegen der praktischen Seelsorge in den kommenden *„Tagen des Trübsal"*. Es war ganz klar: Bischof Endrici war nicht bereit, sich und seinen Klerus vor den Propagandakarren des Staates spannen zu lassen, den

Abschiedsmesse für die aus Kitzbühel einrückenden Männer (2. August 1914)

vom Kaiser und seiner Regierung begonnenen Krieg zu rechtfertigen und zu seiner Unterstützung aufzurufen. Andererseits ließ er auch keinen Zweifel daran aufkommen, dass Gehorsam gegenüber dem Staat genauso zu den Christenpflichten gehörte wie für Soldaten die Pflichterfüllung auf dem Schlachtfeld. Ein gläubiger Mensch habe sich dem Heilsplan Gottes demütig zu unterwerfen.

Jeder einzelne Tiroler, der sich in diesen Tagen bei dem zuständigen Ergänzungskommando meldete, hatte einen anderen Status für die Militärbehörde. Da gab es die Reservisten im Offiziers- oder Mannschaftsrang, also die Männer zwischen 21 und 32 Jahren, die ihren dreijährigen aktiven Militärdienst entweder bei den Kaiserjägern, bei den Landesschützen oder bei einer Spezialeinheit der Armee absolviert hatten und danach als Reservisten durch sieben Jahre immer wieder zu mehrwöchigen Waffenübungen einberufen worden waren. Dazu kamen die Ersatzreservisten, das waren die jungen Männer, die bei der Musterung zwar als tauglich für den Wehrdienst eingestuft worden waren, jedoch – weil so viele nicht gebraucht wurden – durch Losentscheid vom Militärdienst befreit wurden; sie hatten eine kurze Grundausbildung erhalten und waren zu Waffenübungen einberufen worden; jetzt wurden sie – wenn das Regiment den Gefechtsstand erreicht hatte – den Ersatzbataillonen zugeteilt, die über 32-Jährigen dem Landsturm. Schließlich gab es noch eine große Zahl Freiwilliger, die als „Überzählige" oder aus irgendeinem anderen Grund vom Militärdienst „enthoben" waren, jetzt aber dabei sein wollten beim viel bejubelten „Großen Krieg", warum auch immer.

Ladinischer Landesschütze beim Fotografen in Cortina

Die Rekruten waren bereits in ihren Kasernen, doch die rund 50.000 Männer zwischen 21 und 42 Jahren, die das kaiserliche Manifest und der Mobilisierungsbefehl zu den Waffen riefen, strömten innerhalb von zwei, drei Tagen zu den Sammelstellen und den Standorten der Ergänzungskommandos, wo sie zuerst einmal untergebracht werden mussten, denn die Kasernen reichten bei weitem nicht aus. So wurden Hotels und Gasthäuser belegt, für Reserveoffiziere Privatquartiere akquiriert, Mannschaften in Schulen oder Heustadeln untergebracht. Die Dienststellen der Heeresverwaltung lösten ihre immense Aufgabe mit Bravour: Die Kaiserjäger- und Landesschützenregimenter waren auf die Kriegsstärke von ungefähr 4000 bis 5000 Mann aufzufüllen, Marschbataillone zum baldigen Nachrücken an die Front zusammenzustellen und Ersatzbataillone, die vorerst im Lande blieben. Alle Soldaten waren mit Uniformen, Gepäck und Waffen auszurüsten. Außerdem mussten Trains gebildet und die den Bauern abgeforderten Pferde versorgt und zum Teil bereits weitertransportiert werden. Die geeigneten Männer für Sondereinheiten mussten ausgewählt, die Ausbildung der im Frühjahr frisch ausgemusterten Rekruten und der Maturanten als Einjährig-Freiwillige für den Offiziersnachwuchs begonnen werden.

In Innsbruck war der Andrang der Stellungspflichtigen besonders groß, sie kamen alle auf einmal, obwohl einige Tage Zeit gewesen wäre, aber anders als in Deutschland gab es keine Staffelung des Termins nach Namen oder Truppenkörper. Karl Paulin erinnert sich: *„Jetzt zeigte sich der Mangel einer stufenlosen Mobilisierung in einer maßlosen Überflutung der Stadt mit Einrückenden, die nur zum kleinsten Teil und in langsamsten Tempo von den überlasteten Militärbehörden in die Formationen eingegliedert werden konnten. Die Leute, die getreu und pünktlich ihre Heimstätten verlassen hatten, zogen tagelang durch die Straßen Innsbrucks, lagen auf dem Pflaster der Kasernenhöfe, warteten und warteten vor und in den Ämtern und wurden von Kanzlei zu Kanzlei geschickt, ohne eine bestimmte Auskunft oder Anweisung zu erhalten. Die Verstopfung machte die Heranziehung aller nur irgendwie freien Räume der Stadt zur Unterbringung der Einrückenden notwendig. Alle Innsbrucker Schulen und Mittelschulen, die alte Universität, die Stadtsäle, ja sogar das Stadttheater, dienten als Unterkünfte, in denen rasch hingeworfene Strohlager die Reservisten vorläufig aufnahmen.“* Die Innsbrucker Bevölkerung zeigte sich großzügig und bemüht um die jungen Leute: *„Jung und alt wetteiferten in der Sorge für uns Soldaten die zum*

Kaiserjäger des 2. Regiments im Hof ihrer Brixner Kaserne vor dem Abmarsch in den Krieg. Spruchtafeln, Bilder und Symbole künden von ihrer Zuversicht.

Mittelpunkt der ganzen Stadt und ihres Lebens wurden. In Gasthäusern hielt man die Kaiserjäger frei, in den Geschäften gab es bei jedem Einkauf eine Zugabe, ja auf der Straße traten fremde Leute an die Soldaten heran, um ihnen Essbares oder einen Zehnerpfennig zuzustecken. [...] Unvergessliche Szenen spielten sich damals in Innsbruck ab; der ersten stürmischen Begeisterung folgte eine allgemeine von Stolz, banger Erwartung und Mitleid getragene Soldatenverehrung.“

Gleichzeitig mit der Organisierung der Mannschaften war das gesamte Transportwesen auf die Notwendigkeit der Mobilmachung umzustellen. Bis 31. Juli waren die ostösterreichischen und ausländischen Feriengäste in überfüllten Zügen außer Landes gebracht und gleichzeitig Tausende italienische Arbeiter samt Familien auf dem Weg von Deutschland in ihre Heimat durch Tirol geschleust worden. Ab 1. August standen Eisenbahnnetz, Lokomotiven und Waggons ausschließlich für den Truppentransport zur Verfügung; zuerst innerhalb Tirols, um alle angehenden Krieger zu ihren Sammelplätzen zu bringen, dann begann der Auszug an die Front. Den Anfang machten verschiedene Einheiten, deren Friedensgarnisonen sich in Tirol befanden. In Lienz zum Beispiel wurde schon am 4. August das dort stationierte Feldjägerbataillon vereidigt und verabschiedet. Die Feldmesse zelebrierte der Dekan der Stadt. Entsprechend der nationalen Zusammensetzung der Mannschaft wurde die Eidesformel auf Deutsch und „Böhmisch“ gesprochen. Die Musikkapelle des Bataillons intonierte das in jenen Tagen wohl meistgespielte Musikstück der Monarchie, das „Gebet vor der Schlacht“ nach einem Gedicht von Theodor Körner. Und die „Lienzer Nachrichten“ drückten in ihrem tags darauf erschienenen Bericht von der *„erhebenden patriotischen Feier“* die Hoffnung aus, *„die siegreiche Wiederkehr der ruhmbedeckten Krieger in herzlichster Weise am selben Platze feiern zu können“*.

Ähnliche Feiern gab es in ganz Tirol, als ein paar Tage später die ersten Tiroler Einheiten zum Abtransport bereit waren. Den Anfang machten zwischen dem 8. und 12. August die vier k. u. k. Tiroler Jägerregimenter, die nach ihrem ehrenden Namenszusatz „Kaiserjäger“ genannt wurden. Sie waren aus ihren Friedensgarnisonen, die sich auch außerhalb Tirols befanden, in die Kaderstandorte Innsbruck, Hall, Brixen und Trient verlegt worden und wurden dort nach feierlicher Vereidigung und Verabschiedung einwaggoniert. Die Truppe der Kaiserjäger war 1815 gegründet worden, als Tirol erstmals in seiner Geschichte eine ständige Einheit für das reguläre Militär stellen musste. Die Mannschaften bestanden zu Kriegsbeginn noch durchwegs aus Tirolern und jungen Männern aus Vorarlberg, das in der Monarchie mit Tirol eine Verwaltungseinheit bildete. Während des Krieges wurden die Ersatzbataillone nach Oberösterreich und Böhmen verlegt und zunehmend auch aus Rekruten dieser Länder gebildet. Die Offiziere der Kaiserjäger stammten immer schon aus allen Teilen

Vereidigung und Verabschiedung des in Lienz stationierten Feldjägerbataillons mit Kanonenbatterie am 4. August 1914

der Monarchie und kamen aus den besten gesellschaftlichen Kreisen, zumal der Kaiser selbst Regimentsinhaber war und immer wieder Mitglieder der kaiserlichen Familie ihre militärische Karriere als Kaiserjäger begannen und dann oft höhere Kommandoposten in dieser als Eliteeinheit geltenden Truppe innehatten.

Am 12. August fand auf der Ulfiswiese im Westen von Innsbruck die feierliche Vereidigung und Verabschiedung des 1. Regiments der Tiroler Kaiserjäger statt, das als Hausregiment der Landeshauptstadt galt. Im Anschluss an diese Feierlichkeit marschierten die Soldaten wie in einem Triumphzug durch Innsbruck. *„Schon vom Viaduktbogen der Mittenwaldbahn, wo sich Reihen von Menschen angesammelt, klingen uns stürmische Heil- und Hochrufe entgegen. In Mariahilf und auf der Innbrücke werden wir mit Blumen überschüttet, so dass sich fast die Marschordnung lockert. Edelweiß, Alpenrosen und Brunellen schmücken unsere Mützen, aus den Gewehrmündungen quellen duftende Glyzinien, Rosen und brennrote ‚Nagelen'. In der Altstadt füllen sich alle Fenster und Haustore mit Innsbruckern und*

Das 1. Regiment der Tiroler Kaiserjäger bei der Vereidigung auf der Ulfiswiese westlich von Innsbruck

Innsbruckerinnen, die ihrem Hausregiment zujubeln, das unter den Marschklängen der Regimentsmusik vorbeizieht.“ In den Tagen darauf erfolgte nach und nach der Abtransport der Kaiserjäger. Das 3. Feldbataillon, dem hauptsächlich Innsbrucker angehörten, kam am 17. August an die Reihe. Paulin bekam zum Abschied einen Rosenstrauß geschenkt und verteilte die Blumen unter seinen Kameraden: *„Auch dem jugendlichen Kommandanten des 4. Zuges, Leutnant v. Köveß, dem Sohn des späteren Feldmarschalls, bot ich eine weiße Rose an. In Gedanken versunken, blickte der Leutnant ernst vor sich hin, nahm aber die Blume und dankte* [...] *mit herzlichen Worten. Mir schien die gedrückte Stimmung des jungen Offiziers unerklärlich: erst als Bela von Köveß am 29. August als erster unserer Offiziere fiel, wußte ich jene Abschiedsszene am Innsbrucker Bahnhof zu deuten.“*

Neben den Kaiserjägern waren die Landesschützen die zweite Tiroler Truppe. Ihre Geschichte geht auf das Jahr 1869 zurück, als im österreichisch-ungarischen Kaiserreich die allgemeine Wehrpflicht eingeführt und das Militärwesen neu organisiert wurde. Die Tiroler Kaiserjäger – damals noch ein großes Regiment, später wurden daraus vier Regimenter – blieben Bestandteil der Armee der Gesamtmonarchie, was in der Apostrophierung als „k. u. k.", also „kaiserlich und königlich", zum Ausdruck kommt. Gleichzeitig wurden 1869 in beiden Reichshälften, Österreich und Ungarn, Landwehren gebildet. In Tirol und Vorarlberg erhielten die aus *„wehrpflichtigen Landessöhnen"* gebildeten drei Regimenter die Bezeichnung k. k. Landesschützen, also ohne „und" zwischen kaiserlich und königlich. In Ungarn hießen die Landwehreinheiten k. u. („königlich ungarische") Honvéd. Im Kriegsfall war zudem vorgesehen – sozusagen als drittes Aufgebot –, aus den bereits gedienten älteren Jahrgängen Landsturmbataillone zu bilden. In Tirol waren zwei Regimenter mit acht Bataillonen vorgesehen. Sie waren bis 1914 noch nie aufgeboten worden.

Im Jahr 1917 sollte der Name Landesschützen von Kaiser Karl in Anerkennung ihrer Verdienste geändert werden, sie hießen fortan „Kaiserschützen" – bis heute Anlass für die Verwechslung mit den Kaiserjägern und für Schwierigkeiten bei ihrer Nennung in der Literatur. Korrekterweise – und in diesem Buch wird dies so gehandhabt – muss man bis Jahresbeginn 1917 von den Landesschützen sprechen und erst nachher von Kaiserschützen.

Dieser junge Trentiner zieht für den Kaiser in den Krieg

Die k. k. Tiroler Landesschützen, ab 1906 in eine Gebirgstruppe umgewandelt und sowohl am Spielhahnstoß an der Kappe als auch am Edelweiß am

März 1914: Artilleristen feiern in Trient ihre (vermeintliche) „halbe Dienstzeit“.

Kragenspiegel erkennbar, sollten entsprechend alter Tradition zwar weiterhin vornehmlich das eigene Land verteidigen, doch wurde ihr Einsatz auf anderen Kriegsschauplätzen nach und nach durch neue Staatsgesetze ermöglicht. Schließlich genügte eine einfache Verordnung des Kaisers, und die Landesschützen mussten marschieren, wohin immer es die Heeresführung verlangte. Dies war jetzt der Fall. Zwischen dem 15. August und dem 20. August rollten die Züge mit den drei Regimentern dieser Truppe und der „Reitenden Tiroler Landesschützendivision“ an die russische Front.

Ebenfalls nur aus Wehrpflichtigen des Kronlandes bestand das „K. u. k. Tiroler und Vorarlberger Gebirgsartillerieregiment Kaiser Nr. 14“, das mit seinen vier Gebirgskanonen- und zwei Gebirgshaubitzenbatterien in Trient stationiert war und eigentlich zum Schutz des Festungsbereichs der Welschtiroler Hauptstadt und somit zur Verteidigung der Südgrenze des Landes bestimmt war. Aber die aktuellen Erfordernisse der

Kriegsführung machten seinen Einsatz in Galizien ebenso notwendig wie den der Landesschützen und des Landsturms. Dasselbe galt für das Gebirgsartillerieregiment Nr. 8 in Brixen, das aber keine spezielle Tiroler Einheit war, sondern zum VIII. Armeekorps mit Sitz in Prag gehörte. In Tirol blieben nur die Einheiten der Festungsartillerie in den Werken und Sperren der Südgrenze.

Das Landsturm-Infanterieregiment Imst Nr. II musste noch Mitte August an die Nordostgrenze der Monarchie, während das Landsturm-Infanterieregiment Innsbruck Nr. I vorerst im Lande blieb. Die jüngeren Landstürmer (32 bis 36 Jahre) wurden teilweise in den Festungsbereich an der Tiroler Südgrenze verlegt, teilweise wurden sie für Wachdienste an den Eisenbahnlinien herangezogen. Allgemein wunderte man sich, dass ausgerechnet die älteren Jahrgänge, nämlich die 36 bis 42 Jahre alten Männer, in Batail-

Das Landsturmregiment Nr. II bei der Vereidigung und Verabschiedung in Imst (20. August 1914).

Gruppe von Landstürmern, die für Wachdienste zu Hause bleiben, beim Nordportal des Bergiseltunnels

lone zusammengefasst wurden, die bei Bedarf zum Kampfeinsatz an der Front geschickt werden sollten – was bereits Ende September der Fall war. Die beiden Landeshauptleute von Tirol und Vorarlberg, Dr. Theodor Kathrein und Adolf Rhomberg, beschwerten sich beim Verteidigungsminister der österreichischen Reichshälfte ganz entschieden über diese unverständliche Maßnahme. Sie protestierten auch dagegen, dass Landsturm und Landesschützen nicht im Lande blieben, und verwiesen auf die Tatsache, dass die Südgrenze Tirols durch die zweifelhafte Haltung Italiens keineswegs als sicher gelten könne. Tatsächlich stieg die Sorge, Italiens Neutralität im soeben begonnenen Krieg würde angesichts seiner Ansprüche auf Welschtirol, Triest und andere österreichische Gebiete nicht von Dauer sein. Der Einspruch der Landeshauptleute nützte jedoch nichts, der Minister verwies in seiner Antwort lediglich darauf, dass der Einsatz aller Einheiten aus Tirol durchaus gesetzeskonform sei. Auf das Problem und die sachlichen Argumente dazu ging er nicht ein.

Der Transport der Truppen erfolgte in Viehwaggons, 50 pro Zuggarnitur und jeweils für 40 Mann. Sie waren bei der Abfahrt mit Tannenreisig, Laubwerk und Blumengirlanden geschmückt und mit primitiven Versen und Sprüchen dekoriert, die den Gegner verspotteten und die eigene Überlegenheit verkündeten. *„Serbien muß sterbien“* und *„Jeder Schuß a Ruß“* sind wohl die bekanntesten. Hunger oder Durst musste niemand leiden, denn schon bei der Abfahrt, und später auf allen Zwischenstationen, wurden die Soldaten mit Ess- und Trinkbarem und anderen Liebesgaben geradezu überschüttet. Vielerorts wurden die Züge in den Bahnhöfen mit Musik empfangen. Das ging so bis nach Ungarn hinein. Die Fahrt führte über Salzburg, Wien, Budapest und Miskolc Richtung Karpaten, die am Lupkower Pass überquert wurden. Ausladungsort nach Ankunft in Galizien war Rudki zwischen Przemysl und Lemberg. Plötzlich war von Jubelstimmung nichts mehr zu bemerken, die Tiroler – ausgerückt, um das österreichische Galizien vor den Russen zu beschützen – wurden mit der Realität konfrontiert, dass die einheimischen Ruthenen ihnen wenig bis gar keine Sympathie entgegenbrachten. *„Die Fahrt hierher war ein Triumphzug, aber jetzt hört die Volksbegeisterung auf“*, schreibt der Theologie- und Philosophiestudent Alois Garber, jetzt k. u. k. Kadett beim

Propagandapostkarte für den Krieg gegen Serbien. In die Umrahmung ist die erste Zeile des bekannten Liedes vom „Prinzen Eugenius, dem edler Ritter“ eingefügt, der Belgrad eroberte.

Abschied des 2. Kaiserjägerregiments aus seiner Garnisonsstadt Trient

2. Tiroler Kaiserjägerregiment, seiner Mutter nach Tscherms.

Nur die jüdische Bevölkerungsschicht war voll und ganz österreichisch gesinnt, denn sie konnte sich in der Habsburger Monarchie sicherer fühlen als unter russischer Herrschaft. Und gerade diesen Juden gegenüber hegten wiederum die Tiroler keinerlei Gefühle der Solidarität, wie man vielen Tagebuchaufzeichnungen entnehmen kann, etwa jener des Oberleutnants Hermann Candussi, Garbers Kamerad bei den „2er-Kaiserjägern". Am 19. August notiert er: *„Halbacht, ausruhen, ein Mords-Dreck, schwärzlich klebrig, es rieselt. – Durch Rudki marschiert, eine Anzahl von Juden, schauderhaft. Überhaupt nichts als Juden. Weiter bis Lubjenuv Marsch."* Was der aus Böhmen stammende Hauptmann Hugo Huslig beim Auswaggonieren der Tiroler Regimenter beobachtet, hält er am 15. August 1914 in seinem Tagebuch fest: *„Die Bevölkerung stand auf der Straße, die Männer schauten ernst, die Kinder* *neugierig, die Frauen rangen die Hände. Aus allen Augen konnte man lesen, ‚was werden die uns bringen', wie wird das Ende? [...] Armselige Hütten, armes schmutziges Volk; die Männer tragen Leinenkittel und solche Hosen in Stiefeln, die Frauen sind bunt gekleidet, erinnern mich viel an meine Heimat, sie tragen lange Haarfransen in die Stirne, die Gesichter meist hübsch und dunkel, wie Einschlag von Zigeunerblut, die vielfach langen Haare wie die Russen; auch Juden in schwarzen Kaftans sieht man vor elenden Hütten, das Käpi und rings den Pelz, die Kinder meist städtisch gekleidet.“*

Ab Rudki weg mussten die Soldaten tagelang marschieren, in den Nächten ein paar Stunden irgendwo in einem Dorf oder einer Kleinstadt in Privathäusern oder einer der *„armseligen Hütten“* einquartiert, bis sie die Bereitstellungsräume erreichten. Die Tiroler Formationen wurden innerhalb ihres XIV. Armeekorps verschiedenen Divisionen und Brigaden zugeordnet. Alle Angehörigen dieses Korps erhielten auf Anord-

Bei der Durchfahrt der Kaiserjäger in Bozen

Halt in Kitzbühel. Bis nach Ungarn ist es für die Soldaten zwar unbequem in den Viehwaggons, aber die reinste Triumphfahrt.

nung seines Kommandanten Erzherzog Joseph Ferdinand als eigenes Abzeichen ein Edelweiß, das auf der linken Kappenseite zu tragen war. Dieses Edelweißabzeichen ist nicht zu verwechseln mit dem Edelweiß am Kragen der Landesschützen, das bei ihnen wie der Spielhahnstoß auf der Kappe Teil der Uniform ist. Das Edelweißabzeichen sollte den Tiroler Soldaten bei ihren Gegnern die Bezeichnung „Blumenteufel“ eintragen. Das Edelweißkorps marschierte alsbald, ohne sich ausruhen zu können, als rechter Flügel der 4. Armee des Generals Moritz Auffenberg die russische Grenze entlang Richtung Norden, dem Feind entgegen. Später, bei den großen Offensiven an der 1915 entstandenen Tiroler Front, wurde auch eine „Edelweißdivision“ gegründet, die aus verschiedenen Tiroler und anderen Einheiten bestand und die man nicht mit dem „Edelweißkorps“ des Jahres 1914 verwechseln darf. Doch das sind militärhistorische Feinheiten, die hier nicht näher ausgebreitet werden sollen.

Während man in Tirol in den ersten Augusttagen immer noch Serbien als Hauptfeind betrachtete und die Waggons der in den Osten verschickten Truppen da und dort sogar mit Bildern des italienischen Königs als vermeintlichem Bündnispartner Österreich-Ungarns schmückte, war in Wahrheit alles anders geworden. Schon am 4. August war der Große Krieg in vollem Gange, denn Deutschland hatte in der Nacht die Grenze des neutralen Belgien überschritten, um Frankreich über dessen weniger geschützte Nordgrenze angreifen zu können.

Das Deutsche Reich und Österreich-Ungarn, die Mittelmächte genannt, standen am Anfang noch allein, erst im November kam die Türkei als Verbündeter dazu, ein knappes Jahr später Bulgarien. Hauptgegner der Mittelmächte war die aus den Staaten Frankreich, Russland und England bestehende Entente, natürlich auch Serbien. Noch im selben Jahr schloss sich auch Japan dem Bündnis an; später traten die zunächst neutralen Königreiche Italien (1915), Rumänien (1916) und Griechenland (1917) an ihre Seite, schließlich im April 1917 auch die USA. Allein diese Aufzählung – und ohne die vergleichende Betrachtung von Wirtschaftskraft, Rohstoffressourcen und Rüstungsindustrie – zeigt die erdrückende Übermacht der Entente. Österreich konnte 2,3 Millionen Soldaten aufbieten, Deutschland 3,8 Millionen. Diesen etwas über sechs Millionen standen über

Von einem Kaiserjäger beim Auswaggonieren fotografiert: Vertreter der jüdischen Bevölkerungsgruppe Galiziens

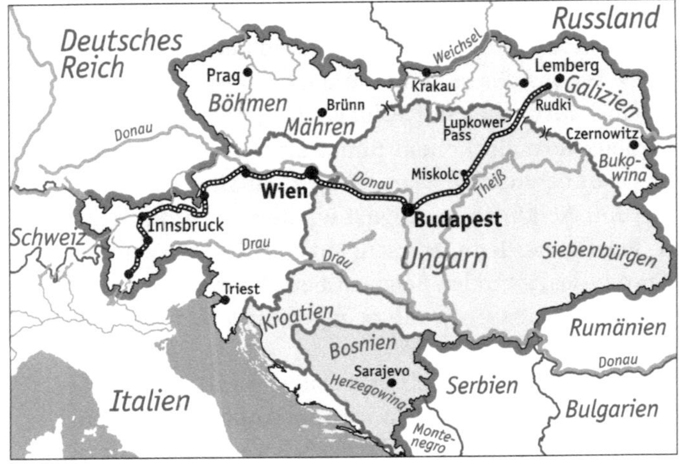

Die österreichisch-ungarische Doppelmonarchie. Galizien und die Bukowina, jenseits der Karpaten, bilden zusammen das größte Kronland der österreichischen Reichshälfte. Eingezeichnet ist die Eisenbahnstrecke, die von den Tiroler Einheiten zurückgelegt werden musste.

zehn Millionen der Entente gegenüber, und das noch vor dem Kriegseintritt der weiteren europäischen Verbünden und der USA.

Polen gab es damals nicht. Das uralte Königreich hatte 1772 und 1782 große Randgebiete an seine übermächtigen Nachbarn Preußen, Russland und Österreich abtreten müssen und war 1795 im Zuge der „dritten polnischen Teilung" endgültig von der Landkarte verschwunden. Das westliche Polen gehörte jetzt zum Deutschen Reich, das Zentrum und der Osten zum Zarenreich, das vorwiegend von Ruthenen bzw. – nach heutigem Sprachgebrauch – Ukrainern besiedelte Galizien im Süden fiel an Österreich, das sich 1846 mit Zustimmung Russlands und Preußens auch die bis dahin von den Nachbarn gemeinsam beherrschte Stadt Krakau einverleibte. Ab 1867, als das Kaiserreich Österreich in eine Doppelmonarchie umgewandelt wurde, gehörte das „Kronland Galizien und Lodomerien" (so die offizielle Bezeichnung) mit der südlich angrenzenden Bukowina nicht zu Ungarn, sondern zur österreichischen Reichshälfte.

Was die Bewaffnung betrifft, war wohl Deutschland bestens gerüstet, aber Österreich hinkte weit hinterher. Man konnte nicht einmal alle Soldaten mit modernen Gewehren ausstatten, sondern musste auch noch die alten einschüssigen Werndl- oder die deutschen Mausergewehre einsetzen. Dabei gab es seit 1889 die mehrschüssigen Gewehre des Typs Mannlicher, seit 1895 auch als kurzläufigen Karabiner. Beide wurden von der „Österreichischen Waffenfabriksgesellschaft (OEWG)“ in Steyr (später „Steyr-Mannlicher“) produziert, mit zeitweise 15.000 Mitarbeitern die größte Waffenfabrik Europas. Über eine Million Gewehre konnten jährlich produziert werden, von denen allerdings der Großteil in alle Welt exportiert wurde. Der eklatante Mangel an Maschinengewehren sollte bei den Kämpfen in Galizien eine entscheidende Rolle spielen. Bei der Artillerie verfügte die k.u.k. Armee mit dem von Škoda in Pilsen entwickelten und erzeugten 30,5-cm-Mörser über das damals modernste Geschütz, doch war ein großer Teil des übrigen Geräts veraltet, und es fehlte vor allem an leichten Feldgeschützen. Die gegnerischen Staaten waren allesamt besser gerüstet, Russland hatte noch dazu im jüngst vergangenen Krieg gegen Japan (1905/06) Erfahrungen gesammelt und seine militärischen Mittel ganz gezielt modernisiert. Die noch

Der Stolz der österreichisch-ungarischen Rüstungsindustrie: der in den Škodawerken in Pilsen gebaute 30,5-cm-Mörser

kaum entwickelte Luftwaffe ist ein gutes Beispiel für die unterschiedlichen Bemühungen: Bei Kriegsausbruch verfügte die k. u. k. Armee über 48 Flugzeuge, von denen die meisten jedoch nicht einsatzbereit waren, ein lenkbares Luftschiff und zwölf alte Fesselballone, die sich vor allem für die Aufklärung aus der Luft eigneten. Dagegen hatte das Heer des Zarenreiches von Beginn an 360 Flugzeuge und 16 Luftschiffe zur Verfügung.

Ein großes Manko auf österreichisch-ungarischer Seite waren die veralteten Transportmittel. Die Eisenbahnlinien waren gerade im Osten der Monarchie nicht leistungsfähig und nicht verzweigt genug, um Soldaten und Material rasch von einem Ort zum anderen bringen zu können. Weite Strecken mussten die Soldaten in anstrengenden Fußmärschen hinter sich bringen. Und der Tross bestand zumeist aus langsamen und schwerfälligen Pferdefuhrwerken. Auf eine zeitgemäße Motorisierung hatte Österreich-Ungarn jahrelang verzichtet, obwohl Fachleute und Fabriken in Bezug auf Konstruktion und Produktion von Motorfahrzeugen durchaus auf der Höhe der Zeit waren. Doch die verantwortlichen Politiker und Militärs hatten die Bedeutung des Automobils, das sich im zivilen Bereich längst auf dem Siegeszug befand, nicht rechtzeitig erkannt. Erst 1909 wurde in Klosterneuburg bei Wien eine zentrale Behörde für den Aufbau eines militärischen Kraftfahrwesens installiert.

Um mit den beschränkten Budgetmitteln auszukommen, wurde ab 1911 der sogenannte Subventions-Lastzug eingeführt: Wenn eine Privatperson oder eine Firma sich zur Anschaffung eines Lastautos mit Anhänger entschloss, wurde der Kauf vom Staat subventioniert, sofern sich der Besitzer bereit erklärte, das Fahrzeug bei Bedarf dem Heer zur Verfügung zu stellen. Was die Personenautos betrifft, so brachten viel-

Wie aus dem ganzen Land rollen auch aus der Landecker Garage die Postautos nach Innsbruck, um für den Kriegsgebrauch umgerüstet zu werden.

fach die Offiziere ihre privaten Fahrzeuge mit an ihren Einsatzort, oft samt Fahrer. Die erwähnte Zentralstelle kümmerte sich auch um die Ausbildung des benötigten Personals, das allerdings im Sommer 1914 – kaum zu glauben – monarchieweit erst 426 Mann umfasste. Dazu kamen 83 Mitglieder des „k. u. k. freiwilligen Automobilkorps“, die zum Teil samt ihren Fahrzeugen eingezogen wurden, und 607 Angehörige des „k. u. k. freiwilligen Motocyclistenkorps“, weiters zahlreiche dienstverpflichtete Zivilchaffeure.

Bei Kriegsbeginn versuchte man dem Mangel an Kraftfahrzeugen dadurch zu begegnen, dass alle Postlinien der Monarchie eingestellt wurden und die Postautobusse für den militärischen Bedarf adaptiert oder ganz umgebaut wurden. In Innsbruck waren u. a. die beiden Mechaniker und Führerscheinbesitzer Josef und Gustav Beikircher aus Mühlen (heute Gemeinde Sand) in Taufers mit dieser Aufgabe betraut. Die beiden Tiroler Autopioniere der ersten Stunde wurden sofort nach ihrer Assentierung am 4. August zu der im Aufbau begriffenen Kraftwagenformation nach Innsbruck geschickt. In einem Brief, den Gustav Beikircher Ende August nach Hause schrieb, heißt es: *„Wir haben ziemlich viel Arbeit mit dem Umbau der Postauto in Lastauto und müssen auch Sonn- und Feiertage arbeiten. Mit den unseren Wägen sind wir ja so ziemlich fertig, nun kommen noch die Pustertaler Wägen, die in Franzensfeste stehen, dran, die gehören nämlich auch zu unserer Colonne."* Mit „unserer Colonne" meint Gustav Beikircher die „Autokolonne Innsbruck", die am 4. September einwaggoniert wird und am 5. September Richtung Krakau abfährt. *„Wir werden 4–5 Tage auf der Bahn sein – bis dort ist in Rußland wahrscheinlich schon alles entschieden."*

„Lachen kann keiner von uns mehr“

Was die Tiroler in Galizien und Serbien erlebten • Immense Verluste in den ersten Kriegsmonaten

„Die ganze Nacht hindurch marschieren wir; die ermüdete Kolonne kommt nur langsam vorwärts. Wir sind nun tatsächlich in der Kampfzone angelangt; ein toter, von einer Kosakenlanze durchbohrter Husar liegt am Wege. Während einer einstündigen Rast wird der Frühstückskaffee ausgegeben, dann marschieren wir wieder weiter, keiner weiß wohin, nur das eine merken wir: es geht in der Richtung, aus der der Kanonendonner kommt, dem Feinde entgegen. Gegen Mittag nähert sich die Kolonne in schleppendem Tempo dem Orte Uhnow und wir können nun auch das Geknatter der Maschinengewehre hören.“

So beginnt Hauptmann Karl von Raschin in seinem Buch „Die Einser-Kaiserjäger im Feldzug gegen Russland 1914–1915“ den Bericht über den 28. August, als sein Regiment die Feuertaufe in der Schlacht bei Uhnów nordöstlich von Lemberg erlebte. Raschin, Edler von Raschinsfels, war damals Trainkommandant, stieg aber bald zum Regimentsadjutanten auf. Seine Erinnerungen wurden 20 Jahre später anhand eigener Aufzeichnungen, offizieller Quellen und mündlicher Überlieferung im Auftrag des Alt-Kaiserjäger Klubs niedergeschrieben und erschienen 1935 in Buchform. Sie sind ein typisches Beispiel für die von der Wissenschaft heute ziemlich zerzauste „Offiziershistoriographie“ der Zwischenkriegszeit, der es mehr um das ehrende, oft auch glorifizierende Gedenken der großen Waffentaten ihrer Einheiten ging als um eine historisch-sachliche Darstellung des Geschehens. *„Der Heldentod muss würdig geschildert werden“*, war die strikte Vorgabe eines Redaktionskomitees an die Geschichtsschreiber der vier Regimenter, das auch korrigierend eingriff, wenn ihm manche Passagen als *„zu objektiv"* erschienen. Wie weit Ideologie eine Rolle spielte oder ob auch Kriegsbegeisterung geweckt werden sollte, sei dahingestellt, jedenfalls wird man kritische Bemerkungen darin nicht finden und das allzu Grausige und Schreckliche des Kampfgeschehens wird ausgeklammert oder durch pathetisch-patriotische Floskeln überdeckt. Sein Kampfbericht ist dennoch lesenswert: Er kann dem militärhistorischen Laien einen Eindruck vom Verlauf einer Schlacht am galizischen Kriegsschauplatz geben und zugleich das Bedenkliche der alten Weltkriegsbücher erkennen lassen – war es wirklich „ein schöner Sieg", wenn er tausenden Kameraden das Leben kostete? –, die in großer Zahl in den Bücherschränken unserer Väter und Urgroßväter stehen und noch das Geschichtsbild der historisch interessierten Nachkriegsgeneration mitgeprägt haben.

Raschin berichtet, dass während der Mittagsrast, als der nachrückende Train gerade das Essen ausgibt, Alarm gegeben wird, und zitiert den Befehl, eine Brigade der königlich ungarischen Honvéd-Landwehr abzulösen, die im Kampf mit starken feindlichen Kräften steht. Die auf österreichisches Staatsgebiet eingedrungenen Russen seien nach Norden, möglichst über die Grenze zurückzudrängen. *„Auf das Zeichen des Regimentskommandanten beginnt der Angriff. Der Eisenbahndamm wird übersprungen, in Schwarmlinie geht es vorwärts, so wie man es oft und oft auf dem Ecxerzierplatze übte. Beim Vorgehen erhält ein Jäger einen Armschuss, der erste Verwundete. Er schreit auf, aber er denkt nicht daran, zum Hilfsplatz zu gehen, er hat ja selbst noch nicht geschossen, nimmt daher sein Verbandspäckchen, bindet die Wunde zu und eilt den Kameraden nach. Jetzt beginnt das Vorrücken, sprungweise über die deckungslose, nasse Hutweide. Ein Teil*

Der Maler Albin Egger-Lienz widmete dieses Bild, ein Schlachtengemälde im neuen Stil mit großer Symbolkraft, den Kaiserjägern und nannte es nach einem ihrer ersten Siege in Galizien „Uhnów".

der Kompagnien läuft, wirft sich nieder, dann springt eine andere Gruppe auf und wirft sich wieder nieder. So geht es ‚rollend' unausgesetzt weiter vor und bald sind die ersten Jäger im Walde." Dort treffen sie auf die ungarischen Kameraden der Honvéd-Brigade, die über hohe Verluste klagen und dass *„der Russen immer mehr werden"*. Die Tiroler darauf, zumindest in der Erinnerung des Buchautors: *„Was ficht uns das an, wir wollen vorerst den Russen gegenüberstehen, dann sollen sie sich mit uns messen."*

Noch im Wald wird das Infanteriefeuer stärker. *„Ganz besonders wüten die feindlichen Maschinengewehre in unseren Reihen. Mancher fällt, noch ehe er den heißersehnten Schuß auf den Feind abgeben kann. Die Offiziere an der Spitze ihrer Züge wissen, es gibt nur eine Parole und die heißt: vorwärts. Die Jäger brauchen keine Anfeuerung und folgen blind ihren Führern* [...] *Da* *erschallen Trompetensignale, das Bajonett wird aufgepflanzt, der gute kämpfende Christ schlägt ein Kreuz und begibt sich in Gottes Schutz. Der Ruf des Kommandanten: ‚Vorwärts! Hurra!' findet hundertfachen Widerhall und mit Ungestüm drängt die Kolonne gegen den feindlichen Graben. Wenn auch die russischen Kugeln rechts und links Lücken in die stürmenden Reihen der Jäger reißen, man achtet sie nicht; es gibt jetzt nur eines: vorwärts, zu den Russen! Wie eine Erlösung ist es den Stürmern, als sie endlich den Feind erreichen; er kann nicht mehr schießen und muß sich mit der blanken Waffe verteidigen; Mann steht gegen Mann im Kampf. Der Russe ist in Übermacht im Graben, doch was nützt ihm das? Dem Handgemenge Tiroler Bergsöhne ist er nicht gewachsen; was nicht flieht oder zeitgerecht, Hände hoch, um Gnade fleht, wird niedergemacht. Der feindliche Graben ist unser und sofort eröffnen wir das Feuer auf die fliehenden Russen.* [...] *Auf der ganzen Linie weicht der Feind. Die russische Artillerie will die Situation retten und schmettert Lage auf Lage von Schrapnells und Granaten in unsere Reihen, ohne Rücksicht darauf, ob sie auch die eigenen Leute trifft. Viele Kameraden bleiben tot oder verwundet zurück, doch die anderen reißt wieder ein Hurra zu neuem Handgemenge."*

Auch in der anbrechenden Dunkelheit wird weitergekämpft. Die Kaiserjäger treffen auf eine weitere russische Kampflinie. *„Die russische Artillerie feuert, so schnell sie vermag, Kartätschen aus nächster Nähe gegen uns.* [...] *Wenn auch die Feuerschlünde der Artillerie in die Reihen der Stürmenden Tod und Verderben speien, die Jäger kennen keinen Stillstand. Der russische Artillerist soll die Tiroler kennenlernen; zum Ergeben bleibt ihm keine Zeit, denn zu groß ist die Erbitterung, da uns soviel Verluste zugefügt wurden."* Bei der anschließenden Versammlung des Regiments *„am Platz der eroberten 16 Geschütze um die Fahne und den*

Die Brutalität der Kämpfe in Galizien kommt auch in der Bildlegende zu diesem Foto im Kaiserjägerbuch von Karl von Raschin zum Ausdruck: „Wronin ist erstürmt. In den Gräben und auf den Deckungen liegen Haufen toter Russen."

Regimentskommandanten" finden sich *„kaum tausend Mann"* ein. Was nichts anderes heißt, als dass mehrere tausend Mann verwundet oder gefallen oder vermisst sind. *„Mit entblößtem Haupte, Gott dem Allmächtigen für den schönen Sieg dankend, gedenkt jeder seiner lieben Kameraden, die durch ihren Heldentod zu diesem schönen Erfolge beigetragen haben."*

Soweit die Darstellung von Kampf und Sieg im tendenzgefärbten Rückblick, von den Fakten her wohl „richtig", doch die konkrete und unmittelbar in Tagebüchern festgehaltene Erfahrung des Massensterbens in diesen ersten Wochen des Krieges klingt anders. *„Ich sah die Toten und Verwundeten, hob die Hände und floh wie ein Wahnsinniger, nur weg von diesem verfluchten Bild, die Gedanken bei den vielen unverschuldet unglücklichen Opfern und bei Gott, der diese Grausamkeit zulässt"*, schreibt der Trentiner Soldat Giovanni Pederzolli (Übersetzung vom Autor). Besonders drastisch, von literarischer Kraft, die Schilderung des Burggräfler Kaiserjägers Matthias Ladurner-Parthanes: *„Wir bilden* *eine Schwarmlinie. Zugs- und Schwarmkommandanten treten vor die Front: ‚So Mander, jetzt vorwärts, in Gott's Namen!' ‚Und in Gott's Namen', widerhallt es in den aufgelösten Reihen wie ein alter Schlachtruf! – Wir setzen uns langsam in Bewegung, gleich wie am Manöverfeld. Stoßgebete aus tausend Seelen steigen empor zum großen Schlachtenlenker* [...] *Auf einen Schlag schicken tausend Feindesfeuerschlünde Tod und Verderben in unsere Reihen; in tausend Akkorden singt die Luft. Ein Surren und Pfeifen, ein Brüllen wie von tausend losgelassenen Teufeln.* [...] *Ein Stöhnen und Jammern. Ein Bitten und Beten – ohne Ende! Dort Menschen im Todeskampf, bleich, mit Schweißperlen auf der Stirn. Und Blut, nichts als Blut!* [...] *Nichts sehe ich, weder Schwarm-, Zugs- noch Kompaniekommandanten; ich fühle mich nur allein und vor mir wie im Nebel noch mein Ziel. Und wieder vorwärts! Stürmen die Leute links und rechts neben mir nicht weiter? Nein, sie bleiben liegen, für immer. Und immer weniger werden, immer weniger.* [...] *Fünf, zehn, zwanzig Schritte vor mir liegen sie, todwund, den Rücken gekrümmt, das Gesicht auf die blutgetränkte Erde gepresst. Ein Bild vom großen Menschenmassenmorden!* [...] *Ich schaue zurück, niemand kommt nach. Wo ist die dritte Linie? Kommt sie nicht? Nein, nur Tote liegen.* [...] *Wie gut ist die Nacht, die all das Elend und das Grauen verhüllt! Die Luft roch sinnbetäubend nach Blut.* [...] *Unter dichten Föhren und Buchen sammelte der Hauptmann die Kompanie. Sie hatte 270 Mann Gefechtsstand gezählt, von denen heute nur mehr 64 Mann übriggeblieben.* [...] *Und überall Blut! An meinem Mantel klebt es, dickes, geronnenes, auch an den Hosen und Händen. Der Wald, die ganze Welt liegt betäubt davon.* [...] *Dieses fürchterliche Massenmorden! ‚Du sollst nicht töten', donnerte es einst vom Berge Sinai herab; mein inwendiger Riß ist größer geworden!* [...] *Es geht zurück; lautlos, still, mit müdem, schleppenden Schritt. Trunkenen gleich wandeln nun die*

Bei ihrer Feuertaufe nahe Karczów in Ostgalizien am 28. August 1914 gefallene Kaiserjäger

kläglichen Reste unserer Bataillons dahin, mit brennenden, fiebernden Köpfen – Schattengestalten [...]"

Der laut offizieller Kaiserjägerhistoriographie „schöne Erfolg" bei Uhnów und die Siege der Kaiserjäger bei anderen Gefechten an der galizischen Ostgrenze trugen wesentlich dazu bei, dass Österreich-Ungarns 4. Armee unter General Moritz Auffenberg die größere, drei Tage währende Schlacht im Raum Komarow weiter im Norden siegreich beenden konnte. Schon vorher hatten sich die Österreicher weiter im Westen bei Krasnik gegen die anmarschierenden Russen durchsetzen können, was in der Heimat eine Welle der Begeisterung auslöste. Doch die Verlustziffern waren enorm. *„Von 260 Mann einer Kompanie sind blos 30 unverwundet. Schrecklich viel Offiziere sind gefallen"*, vermerkt der selbst schwer verwundete Oberleutnant Candussi in seinem Tagebuch. Nur auf den Einzelerfolg abzielend, das Gesamte des Krieges außer Acht lassend, hatten die Generäle ihre besten Mannschaften rücksichtslos verheizt. Zum Feiern gab es auch sonst keinen Grund. Denn der Krieg begann

Werbewirksam: Postkarte mit den ersten russischen Kriegsgefangenen

für die Mittelmächte äußerst ungünstig, vor allem weil die Offensive gegen Serbien schon nach drei Wochen als gescheitert anzusehen war. Daran waren übrigens, obwohl die ausrückenden Soldaten fest mit diesem Feind gerechnet hatten, keine Tiroler Truppen beteiligt.

Ein kurzer Rückblick. Was war seit Kriegsbeginn passiert? Oder noch weiter zurück. Wie war die militärische Ausgangssituation? Österreich war auf eine gleichzeitige Auseinandersetzung mit Serbien und Russland überhaupt nicht vorbereitet. In Deutschland wiederum hatte der über Jahre an der Spitze des Generalstabs stehende August Graf von Schlieffen einen detaillierten Plan für einen Zweifrontenkrieg ausgearbeitet, der bei Politik und Heer als Garantie für einen Sieg über die Nachbarn angesehen wurde. Doch wie sich zeigen sollte, waren die angenommenen Voraussetzungen falsch. Da man Russland keine schnelle Mobilisierung seiner Armeen zugetraut hatte, sollte zuerst Frankreich besiegt werden – der Einmarsch in Paris war exakt für den 42. Tag vorgesehen. Dann könne man sich gegen Russland wenden. Bis dahin lag es am Bündnispartner, die sich langsam formierenden Truppen des Zaren in Schach zu halten. Soweit der „Schlieffenplan", doch war die deutsche Planung sträflich alternativlos, mögliche Störungen und eine unerwartete Entwicklung der Dinge waren nicht bedacht. Diese traten jedoch schon in den ersten Tagen ein. Der Widerstand der von England unterstützten belgischen Truppen war härter als erwartet und verzögerte den Vormarsch der deutschen Armeen um Wochen, im Norden Frankreichs blieb die Offensive dann überhaupt stecken. Und Russland hatte, zur Überraschung der deutschen Generäle, seine Mobilmachung innerhalb kürzester Zeit abgeschlossen.

Schon am 17. August überschritten zwei gut ausgerüstete russische Armeen in Ostpreußen die deutsche Grenze, schlugen die dort stationierten deutschen Truppen und drängten sie bis an die Weichsel zurück. Und vier weitere Armeen rückten gegen die Grenze Österreich-Ungarns vor. Zu dieser groben Fehleinschätzung der Gegner kam das nicht minder gravierende Versäumnis einer Absprache und Abstimmung von Strategien und Aufmarschplänen zwischen den Stabschefs der Bündnispartner. Obwohl schon seit Wochen mit der schließlich eingetretenen Situation zu rechnen war, hatte der deutsche Militärattaché in Wien noch am 1. August 1914 die Heeresleitung in Berlin daran erinnern müssen, dass es für die beiden Generalstäbe nun wohl an der Zeit sei, sich gegenseitig über Mobilmachung, Aufmarschpläne und Truppenstärken zu informierten.

Österreichs Generalstabschef Franz Conrad von Hötzendorf war so sehr auf einen schnellen Angriffskrieg gegen Serbien fixiert, dass er sich nicht zu einem rechtzeitigen Umlenken wenigstens einer der für den Balkan vorgesehenen Armeen nach Galizien entschließen hatte können. So beteiligte sich die 2. Armee unter General Eduard Böhm-Ermolli noch am 12. August an der Offensive gegen Serbien, obwohl ihr Einsatz in Galizien längst beschlossen war und sie dort dringend gebraucht wurde. Zur Abwehr des bevorstehenden russischen Angriffs standen dort nur die 1. Armee unter General Viktor Dankl und die 4. Armee unter General Moritz von Auffenberg sowie neun Divisionen der 3. Armee unter General Rudolf von Brudermann zur Verfügung, insgesamt eine knappe Million Soldaten. Beim k. u. k. Armeeoberkommando, das sich in der Festungsstadt Przemysl (heutige Schreibweise Przemyśl) eingerichtet hatte, besaß man nur ungenaue Informationen über Stoßrichtung und Kräfteverteilung des Feindes, doch war klar, dass er von Norden und von Osten mit überlegenen Kräften aufmarschieren würde.

Da Feldmarschall Conrad ein vehementer Anhänger des Grundsatzes war, dass ein Angriff die beste Verteidigung sei, ließ er völlig überraschend General Dankl mit der 1. Armee entlang der Weichsel über die russisch-polnische Grenze nach Norden Richtung Lublin marschieren. Tatsächlich traf Dankl bei Krasnik auf eine der russischen Armeen und konnte ihren Vormarsch stoppen. Gleichzeitig rückte weiter östlich General von Auffenberg mit seiner 4. Armee nach Norden vor und überschritt dort ebenfalls die Grenze, um sich bei Komarów in einer ersten größeren Schlacht glänzend zu behaupten. An seinem rechten Flügel marschierte, den Bug entlang, das zu einem großen Teil von Kaiserjägern und Landesschützen gebildete XIV. Korps und bewährte sich in mehreren schweren Gefechten, darunter Karczów und das oben geschilderte bei Uhnów. In der Heimat wurden diese Siege groß gefeiert, die Propaganda bauschte sie zu entschei-

Das Kriegsgeschehen in Galizien vom August 1914 bis Dezember:
1 und 2 – österreichische und russische Truppenbewegungen ab Mitte August,
3 – russische Offensive auf galizischem Gebiet und Einmarsch in Lemberg,
4 – Vormarsch der Russen bis zum Fluss San, Belagerung von Przemysl
und weiter Richtung Krakau, 5 – weitestes Vordringen russischer Einheiten,
6 – Frontlinie ab Dezember 1914 mit Zentrum am Fluss Dunajec

denden Auseinandersetzungen auf und konstruierte daraus eine militärische Überlegenheit Österreich-Ungarns.

In Wahrheit waren all diese Erfolge mit viel zu hohen Verlusten erkauft und strategisch nicht von Bedeutung, selbst wenn 200 Geschütze erbeutet und 26.000 Russen gefangen genommen wurden. Denn nicht von Norden her erfolgte der Hauptstoß der Russen, sondern von Osten, wo zwei starke Armeen die Grenze überschritten und Richtung Lemberg vorrückten. General Brudermann, dem nicht einmal eine komplette Armee zur Verfügung stand, konnte sie nicht stoppen. Auch das Tiroler Landsturmregiment Nr. II war an diesen Abwehrkämpfen beteiligt. Bei der aus Männern der älteren Jahrgänge bestehenden Truppe wirkten sich die Strapazen des Anmarsches besonders negativ aus. Bevor es überhaupt zum Feindkontakt kam, mussten schon einige hundert Mann als krank und marschunfähig zurückgelassen werden. Das Regiment bezog am 30. August eine Verteidigungsposition im Zentrum der weichenden Front. Der Tiroler Historiker Otto Stolz, der dem Regiment als Leutnant angehörte, bescheinigt den Landstürmern Kaltblütigkeit und Tapferkeit in der Stunde der Gefahr und schreibt 1938 in den „Veröffentlichungen des Ferdinandeums“, dass das Regiment *„durch sein Ausharren im Artilleriefeuer auf diesem Teile der Front das Vordringen des Gegners eine Zeitlang ausgehalten und dadurch den eigenen Truppen den Antritt des Rückzuges erleichtert“* hat.

General Auffenberg sah sich gezwungen, die Situation zu retten, indem er die 4. Armee einen radikalen Schwenk zurück in dem Raum Lemberg vollziehen ließ. Dabei erlitten alle vier Kaiserjägerregimenter schwerste Verluste. Das als Vorhut fungierende 2. Regiment konnte im Wald von Hujcze den Stab einer russischen Division gefangen nehmen, wurde aber im Morgengrauen des 7. September von allen Seiten angegriffen und nahezu aufgerieben. Die drei anderen Regimenter verbluteten in Gefechten an der Flanke und in Nachhutkämpfen. Am 2. September hatten die Russen weiter im Süden die Stadt Lemberg besetzt. Als endlich nach und nach die vom Balkan kommende 2. Armee unter General Böhm-Ermolli in Galizien eintraf, ließ Conrad von Hötzendorf nicht etwa eine starke Verteidigungslinie westlich von Lemberg aufbauen, wo ein Seengürtel günstige Voraussetzungen geboten hätte, sondern startete den verzweifelten Versuch, Lemberg mit seinen dezimierten und zudem völlig erschöpften Truppen zurückzuerobern. Die 4. Armee, die von Norden zu Hilfe eilte, konnte sich in einer mehrtägigen Schlacht nahe der Stadt Rawa-Ruska nicht durchsetzen und wurde letztlich vernichtend geschlagen. Was die Tatsache einer verlorenen Schlacht für diejenigen be-

Phantasievolle Darstellung des für die Kaiserjäger zur Katastrophe gewordenen Gefechts im Wald von Hujcze (Werbepostkarte)

deutet, die das miterleben mussten, lässt ein Absatz aus den Kriegserinnerungen des Salzburger Oberleutnants Constantin Schneider erahnen:

„Immer mehr Leute kamen aus dem Gefecht, gehen an uns vorüber – auch Unverwundete sind darunter, Leute, welche die Waffen weggeworfen hatten, dann endlose Reihen von Verwundeten, Leute, die vor Schmerz oder Schrecken den Verstand verloren hatten ..., die meisten mit entstellten Zügen, schwarz im Gesicht von Staub und Erde mit weit aufgerissenen, hervorquellenden Augen und irrem Blick. Dann die Fuhrwerke: Nicht mehr die gewohnten 6 Pferde eingespannt, nur 2 oder 4. Die Protzen [einachsige Karren zum Transport von Geschützen] *fahren allein, ohne die Geschütze... Auf den Protzen kleben Haufen von Menschen, gleich Flüchtlingen, zusammengekauert und mit dem elenden Blick der Hoffnungslosigkeit. Viele trugen Verbände, andere bluteten, ohne Verbände zu tragen* [...] *Dort hockte einer starr, mit hohlem Wangen, bleich – unter die Lebenden hatten sich die Toten gemischt, man nahm sie mit, weil man keine Zeit*

Auf der Straße nach Lemberg, während dort die Schlacht tobt

hatte, die unnötige Last abzuwerfen. Es war ein endloser trauriger Zug von Tod und Elend.“

Es verwundert nicht, dass der Chefpsychiater am Innsbrucker Garnisonsspital, Professor Hans Molitochisch, in Bezug auf die ersten Kriegswochen in Galizien *„von mehreren Tausend an der Front zusammengebrochenen“* Militärpersonen sprach. Darunter waren einfache Soldaten genauso wie Chargen und höhere Offiziere, von denen einige angesichts der Katastrophe den Freitod wählten. Eine *„seelische Depression“* der gesamten Mannschaft stellte Oberleutnant Rüdiger Stadlmayr vom 2. Regiment der Tiroler Kaiserjäger fest, deren Ordnung nur mehr durch vorschriftswidrige Beschimpfungen und Bestrafungen aufrechterhalten werden konnte. Was natürlich auch nicht geeignet war, die Moral der Truppe zu heben.

Als auch die Schlacht von Grodek (heutige Schreibweise Gródek) vor den Toren Lembergs (auch Schlacht von Lemberg genannt) im Fiasko zu enden drohte, gab der Generalstabschef den Befehl zum Rückzug an den San, wo die Festungsstadt Przemysl mit ihren weit vorgeschobenen Verteidigungslinien, 50 km verdeckten

Gräben und 200 Bastionen der Artillerie einen sicheren Halt verhieß. Im Umkreis von 50 Kilometern waren vor Kriegsbeginn 1000 Hektar Wald abgeholzt und 21 Dörfer dem Erdboden gleichgemacht worden, um freies Schussfeld zu haben. Die Zivilbevölkerung hatte die Stadt verlassen müssen, um sie als Bollwerk, Arsenal, Militärlager und Kommandozentrale des gesamten nordöstlichen Kriegsschauplatzes nutzen zu können. Tatsächlich musste aber auch die San-Linie aufgegeben werden. Nur Przemysl selbst hielt den russischen Angriffen stand, wurde aber gänzlich eingeschlossen. Bevor es soweit war, drängten sich noch drei Armeen auf dem Rückzug samt all ihren Trainfuhrwerken durch die Stadt, weil die im Dauerregen aufgeweichten oder ganz abhandengekommenen Straßen der Umgebung ein Ausweichen unmöglich machten. Zurück

Zeichnungen wie diese im Tiroler Volksboten, die einen Ausfall aus der belagerten Festung Przemysl zeigt, sollen den Tirolern eine Vorstellung vom Kriegsgeschehen geben.

Mit seinem Landsturmregiment in Przemysl eingeschlossen: der Tiroler Maler Max von Esterle, gezeichnet von seinem Kollegen August Frech, den es ebenfalls dorthin verschlagen hatte

in russischer Umklammerung blieb die Festungsbesatzung und einiges an Fronttruppen, insgesamt ca. 130.000 Mann. Der halbwegs heil gebliebene Rest des Tiroler Landsturmregiments Nr. II war darunter. Der als Leutnant eingerückte Innsbrucker Maler, Zeichenlehrer und Kunstkritiker Max von Esterle schrieb noch am 18. September, dem Tag der gänzlichen Einschließung, folgenden Brief an seinen Freund Ludwig von Ficker, den Herausgeber der Kulturzeitschrift „Der Brenner“:

„Niemand von uns hätte erwartet, auf seine alten Tage noch dieses Übermaß von körperlichen und seelischen Strapazen ertragen zu müssen. Es ist ungeheuerlich, was der Krieg vernichtet, – und trotzdem habe ich den bestimmten Eindruck einer ganz verdienten Bestrafung. Wir waren jetzt in zwei großen Schlachten, die Hälfte der Mannschaft und zwei Drittel der Offiziere sind weg, unsere Kräfte nehmen ab, rings ist das Land von uns selbst zerstört, die Einwohnerschaft ist mißtrauisch oder verräterisch, der Gegner bedeutend stärker als wir. Ich bin höchst erstaunt, daß ich das alles mitmachen kann. Was gäbe es alles zu erzählen – aber jeder Tag bringt neues Wirkliches von so entsetzlicher Größe, daß es einem den Mund verschließt. Glück haben wir nicht, soviel steht wenigstens für unser Regiment fest. Jetzt endlich, nach maaßlosen Strapazen, sind wir im Festungsrayon fest-

gelegt, können uns wieder schlafenlegen, satt essen und waschen. Gott gebe, dass es einige Zeit dauert, es wäre nötig. Die Zukunft ist von unserem Standpunkte aus trist. Aber wir trachten uns darüber hinwegzutäuschen. Lachen kann freilich keiner von uns mehr."

Auch am San konnten sich die österreichisch-ungarischen Truppen nicht mehr halten. Es ging in tagelangen Märschen weiter westwärts. Alles ziemlich chaotisch, denn ein Rückzug war nicht vorgesehen gewesen, Conrad hatte allein auf Offensive gesetzt. Zum Glück drängten die Russen nicht nach, auch sie hatten hohe Verluste zu ersetzen und kümmerten sich vorerst darum, die eroberten Gebiete und Städte zu sichern, die Befestigungen von Lemberg zu erneuern und den Belagerungsring um Przemysl auszubauen. Die neue Verteidigungslinie der k. u. k. Armeen wurden die Flüsse Dunajec und Biala. Der Großteil Galiziens war verloren, die Front um ca. 200 km nach Westen verschoben. Das allein wäre nicht so schlimm gewesen. Die wahre Katastrophe waren die immensen Verluste an Menschen und Material, die nach Ansicht der Militärhistoriker das spätere Ende der k. u. k. Streitkräfte jetzt schon besiegelten.

Mit etwas mehr als 800.000 Soldaten war Österreich-Ungarn in Galizien angetreten, davon war die Hälfte nach dem ersten Kriegsmonat verloren gegangen: ca. 300.000 waren tot oder schwer verwundet, etwa 100.000 von den Russen gefangen genommen. Von den materiellen Verlusten, vor allem an Geschützen, gar nicht zu sprechen. Wie stand es um die Tiroler? Die Regimenter der Kaiserjäger und der Landesschützen hatten rund zwei Drittel ihres Bestandes durch Tod, Verwundung, Krankheit oder Gefangenschaft eingebüßt, was vom Landsturmregiment Nr. II übrig geblieben war, saß in der Festung Przemysl fest und sollte – so viel sei vorweggenommen – im März in russische

Gefangenschaft gehen, wo jeder Fünfte starb. Das heißt ganz konkret, dass von den ca. 45.000 Mitte August ausgerückten oder wenige Wochen später nachgeschickten Tirolern über 12.000 nicht mehr in ihre Heimat zurückkehrten, weitere 18.000 nur mehr als Krüppel oder Jahre später abgezehrt und krank aus sibirischer Gefangenschaft.

Schuld an diesen Einbußen, die man nie mehr wettmachen würde können – vor allem herrschte von nun an drückender Mangel an gut ausgebildeten und erfahrenen Offizieren –, war die mangelhafte Einstellung der verantwortlichen Militärs auf den veränderten Charakter eines modernen Krieges. Das fing bei den zu hellen Uniformen an, die leichtes Ziel boten, bis man auf erdigere Farben umstellte, betrifft aber vor allem die in dicht gestaffelten Reihen vorgetragenen Sturmangriffe gegen gut verschanzte russische Stellungen, die reichlich mit Maschinengewehren und leichter Feldartillerie ausgestattet waren. Dass die Schlachten der ersten eineinhalb Kriegsjahre ohne Stahlhelme geschlagen wurden – sie wurden 1915 in Frankreich, dann in Russland, Mitte 1916 in Deutschland und erst ab Ende 1916 nach und nach in Österreich-Ungarn eingeführt –, erklärt die große Zahl von schweren bis tödlichen Kopfverletzungen. Dazu kam das vielfach nicht nur unkluge und unvorsichtige, sondern verantwortungslose Vorgehen der Befehlshaber auf allen Ebenen, die das Heil in der bedingungslosen Offensive sahen und ihre Offiziere und Mannschaften ohne Rücksicht auf die zu erwartenden Verluste ins mörderische Feuer trieben.

Ein Tiroler Landesschützenoffizier schrieb in sein Tagebuch, für den Generalstab sei *„ein Bataillon nur ein schwarzes Kastl oder ein Fähnlein am Lageplan“*. Während diese Herren selber gar nichts riskierten, würden sie *„den restlosen Massenmord der eigenen Soldaten“* befehlen. *„Wohin soll denn dieses Hinmorden der Mas-*

sen zum Schlusse führen? Ich sehe ganz von der Gefühlsseite ab, aber auch vom Standpunkt des weiter in die Zukunft schauenden Österreichers kann ich nicht anders urteilen. Denn wo haben wir denn so viele brauchbare Menschen- und Soldatenreserven, daß wir immer wieder endlos neue Offensiven durchführen können?"

Dass die Russen nicht weniger Verluste zu beklagen hatten, konnte kein Trost sein. Der stetig anschwellende Strom der Flüchtlinge und die Opfer unter der Zivilbevölkerung spielten im Denken und Rechnen der Militärs ohnehin keine Rolle. „Flüchtling" war bei einem großen Teil dieser Menschen ein beschönigender Ausdruck, denn viele von ihnen verließen ihre Häuser nicht freiwillig auf der Flucht vor dem Kriegsgeschehen. Oft wurden sie regelrecht vertrieben, weil sich eine Einheit in einem Dorf verschanzen wollte. Oder ein höheres Kommando hatte beschlossen, es dem Erdboden gleichzumachen, um freies Schussfeld für die Artillerie zu haben. Dann konnte es sein, dass die Bevölkerung binnen weniger Stunden zwangsevakuiert wurde. Am nächsten Bahnhof wurden die verzweifelten Leute in Waggons gesperrt und hunderte Kilometer nach Westen transportiert, wo sie sich in einem riesi-

Fotodokument vom Leiden der Zivilbevölkerung

Flüchtlinge aus dem Osten Galiziens

gen Barackenlager wiederfanden. Längst ist erwiesen, dass man auf diese Art auch billige Arbeitskräfte rekrutierte.

So schrecklich diese menschenverachtende Vorgangsweise des k. u. k. Militärs für die unschuldige Bevölkerung des Schlachtfeldes Galizien gewesen sein muss, so gab es noch eine Steigerung, nämlich brutale Strafaktionen gegen ganze Dörfer, zu denen sich Generäle und Offiziere hinreißen ließen, wo mangelnde Loyalität vermutet wurde. Die Ruthenen, die in Galizien die Mehrheit der Bevölkerung stellten, wurden ohnehin samt und sonders als russophil eingestuft und von vornherein der Kollaboration mit und der Spionage für den Feind verdächtigt. Viele Männer wurden ohne den geringsten Beweis, auf den bloßen Verdacht hin erhängt. Kaum ein Dorf, wo nicht am Hauptplatz mehrere, wenn nicht gar über ein Dutzend Tote mit warnenden Schildern um den Hals von den Bäumen oder von schnell errichteten Galgen baumelten. Die Zahl der zivilen Todesopfer in Galizien wird von einigen

Historikern auf rund 60.000 geschätzt. Mindestens 30.000 waren es nachweisbar.

Zur selben Zeit, als in Galizien der Rückzug abgeschlossen war, bereitete der Oberkommandant am Balkan, Feldzeugmeister Oskar Potiorek, an der Grenze zu Serbien eine neue Offensive vor, nachdem der erste Angriff im August innerhalb von zehn Tagen an der opferbereiten Kampfkraft der Verteidiger gescheitert war. Für den neuen Feldzug, den er von Bosnien aus führen wollte, forderte Potiorek ausgerechnet die zu Hause verbliebenen Tiroler Landsturmbataillone an. So wurde am 10. und 11. Oktober das Landsturmregiment Nr. I nach Sarajevo einwaggoniert, dazu drei Maschinengewehrabteilungen des Landesschützenregiments II, kurz darauf folgte das Landsturmbataillon 27. Insgesamt waren es fast 4000 Mann, die Tirol allen Protesten des Landeshauptmannes zum Trotz für den zweiten Angriff auf Serbien zur Verfügung stellen musste. Es sollte ein blutiges Ringen werden und trotz der zeitweiligen Besetzung von Belgrad in einer schmählichen Niederlage enden.

Die Tiroler Landstürmer mit ihrer Maschinengewehrabteilung zeichneten sich in mehreren gefährlichen Unternehmungen aus. Als Tiroler Historiker kann man nur hoffen, dass sie nicht auch an jenen unmenschlichen „Strafaktionen" gegen Zivilisten beteiligt waren, die österreichischerseits lange als Propagandalügen der Serben abgetan oder als notwendige „strenge Maßnahmen" qualifiziert wurden,

In jedem Dorf auf bloßen Verdacht hin erhängte Männer

Schon ab Ende August müssen die ersten Ersatzkompanien nach Galizien nachgeschickt werden (Inspizierung am „Prügelbau“ in Innbruck).

höchstens dass man überzogene Repressalien nach hinterhältigen Angriffen von Guerillas zugab. Heute zweifelt kein Historiker mehr daran, dass es sich um Tatsachen handelt, die als Kriegsverbrechen einzustufen sind. Die schlimmsten Übergriffe, ja regelrechte Massaker, hatte es während des ersten Angriffs im August 1914 gegeben, als unschuldige Dorfbewohner, auch Frauen und Kinder, misshandelt und grausam ermordet wurden. Die Soldaten seien von ihren Offizieren gegen die Serben aufgehetzt worden, sagten österreichisch-ungarische Gefangene später übereinstimmend aus. Rache für Sarajevo! Ein minderwertiges Volk sei das, habe man ihnen gesagt, ein Mischmasch aus barbarischen Mordgesellen, das man ausrotten müsse, einer solchen Bevölkerung gegenüber dürfe es kein menschliches Mitgefühl und keine Herzensgüte geben. Der Feldzug vom Oktober bis Dezember dürfte nicht viel menschlicher abgelaufen sein.

Von dem an der serbischen Front im Herbst 1914 eingesetzten Tiroler Kontingent wurden einige Kompanien fast komplett aufgerieben. Die offizielle Ver-

Gefangene Serben: Im Oktober begann der zweite Versuch, das kleine serbische Königreich zu bezwingen.

lustziffer des Landsturmregiments Nr. I nennt 81 Tote, 320 Verwundete und 834 wegen Krankheit nicht mehr einsatzfähige Soldaten. Dazu kommen die nicht amtlich festgehaltenen Ausfälle des Bataillons 27, das auf ein Drittel seines ursprünglichen Bestandes zusammengeschmolzen war. Nicht eindeutig feststellbar ist auch die Zahl der Tiroler, die mit der serbischen Kriegsgefangenschaft ein bitteres Los gezogen hatten. Denn während des schließlich siegreichen österreichischen Serbienfeldzugs im Herbst 1915 eskortierten die Überreste der serbischen Armee über 35.000 Gefangene zusammen mit geschätzten 50.000 serbischen Flüchtlingen auf einem wahren Todesmarsch quer durch die Balkanhalbinsel ins südliche Albanien. Als dort Hungersnöte, Seuchen und das Chaos ausbrachen, waren die Alliierten bereit, die Flüchtlinge nach Italien und die serbischen Soldaten nach Korfu zu bringen. Die Gefangenen mussten ebenfalls Schiffe besteigen, die sie auf die italienische Insel Asinara zwischen Sardinien und Korsika brachten, wo für sie ein Gefangenenlager eingerichtet wurde.

Gegen die russische Dampfwalze

Die Innsbrucker Autokolonne in Krakau, Georg Trakls Tod und das Kriegsgeschehen in Galizien bis zur Durchbruchschlacht von Tarnów-Gorlice im Mai 1915

Nach dem Rückzug aus dem Osten und der Mitte Galiziens war Krakau im Dreiländereck Österreich/Deutschland/Russisch-Polen das neue Hauptquartier des k. u. k. Oberkommandos und das Zentrum der militärischen Aktivitäten in den folgenden Monaten. Die alte Handelsstadt und einstmalige polnische Königsresidenz mit dem mächtigen Burghügel an der Weichsel war seit der Mitte des 19. Jahrhunderts mit einem Festungsgürtel umgeben worden, der bis an die Grenze des Zarenreichs heranreichte. Wie rund um Przemysl wurden auch hier im Juli 1914 umliegende Wälder abgeholzt und von Einzelhöfen bis zu ganzen Dörfern alles beseitigt, was einem anrückenden Feind als Deckung dienen und das Schussfeld der Artillerie beeinträchtigen hätte können.

Hier war am 8. September auch die Innsbrucker Autokolonne mit 77 Mann, 30 Lastautos und den von einigen Offizieren mitgebrachten PKWs eingetroffen. Zusammen mit anderen aus der ganzen Monarchie zusammengezogenen Autokolonnen bezogen sie auf einem riesigen Truppenareal ihr Standquartier. Sie war dem k. u. k. Festungskommando unterstellt und hatte sehr unterschiedliche Aufgaben zu erfüllen. In zahllosen LKW-Fahrten, oft unausgesetzt Tag und Nacht, waren die an der Front stehenden Einheiten mit allem zu versorgen, was für Mensch und Tier und für den Kampf gebraucht wurde. Aber auch der Transport von Verletzten oder die Bergung beschädigter Fahrzeuge und deren Reparatur am Werksgelände waren wichtige

Die Wege in Galizien sind tückisch: Oberleutnant Aladar Nehoda von der Autokolonne Innsbruck hilft mit seinem Wagen einem steckengebliebenen Fahrzeug.

Tätigkeitsfelder. Abenteuerlichen Charakter hatten die Erkundungsfahrten auf feindliches Gebiet nördlich der Weichsel. Dafür wurde meist das private Personenauto des Kommandanten der Kolonne verwendet, Major Ernst Freiherr von Handel-Mazzetti, vor dem Krieg in Innsbruck Automobilreferent des XIV. Armeekorps.

Aus den Briefen der beiden schon erwähnten Brüder Josef und Gustav Beikircher (siehe auch Seite 55/56) wissen wir viel über den Einsatz der Autos aus Tirol. Ein immer wiederkehrendes Thema sind der dauernde Regen und die katastrophalen Straßenverhältnisse. Am 29. September schreibt Gustav Beikircher über eine Fahrt in unmittelbarer Frontnähe: *„Bin soeben von einer Autotour ganz durchweicht zurückgekommen* [...] *Hier ist beständig schlechtes Wetter, die Straßen, besonders in Russland* [gemeint ist das russisch-polnische Gebiet zwischen Krakau, Kielce, Lublin und Cholm] *miserabel. Vorgestern wurde ein Auto von uns, welches Verwundete führte, von den Russen angeschossen, ohne jedoch jemand zu verletzen. Gestern haben die Russen jedoch von unseren Truppen gewaltige Hiebe bekommen und retirieren* *eiligst.*“ Ein Leutnant der Innsbrucker Autokolonne, der im Zivilberuf als Ingenieur der Škodawerke in Pilsen tätig gewesene Aladar Nehoda, schreibt am 2. Oktober seinem Vater in Wien ohne Rücksicht auf die Zensur, die eine Nennung von Orten verbot, über einen Einsatz in diesem gerade heftig umkämpften Gebiet: „*Gestern 11 Uhr Vormittag bekam ich den Befehl mit Krasit* [Sprengstoff] *und zwei Lastenautomobilen dringendst nach Szczecno* [Dorf in der Nähe der Stadt Kielce] *abzugehen. Dort traf ich nach sehr schwieriger Fahrt auf unwegsamen Straßen* [heute] *um 12 Uhr Mittag ein. Von dort, wo sich ein Korpskommando befindet, schreibe ich Dir nun unter dem unausgesetzten Donner der Schlacht, bei welchem um die Lysa-Gora* [Heiligkreuz-Berge] *gerungen wird. Der Vollmond scheint und lässt die Böller nicht verstummen.*“

Wie die Brüder Beikircher spielt auch Nehoda in seinen Briefen die Gefahren seiner Einsätze möglichst herunter, um die Angehörigen nicht in allzu große Sorge zu versetzen. Das belegt u. a. folgende Briefstelle, bei der es um einen höchst dramatischen Zwischenfall geht. „*Habe den Rückzug eines Korps mitgemacht, wobei ich beinahe einen Wagen wegen Benzinmangel verloren hätte. Waren unmittelbar am Feinde – Mannschaft blieb heldenmütig bei den Autos – welchen ich in letzter Stunde die Rettung herbeiführte.*“ Die in den zitierten Briefen erwähnten Kämpfe sind Teil des Versuches von Generalstabschef Conrad, quasi aus dem Rückzug heraus eine neue Offensive zu starten, die von Nordosten gegen Krakau vorrückenden Russen bis hinter Lublin zurückzuschlagen und im zentralen Galizien zumindest die Belagerung der Festung Przemysl zu durchbrechen. Erstmals konnte Conrad von Hötzendorf den deutschen Bündnispartner von der Notwendigkeit eines gemeinsamen Vorgehens überzeugen.

Das Bild des Krieges, wie es der Tiroler Volksbote seinem vorwiegend ländlichen Publikum vermittelt

Deutschlands Vormarsch in Frankreich – das ist nachzuholen – war an der Marne steckengeblieben und zum Stellungskrieg geworden. So hatte man dem östlichen Kriegsschauplatz wieder mehr Augenmerk schenken können. Generaloberst Paul von Hindenburg übernahm die 8. deutsche Armee und besiegte die Russen am 27. August in der großen Umfassungsschlacht von Tannenberg, die später zum Mythos hochstilisiert wurde. Tatsächlich konnte von einer Entscheidung keine Rede sein. So kam es zur Bildung einer 9. deutschen Armee, die gemeinsam mit österreichischen Truppen nördlich der Weichsel im russisch-polnischen Raum operierte, und ab 4. Oktober zu einer breit angelegten Offensive in Galizien. Doch trotz anfänglicher Erfolge und obwohl sich vor allem Kaiserjäger und Landesschützen in tollkühnen Einzelaktionen auszeichneten, konnten die starken russischen Stellungen am San nicht überwunden werden. Es nützte auch nichts, dass der Belagerungsring um Przemysl gesprengt werden konnte. Schon wenige Tage später war die Festungsstadt samt Besatzung wieder eingeschlossen.

Auch an allen anderen Abschnitten der Front war an ein zügiges Vorrücken nicht zu denken, weil es die Russen verstanden hatten, ihre Verluste an Menschen und Material in den vergangenen Wochen zu ersetzen. Die k. u. k. Truppen waren dazu nicht in der Lage gewesen, obwohl ab Ende August die ersten in der Heimat aufgestellten Marschbataillone nachgerückt waren. Mit verzweifeltem Staunen sahen Österreich-Ungarns und Deutschlands Strategen – und bald auch die Mannschaften an der Front – immer neue russische Divisionen anmarschieren. Der Zar und seine Generäle setzten ihre schier unerschöpfliche Reserve an „Menschenmaterial" in Bewegung. Und sie begnügten sich nicht mit der Abwehr der Angreifer, sondern drangen im Gegenstoß so weit nach dem Westen vor wie nie zuvor. Nicht nur bei den Soldaten war die Bezeichnung „russische Dampfwalze" längst sprichwörtlich geworden, auch Dichter fanden ähnliche Vergleiche, etwa der im ostgalizischen Schtetl Brody geborene Dichter Joseph Roth in seinem 1924 erschienenen Roman „Hotel Savoy": *„Sie tragen die Gewehre mit aufgepflanzten Bajonetten in der Hand, sie gehen durch den Regen, der Kot spritzt auf, und die ganze geschlossene Soldatenmasse stampft wie eine Maschine."*

Die Welle der russischen Gegenoffensive lief erst an den Karpatenpässen und im Hügelland östlich und südlich von Krakau aus. Im Norden der Stadt marschierten die Divisionen des Zaren weiter nach Westen, überschritten die deutsche Grenze und kamen in Schlesien fast bis nach Breslau, weiter nördlich bis knapp vor Posen. Erst dann verpuffte der Schwung, konnten zwei k. u. k. Armeen zusammen mit den Deutschen in harten Kämpfen die „Dampfwalze" zum Stehen bringen. Wie teuer dieser Erfolg erkauft war, zeigt das Beispiel der Kaiserjäger, deren 1. Regiment auf 560, das zweite auf 806 Mann zusammengeschmolzen war. Aber auch für die Russen waren die Verluste allmählich zu hoch und der Artillerie ging die Munition aus. In der dadurch bedingten Verschnaufpause bereiteten die Mittelmächte eine entscheidende Schlacht vor.

Georg Trakl

In Krakau rechnete man in diesen Wochen mit Artilleriebeschuss, zu dem es dann doch nicht kam, dafür warfen russische Flieger Bomben ab, die jedoch kaum Schaden anrichteten.

Im Garnisonsspital der Stadt starb am 3. November 1914 der Salzburger Dichter Georg Trakl, der die letzten Jahre bei seinem Freund und Förderer Ludwig Ficker in Innsbruck verbracht und sich bei Kriegsausbruch freiwillig an die Front gemeldet hatte, wo er als gelernter Apotheker in einer Tiroler Sanitätskolonne alles Schreckliche des Krieges mitmachte, bis es seine Nerven nicht mehr aushielten. Aus Grodek schrieb er nach einem Marsch durch verwüstete und niedergebrannte Dörfer nach Innsbruck, er habe ein Bild des Grauens vor sich, wenn er ins Freie trete: *„Da standen nämlich auf dem Platz, der wirr belebt und dann wieder wie ausgekehrt schien, Bäume. Ein*[e] *Gruppe unheimlich regungslos beisammenstehender Bäume, an deren jedem ein Gehenkter baumelte. Ruthenen, justifizierte Ortsansässige.“* Als rund um diesen Ort die Schlacht tobte, hatte er – ganz auf sich allein gestellt, da es weit und breit keinen Arzt gab – in einer Scheune neunzig

Schwerverwundete zu betreuen. Zwei Tage und Nächte lang musste er ihr Schreien und Stöhnen ertragen, ohne helfen zu können. Einer hielt die Schmerzen nicht mehr aus und erschoss sich vor Trakls Augen. Das war zu viel für ihn. Nach einem Selbstmordversuch Anfang Oktober musste er sich in Krakau einer psychiatrischen Untersuchung unterziehen. Am 12. Oktober schrieb er an Ficker: *„Ich bin seit fünf Tagen im Garns. Spital zur Beobachtung meines Geisteszustandes. Meine Gesundheit ist wohl etwas angegriffen und ich verfalle recht oft in eine unsägliche Traurigkeit. Hoffentlich sind diese Tage der Niedergeschlagenheit bald vorüber.“* Er sollte nicht mehr herausfinden aus diesem Zustand der Depression. Auch ein Besuch seines Innsbrucker Freundes, der sich die Genehmigung für eine Fahrt ins Frontgebiet verschafft hatte, bewirkte keine Besserung, im Gegenteil. Trakl schreibt ihm am 27. Oktober: *„Seit Ihrem Besuch im Spital ist mir doppelt traurig zu Mute. Ich fühle mich fast schon jenseits der Welt.“* Gleichzeitig übersendet er Ficker zwei Gedichte, in denen er die schrecklichen Erlebnisse der letzten Wochen in wortgewaltige Bilder fasst. Eine Woche danach flüchtet er mit Hilfe einer Überdosis Rauschgift aus dem Leben.

Von einem anderen, sehr ungewöhnlichen Besuch aus der Tiroler Heimat im fernen, umkämpften Krakau erfahren wir aus der Korrespondenz der Brüder Beikircher mit ihrem Vater: *„Wir bekommen hier so manches zu sehen, wovon ich mir früher noch nicht träumen ließ. Herr Josef Wachtler Kaufmann in Vintl ist hier im Spital, dreimal verwundet, Bauchschuß, Schrapnellwunden an der Schulter und am Rücken. Er hat zuerst einfach elend ausgesehen, doch hat er sich jetzt schon etwas gebessert sodaß er doch davon kommen könnte* [...] *zumal jetzt seine Schwester hier ist und ihn pflegt.“* Der mutige Einsatz seiner Schwester konnte Josef Wachtler

Umladen von Lebensmitteln auf einem galizischen Bahnhof

nicht mehr helfen. Er erlag knappe drei Wochen später seinen Verletzungen.

Die beiden Automobilisten aus dem Pustertal sahen sich übrigens immer wieder mit der Bitte um Nachforschungen über Wohlergehen oder Verbleib eines Landsmannes konfrontiert, der sich lange nicht mehr zu Hause gemeldet hatte. Für die Brüder eine oft unlösbare Aufgabe: *„Wie schwer es ist, jetzt jemanden zu finden, wenn nicht der Zufall hilft, das weiß nur der, der es probiert hat. Bei den Tiroler Kaiserjägern habe mich nach Bekannten erkundigt, es war mir nicht möglich, auch nur einen zu treffen, ich gab mir viel Mühe. Die Tiroler Landesschützen suchte ich gelegentlich einer Tour auf, und frug nach Pustertalern, um Bekannte darunter zu entdecken; ‚ne resemir' (ich verstehe nicht) oder ‚zo povidale' (von was sprechen Sie) erhielt ich zur Antwort, dann ging ich meiner Wege."*

Einmal schreibt Gustav Beikircher nach Hause, dass sie die Briefe ihres Vaters oft *„erst sehr spät oder gar* *nicht erhalten. Wenn man aber die ungeheure Menge Briefe und Pakete sieht so wird's erklärlich.*" Zur Aufgabe der Autokolonne gehörte es, die Post aus der Heimat am Bahnhof abzuholen und in die Frontgebiete zu bringen, was vor allem in der Vorweihnachtszeit kaum bewältigt werden konnte. „*Ein Auto von uns hat vergangene Woche 19 Waggon Paquette überführt. Und alle sollen nach Möglichkeit bis in die Schützengräben transportiert werden.*" Und doch war dies eine angenehme Aufgabe im Vergleich zu den Bildern und Zuständen, mit denen die Tiroler Autosoldaten am Krakauer Bahnhof während ihres 24-Stunden-Dienstes sonst oft konfrontiert wurden: „*Habe heute wieder mal Nachtdienst. Transporte ab Bahnhof hier. Bald kommen gefangene Russen, bald Verwundete. Auswandernde Juden, Bauern etc. mit Frauen und Kindern belegen den ganzen Bahnhof.*" Häufig sind auch die Munitionstransporte von der Bahn ins entsprechend gesicherte Krakauer Festungsdepot: „*Innerhalb von 30 Stunden wurden 102 Waggon Munition vom Bahnhof ins Lager überführt*", notiert Gustav Beikircher.

Anfang Dezember beruhigt Gustav Beikircher seinen Vater, dem Zeitungsberichte über Kämpfe rund um Krakau und sogar von Luftangriffen auf die Stadt natürlich größte Sorge bereiten: „*Es knallt zwar draußen an den Vorwerken ein wenig, doch ist von einer Gefährdung der Stadt gar keine Rede* [...] *Uns geht es beiden ganz gut, nur haben wir jetzt sehr schweren Dienst, doch das wird auch wieder vorüber gehen.*" Der schwere Dienst ist verständlich und auch nicht so ungefährlich, wie den Lieben zu Hause weisgemacht werden sollte, denn in diesen Tagen beginnt südlich der Stadt eine entscheidende Schlacht, die nach den beiden Dörfern Limanowa und Lapanow benannt wird. Die von deutschen Einheiten wesentlich unterstützten österreichisch-ungarischen Truppen können sich durchsetzen und das Vordringen der Russen stoppen, die sich hinter die Flüsse Dunajec und Biala zurückziehen müssen. Den entscheidenden Flankenangriff hatte das vor allem aus Kaiserjägern und Landesschützen bestehende XIV. Armeekorps, das Edelweißkorps, unter dem Befehl von Feldmarschallleutnant Joseph Roth unternommen. Bei der wie üblich einem Sieg folgenden Erhebung in den Adelsstand durfte sich der General den Schlachtenort als Adelsprädikat hinzufügen und sich ab 1916 Josef Freiherr von Roth-Limanowa nennen. Obwohl selbst Generalstabschef Conrad von Hötzendorf in seinen privaten Aufzeichnungen gestand, der Erste Weltkrieg sei nicht mehr *„ein Krieg der Feldherren"* gewesen, sondern ein *„Krieg der Massen und der Industrien"*, bezeichnete man immer noch die Generäle als die Sieger. Die Soldaten hatten für sie zu kämpfen und zu sterben. Auch aus Viktor Dankl wurde nach seinem Sieg zu Beginn des Feldzuges ein Freiherr Viktor von Dankl-Krasnik.

Ein Welschtiroler Kaiserjäger hat diese Inspektion seines Schützengrabens fotografiert.

Da Hindenburg gleichzeitig mit der Schlacht von Limanowa-Lapanow weiter nördlich bei Lodz einen Sieg erringen konnte, war sowohl die Gefahr einer russischen Invasion in Schlesien als auch ein Vorstoß über die Karpaten nach Südböhmen und Ungarn gebannt, zumindest vorläufig. Denn noch galt es, in harten Winterkämpfen sowohl die Stellungen am Dunajec zu halten als auch die Karpatenpässe zu verteidigen oder wieder zu erobern, wenn die Russen sie einmal in Besitz genommen hatten, was zum Beispiel zu Neujahr

1915 am wichtigen Uszokerpass passierte. Kälte, Schnee und Eis, Lebensmittelmangel und der oft ausbleibende Nachschub an Munition waren in diesen Monaten die ärgsten Feinde der k. u. k. Truppen. Und überall waren Tiroler Einheiten im Einsatz und gaben ihr Bestes, obwohl sich allmählich Hoffnungslosigkeit breitmachte. Trotzdem wurden sie dreimal in Offensiven getrieben, deren Aussichtslosigkeit vielen an der Front von vornherein bewusst war. Doch Befehl ist Befehl, das „Menschenmaterial" wurde sinnlos hingeopfert.

Das Schicksal von Przemysl und dessen Besatzung war auch nicht dazu angetan, die Stimmung zu heben. Denn am 22. März 1915 musste sich die Festungsmannschaft ergeben, weil eine auch nur notdürftige Verpflegung nicht mehr möglich war und die Karpatenoffensiven, die zu einem Entsatz der Festung führen hätten sollen, erfolglos waren. Sie hatten übrigens mehr Tote gefordert, als es in Przemysl Menschen zu befreien galt. Unter den neun Generälen, 2593 Offizieren und 117.000 einfachen Soldaten, die in russische Gefangenschaft gingen, waren auch rund 1600 Angehörige des zweiten Tiroler Landsturmregiments. Seine Offiziere kamen in ein Lager in Westsibirien, wo sie relativ gut behandelt wurden, Leutnant Max von Esterle durfte sogar Zeichenkurse abhalten. Die Mannschaften wurden nach Turkestan gebracht, wo wesentlich schlechtere Bedingungen herrschten und jeder Fünfte an einer Krankheit, an Unterernährung oder als Folge des ungewohnten Klimas starb.

Das Kapitel der Tiroler Soldaten in Galizien endet nach dem Kriegseintritt Italiens im Mai 1915, weil sie nun an den umkämpften Grenzen der Heimat gebraucht wurden, allerdings mussten sie vorher noch einen unverzichtbaren Beitrag leisten, die groß angelegte Durchbruchschlacht von Gorlice-Tarnów erfolgreich zu gestalten und Galizien zurückzuerobern.

Vorrücken des 2. Kaiserjägerregiments am ersten Tag der Durchbruchsschlacht von Gorlice-Tarnów (2. Mai 1915)

Im Zuge dieser zusammen mit einer deutschen Armee durchgeführten Offensive wurde am 4. Juni auch Przemysl wieder österreichisch. Auch weiter im Südosten, in der zum Kronland Galizien gehörigen Bukowina,

Das Kommando des 1. Regiments kann im Mai 1915 vom Dunajec bis gegen den San vorgeschoben werden.

Die Festung Przemysl nach der Wiedereroberung durch deutsche und österreichisch-ungarische Truppen

wo der Winter besonders grausam gewesen war, wurde die Front in heftigen Kämpfen wieder an die alten Grenzen der Monarchie vorgeschoben.

In diesem Bereich der dort schon im April begonnenen Operationen war das Landesschützenregiment Nr. III im Einsatz. In einem seiner Ergänzungsbataillone, das am 24. März von seinem Standort Innichen aus nachgeschickt worden war, kam der 1890 in Brixen geborene Erich Mayr in die Bukowina. Er war Absolvent der Lehrerbildungsanstalt in Bozen und seit 1910 als Rechnungspraktikant bei der Finanz-Landesdirektion in Innsbruck tätig. Er hatte gerade erst beim Landesschützenregiment Nr. III seinen Präsenzdienst als „Einjährig-Freiwilliger" abgeleistet, als er schon wieder zu den Waffen gerufen wurde. Während der Großteil seines Regiments zwischen 17. und 19. August 1914 in Innichen, Toblach oder Bruneck mit Ziel Ostgalizien einwaggoniert wurde, erkrankte der Leutnant, der ihn als Offiziersdiener ausgesucht hatte, weshalb beide in Innsbruck Station machen mussten und schließlich in ein Marschbataillon eingereiht wurden, das im Raum Innichen-Sexten-Cortina stationiert war. Von Erich Mayr ist ein akribisch geführtes, sehr persönliches Tagebuch erhalten, das die Zeit bis zum Ende seiner französischen Kriegsgefangenschaft im Jänner 1920 umfasst und von Isabelle Brandauer ediert worden ist. Es gibt uns wertvolle Einblicke in Alltag und Kampfgeschehen, aber auch in die Gefühlswelt eines Soldaten des Ersten Weltkriegs.

Nach einem halben Jahr zwischen Langeweile, Naturerlebnis und bangem Warten in der Heimat fährt Mayrs Einheit am 24. Februar mit dem Zug über Kärnten, Steiermark und Ungarn nach Galizien und von dort in die Bukowina. Sein „Reisebericht" ist voll von eindrucksvollen Landschaftsbildern, der Schilderung des Tagesablaufs und kleinen Erlebnissen mit seinem Leutnant. Gegen Schluss der Fahrt wird es ungemütlich im Zug, weil Mayr nicht mehr hinter dem Offizierswagen zusammen *„mit der Sanität und* [Einjährig-]*Freiwilligen"* in einem Waggon mit Ofen und Hängematten untergebracht ist, sondern *„in einen Wagen III. Klasse hineingesteckt"* wurde. *„Es waren nun alles Pfeifendeckel* [Offiziersdiener] *beisammen. Den ganzen Abend hindurch wurden schlechte Witze gerissen und abscheulich gesprochen. Die letzten Erlebnisse aus dem verhurten Szolnok aufgetischt. Mich ekelte und ich flüchtete in Gedanken heim zu allen meinen Lieben."*

In der Bukowina angelangt, wird das Bataillon sofort ins Gefecht geschickt, denn nördlich von Czernowitz sind entlang des Dnjestrflusses gerade heftige Kämpfe im Gange, die vielen Tirolern des 3. Landesschützenregiments das Leben kosten. Zugeteilt ist das Regiment dem 33. Infanterietruppendivisionskommando, dessen Stab es sich gut gehen lässt, wie Erich Mayr beobachtet: *„Sie spielen Tag und Nacht um 100e von Kronen. Speisen und Getränke müssen gerade so sein wie* *sie es im Inland gewöhnt sind. Eine Küche voll Mannschaft ist vollauf beschäftigt, für ihren Magen zu sorgen. Andere hungern, dürsten und frieren in der Schwarmlinie und opfern Blut und Leben. Die gefangenen Russen, Mannschaft wie Offiziere, werden förmlich ausgeraubt.* [...] *Was muss sich ein halbwegs gebildeter Mensch dabei denken? Es ist eine Schmach, was sich alles hinter der Front herumdrückt. So ist z. B. hier ein Hauptmann Menageführer nur für die hiesige Offiziersküche. Dazu haben wir Hauptleute?"*

Am 29. März, Palmsonntag, erlebt Erich Mayr seine „Feuertaufe", als sich rund um das Dorf Zwiniace, wo die Tiroler in Bauernhäusern und Heustadeln schlafen, ein mehrere Tage andauerndes heftiges Gefecht entwickelt. *„Um 3^{h} brannte neben uns ein Haus, vermutlich aus Verräterei angezündet von Zivilbevölkerung. Als das Feuer die Gegend rings hell erleuchtete, erfolgte von russischer Seite ein mörderisches Gewehrfeuer, dem dann auch einer von uns zum Opfer fiel. Nun war es mit der Ruhe geschehen. Aufgepackt und zum Angriff fertig, wartete ich vor der Hütte im Kugelregen. Links und rechts sang es in allen Tonarten vorüber. So ging es fort bis jetzt 8^{h} morgens, da ich dies schreibe. Soeben habe ich einen Kollegen, der neben mir fiel und den ich hinter das Haus hereinzog, verbunden. Der Arme hat einen Bauchschuss erhalten und hat furchtbare Schmerzen. Jetzt liegt er ruhig im Stroh und muss dort den Abend abwarten, bis er in Sicherheit gebracht werden kann. Der Verwundete ist ein gewisser Stocker aus Strassen bei Sillian."* Etwas später ging das strohgedeckte Haus, in dem der Tiroler sein Nachtquartier aufgeschlagen hatte, von Brandraketen getroffen in Flammen auf. *„Wir alle flüchteten hinter Mauern, Zäune und niedergebrannte Häuser. Das Feuer wollte nicht enden. Zum Glück hatten wir noch am Abend vorher eine Art Laufgraben gebaut, sonst hätte es wohl Verluste genug gegeben. So fiel nur der Landes-*

schütze Großrubatscher an einem Kopfschuss.

Tagebuchschreiber Erich Mayr

Am Karfreitag, 2. April, schreibt Mayr ins Tagebuch: *„Die vergangene Nacht war wunderschön sternhell und ein mildes Mondlicht fiel auf die mit Neuschnee bedeckte Landschaft.* [...] *Heute wird ziemlich scharf hin und her geschossen. Besonders tätig sind die Artillerie und die Maschinengewehre. In der Sonne hier ist es ja sehr schön und man denkt gar nicht daran, dass 200 Schritt von uns entfernt die erste Schwarmlinie der Russen sich befindet. Man ist sorglos und ruhig und der einzige Kummer, der mich plagt, ist der Gedanke an meine Lieben in der fernen Heimat.“* Die nächsten Tage vergehen mit Schießereien, Stellungsbau, Gedanken an die Heimat – und heftigem Zahnweh. Dann der 8. April mit fast philosophischen Überlegungen: *„Der frühe Morgen brachte einen heftigen Artillerieangriff, der von Gewehr- und Maschinengewehrfeuer unterstützt wurde. Während des späteren Tages fielen nur hin und wieder einzelne Schüsse. Merkwürdig berührt es, wenn man sieht, wie sich die Menschen anfeinden. Aber grausam ist das Kriegshandwerk ja immer. Die Artillerie schießt die Russen aus ihren Stellungen heraus und unsere Gewehre und Maschinengewehre beginnen ihr Geknatter, sobald sich die ängstlich Flüchtenden zeigen. Freilich beruht alles auf Gegenseitigkeit und es heißt eben: Wie du mir, so ich dir. Grausamer als das wilde Tier wird der Mensch im Krieg.“*

Am folgenden Tag fällt Mayrs Leutnant bei einem versuchten Angriff auf die russischen Stellungen. *„Um*

½ 11 Uhr begann das Gefecht und um 12 brachte Herr Lt Gföller schon die Nachricht, mein guter Herr liege wenige Schritte hinter der russischen Stellung tod mit einem Kopfschuss. Ich machte, die Augen voll Wasser, 2-mal den Versuch, ihn zurückzubringen. Es war vergebens. [...] *Fähnrich Peyerl ist schwer verwundet, Lebsey ist ebenfalls gefallen und so viele andere. Herr, gib ihnen die ewige Ruhe.*“ Es sollte einige Tage dauern, bis eine Sanitätspatrouille den gefallenen Leutnant bergen konnte.

Das alles geschah, bevor die große Offensive, die nach den zwei Ausgangsorten im nordwestlichen Galizien Gorlice-Tarnów benannt ist, auch die Front am Dnjestr in Bewegung brachte. Am 8. Mai 1915 erstürmte Oberst Robert von Prohaska mit zwei Bataillonen und einer Maschinengewehrabteilung des 3. Regiments der Tiroler Landesschützen den wichtigen Brückenkopf Zaleszszyki und nahm 7000 Mann sowie die Stäbe von zwei russischen Regimentern gefangen. 22 Maschinengewehre und zahlreiches anderes Kriegsmaterial wurden erbeutet. Einen Tag später unterband das 2. Landesschützenregiment einen Angriff der Russen auf Czernowitz.

Obwohl inzwischen die Heimat in größter Gefahr war, mussten die Tiroler weiter in Galizien und in der Bukowina um jeden Meter Boden kämpfen. Erst als die russischen Grenze überschritten war, wurden die ersten Regimenter an die neue italienische Front geschickt. Zuerst traf es am 12. Juni das 4. Regiment der Kaiserjäger und das 1. der Landesschützen. Die Innsbrucker Autokolonne, der inzwischen außer Josef und Gustav auch Emil Beikircher angehörte, startete die Rückfahrt am 13. Juni 1915. Ab dem 15. Juli kamen nacheinander die anderen drei Kaiserjägerregimenter an die Reihe, deren Mannschaftsstärke – obwohl mehrmals aufgefüllt – auf jeweils nur mehr 300 bis 400 Mann gesunken war. Das 2. Regiment der Landesschützen musste

„Unser Quartier in Horodenka" – Erich Mayr malte diese Ansicht des bukowinischen Dorfes am 13. August 1915.

bis 23. bzw. 27. Juli im Osten bleiben, dasselbe gilt für das dritte. Erich Mayr, der inzwischen einer Scheinwerfer-, dann einer Train- und schließlich einer Telegrafenabteilung des 3. Armeekorps zugewiesen worden war, kam mit dieser Formation überhaupt erst am 19. August 1915 an den Isonzo.

„Soldatenstrümpfe stricken wir…“

Wie die Menschen zu Hause in den ersten Kriegsmonaten mit der Realität konfrontiert wurden • Aktivitäten für die Soldaten und das Vaterland

Kaum waren die Musikstücke der Abschiedsfeiern verklungen und die Soldaten in ihren geschmückten Viehwaggons in der Ferne entschwunden, wurden die Menschen in der Heimat mit der Realität des Krieges konfrontiert. Wer sollte nun die Ernte einbringen, wo doch die meisten Männer ihre Höfe verlassen hatten müssen? Wer in den Werkstätten und Fabriksbetrieben die unfertig liegen gebliebene Arbeit und vorhandene Aufträge erledigen? Bis Jahresende 1914 wurden in Tirol ca. 65.000 Männer aus Lohnverhältnissen und gewerblicher Tätigkeit abgezogen, das waren rund sieben Prozent der Gesamtbevölkerung und fast zwölf Prozent der Erwerbsbevölkerung. Solche Zahlen sagen mehr aus, wenn man sie an einem Beispiel konkretisiert, etwa an der gerade erst mit neuen Maschinen ausgestatteten elektromechanischen Werkstätte des Josef Beikircher in Mühlen im Tauferer Tal, in der praktisch über Nacht 24 der bis dahin 39 Arbeitskräfte fehlten. Dass dies den Betrieb in eine ernste Überlebenskrise stürzte, ist klar, zumal auch keine neuen Aufträge hereinkamen. Dank seiner außerordentlichen Tüchtigkeit konnte Firmengründer Josef Beikircher senior, von dessen vier im Betrieb mitarbeitenden Söhnen drei bei Kriegsausbruch und der Jüngste wenig später eingezogen wurden, die Probleme bewältigen.

Gleichzeitig stieg, es klingt fast paradox, die Zahl der Arbeitslosen. Denn viele Betriebe überstanden die katastrophale Situation eben nicht. Exportschwierigkeiten zwangen die Glasschleiferei Swarovski in Wattens zur Kündigung aller 800 Arbeiter, viele Unternehmen der kleinstrukturierten Tiroler Industrie scheiterten am Problem der Rohstoffbeschaffung. Im Handel gab es auch weniger Umsatz und dementsprechend ein geringeres Angebot an Arbeitsplätzen. Und der versiegende Gästestrom bedeutete den Zusammenbruch eines Wirtschaftszweiges, der für Tirol inzwischen lebenswichtig geworden war. Zahlreiche Hotels und Gasthöfe, wo auch viele Tirolerinnen eine Verdienstmöglichkeit gefunden hatten, und sonstige auf den Fremdenverkehr eingestellte Betriebe überlebten den ersten Kriegswinter nicht. Das Hauptproblem dabei war die Verschuldung, denn in den vorangegangenen Jahren war bei rasanten Wachstumsraten der Branche kräftig investiert worden, jetzt sanken die Einnahmen gegen null. Auf einer Besprechung des Landesverkehrsrates in der Tiroler Handelskammer wurde am 10. Oktober 1914 von einem *„trostlosen Bild“* der Fremdenverkehrswirtschaft gesprochen. Es gab *„fast keine Unternehmung, die nicht bis zu 60–70 % mit Hypothekarschulden belastet war. Dazu kamen noch die Kurrentschulden, die sich namentlich wegen ihrer Fälligkeit für die Schuldner bedrohlich gestalteten.“* In harten und langwierigen Verhandlungen mit den zuständigen Ministern in Wien konnte man einen gesetzlichen Aufschub von Rückzahlungen fälliger Verbindlichkeiten und Hilfsmaßnahmen für die am schwersten betroffenen Betriebe erreichen. Die entlassenen Mitarbeiter vom Koch bis zum Stubenmädchen hatten davon nichts, sie blieben ohne Arbeit.

Große Rüstungsbetriebe, wo die freigewordenen Arbeitskräfte unterkommen hätten können, gab es in Tirol nicht. Geeignete Unternehmen – wie die Jenbacher Hüttenwerke – mussten erst dafür eingerichtet werden. Zu den findigen Unternehmern, die es verstanden, ihre Firmen den Gegebenheiten anzupassen, gehörte Luis Zuegg in Lana, der seine Fabrik von der Herstellung nicht mehr verkäuflicher Pappe auf die Produktion von Marmelade umstellte, die vom Militär sehr gerne gekauft wurde. Wie man diesen neuen Kunden gewinnen und so seinen Betrieb retten könnte, überlegte sich auch der bereits erwähnte Unternehmer Josef Beikircher im Pustertal. Er sei *„dazu gekommen, mich um Militärlieferungen zu bewerben“*, schreibt er Ende 1914 seinen in Krakau stationierten Söhnen und Teilhabern. *„Ich war bereits bei maßgeblichen Persönlichkeiten und ist Aussicht vorhanden, die Lieferungen auch zu erhalten.“* Er glaubt, dass es möglich wäre, den Bau von *„Lastenauto oder Teile hiervon, oder Teile von anderen Kriegs-Bedarfsartikeln übernehmen* [zu] *können“*. Gustav und „Peppi“ Beikircher halten es für eine gute und machbare Idee, für die Heeresverwaltung zu arbeiten, vor allem für die Reparatur von Autos sei man in Mühlen ja viel besser eingerichtet als alle mobilen Werkstätten der Armee. Es sind schließlich nur ganz einfache Dinge, die das Militär im Winter 1914/15 in Mühlen in Auftrag gibt, aber immerhin: *„Wir haben derzeit eine Militärlieferung in Arbeit und zwar 92 Stück Schlittenkufen unter die Wagenräder zu geben“*, berichtet Josef Beikircher Ende Jänner 1915 seinen Söhnen, und zwei Wochen später: *„Auch haben wir gegenwärtig dringende Arbeit, nämlich über 200 Stück Schlittenkufen aus Bürchenholz* [Birkenholz] *mit Eisen beschlagen zum Anbringen unter die Wagenräder für k. u. k. M 75 Feldkanonenbatterie in Bruneck.“*

Der Wirtschaft und den Daheimgebliebenen fehlte rundum das Geld. Rund die Hälfte der eingezogenen Männer war verheiratet, viele hatten Kinder, das heißt, dass an die 40.000 Tiroler Frauen und Kinder nicht wussten, wovon sie leben sollten. Der staatliche Unterhaltsbeitrag für die Familien der Eingerückten war weit niedriger als der vorher bezogene Lohn oder das

Zugtiere zum Festungsbau statt für die Weinernte (Calliano, Herbst 1915)

Einkommen aus selbständiger Tätigkeit. Die bäuerliche Bevölkerung, der damals noch rund zwei Drittel der Tiroler zuzurechnen sind, verdiente zwar anfangs am Verkauf von Schlachtvieh an das Militär, doch war der staatlich verordnete Ankaufspreis unter dem Marktwert angesetzt und wegen der Lieferungspflicht gab es kein Entkommen. Was die requirierten Zugtiere betrifft, zu denen damals nicht nur Pferde, sondern auch Kühe und vor allem Ochsen gehörten, kam dazu, dass im südlichen Tirol die Wein- und Obsternte bevorstand und die Bauern ihre Tiere selbst dringend gebraucht hätten. Doch hatte das Tiroler Verteidigungskommando im Sommer 1914 damit begonnen, den veralteten Befestigungsgürtel an der Tiroler Südgrenze auszubauen, was zahllose Lastentransporte notwendig machte. Bei all den Konflikten, die sich aus diesen Umständen ergaben, stellten sich die zivilen Verwaltungsbehörden bis hinauf zum Landeshauptmann eindeutig auf die Seite der Bauern, ohne allerdings viel zu erreichen. Im Gegenteil, den Bauern, die nicht freiwillig verkaufen

Die ersten Verwundeten kommen am Innsbrucker Bahnhof an.

wollten, wurde mit der Zwangsrequirierung gedroht. Der Landeskulturrat, die Vorgängerorganisation der späteren Landwirtschaftskammern, stellte dazu im Herbst 1914 in einem Protestschreiben fest, dass die Vorgangsweise des Militärs, das noch dazu als säumiger Zahler bekannt war, die patriotische Stimmung am Land stark beeinträchtige.

Anfangs hatte man noch geglaubt, der Krieg würde nur kurz dauern und mit einem glänzenden Sieg der kaiserlich-königlichen Waffen enden. Dann wären all die Probleme ja bald überstanden. Die aufgebauschten Siegesmeldungen aus Krasnik und Komarow stärkten die Zuversicht. Dass noch im August die ersten Marschbataillone, also die in der Heimat zurückbehaltene Reserve, an die Front mussten, war aber kein gutes Zeichen und ließ die Menschen am Wahrheitsgehalt der Erfolgsmeldungen zweifeln. Und es dauerte auch nicht lange, da las man von den ersten Gefallenen, kamen Züge mit Verwundeten zurück, zogen die Lebensmittelpreise an, weil Kaufleute ihre eingekauften Waren in Erwartung kommender Verknappung zu horten anfingen und auch die Bauern ihre mit Müh und Not in die Scheunen gebrachten Produkte zurückhielten. Und dann die ersten, mit Verspätung gemeldeten Niederlagen. Als am 11. September in den „Innsbrucker Nachrichten“ die Überschrift *„Fortschreiten unserer Offensive bei Lemberg“* zu lesen war, befand sich die galizische Hauptstadt schon seit mehr als einer Woche in russischer Hand, waren die Schlachten bei Grodek und Rawa-Ruska schon verloren und der zum Teil chaotische Rückzug der k. u. k. Armeen in vollem Gange.

Genaues dazu erfuhr man in der Heimat nicht. Die verordnete Pressezensur leistete ganze Arbeit. Man erkannte es an den weißen Flecken der im letzten Moment herausgenommenen Meldungen. Eine Gerüchteflut war die Folge. Die ersten heimgekehrten Verwundeten, die ja selbst auch nicht viel wussten und ihre persönlichen Erfahrungen in den zwar verlustreichen, aber immerhin noch von Siegen überstrahlten Augusttagen gesammelt hatten, scheinen ihren Frust – amtlichen Stimmungsberichten zufolge – noch mit Prahlereien im Sinne von *„Denen haben wir's aber ge-*

Im Lienzer Reservelazarett

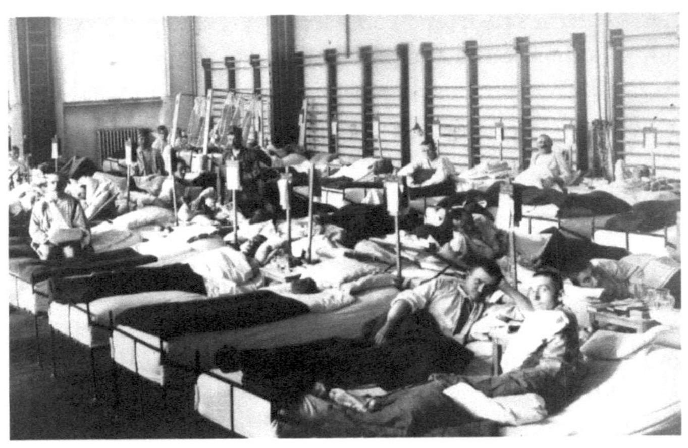

Wo sonst angehende Lehrer turnen, liegen jetzt verwundete Soldaten aus allen Nationen der Monarchie (Reservespital im Innsbrucker „Pädagogium").

geben" und mit allerlei abenteuerlichen Geschichten abreagiert zu haben. Wer aber das Grauen von Grodek, Rawa-Ruska und Lemberg überlebt hatte, hatte gewiss anderes zu erzählen. Was zum Beispiel der Lienzer Gärtnersohn Hans Forcher, der mit einem *„bei Lemberg ausgeschossenen Auge"* aus dem Krieg kam, zu Hause von den Schrecken des Krieges und von der Überlegenheit des Feindes erzählte, dürfte sich mit Windeseile im Städtchen verbreitet haben.

Schon am 10. September klagte das Innsbrucker Militärkommando über den negativen Einfluss von *„heimkehrenden Militärpersonen"*, die *„das in ihrer nächsten Nähe Geschehene oder die ihre eigene Person betreffenden Ereignisse auf die allgemeine Lage übertragen"*. Es sei nicht nur *„unmilitärisch und absolut unstatthaft, sondern sogar strafbar"*, wenn *„einzelne von ihnen sogar über unsere Kriegsführung Kritik üben"*. Und das Kriegsministerium beruft sich zur selben Zeit ausdrücklich auf Meldungen aus Tirol, wenn es in einem Schreiben an alle Heeresspitäler, „Marodenhäuser" und Lazarette in der Heimat feststellt, „*daß durch vom Kriegsschauplatze zurückkehrende Offiziere und Mannschaftspersonen Nachrichten verbreitet werden, die zur Alarmierung und Beunruhigung der Bevölkerung wesentlich beitragen.* [...] *Derartige Erzählungen, hauptsächlich aus dem Munde von Offizieren, genießen bei dem Publikum den Anspruch auf Authentizität.*“ Solchen Disziplinlosigkeiten muss, so ordnet das amtliche Dokument an, „*mit einer den Kriegszeiten entsprechenden Härte entgegengetreten werden*“. Im Übrigen übermittelte auch die in alle Orte des Landes einflatternde Feldpost manche Information zum Ernst der Lage, da mochten die Briefzensoren in den Kommandostellen noch so aufpassen.

Post aus dem Felde ist zensuriert und ohne Ortsangabe des Absenderpostamtes.

Bei den Soldaten, die die ersten Schlachten halbwegs heil überstanden hatten, machte sich Desillusionierung breit. Es ist nicht nur die mangelhafte Versorgung der Mannschaften, es sind auch nicht so sehr die endlosen Märsche, ja nicht einmal die gefallenen Kameraden und die Schreie der Verwundeten am Schlachtfeld, die am Sinn des Kriegs zweifeln lassen und bei vielen zum physischen und psychischen Zusammenbruch führen. Am meisten zermürben die vielen Missstände im Heer, unter denen alle zu leiden haben, sowie die unflätigen Beschimpfungen und körperlichen Misshandlungen von Soldaten durch ihre Vorgesetzten. Oswald Überegger zitiert in seinem profunden Werk über die Tiroler Militärgerichtsbarkeit im Ersten Weltkrieg zahlreiche Verfahren gegen Kaiserjäger-Offiziere wegen verbaler Entgleisungen und körperlicher Züchtigung von Soldaten. Sie führten allesamt zu keinem Ergebnis, weil sich die Angeklagten damit rechtfertigten, dass Beschimpfungen und Schläge *„zur Aufrechterhaltung strenger Manneszucht und Disziplin"* notwendig gewesen seien. Er zitiert aber auch ein Schreiben der Tiroler Reichstagsabgeordneten Kofler und Stumpf vom 31. Dezember 1914 an das Verteidigungsministerium, in dem diese feststellen, *„dass unsere braven Leute zu dem, dass sie schlecht oder gar nicht verpflegt sind, auch noch schlecht behandelt wurden"*. Diese Zustände wurden allmählich auch in der Heimat bekannt und blieben nicht ohne Folgen.

Als im November 1914 bisher nicht eingezogene Landsturmpflichtige nachgemustert wurden, stellte die Innsbrucker Statthalterei eine Beunruhigung der Bevölkerung fest und befürchtete, dass diese Maßnahme die *„Nachrichten unserer Feinde über die Vernichtung ganzer Heeresteile oder die Grassierung infektiöser Krankheiten im Heere glaubwürdig erscheinen lässt"*. Es kam damals bereits vor, dass manche Männer *„durch*

Immer mehr Tiroler kommen nicht mehr zurück.

Vorschützen nicht vorhandener Gebrechen" untauglich erscheinen wollten – im August noch undenkbar! „Das Ende der Euphorie" überschreibt Manfried Rauchensteiner im Buch „Der Erste Weltkrieg und der Untergang der Habsburger Monarchie" das Kapitel über den Stimmungsumschwung, der sich noch im Laufe des Septembers in ganz Österreich bemerkbar machte. Und Oswald Überegger spricht in Analogie zum „Augusterlebnis" von einem „Septemberschock". Schlagartig verschwand die Kriegsbegeisterung der ersten Wochen. Da nützte es auch nichts, wenn die Zeitungen auf ihre Brauchbarkeit hin ausgewählte und vermutlich auch zurechtgestutzte Soldatenbriefe abdruckten und kommentierten, wie den des wenig später gefallenen Schwazer Kaufmannssohnes Ernst Pfund: *„Seid stolz, Ihr in der Heimat, solche Söhne, Väter und Anverwandte zu haben! Kaiserjäger sind nur wir. Das I. Regiment der Tiroler Kaiserjäger hat sich ein neues Ruhmesblatt in das alte Eichenreis erfochten.“* Da nützten auch Propagandapostkarten nichts, auf denen das Bild eines verwundet heimkehrenden Soldaten von folgendem Spruch aus der gewandten Feder Bruder Willrams begleitet wird: *„Er zog gesund in den blutigen Strauß – / als Krüppel kehrt er ins Vaterhaus – / Und jubelt, indes er hinkt und wankt: / Wir siegten, wir siegten, Gott sei's gedankt!“*

Man dankte Gott und seinen Heiligen nicht nur für tatsächliche oder angebliche Siege, sondern bat ihn auch um Hilfe bei der Vernichtung der Feinde. Dass es sich bei den Feinden von 1914 um orthodoxe Christen handelte, deckte den Widerspruch zu, dass diese ja denselben Gott und dieselben Heiligen um dasselbe baten. Am 18. September 1914 erneuerte der Tiroler Landtag mit Landeshauptmann Kathrein an der Spitze den Bund *„mit dem Obersten Kriegsherrn, dem heiligsten Herzen Jesu“*. Aus diesem Anlass fanden im ganzen Land Bittgottesdienste statt, und in den Predigten wurden patriotische Parolen ungeniert mit religiösen Sprüchen verquickt. Der Anteil der Kirche am Bemühen, die positive Einstellung zum Krieg aufrecht zu erhalten oder zumindest die immer stärker zu spürenden Leiden geduldig zu ertragen, kann wohl nicht hoch genug eingeschätzt werden. Allerdings weniger in politischer Hinsicht, obwohl ein guter Christ dem Kaiser „von Gottes Gnaden“ natürlich Gehorsam und Gefolgschaft schuldete, sondern vielmehr wegen der Auslegung des Krieges als gottgewolltes Übel, das die immer weiter in die Sittenlosigkeit abgesunkene Gesellschaft und jeden Einzelnen wegen seiner Sünden bestrafen und auf den rechten Weg der Buße führen sollte.

Matthias Rettenwander hat dies in seinem faktenreichen Buch „Der Krieg als Seelsorge“ eindrucksvoll herausgearbeitet. Der Krieg wurde jetzt – da die anfangs erbetene Hilfe von oben nicht in dem benötigten Maß eingetroffen war und die Bischöfe und Pfarrer in einen Erklärungsnotstand gerieten – mehr und mehr als Strafe Gottes erklärt. Landauf landab wurde jetzt gepredigt, der Krieg sei ein Instrument in der Hand Gottes, mit welchem er eine sittliche Läuterung und Besserung der Menschen erreichen wolle, sozusagen eine pädagogische Reaktion des Himmels auf die Untaten der Menschen und die Schlechtigkeit der modernen Zeit.

Text auf der Rückseite dieser Karte:
„Er zog gesund in den blutigen
Strauß –
Als Krüppel kehrt er ins Vaterhaus –
Und jubelt, indes er hinkt und
wankt:
Wir siegten, wir siegten, Gott sei's
gedankt!“

Artikel im Brixener Sonntagsblatt und in den Diözesanblättern lieferten den Pfarrern entsprechende Argumente für ihre Predigten. Etwas weniger von Strafe, dafür mehr von Läuterung durch Leid war im Tiroler Volksboten zu lesen. Einer seiner beiden Redakteure war der beliebte geistliche Volksschriftsteller Sebastian Rieger, besser bekannt als Reimmichl. Aus seinen Artikeln spricht mehr Verständnis für die Sorgen und den Schmerz der Menschen. Zu Beginn des Krieges war auch für ihn offenkundig, dass sich Österreich gezwungen sah, *„dem Mördervolk der Serben den Krieg zu erklären“*. Und es war – und blieb wohl – für ihn ein *„tröstlicher Gedanke, daß wir den Krieg nicht leichtsinnig* *angefangen, sondern dazu gezwungen waren. Und so dürfen wir hoffen, daß Gott, der Lenker der Schlachten und Herr der Heerscharen mit uns sei, uns der gerechten Sache wegen den Sieg verleihen*" werde. Als es aber dann mit dem Siegen nicht so weit her war, suchte Reimmichl keine theologischen Ausflüchte, sondern war bemüht, Zuversicht zu wecken und zu trösten.

Nur woher nehmen die tröstenden Worte? Ob wohl die Menschen damals, vor allem die Frauen, wirklich so gläubig, fromm und den Worten der Priestern ergeben waren, dass es sie tröstete, was dem Reimmichl einfiel? Der erste Trost war, dass ein sterbender Tiroler Soldat im fernen Galizien ein *„heiliger Held"* war, ein Märtyrer, dessen Seele vom Schlachtfeld weg direkt in den Himmel fuhr. Als weiterer Trost mussten das Wissen um die gerechte Sache und ein Blick in das ruhmreiche Jahr 1809 herhalten. *„Es ist eine große, heilige Sache, für die ihr leidet, und eure Leiden haben vielleicht stärkeren Wert als die Taten der Männer. Im Jahre 1809 haben auch die leidenden, betenden Frauen unendlich viel zum Siege beigetragen."* Und schließlich kommt es doch noch, das sattsam bekannte, nicht nur von der Kirche verwendete Argument von der heilenden, reinigenden Wirkung des Leidens, das niemand anderer als Gott selbst den Menschen auferlegt, gerade weil er ein liebender Vater ist. *„Gleich einem Edelstein wird die Seele durch das Leiden gereinigt und poliert, daß sie wunderbar strahlt.* [...] *Das ganze Volk wird durch Leiden aufgefrischt; wenn lange Zeit keine Leiden kämen, würde es verfaulen und in dem elenden Weltwust versumpfen. Und niemand anderer schickt die Leiden, als Gott selber, unser liebster Vater. Er weiß wohl, daß sie wehe tun, schrecklich brennen, aber nicht wegen des Wehtuns schickt er sie, sondern weil er durch Leiden uns heilen und uns tausendfach größere Freuden schaffen will.* [...] *Der liebe Gott ist viel zu gut und hat* *uns viel zu gern, daß er seinen schwachen Kindern mehr auferlegt, als sie zu tragen vermögen oder als ihnen zum Nutzen gereicht.“*

Man mag dem Volksboten und seinen Machern zugutehalten, dass sie solches Gerede nicht durch Briefe ähnlich geschwollener Diktion unterstreichen, die sie ohnehin hätten erfinden müssen, sondern dass die abgedruckten „Briefe aus dem Felde“ meistens ungekünstelt und deshalb echt wirken und wohl mehr Wehmut und Schmerz verbreiten mochten als Trost, Hoffnung und Zuversicht. Am 4. November zum Beispiel wird ein Brief veröffentlicht, der „aus Enneberg“ eingesandt wurde und auch heute noch berührt: *„Liebster Vater! Berichte dir, daß ich noch gesund bin und am Leben. Wenn ich einmal fallen muß, so kommen wir in kurzer Zeit im Himmel zusammen. Im Leben wird es nimmer möglich sein, ich bin alle Tage bereit zum Hinscheiden. Viel Hunger muß man leiden und Durst, und es ist sehr kalt und tagelang kann man oft nicht schlafen. Ich bin froh, wenn ich sterben kann, mich freut das Leben nicht mehr. Man ist so müd und matt. Herzlichen Gruß dein Johann.“*

Bedenkt man, dass der Tiroler Volksbote damals die meistgelesene Zeitung im Lande war, so hat aller Trost des Reimmichl nicht viel genützt. Als der Winter näherkommt und immer noch keine Aussicht auf das zu Kriegsbeginn beschworene *„Wiedersehen bis Weihnachten“* besteht, stellt das Militärkommando Tirol Anfang Dezember 1914 eine *„derart pessimistische Stimmung“* fest, dass *„alle neueinrückenden Rekruten ganz kopfhängerisch in die Front kommen“*. In den amtlichen Stimmungsberichten der Bezirkshauptmannschaften ist immer wieder von Kriegsmüdigkeit die Rede. Die Bevölkerung stelle zunehmend die Frage, ist aus Brixen zu vernehmen, *„wann und wie dieser Krieg endlich enden wird“*. Der bezeichnende Ausdruck *„kopf-*

hängerisch" wird darin mit dem Begriff *„Apathie"* verbunden. Aus Bozen wird gemeldet: *„Ein Wunsch beseelt die ganze Bevölkerung, und das ist der, dass der Krieg ein Ende nähme."* In Welschtirol ist es besonders arg, dort führte die angestaute Wut im April 1915 sogar zu Protestaktionen von Frauen, die ihre Männer und Söhne nicht mehr an die Front gehen lassen oder von dort zurückhaben wollen. Mehrere Anti-Kriegs-Demonstrationen mussten von der Exekutive gewaltsam aufgelöst werden.

Bei diesen Demonstrationen spielte auch die Zuspitzung der Ernährungsfrage eine Rolle. Österreich-Ungarn war in den Großen Krieg gezogen, ohne Vorräte angelegt oder auch nur Pläne in der Schublade zu haben, wie man die Versorgung der Soldaten und der Bevölkerung zu Hause sicherstellen könnte. Die Festlegung von Höchstpreisen für die wichtigsten Nahrungsmittel war praktisch die einzige Maßnahme, die gleich zu Kriegsbeginn und einheitlich für die ganze Monarchie getroffen wurde. Im Innsbrucker Landhaus fand schon am 14. August eine „Approvisionierungskonferenz" statt, auf der alle Probleme der Lebensmittelversorgung besprochen wurden. Die Verantwortlichen waren sich bewusst, dass ohne entsprechende Vorkehrungen vor allem das Mehl sehr bald knapp werden würde. Die größte Schwierigkeit bestand darin, dass die Militärverwaltung einen Großteil der Getreide- und Mehllieferungen, auf die Tirol seit jeher angewiesen war, beschlagnahmte und die Bewirtschaftung der Mehlvorräte kontrollierte. Es bedurfte jedes Mal harter Verhandlungen einzelner Gemeindevertreter mit den Militärbehörden, um Lieferungen aus dem Ende 1914 nur noch mit 160 Waggons Weizen gefüllten Landeslagerhaus oder aus den Depots der Rauchmühle zu erhalten. Im Vergleich dazu wurden im letzten Friedensjahr 17.544 Waggon Getreide und Hülsenfrüchte

Mussten mitversorgt werden: Verwundete in Innsbruck

importiert. Im November 1914 wurde das sogenannte „Mischbrot“ aus je zur Hälfte Weizen- und Maismehl eingeführt. Insgesamt hielten sich die Versorgungsprobleme aber bis in das Jahr 1915 hinein in halbwegs erträglichen Grenzen.

Zu versorgen war seit den ersten Septemberwochen 1914 auch eine große Zahl der über die ganze Monarchie verteilten Verwundeten, darunter auch Soldaten der feindlichen Armeen. Sie wurden in sämtlichen Spitälern des Landes und in Behelfslazaretten untergebracht, die in Kasernen, Klöstern oder in leerstehenden Räumen öffentlicher Gebäuden eingerichtet wurden. Sie waren wegen ihrer Zusammensetzung aus Angehörigen fast aller Völker der Monarchie deren getreues Spiegelbild.

Mitte Dezember 1914 gibt es erstmals seit August glaubhaft positive Meldungen aus Galizien. Denn in der mehrtägigen Schlacht von Limanowa-Lapanow ist der bis dahin vorrückenden Zarenarmee endlich Einhalt geboten worden. Was gebührend gefeiert wird, doch – wird sich die leidgeprüfte Bevölkerung gefragt

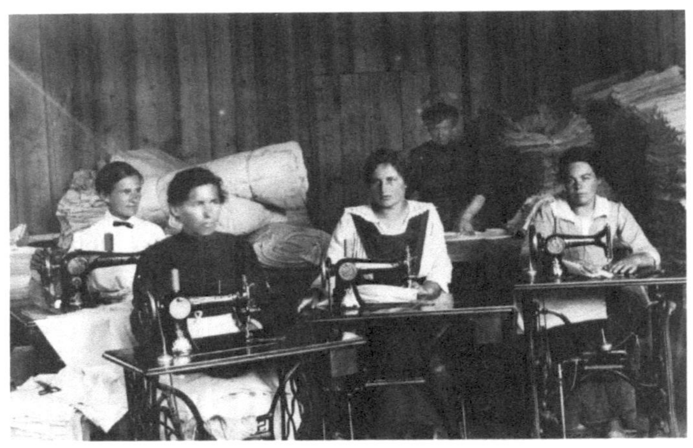

Nähen für die Soldaten an der Front: freiwillige Helferinnen in Bruneck

haben – muss man nicht ein „vorerst" einfügen? Würden die Karpatenübergänge auch in den folgenden Monaten gehalten werden können? Dass dort die Winter besonders hart sein können und die Russen dafür besser gerüstet sind, ist kein Geheimnis. Also werden für die Soldaten Strümpfe, Pulswärmer und feldtaugliche „Schneehauben" gestrickt und Liebespakete mit Lebensmitteln und Dingen geschnürt, von denen man glaubt, dass man sie in den winterlichen Unterständen an der Karpatenfront brauchen würde. Körbeweise werden die „Liebesgaben" aus Vereinslokalen und Schulen dem Roten Kreuz übergeben. In der Lienzer Mädchenschule der Dominikanerinnen singt man beim Stricken, Basteln und Verpacken folgendes Lied:

„Zum Dienst fürs liebe Vaterland,
Rührt fleißig sich der Frauen Hand.
Es wird gekocht, genäht, gepflegt,
Weil Kriegszeit viele Wunden schlägt.

Das macht uns Mädchen auch mobil,
Und leisten wir auch noch nicht viel,
Zur Liebesarbeit sind wir hier,
Soldatenstrümpfe stricken wir."

Die Zeit des Sammelns und der humanitären Hilfsaktionen war angebrochen, für die Soldaten an der Front, aber auch und vor allem für die immer zahlreicher werdenden Witwen und Waisen in der Heimat. Es hatte mit einzelnen privaten Initiativen begonnen, aus denen bald größere Aktionen lokaler und regionaler Hilfskomitees wurden. Das Innenministerium drängte auf eine Zentralisierung all dieser Aktivitäten, um ihre Effizienz zu steigern und die Verteilung der gespendeten Mittel zu überwachen und zu steuern. Also wurde zusätzlich zum Kriegshilfsbüro des Ministeriums in Innsbruck ein Landeskriegshilfsbüro gegründet, das die Bezeichnung „Zentralkomitee für Kriegsfürsorge" erhielt. Entsprechende Bezirkskomitees hatten nur unterstützend tätig zu sein und durften nicht selbständig handeln. Als Aufgabenbereiche wurden bestimmt: das Besorgen von Liebesgaben für die Soldaten an der Front; die Unterstützung von Hinterbliebenen, die mit den staatlichen Unterhaltsbeiträgen – was amtlicherseits offen zugegeben wurde – nicht auskommen konnten; schließlich die Verwundetenbetreuung, wobei vor allem Barmittel für die Anfertigung von Prothesen gebraucht wurden.

Die Zentralisierung der humanitären Hilfe wurde in den Bezirken vielfach höchst ungern gesehen. Die Menschen wünschten einen bestimmten Sammelzweck und die lokale Verwendung der Spenden, heißt es in entsprechenden Eingaben. Tatsächlich wurde das Landesbüro durch direkte Weitergabe der gesammelten Beträge und Sachspenden an Bedürftige vor Ort laufend umgangen. Noch im September 1914 sah sich die

Feste zum Geldsammeln: Wohltätigkeitsveranstaltung in Bruneck

Statthalterei deshalb zur Drohung gezwungen, dass Gemeinden, die sich nicht der offiziellen Fürsorgeorganisation anschließen, jeden Anspruch auf Unterstützung durch die Landes- oder Ministerialfürsorgestellen verlieren. Der Streit zog sich über den ganzen Winter hin.

„Sacro egoismo" – Italien und sein heiliger Egoismus

Warum Italien Österreich den Krieg erklärte • Der Mythos von der Brennergrenze, der Londoner Vertrag und das Abstimmungsverhalten eingeschüchterter Abgeordneter in Rom

Während die Tiroler Truppen am Dunajec und in den Karpaten harte Winterkämpfe gegen die Russen zu bestehen hatten, verdichteten sich immer mehr die Anzeichen, dass in ihrem Rücken die Heimat selbst in Gefahr war, dass es bald auch im Süden eine Front geben würde. Wollte der zu Kriegsbeginn neutral gebliebene frühere Bündnispartner Italien die Situation nützen, um sich aus dem Vielvölkerstaat der Habsburger das italienische Stück herauszuschneiden? Würde er von Österreich die Abtretung des Trentino erpressen können oder – wie viele befürchteten – auf der Seite der Entente in den Krieg eintreten und in das von Truppen entblößte Tirol einmarschieren?

Als Kaiser Franz Joseph und seine Minister bzw. Generäle im Juli 1914 auf einen Krieg gegen Serbien zusteuerten, versicherte man sich zwar der Unterstützung Deutschlands, versäumte jedoch eine Abstimmung des Vorgehens mit Italien, dem zweiten Partner des 1882 abgeschlossenen Dreibundvertrags, den Österreich somit verletzte. So durfte man sich nicht wundern, dass Rom den Mittelmächten die kalte Schulter zeigte und sich für neutral erklärte. Das war laut Vertrag für den Fall vorgesehen, dass einer der Bündnispartner einen Krieg beginnen würde. Rückblickend ist das Verhalten der Verantwortlichen in Wien unverständlich, da es in Italien durchaus Männer in Führungspositionen gab, die sich gerne an der Seite der Mittelmächte am

Krieg beteiligt hätten, wenn ihnen schon im Vorhinein entsprechende Gebietsgewinne – Nizza und Teile von Savoyen zum Beispiel oder Albanien, vielleicht Tunesien – zugesagt worden wären. Der italienische Generalstab hatte entsprechende Pläne für einen Krieg gegen Frankreich schon ausgearbeitet und die deutsche Heeresleitung Züge für den Transport italienischer Truppen an den Rhein bereitgestellt. Über Welschtirol und Triest hätte man freilich noch mit Österreich verhandeln müssen. Zugeständnisse als Gegenleistungen für eine vielleicht den Krieg entscheidende Waffenbruderschaft schienen nicht undenkbar.

Doch für die verantwortlichen Männer in Wien schien Italiens Stellung im bevorstehenden Krieg offenbar nicht wichtig. Der Kaiser verständigte Italiens König lediglich davon, dass er Serbien den Krieg erklärt habe und glücklich sei, *„auf die Mithilfe meiner Verbündeten und ihrer tapferen Armeen rechnen zu können“*. In seiner Antwort ging Vittorio Emanuele III. auf diese Passage des Schreibens gar nicht ein, erwähnte aber neben der *„herzlich freundschaftlichen Haltung“* Italiens die *„großen Interessen, die es wahren muss“*. In ähnlicher Weise wird Ministerpräsident Antonio Salandra davon sprechen, dass die italienische Außenpolitik frei sein müsse *„von jedem Vorurteil, von jedem Gefühl, das nicht das einer ausschließlichen und grenzenlosen Hingabe an das Vaterland und des heiligen Egoismus für Italien ist“*. Es ist tatsächlich dieser *„sacro egoismo“*, der Italiens Haltung in den folgenden Monaten bestimmen und schließlich den Eintritt in den Krieg gegen seine ehemaligen Bündnispartner herbeiführen wird. Als Ministerpräsident Salandra diesen Ausdruck prägte, hatte er für kurze Zeit auch die Leitung des Außenministeriums übernommen, dessen bisheriger Chef, Marchese Antonio di San Giuliano, am 16. Oktober 1914 gestorben war. San Giuliano war von seinem Neutralitätskurs nie abgewichen, auch als Mitte August innerhalb der Regierung in Rom geheime Verhandlungen mit der Entente erwogen wurden, um vorerst einmal abschätzen zu können, welche Politik dem *„sacro egoismo“* besser gerecht werden würde. San Giuliano warnte damals davor, dass ein Angriff auf Österreich in ganz Europa, auch von den möglichen neuen Bündnispartnern, *„als Akt der Unehrlichkeit betrachtet würde“*. Nun war Giuliano tot. Generalstabschef Alberto Pollio, neben Giovanni Giolitti, dem italienischen Ministerpräsidenten von 1903 bis 1914, der vehementeste Befürworter der Treue zum Dreibund, war schon am 1. Juli völlig unerwartet gestorben. Italiens neue Männer am Ruder der Macht konnten den Kurs des heiligen Egoismus ohne interne Auseinandersetzungen steuern. Auch der im September 1914 gewählte Papst Benedikt XV. war ohne Chance in seinem Bemühen, mäßigenden Einfluss auf die italienische Politik zu nehmen.

Ministerpräsident Antonio Salandra: Italiens „sacro egoismo“ steht über allem.

In Wien hatte man ohnehin nie an eine Waffenhilfe aus Italien geglaubt, ja selbst die neutrale Haltung des Bündnispartners schien nicht gesichert. Im gemeinsamen Ministerrat Österreich-Ungarns vertrat Außenminister Graf Berchtold schon am 8. August 1914 die Meinung, dass man nur durch eine Abtretung Welschtirols Italien darin bestärken könne, seine Neutralität beizubehalten, jedoch auch das nur so lange, bis es eine Möglichkeit sehe, als Verbündeter der Entente auch

Triest zu bekommen, auf das Österreich nie freiwillig verzichten würde. Diese Meinung hatte Generalstabschef Conrad von Hötzendorf immer schon vertreten, der seit 1908 mehrmals empfohlen hatte, Italien – obwohl Bündnispartner – anzugreifen, um einen möglichen späteren Gegner rechtzeitig auszuschalten. Daran dachte übrigens später niemand mehr, wenn man Italien wegen seines *„in der Geschichte einzigartigen Treuebruchs"* geißelte.

Das Misstrauen gegenüber Italien war groß und nicht zuletzt in den Gebietsansprüchen des jungen Königreichs begründet, die zwar seit dem Dreibundvertrag offiziell nicht mehr erhoben wurden, in der Bevölkerung, in politischen Vereinigungen und Parteien und in der Gedankenwelt zahlreicher Politiker aber weiterhin eine unverrückbare Maxime darstellten. Verstehen kann man das, wenn man das teils in Kriegen (gegen die Bourbonen im Süden, gegen Österreich im Norden), teils durch Volksabstimmungen erreichte Zusammenwachsen des italienischen Nationalstaates bedenkt, das 1914 ja erst ein Menschenalter zurücklag. Man nennt die Epoche bis 1861, als das Königreich Italien gegründet wurde, „Risorgimento". Das Wort bedeutet „Wiedergeburt", denn die Befürworter und die Betreiber des Zusammenschlusses der verschiedenen Länder und Staaten der italienischen Halbinsel wollten bewusst an das antike Rom anknüpfen, das wiedergeboren werden sollte. Dem Risorgimento folgte der „Irredentismus". So nennt man die politisch-nationale Idee, die noch „unerlösten" italienischen Gebiete (*„terre irredente"*) diesem neuen Staat einzugliedern. Hauptziele des Irredentismus waren Triest und Trient, der Hauptgegner war Österreich. Für etwa zwei Jahrzehnte änderte sich die Politik des offiziellen Italien, als das Königreich 1882 im „Dreibund" zum Partner der Habsburgermonarchie und Deutschlands wurde. Die auf privater Basis gegründeten irredentistischen Vereinigungen setzten ihre Tätigkeit aber auch in dieser Zeit ziemlich ungehindert fort.

Ettore Tolomei, der Erfinder der Brennergrenze

Bedrohlich empfand man es in Wien, dass sich um 1900 ein gewisser Kurswechsel der italienischen Politik abzuzeichnen begann und Italien neben dem weiter bestehenden, ja sogar verlängerten Dreibundvertrag auch andere Allianzen anstrebte. So einigte man sich – ohne Rücksprache mit Deutschland, das in diesem Fall als angehende Kolonialmacht mehr betroffen war als Österreich-Ungarn – mit Frankreich über Einflussgebiete und Eroberungsabsichten in Nordafrika, was in einem 1902 unterzeichneten Geheimvertrag bekräftigt wurde. Auch als Italien 1911 den Tripoliskrieg begann, waren die Bündnispartner nicht konsultiert oder informiert worden. Wie sehr auch das offizielle Italien weiterhin an Welschtirol interessiert war, erfuhr die Öffentlichkeit 1909 durch die gleichzeitige Aufdeckung geheimdienstlicher Aktivitäten des italienischen Generalstabs im Tiroler Grenzbereich und eines regelrechten Spionagerings mit Sitz in Trient, der dem italienischen Informationsdienst schon jahrelang wichtige Daten und Fotos geliefert hatte.

Seit dem späten 19. Jahrhundert begnügten sich einige extreme italienische Nationalisten und nationale Vereinigungen nicht mehr mit der irredentistischen Forderung nach Vereinigung des Trentino mit dem italienischen Staat, sondern verfochten unter dem Schlagwort von der Hauptwasserscheide als der „natürlichen“

Grenze Italiens imperialistische Ziele. Es war das Werk eines einzelnen Privatmannes, des aus Rovereto gebürtigen Lehrers Ettore Tolomei, dass diese „Wasserscheidentheorie" und die Ansprüche Italiens auf Tirol bis zum Alpenhauptkamm in Italien immer populärer wurden und schließlich der Mythos von der Brennergrenze entstand. Es ging nicht mehr um die „Erlösung" der italienischen Bevölkerung des Trentino und dessen Vereinigung mit dem Mutterland Italien, sondern um die Eroberung Deutsch-Südtirols. Ettore Tolomei verbreitete seine Ideen zunächst mit Hilfe der 1890 von ihm gegründeten Zeitschrift „La Nazione Italiana". 1906 siedelte er sich in Glen bei Neumarkt in Südtirol an, wo er zum selben Zweck das Jahrbuch „Archivio per l'Alto Adige" herausgab. Den Namen „Alto Adige", also „Hoch-Etsch", für den Teil Tirols, den man heute unter Südtirol versteht, entlehnte er aus der napoleonischen Zeit, als der unter dieser Bezeichnung zusammengefasste Verwaltungsbezirk allerdings hauptsächlich Welschtirol umfasste. Seine These von der Italianität dieses Alto Adige belegte er in seinem Jahrbuch durch willkürlich übersetzte Ortsnamen und pseudowissenschaftliche Arbeiten. Auch italienische Fachleute erkannten, was dahintersteckte. Der Historiker Gaetano Salvemini, der sehr wohl für die Angliederung Welschtirols an Italien eintrat, bezeichnete das „Archivio" als eine einzige Fälschung.

Maßgebliche Politiker des Königreichs Italien distanzierten sich lange von der Forderung nach der Brennergrenze. Die Haltung der Trentiner Irredentisten war nicht immer klar. Es überwog bei ihnen aber die Meinung, dass eine Annexion deutscher Gebiete im Sinne derselben Prinzipien abgelehnt werden sollte, auf Grund derer sie den Anschluss ihres Landesteils an Italien verlangten. Vertreter dieser Politik betonten auch, dass die angeführten strategischen Gründe für eine Brennergrenze nicht stichhaltig seien, weil die Talenge von Salurn eine ebenso gute Grenze bedeute. Die propagandistische Arbeit der Irredentisten war erst einmal darauf ausgelegt, die Zugehörigkeit ihrer Region zur italienischen Kultur zu dokumentieren, woran sie niemand hinderte, weil diese Tatsache bis zum vollen Ausbruch des nationalen Kampfes innerhalb Tirols auch niemand bestritt. Als 1890 ein Komitee von etwa 300 Trentiner Persönlichkeiten begann, das Projekt eines Dante-Denkmals zu forcieren, war die notwendige Summe bald aufgebracht. Und so schaut seit dem 11. Oktober 1896 der italienische Nationaldichter mit pathetisch ausgestrecktem Arm gegen Norden, wo seit 1889 still und in sich gekehrt der Minnesänger Walter von der Vogelweide als Symbolfigur des Deutschtums im Zentrum von Bozen steht.

Sich zur italienischen Kulturnation zu bekennen, war im alten Österreich und somit auch im alten Tirol weder verboten noch – im Normalfall – Anlass für Anfeindungen. Dass die Errichtung der beiden Denkmäler am Beginn eines rasch schärfer werdenden Nationali-

Durch Regenwetter ließen sich die national gesinnten Trentiner die Feier der Enthüllung ihres Dante-Denkmals nicht vergällen (11. Oktober 1896).

Die Enthüllung des Bozner Denkmals für Walther von der Vogelweide am 14. September 1889

tätenstreits steht, symbolischen Charakter hatte und Anlass für heftige Diskussionen und eine Hetzkampagne war, kann aber nicht bestritten werden. Den Radikalen auf beiden Seiten kamen solche Anlässe durchaus entgegen. Zwar hatten die Welschtiroler autonome Rechte, die weit über die sprachliche und kulturelle Anerkennung hinausgingen, doch die Erfüllung des Wunsches nach einem eigenen Landtag und einer eigenständigen Verwaltung blieb ihnen versagt. Die Irredentisten nützten die ungelösten Probleme des Zusammenlebens der Volksgruppen sehr wirkungsvoll für ihre Propaganda. Besonders die sich über Jahre hinziehenden Bemühungen um eine italienische Universität und die blutigen Auseinandersetzungen in Innsbruck, als es 1904 wenigstens zur Errichtung einer eigenen italienischen Rechtsfakultät kommen sollte, erregten internationales Aufsehen. Die „fatti di Innsbruck" ließen sich der italienischen Öffentlichkeit gegenüber sehr leicht so darstellen, als wären die Italiener in Tirol, ja in ganz Österreich eine verfolgte Minderheit.

Kurz vor oder nach Beginn des Krieges emigrierten zahlreiche Trentiner Irredentisten nach Italien. Zu ihnen gehörte auch der sozialistische Reichstagsabgeordnete Cesare Battisti, dessen jahrelanger politischer Kampf einerseits auf mehr Rechte für die Arbeiterschaft ausgerichtet war, andererseits auf eine Vollautonomie Welschtirols im Sinne eines eigenen österreichischen Kronlandes Trentino. Inzwischen war er zur Überzeugung gelangt, dass eine Verwirklichung seiner politischen Ideen im Verband der Habsburger Monarchie nicht möglich war. Nun trat er für einen Anschluss des Trentino an das italienische Königreich ein und wurde mit seinen zahllosen Artikeln und Vorträgen in ganz Italien zu einem der eifrigsten „Interventionisten". So nannte man die Befürworter eines Kriegseintritts Italiens auf Seite der Entente.

Inzwischen hatte die italienische Regierung begonnen, mit beiden kriegführenden Parteien unter strengster Geheimhaltung zu verhandeln. Erstens wollte man prüfen, welche Seite mehr zu bieten hatte, zweitens brauchte man Zeit, um aufzurüsten und für einen Krieg vorbereitet zu sein, drittens sollte der Kriegsverlauf abgewartet werden, um sich nicht ausgerechnet mit dem abzusehenden Verlierer zu verbünden. Die Absicht des Ministerpräsidenten Salandra, rechtliche, ethische und menschliche Grundsätze dem Staatsinteresse unterzuordnen, wurde ab November ohne Einschränkung vom neuen italienischen Außenminister Sidney Sonnino vertreten. Im Wiener Außenministerium tat man sich schwer bei den Gesprächen, da Kaiser Franz Joseph zunächst die Abtretung irgendwelcher Territorien grundsätzlich ablehnte, vor allem aber auf Welschtirol keinesfalls verzichten wollte. Lieber gehe er selbst mit seinen 84 Jahren noch in den Schützengraben, als Südtirol den Italienern zu schenken, soll er in engstem Kreis geäußert haben. Das Drängen des deutschen Bündnispart-

Der neue Außenminister
Sidney Sonnino

ners, das Trentino zugunsten der Neutralität Italiens zu opfern, wurde entschieden zurückgewiesen. Solle doch Deutschland den Franzosen Lothringen zurückgeben, um den Krieg zu beenden! Im Jänner erklärte sich Außenminister Berchtold außerstande, angesichts der Unmöglichkeit, Italien akzeptable Angebote zu machen, die Verhandlungen weiterzuführen, und trat zurück.

Seinem Nachfolger Baron Stephan Burián, der als Hardliner galt, blieb aber auch nichts anderes übrig, als den italienischen Forderungen immer weiter nachzugeben, bis schließlich auch er am 8. März 1915 im Ministerrat eingestehen musste, dass nur eine Abtretung des Trentino eine Kriegserklärung Italiens verhindern könne. Jetzt stimmte der Kaiser zu. Italien hatte inzwischen aber in seinen Verhandlungen mit den Alliierten so weitgehende Zusagen erreicht, dass es sich gegenüber Österreich regelrechte Erpressungsversuche erlauben konnte, wobei es nie um die Brennergrenze ging. Ministerpräsident Salandra erklärte noch im April 1915 einem Journalisten gegenüber: *„Wir haben auf Südtirol verzichtet. Da wir eine irredentistische Politik betreiben, können wir vernünftigerweise nicht die Inkorporierung von 200.000 Deutschen aus primitiven strategischen Überlegungen und Gründen militärischer Konvenienz verlangen.“* Umgekehrt erklärte die österreichische Regierung jetzt verbindlich, *„Tirol, soweit es italienischer Nationalität ist,“* abtreten zu wollen und hinsichtlich der anderen italienischen Wünsche zu größten Konzessionen bereit zu sein. Es war aber bereits zu spät.

Im Grunde genommen führte Italien die Verhandlungen mit Österreich im Laufe des April nur mehr dem Schein nach weiter. Denn in London war ein Vertrag fertig ausgearbeitet, der praktisch alle Wünsche Italiens erfüllte. Am 26. April 1915 wurde der „Londoner Vertrag" unterzeichnet, der Italien Görz, Triest, Istrien und die italienisch besiedelten Städte und Inseln Dalmatiens sowie weitere Territorien und Inseln im Mittelmeerraum zusichert und bezüglich Tirol den Passus enthält, dass bei dem kommenden Friedensschluss Italien das Gebiet des Trentino und *„ganz Südtirol bis zu seiner natürlichen Grenze, als welche der Brenner anzusehen ist"*, erhalten solle. Italien verpflichtete sich dafür, innerhalb eines Monats auf der Seite der Entente in den Krieg einzutreten und Österreich-Ungarn anzugreifen.

Da das Abkommen von London geheim gehalten wurde, glaubte man ihn Wien auch nach der am 3. Mai ausgesprochenen Kündigung des Dreibundvertrages, Italien von einer Kriegserklärung abhalten zu können. Man ließ nicht nur das Außenministerium in Rom, den italienischen König und den Papst, sondern die Weltöffentlichkeit wissen, zu welchen umfassenden Zugeständnissen Österreich-Ungarn bereit war. Damit sollten sowohl internationaler Druck ausgeübt als auch der italienischen Opposition Argumente geliefert und womöglich in Rom eine Regierungskrise ausgelöst werden. Auch in der Bevölkerung Italiens war ja die Mehrheit gegen den Krieg. Dieses letzte, aber – wie man bald schon wissen sollte – zu spät gekommene Angebot Österreich-Ungarns enthielt *„ganz Tirol, soweit es italienisch ist"* und das westliche Isonzo-Ufer, somit im Grunde alles, was Italien bisher von Österreich verlangt hatte; über Görz könne verhandelt werden

König Vittorio Emanuele III.

und Triest sollte zu einer quasi exterritorialen Stadt mit italienischer Universität und Freihafen werden. Sicher, die Alliierten hatten in London noch viel mehr zugesagt, aber dafür mussten x-tausende Menschenleben und Unsummen Geldes eingesetzt werden, ohne die Gewissheit, dass der versprochene Territorial- und Machtzuwachs für Italien in einer zukünftigen Friedenskonferenz auch Punkt für Punkt durchzusetzen sein würde. Wie ja auch die wichtigste Voraussetzung, der Sieg über die Mittelmächte, ganz und gar nicht sicher war, wie gerade jetzt die erfolgreiche Offensive in Galizien gezeigt hatte. Österreichs Angebot dagegen kostete nichts, hätte Italien bedeutend gestärkt und weitere Jahre des Friedens beschert.

Der Mehrheit der Parlamentarier folgte diesen einsichtigen Überlegungen und wollte in der für 20. Mai angesetzten Sitzung der Volksvertretung für die Beibehaltung der Neutralität stimmen. Als die Regierung Sonnino-Salandra merkte, dass sie eine Niederlage einstecken würde, reichte sie ihre Demission ein. Wäre Oppositionsführer Giolitti bereit gewesen, das Amt des Ministerpräsidenten zu übernehmen, die Geschichte Europas, Österreichs und Tirols hätte vielleicht einen anderen Verlauf genommen. Doch Giovanni Giolitti, dem eben erst 300 Abgeordnete und 100 Senatoren ihr Vertrauen ausgesprochen hatten, wollte dieses Amt nicht noch einmal übernehmen. Dass er keinen Kandidaten desselben politischen Gewichts vorschlagen konnte, war für König Vittorio Emanuele III. ein willkommener Grund, Salandras Rücktritt nicht anzunehmen und damit grünes Licht für die Erfüllung des Londoner Vertrags zu geben, denn die darin für die italienische Kriegserklärung gesetzte Frist von einem Monat näherte sich ihrem Ende.

Entscheidend wurden jetzt die von den Interventionisten angezettelten Demonstrationen und Krawalle, als deren Höhepunkt es am 15. Mai zur Erstürmung des Parlamentsgebäudes und zu Tätlichkeiten gegen Abgeordnete kam. Vor allem die Bewegung des bisher stets den Neutralisten zugerechneten Benito Mussolini und die Fraktion des Wortführers der Nationalisten, Gabriele d'Annunzio – auch er bisher kein Freund der westlichen Alliierten –, mobilisierten den Straßenmob und schickten gewaltbereite Jugendliche und bezahltes Gesindel in die Tumulte. Es war eine höchst merkwürdige Allianz, die sich da zusammengetan hatte. Denn die Bewegung der Interventionisten war bisher von eher radikalen Männern der demokratischen Linken getragen, der sich auch besonnene Intellektuelle und Sozialisten der politischen Praxis angeschlossen hatten. Zu ihnen zählten der aus Apulien stammende Historiker und Publizist Gaetano Salvemini sowie der ins Exil gegangene Trentiner Landtags- und gewesene österreichische Reichstagsabgeordnete Cesare Battisti. Sein Hauptziel, der An-

Cesare Battisti mit Tochter Livia: Österreich muss zerschlagen werden!

schluss seiner Heimat an das Königreich Italien, hätte jetzt auch ohne Krieg erreicht werden können, und man fragt sich, warum er denn immer noch alles daransetzte, um den „Intervento", den Eintritt Italiens in den Krieg gegen Österreich-Ungarn zu erreichen. Claus Gatterer, der sich wohl am intensivsten mit dieser lange Zeit umstrittenen Gestalt der Tiroler Geschichte auseinandergesetzt hatte, ließ keinen Zweifel offen: Battisti ging es längst nicht mehr um das Trentino allein. Er war – als Folge seiner praktischen politischen Arbeit in Wien und Innsbruck – zur Überzeugung gelangt, dass es nicht nur um die Italiener in der Habsburger Monarchie gehen könne, sondern dass nur deren Niederlage und Zerschlagung den darin lebenden Völkern die Möglichkeit eröffnen würde, einen eigenen selbstbestimmten und demokratischen Weg zu gehen. Nicht minder wichtig war ihm im Sinne einer sozialistisch-demokratischen Entwicklung ganz Europas die Niederwerfung des preußischen Militarismus. Deshalb konnte er sich mit der angebotenen freiwilligen Abtretung des Trentino nicht zufriedengeben.

Am 20. Mai 1915 stimmten im römischen Parlament 407 Abgeordnete für den Antrag der Regierung, ihr die entsprechenden Vollmachten für den Kriegsfall zu übertragen und somit freie Hand für eine Kriegserklärung gegen Österreich zu lassen. Nur 74 hatten sich nicht einschüchtern lassen, zwei enthielten sich der Stimme. Ein Abgeordneter schrieb nach dieser unerwarteten Niederlage entschuldigend an Giolitti: *„Heute haben wir die niederträchtigste Tat unseres Lebens begangen, aber hätten wir es nicht getan, hätten uns draußen die Pflastersteine der Volksmassen erwartet."*

Am Nachmittag des Pfingstsonntags, 23. Mai 1915, wurde die italienische Kriegserklärung an Österreich gleichzeitig dem österreichisch-ungarischen Botschafter in Rom und dem Außenminister in Wien überreicht.

„Der König von Italien hat Mir den Krieg erklärt. Ein Treubruch, dessen die Geschichte nicht kennt, ist von dem Königreiche Italien an seinen beiden Verbündeten begangen worden“, lässt Kaiser Franz Joseph tags darauf in einem überall angeschlagenen und von der Presse veröffentlichten Manifest *„seine Völker“* wissen, nach Manfried Rauchensteiner „ein Paradebeispiel für die Verwendung der Sprache als Mittel der Politik“. Im Manifest heißt es dann weiter: *„Wir haben Italien nicht bedroht, sein Ansehen nicht geschmälert, seine Ehre und seine Interessen nicht angetastet* [...] *Wir haben mehr getan: Als Italien seine begehrlichen Blicke über Unsere Grenzen sandte, waren Wir, um das Bundesverhältnis und den Frieden zu erhalten, zu schmerzlichen Opfern entschlossen.“* Italiens Begehrlichkeit sei aber nicht zu stillen gewesen und so müsse sich das Schicksal vollziehen. Und bevor der Kaiser und oberste Kriegsherr seine *„kampfbewährten, siegerprobten Truppen“* grüßt und ihnen sein Vertrauen und seinen Dank ausspricht, blickt er – eine geschickte Wendung – in die jüngere Geschichte zurück: *„Der neue heimtückische Feind im Süden ist kein neuer Gegner“*, und der Kaiser erinnert an *„Novara, Mortara, Custoza und Lissa“*, lauter Ortsnamen, die im Bewusstsein der Österreicher mit Siegen über italienische Truppen bzw. Geschwader verbunden waren.

Wie es den Trentinern erging

Während Welschtiroler Soldaten für die k.u.k. Monarchie kämpften, mussten an die 150.000 ihrer Landsleute die Heimat verlassen • Die Situation in Buchenstein und Cortina d'Ampezzo

Die italienische Kriegserklärung vom 23. Mai 1915 lieferte im Nachhinein einen guten Grund für die Bemühungen des k.u.k. Militärs, im angeblichen Interesse der Staatssicherheit die innere Verwaltung Welschtirols zu kontrollieren, was vor allem die Einstellung von Beamten und deren Überwachung betraf. Dadurch sollte verhindert werden, dass irredentistisch gesinnte Personen oder im Trentino tätige Reichsitaliener Spionage für Italien betrieben oder auch nur ihr italienisch-nationales Gedankengut verbreiteten. Da man der Bevölkerung des Trentino samt und sonders mit Misstrauen begegnete und grundsätzlich jeden und jede verdächtigte, musste das Militärkommando ein ausgedehntes Polizei- und Spitzelwesen aufziehen. Dass die damit gewonnenen Erkenntnisse von den zivilen Behörden nicht immer und nicht so ohne weiteres geglaubt und die daraus resultierenden Wünsche und Forderungen nicht immer befolgt wurden, zeigen zahlreiche aktenkundig gewordene Fälle, die Gerd Pircher für sein Buch „Militär, Verwaltung und Politik in Tirol im Ersten Weltkrieg" analysiert hat. Zum Beispiel widersetzte sich die Tiroler Schulbehörde Anfang 1914 dem Wunsch des Militärkommandanten, einen Lehrer wegen seiner nationalen Gesinnung vom Schuldienst zu entfernen, denn er habe sich als tüchtiger und moralisch bzw. politisch korrekter Lehrer erwiesen.

Zivile Beamte und vernünftige Politiker Deutschtirols nahmen nicht nur beschuldigte Trentiner in Schutz,

Kriegerdenkmal in Pinzolo: „Gezwungen, für den Unterdrücker zu kämpfen“. Heute sieht man im Trentino das Problem der Welschtiroler in der k. u. k. Armee differenzierter.

sie stellten sich auch vehement gegen ein solches System der generellen Überwachung und leichtfertigen Beschuldigung, da es schwerwiegende Folgen haben könnte. Statthalter Markus Freiherr von Spiegelfeld hatte dazu schon vor dem Krieg ein „Promemoria“ verfasst, in dem er davor warnte, *„in jeder nationalen Äußerung Irredentismus zu sehen, jede unbedachte Bemerkung der so phantasiereichen und redelustigen Italiener zu einer großen Staatsaktion aufzubauschen“*. Man sei in der *„Irredentismusriecherei viel zu weit gegangen“* und habe *„das Land dadurch in eine gewisse nervöse Unruhe versetzt“*, konstatierte der oberste staatliche Verwaltungsbeamte. *„Polizeiwirtschaft“* und *„Gewaltmaßnahmen“* würden wie die Germanisierungstendenzen deutschnationaler Vereinigungen nur den Erfolg haben, *„die Irredenta zu stärken, die Unzufriedenen zu vermehren, die Zahl derer zu vergrößern, die an die Haltbarkeit der gegenwärtigen Zustände zweifeln und verzweifeln“*. Deutschnationale Agitation und Verunglimpfung des Italienertums seien das größte Übel und trieben *„die Massen in's radikale Lager“*.

Nach Ausbruch des Krieges im Sommer 1914 wären solche Warnungen noch mehr zu beherzigen gewesen als in Friedenszeiten. Die Stimmung war in den ersten Tagen im Trentino auch nicht viel anders als im übrigen Tirol, schließlich war ja Italien ein Verbündeter des Kaisers in Wien. Nicht jedem war sofort klar, was es bedeutete, dass der König in Rom sein Land für neutral erklärte. So schmückten Bilder von Vittorio Emanuele III. häufig die Waggons der an die Front geschickten Trentiner Soldaten. Wie alle anderen Tiroler Wehrpflichtigen meldeten sich zwischen dem 1. und 4. August 1914 auch die Trentiner Männer zwischen dem 22. und dem 42. Lebensjahr beim zuständigen Ergänzungskommando und wurden als Kaiserjäger, Landesschützen oder als Angehörige des Landsturms den entsprechenden Feld- oder Ergänzungskompanien zugeteilt, wobei die Mannschaften durchaus „sprachlich gemischt“ zusammengestellt wurden. Rund 15.000 fuhren sofort an die Front, andere blieben als Reserve zurück, um später nachgeschickt zu werden. Bis zum Kriegsende sollten es 60.000 Trentiner sein, die einen Einrückungsbefehl erhalten hatten und zum Großteil für Österreich an den verschiedenen Fronten im Kampf standen. Trotz sprachlicher Probleme und mentalitätsmäßiger Unterschiede zu ihren Deutschtiroler Kameraden kam es bis zur italienischen Kriegserklärung an Österreich kaum oder selten zu Differenzen.

Und an Tüchtigkeit im Kampf standen die Welschtiroler nicht zurück.

Die in Briefen und Tagebüchern immer häufiger werdenden Klagen von Trentiner Soldaten über abfällige Bemerkungen von Kameraden und Offizieren über ihre nationale Herkunft, eine Ausgrenzung oder gar über eine auffällig schlechtere Behandlung stammen fast durchwegs aus der Zeit nach der italienischen Kriegserklärung an Österreich-Ungarn, als man den Welschtirolern beim Militär nicht mehr voll vertraute und alle negativen Eigenschaften von Perfidie bis Feigheit, die dem Königreich Italien angelastet wurden, auf sie übertrug. Die Kommandostellen befürchteten auch, dass italienischsprachige Soldaten jetzt in größerer Zahl desertieren könnten. *„Kein Südtiroler italienischer Zunge soll als absolut vertrauenswürdig gelten"*, formulierte Oberst von Lerch in einem Memorandum an den Chef des Generalstabes vom 9. Mai 1916 das allgemeine Ressentiment. Dass man sie deshalb, je länger der Krieg dauerte, an der Südfront nur im Hinterland oder überhaupt nur mehr in Galizien einsetzte, gehört mit zu den Gründen, die zum Stimmungsumschwung und zur Verbitterung der großteils kaisertreuen ländlichen Bevölkerung des Trentino führten, da sich die Eingerückten selbst, nicht zuletzt aber deren Angehörige in ihrer Ehre gekränkt fühlten. In den Regimentern der Kaiserjäger, die beim Ausrücken im Sommer 1914 bis zu einem Drittel aus Welschtirolern bestanden, betrug deren Anteil zuletzt nur mehr zwei bis drei Prozent.

„Ich befinde mich hier inmitten von Fremden, und auch wenn man durch Gefahr und Pflicht verbrüdert ist, bleiben es Fremde" (Übersetzung Oswald Überegger). Dieser Satz im letzten Brief eines jungen Trentiner Soldaten aus Galizien an seine Eltern hat weniger mit diskriminierender Behandlung innerhalb der Truppe

oder dem Misstrauen seiner Vorgesetzten zu tun, sondern mit der erwähnten Praxis der Abschiebung an die Ostfront. Dort bemühte sich die russische Propaganda über Lautsprecher in den vordersten Schützengräben und durch Flugblätter, die Italiener in den österreichischen Reihen zum Überlaufen zu bewegen. Es kam aber nur in Einzelfällen dazu. Kaum erfolgreicher war die Anwerbung von Welschtirolern, die in russische Kriegsgefangenschaft geraten waren, für die italienische Armee. Es sollten nur etwas über 500 werden, die auf diese Weise die Seite wechselten, die restliche Zeit des Ersten Weltkriegs italienische Uniformen trugen und zusammen mit etwa 700 emigrierten Welschtirolern und aufgeteilt auf verschiedene Truppeneinheiten des Königreichs gegen Österreich kämpften.

Die Überwachung der Welschtiroler Bevölkerung wurde gleich nach dem Beginn des Krieges zunehmend intensiviert. Da man in Militärkreisen von Anfang an der Neutralität des Königreichs Italien misstraute und seit Jahresanfang 1915 mit einem Angriff auf Tirol rechnete, ließ man jetzt alle Rücksichten auf den ehemaligen Bündnispartner fallen und entzog Trentinern, die Verwandte in Italien hatten, die Pässe. Eine „*Ausnahmeverfügung für den Kriegsfall I* [Italien]" leitete die vollständige Übernahme der politischen Verwaltung durch das Militär ein. Die Zensur der Telefon- und Telegrafenverbindungen wurde eingeführt, private Waffen und Munition mussten abgeliefert werden, der Grenzverkehr wurde erschwert. Ab Mitte März wurde mit der Erstellung von Listen von Personen begonnen, die wegen ihrer irredentistischen Gesinnung als potenzielle Spione oder Saboteure verdächtigt wurden oder denen man es zutraute, sich vom Feind für eine solche – heute würde man sagen – geheimdienstliche Tätigkeit anwerben zu lassen. Dazu genügte schon die Mitgliedschaft bei einem der stark nach Italien orien-

Mit „Ansicht aus dem Lager“ ist dieses Foto aus einem „offiziellen“ Album über das Lager Katzenau beschriftet. Das Dokument (heute im Tiroler Landesmuseum Ferdinandeum) stammt aus der Amtsbibliothek des Landes Tirol.

tierten und von Italien geförderten Vereine wie der in Konkurrenz zum Deutschen und Österreichischen Alpenverein gegründeten Società Alpinisti Trentini oder gar der Lega Nazionale, die 1891 in Triest gegründet worden war, offiziell um in den italienisch besiedelten Regionen Österreich-Ungarns Kulturarbeit zu leisten und das italienische Schulwesen auszubauen. Sogar ohne solche Anhaltspunkte konnte man auf eine Liste der Verdächtigen oder politisch Unzuverlässigen geraten. Dass sich jemand betont italienisch gab und seine Wertschätzung und Vorliebe für alles Italienische herausstrich, was an sich ja nicht verboten war, genügte in manchen Fällen für eine Internierung. Der Willkür waren Tür und Tor geöffnet.

Am 20. Mai war es so weit. Die Kriegserklärung war noch nicht überreicht, da verhaftete die Polizei in einer Nacht- und Nebelaktion alle vorgemerkten Personen – Männer, Frauen, Jugendliche – ohne Rücksicht auf Stand und Namen, auch Politiker, Professoren, Beamte und Geistliche. Am 22. Mai wurden sie und dazu noch alle italienischen Staatsangehörigen, die nicht rechtzeitig Tirol verlassen hatten, per Eisenbahn ins Innere der Monarchie abgeschoben. Für die Zahl der Ende Mai 1915 verhafteten und im Lager Katzenau bei Linz internierten Trentinerinnen und Trentiner gibt es keine stichhältigen Unterlagen. Auch aus den Lagerlisten lässt sich nicht genau ermitteln, wie viele es waren. Denn alle 18 bis 50 Jahre alten Männer wurden gleich nach ihrer Ankunft zum Militär eingezogen und Sonderkompanien für „Politisch Unverlässliche" zugeteilt, die für Arbeiten hinter der Front eingesetzt wurden. Außerdem wurde es Persönlichkeiten aus Politik und Kirche erlaubt, sich auf eigene Kosten außerhalb des Lagers eine Unterkunft zu organisieren. Sie mussten sich regelmäßig bei den Behörden melden, und ihre Post wurde zensuriert. Andererseits kamen laufend neue Internierte aus allen Teilen der Monarchie dazu, besonders viele Arbeiter oder Dienstpersonal mit italienischer Staatsbürgerschaft, die in Österreich ihren Lebensunterhalt gefunden hatten und hier oft schon viele Jahre mit ihren Familien lebten. Rund 5000 „wehrunfähige" Reichsitaliener, also Frauen, Kinder und alte Männer, wurden im Laufe des Jahres 1915 von Katzenau aus mit Hilfe des Roten Kreuzes über die Schweiz nach Italien abgeschoben.

Die neuere Literatur zu Katzenau nennt die Zahl von insgesamt zwischen 16.000 und 17.000 Personen, die bis Kriegsende über kürzere oder längere Zeit in diesem Lager interniert waren. Darunter war ein Großteil der ca. 5700 italienischsprachigen Österreicher aus dem Trentino, aus Triest und dem adriatischen Küstengebiet. Claudio Ambrosi, Autor des 2008 erschienenen Werks „Vite internate", schätzt die Zahl der Trentiner in Katzenau auf ca. 1800 bis 2000. Sie waren großteils auf Dauer dort und gehörten im Unterschied zu den

Foto aus Katzenau von Enrico Unterveger

internierten Reichsitalienern aus Wien und anderen Kronländern fast durchwegs bürgerlichen und höheren sozialen Schichten an. Da die rechtliche Unhaltbarkeit der Abschiebung und Internierung den Militärbehörden durchaus bewusst war, wurden die Lagerinsassen streng überwacht, um sie anhand von Äußerungen oder mitgenommenen Sachen im Nachhinein überführen zu können. Es sei *„unerlässlich, mit allen zu Gebiete stehenden Mitteln nach Beweisen für etwa begangene strafbare Handlungen von Internierten zu fahnden"*, heißt es in der Anweisung an die Lagerkommandanten. Die militärgerichtlichen Verfahren gegen die ohne richterlichen Beschuss Inhaftierten führten in vielen Fällen nach einem oder zwei Jahren zu Freisprüchen, jedoch nicht automatisch zu ihrer Freilassung. Der Großteil musste weiter ein eher kümmerliches Leben in dem viel zu kleinen Lager fristen, das anfangs aus 38 Holzbaracken bestand, aber noch im Sommer und Herbst 1915 um 20 weitere Baracken erweitert wurde.

Augenzeugenberichte aus und über Katzenau sprechen von zeitweise menschenunwürdigen Zuständen. Um nicht auf die sehr schlechte und unzureichende Verpflegung im Lager angewiesen zu sein, ließen sich viele Insassen, obwohl keine Arbeitsverpflichtung bestand, als Arbeitskräfte in der Kriegswirtschaft anwerben. Der Lohn war freilich gering und wurde durch den Abzug von Lagerkosten noch vermindert.

Über das Leben in Katzenau, vor allem im ersten Jahr, gibt es eine eindrucksvolle Fotoserie von Enrico Unterveger, dem Sohn des aus dem Gadertal nach Trient zugewanderten Fotopioniers Giovanni Battista Unterveger, der auch ein großartiger Fotograf geworden war und sich besonders als Alpinist auszeichnete. Als engagierter Irredentist stand er in Kontakt mit führenden Anhängern einer Abtrennung des Trentino von Österreich und benützte seine Bergausflüge und sein fotografisches Handwerkszeug zur Weitergabe wertvoller oder für wertvoll gehaltener Informationen an die Kontaktleute auf der anderen Seite der Grenze. 1911 war er deshalb ins Gefängnis gewandert und sogar nach Wien überstellt worden, für eine Verurteilung reichten die beweisbaren Anschuldigungen aber nicht. Ende Mai landete auch er als einer der als gefährlich eingestuften Trentiner im Internierungslager.

Nach der Thronbesteigung Kaiser Karls I. im November 1916 und der von ihm erlassenen Amnestie für politische Delikte, mit der eine Revision der Internierungs- und Konfinierungsgründe einherging, konnten bis Mai 1917 nahezu alle in Katzenau festgehaltenen Trentiner in ihre Heimat zurückkehren. Dass sie jetzt sicher keine Anhänger Österreichs mehr waren, kann man als gegeben annehmen.

Unter den internierten Trentinern war auch eine Reihe von Priestern, die sich auf irgendeine Weise verdächtig gemacht hatten. Zum Beispiel hatte sich der

Pfarrer von Serravalle im Etschtal im Herbst 1914 geweigert, einen behördlichen Aufruf zur Metallsammlung in der Kirche zu verlautbaren, weil er dazu nicht verpflichtet sei. Das war der Hauptgrund für seine Internierung in Katzenau. In ihrem Vorgehen gegen die Geistlichkeit verschonten die Militärbehörden auch höchste Kirchenvertreter nicht. Ganz so einfach konnte man diese jedoch nicht loswerden. Die Probleme begannen ganz oben. Bischof Celestino Endrici nahm man es sehr übel, dass er sich – sehr zum Unterschied zum Brixener Bischof Franz Egger – von Beginn des Krieges an geweigert hatte, die Kirche und ihre Amtsträger für die Zwecke des Staates in die Pflicht nehmen zu lassen (siehe S. 34). Seine betont nationale Einstellung war bekannt, dass er sein Bistum lieber im italienischen Staatenverband gesehen hätte, war aber wegen seiner konservativen Auffassung von der Kirche und ihrer Hierarchie nicht sehr wahrscheinlich, schließlich hielt im Königreich Italien eine liberal-antiklerikale Regierung die Zügel fest in der Hand.

Nach der Kriegserklärung Italiens forderte der inzwischen in Innsbruck als Statthalter amtierende Friedrich Graf Toggenburg den Trienter Bischof auf, in einem Hirtenbrief ausdrücklich für Österreich-Ungarn Stellung zu beziehen und den Angriff Italiens zu verurteilen. Dieses Ansinnen lehnte Endrici entschieden ab, und die Erinnerung an die Loyalitätspflicht der Kirche gegenüber dem Staat beantwortete er mit dem Hinweis, dass es genügend Beweise für seine und seines Klerus Staatstreue gebe. Die Haltung jener österreichischen Bischöfe, die sich von Kaiser und Staat für die Kriegshetze einspannen ließen, sei zu verurteilen. Er benützte die Gelegenheit, gegen die Internierung zahlreicher Priester und das Vorgehen der Militärbehörden gegen sein Diözesanblatt zu protestieren, das wegen der beabsichtigten Veröffentlichung eines päpstlichen Frie-

Der Trienter Bischof Celestino Endrici muss seine Diözese verlassen.

densappells beschlagnahmt worden war. Während es die zivilen Behörden dabei beließen, sammelten die Militärbehörden weiterhin alles, was aus ihrer Sicht gegen den Bischof vorzubringen war – laut Josef Fontana nicht wenig, während Matthias Rettenwander in seinem Buch „Der Krieg als Seelsorge. Katholische Kirche und Volksfrömmigkeit in Tirol im Ersten Weltkrieg“ eher Argumente für Endrici gelten lässt.

Im März 1916 fand Landesverteidigungskommandant Viktor Dankl endlich den Anlass, um mit aller Härte gegen den Bischof vorzugehen, als Endrici der Geistlichkeit seiner Diözesen verbot, sich an einer privat initiierten Huldigungsadresse an Kaiser Franz Joseph zu beteiligen. Er selbst habe im Juli 1915 und erst jetzt wieder dem Kaiser in aller Form und im Namen der gesamten Diözese seine Huldigung dargebracht und sehe es deshalb als Verstoß gegen seine Autorität an, wenn einzelne Geistliche glaubten, dass eine Erklärung des Bischofs nicht genüge. Die Reaktion kam schlagartig. Endrici wurde auf seinem Landsitz am Stadtrand von Trient unter Hausarrest und Bewachung gestellt, Besucher brauchten eine Genehmigung, die Korrespondenz wurde zensuriert. Der Bischof musste der Osterliturgie fernbleiben, die heiligen Öle wurden von Bischof Egger in Brixen geweiht und mit Militärautos nach Trient gebracht. Diese Aktion gegen den höchsten Amtsträger der katholischen Kirche in Welschtirol erregte ungeheures

Aufsehen und wirkte wie ein Schock. Der Statthalter war nicht so sehr über die Tatsache entsetzt, dass gegen den Bischof vorgegangen wurde, hatte man doch seine Entfernung aus der Diözese schon beim Kriegseintritt Italiens überlegt, sondern über die Art und Weise seiner Behandlung. Er schrieb dem für kirchliche Belange zuständigen Minister für Kultus und Unterricht nach Wien: *„Die Gewalt, die da gegen einen Kirchenfürsten zur Anwendung kommt, wo es doch so leicht gewesen wäre die Abreise desselben ohne kränkende Einschränkung seiner persönlichen Freiheit in die Wege zu leiten, widerspricht so dem tiefsten Empfinden unserer Bevölkerung, daß ich politische Schädigungen der öffentlichen Meinung der unerfreulichsten Art befürchten muss* [...]“

Nach einigen Wochen wurde es dem Bischof erlaubt, sich in Wien beim zuständigen Minister zu rechtfertigen, was ihm nicht in dem Ausmaß gelang, dass er in seiner Diözese hätte bleiben dürfen. Allerdings kam es auch nicht zu dem militärgerichtlichen Verfahren gegen ihn, mit dem das Landesverteidigungskommando gedroht hatte, sollte der als gefährlich erachtete Oberhirte der Welschtiroler nicht abgesetzt werden. Da so etwas vom Vatikan nicht zu erreichen gewesen wäre, wurde Endrici für die Dauer des Krieges das Zisterzienserstift Heiligenkreuz bei Wien als Aufenthaltsort zugewiesen. Er verfasste dort, sehr zum Ärger der Militärbehörden in Tirol, sogar Hirtenbriefe an seine Gläubigen. Diese durften auch verlesen und gedruckt werden, weil inzwischen von Kaiser Karl die Macht des Militärs eingeschränkt worden war und die Staatsanwaltschaft bestätigte, dass die Seelsorgeschreiben keine staatszersetzende Tendenz erkennen ließen. Dem im Namen von Endrici die Diözese leitenden Generalvikar Ludwig Eccheli hatte der Bischof nach langem Widerstand den deutschsprachigen Kanonikus Balthasar Rimbl zur Seite gestellt. Das Trienter Priesterseminar, das die Militärbehörden als Brutstätte des Irredentismus bezeichneten, wurde auf ihr Betreiben nach Brixen verlegt und dem dortigen Bischof unterstellt, der stets eine Gegenposition zu Endrici eingenommen hatte.

Doch zurück zur italienischen Kriegserklärung. Ein paar Tage nach der Verschickung der politisch bedenklichen Personen begann die Evakuierung all jener Trentiner, die im Festungsbereich Trient und im unmittelbaren Frontbereich zu Hause waren. Rund ein Drittel der Fläche Welschtirols mit etwa 100.000 Bewohnern war von dieser Maßnahme betroffen. Sie galt dem Schutz der Zivilbevölkerung, aber auch dem Bemühen, militärisch notwendige Maßnahmen ohne Rücksichtnahme auf hier wohnende Menschen durchführen zu können. Die Notwendigkeit war sicher gegeben und wurde von den meisten Betroffenen auch eingesehen, die überhastete und rigide Abwicklung der Aussiedlung gab aber Grund für viele Klagen. Mancherorts sollen in der Nacht Soldaten vor der Tür gestanden sein und die Bewohner eines Hauses aufgefordert haben, sich binnen weniger Stunden reisefertig zu machen. Jeder dieser „Zwangsflüchtlinge", wie sie Josef Fontana nennt, durfte nur zehn bis sechzehn Kilogramm Gepäck mitnehmen. Viele persönliche Sachen, Hausrat, Werkzeug und Wirtschaftsgeräte mussten zurückbleiben, bei den Bauern auch das gesamte Vieh. Von einer Stunde auf die andere waren die Menschen ohne jeden Besitz und wurden nun mit Sonderzügen in die nördlicheren Kronländer Salzburg, Steiermark, Nieder- und Oberösterreich, aber auch nach Böhmen, Mähren und in westliche ungarische Komitate transportiert.

In Tiroler Städten und Dörfern, die genügend weit von der Front entfernt waren, durften nur wenige Familien bleiben, auch nach Vorarlberg kam nur ein

Evakuierte am Bahnhof Trient

geringer Teil. Statthalter Toggenburg hatte nämlich angesichts der bereits kritischen Ernährungslage mit Erfolg davor gewarnt: *„Abgesehen davon darf nicht außer Acht gelassen werden, daß die Stimmung in der deutschen Bevölkerung für den Fall einer uns feindlichen Intervention Italiens Ausbrüche allgemeiner Verbitterung und vielfach fanatischen Hasses gegen alles, was italienisch ist, befürchten läßt und daß daher die Einzelunterbringung der unwillkommenen Mitesser in den Gemeinden und die Sorge für deren persönliche Sicherheit auf größte Schwierigkeiten stoßen müßte."* An amtlich festgelegten „Perlustrierungsstationen" wurden die Evakuierten in Bezug auf ihre Gesundheit und finanzielle Lage eingestuft, die Mittellosen kamen in meist überfüllte Barackenlager, wer einem „höheren sozialen Stand" angehörte und es sich leisten konnte, wurde in eigens dafür bestimmten Ortschaften meist nördlich der Donau privat untergebracht, Heidenreichstein oder Rosendorf, aber auch Gablonz im Sudetenland

Während der Evakuierung in Bondo in den Judikarien

waren zum Beispiel solche Orte, in denen Welschtiroler Flüchtlingen Unterkünfte zugewiesen wurden. Dabei sollten, so war es jedenfalls beabsichtigt, das ethnische und religiöse Gleichgewicht und das soziale Gefüge nicht allzu sehr gestört werden.

Extrem unterschiedliche Verhältnisse muss man für die großen Barackenlager konstatieren. So waren die Lebensbedingungen – um nur zwei herauszugreifen – in Braunau am Inn, wo sich der Kommandant *„mit Leid und Seele"* für das Wohl der Flüchtlinge einsetzte, so gut es eben ging, während sich die Wachmannschaften in Wagna in der Steiermark durch ihr Terrorregime den Hass der Lagerinsassen zuzogen. Wie schwierig es für die Regierung war, das Flüchtlingsproblem in den Griff zu bekommen, kann man erst ermessen, wenn man bedenkt, dass ja nicht nur die Evakuierten aus den südlichen Frontgebieten zu versorgen waren, sondern dass der Krieg und das harte Vorgehen der Truppen gegen die Zivilbevölkerung zur selben Zeit einen in die Hunderttausende gehenden Menschenstrom aus Galizien, vor allem Ruthenen und Juden, ins Hinterland schwemmte. Wie groß die Zahl der Trentiner Flüchtlinge war, geht aus den Akten der staatlichen Flüchtlingsfürsorge hervor. Im Dezember 1917 bezogen 114.383 Welschtiroler die vorgesehenen Hilfsgelder, das waren pro Tag zuerst 80 Heller, später eine Krone für ein Kind und 90 Heller bzw. eine Krone für einen Erwachsenen. Unter dem Ehrenschutz von Erzherzogin Maria Josepha wurde noch im Juli 1915 ein „Hilfskomitee für Flüchtlinge aus dem Süden" gegründet. Die fromme und wohltätige Erzherzogin, eine Tochter des Königs von Sachsen und Gemahlin eines Neffen Kaiser Franz Josephs, war die Mutter des Thronfolgers Karl und wegen ihres Einsatzes für Verwundete und Flüchtlinge bekannt. Ihr Wiener Augartenpalais stellte sie als Lazarett zur Verfügung.

Ebenfalls evakuiert werden musste das nicht zum Trentino zählende ladinische Fodom (deutsch Buchenstein, italienisch Livinallongo), das von der Front direkt

Evakuierte Trentiner grüßen auf einer Karte aus Heidenreichstein.

durchschnitten wurde. Viele Familien aus dem westlichen Teil des Tales, das die Militärbehörden übereilig und rücksichtslos geräumt hatten, kamen bei Verwandten und Bekannten im Gadertal und im Pustertal unter, andere wurden mit Tausenden Evakuierten aus den Welschtiroler Tälern nach Ober- und Niederösterreich, ja sogar bis nach Mähren und ins Sudetenland (Gablonz) gebracht. Als sie im Spätherbst 1917 wieder zurückdurften, weil es hier keine Kämpfe mehr gab, fanden sie ihre Häuser und Ortschaften als Trümmerhaufen vor. Trotzdem war es ihnen noch besser ergangen als den Menschen im östlichen Abschnitt des Tales, die sich mehr oder weniger selbst überlassen waren und von den Italienern evakuiert wurden, als diese den Talabschnitt besetzten.

Buchenstein war ein Sonderfall. Dagegen herrschten in jenen Gebieten, die das österreichische Militär zu Kriegsbeginn freiwillig den Italienern überließ, um eine kürzere Frontlinie zu haben, klare Verhältnisse. Die dort wohnenden Menschen konnten bis 23. Mai 1915 selbst entscheiden, ob sie in der Hoffnung auf eine gute Behandlung durch das italienische Heer in ihren Dörfern bleiben oder zusammen mit ihren evakuierten Landsleuten das Ende des Krieges im Innern der Habsburgermonarchie abwarten wollten. Nach Kriegsbeginn waren sie den Maßnahmen ausgeliefert, die von den Italienern für sie getroffen wurden. Es handelte sich dabei um das südliche Judikarien, das Etschtal um Avio und Ala, vor allem aber um die östliche Valsugana mit Borgo und Strigno, das Gebiet um Fiera di Primiero, das ladinische Col (italienisch Colle Santa Lucia, deutsch Verseil) und den Talkessel von Cortina d'Ampezzo. Die Ladiner von Col wurden zusammen mit 35.000 Welschtirolern vom italienischen Militär aus den kampflos besetzten Gebieten evakuiert und in 264 verschiedenen Gemeinden bis weit in den Süden der Halbinsel und auf Inseln untergebracht, ohne dass dabei auf örtliche Gemeinschaften oder Familienbande Rücksicht genommen worden wäre.

Die Situation in Cortina d'Ampezzo und in Col ist nicht zu vergleichen mit den Welschtiroler Gebieten. Die Ladiner fühlten sich immer eng mit Deutschtirol verbunden. So gab es auch in den beiden Gemeinden, die zu ihrem großen Leidwesen außerhalb der österreichischen Verteidigungslinie blieben, kaum von jemandem Sympathie für die nach Kriegsbeginn anrückenden Italiener. In dem nach Süden offenen und schwer zu verteidigenden Talkessel von Cortina d'Ampezzo, das damals gerade am Weg zur noblen Sommerfrische und zum viel besuchten Wintersportort war, fiel den Menschen die Entscheidung, wie man sich verhalten sollte, deshalb besonders schwer. Niemand wusste, wie das Leben unter italienischer Besatzung sein würde und wie lange es dauern könnte. Musste man es wirklich riskieren, Haus und Hof, das unter Mühen aufgebaute Hotel oder den traditionsreichen Handwerksbetrieb für eine unbestimmte Zeit zu verlassen? Wie Paolo Giacomed in einer Reihe von Publikationen der Biblioteca Civica von Cortina anhand von Tagebüchern, Lebenserinnerungen, Briefen und Postkarten schildert, war die Bevölkerung äußerst verunsichert, die Meinung geteilt (Zitate im Folgenden vom Autor aus dem Italienischen übersetzt).

Ein Großteil der männlichen Bevölkerung stand ohnehin im Feld oder in Reservebataillonen irgendwo in Tirol oder in anderen österreichischen Kronländern. Die im April und Mai aufgebotenen Standschützen (siehe nächstes Kapitel) verabschiedeten sich Mitte Mai von ihren Familien und bezogen an der österreichischen Verteidigungslinie die befestigte Stellung Som Pòuses (auch Som oder Son Pauses) auf dem Weg zur Alm Ra Stua im Fanesgebiet, um – wenn es einmal losging – ein weiteres Vordringen der Italiener zu verhindern. Von dort konnte die nach Schluderbach und weiter nach Toblach führende Ampezzaner Straße bewacht und verteidigt werden. Und von dort sahen die jungen Burschen wehmütig hinab in das sich immer mehr entleerende Tal: „[...] *während wir rasteten, schauten wir auf unser weinendes Tal hinunter, und wir sagten zueinander: Wann werden wir wohl zurückkehren zu unseren Familien und in unser schönes Dorf, das jetzt voller Tränen ist* [...]“

In der Chronik des Don Pietro Alverà Dipòl ist zu lesen: *„Am 20. Mai zog sich das Militär zurück, die Zivilbeamten bekamen den Befehl, sich auf den Rückzug vorzubereiten. Ähnlich suchten circa 100 Ampezzaner ihr Heil in Deutsch-Tirol. Der größte Teil der Bevölkerung verblieb in der Heimat. Das war hauptsächlich dem Einfluss des Dekans Pallua zuzuschreiben, der zusammen mit seinen beiden Kooperatoren Don Angelo Freya und Don Giovanni Corradini von der Kanzel und privat dazu riet, keine Angst zu haben, es würde eine reguläre Truppe kommen und das Dorf würde nicht beschossen werden.“* Don Alverà war allerdings in diesen Tagen selbst nicht in Cortina. Er behalf sich mit Informationen aus dem Tagebuch der Maria Menardi de Vìco, aus dessen Eintragungen ergänzend zu erfahren ist, dass der Dekan die Frauen und Mädchen der Kongregation „Figlie di Maria“ um sich versammelte und *„vor allem den Jüngeren empfahl, sich zurückzuziehen und nicht allein außer Haus zu gehen, sondern nur in Begleitung der Eltern oder einer Respektsperson“*. Noch am selben 20. Mai verließen die Beamten und viele bürgerlichen Familien den Ort, der nun, wie es in Don Alveràs Chronik heißt, *„zur Hälfte menschenleer“* war.

Das Unterstützungsansuchen der Witwe Fanny Maniago, Besitzerin des Hotels Post in Cortina, gibt ein Rätsel auf, weil sie als Datum ihres überstürzten Weg-

Der erste italienische Soldat erkundet am Tag nach der Kriegserklärung die unverteidigte Ampezzaner Grenze.

gehens den 25. Mai angibt, als bereits Kriegszustand herrschte und die österreichischen Behördenvertreter den Ort längst verlassen hatten. Sie schreibt: *„Am 25. Mai 1915 wurde ich aufgefordert, Cortina zu verlassen, innerhalb von zwei Stunden, ich konnte mit meinen 4 Kindern nichts mitnehmen. Bargeld war schon lange keines mehr vorhanden. Nur das allernotwendigste an Wäsche und Kleidung nahmen wir nach Innsbruck mit.“* Hatte sie so lange gezögert, bis es (fast) zu spät war, oder hat sie sich im Datum geirrt? Letzteres wird wohl der Fall gewesen sein. Jedenfalls zeigt auch diese Eingabe, wie es vielen Menschen in den Grenzgebieten gegangen ist.

Das weitere Schicksal der zu Hause gebliebenen Bewohner von Cortina macht deutlich, dass die Empfehlung des Dekans auf falschen Voraussetzungen beruhte. Als das italienische Militär am 29. Mai 1915, also erst sechs Tage nach der Kriegserklärung, Cortina be-

29. Mai 1915: Sechs Tage nach der Kriegserklärung besetzt italienisches Militär Cortina d'Ampezzo.

setzte, kam es zu einem Treffen zwischen Major Bosi, der die einmarschierenden Einheiten befehligte, dem Dekan und dem Gemeindevorsteher von Cortina. Als Ergebnis dieser Konferenz wurde vom Bürgermeister folgende Verlautbarung plakatiert: *„Der Krieg, der in unser Land zieht, wird zwischen regulären Truppen und nicht von der Bevölkerung ausgetragen. Wer nicht* [zum Militär] *eingezogen ist, hat daran nicht teilzunehmen. Unsere Rettung und unser Wohlergehen hängt allein davon ab, wie sich die Bevölkerung gegen die regulären Truppen verhält. Enthaltet Euch jeglicher Feindseligkeit, meldet jede feindliche Aktion, von denen ihr Kenntnis erlangt, vertrauensvoll diesem Amt. Ich empfehle allen, sich vollkommen ruhig zu verhalten. Der Gemeindevorsteher A. Dimai.“*

Trotz dieser Ankündigung verhafteten die Italiener schon bald politisch bedenkliche Männer und schickten sie in weit entfernte Lager, der südlichste Punkt dürfte Marsala in der sizilianischen Provinz Trapani gewesen sein. Wer sich gegen Schikanen wehrte, denen sich laut den erhaltenen Tagebüchern viele Einheimische ausgesetzt sahen, hatte mit der Verhaftung zu rechnen. Insgesamt wurden bis Ende Oktober 1917, als sich die Italiener als Folge der Niederlage in der zwölften Isonzoschlacht zum Rückzug aus den Dolomiten gezwungen sahen (siehe S. 365–372), über 300 Ampezzaner interniert.

Zieht man für Welschtirol eine Bilanz, so kommt man bei – grob gerechnet – 2000 Internierten, 114.000 Evakuierten und 60.000 Soldaten auf ca. 216.000 Bewohner des italienischen Landesteils, die einen Großteil der Kriegszeit außerhalb ihrer Heimat verbrachten, das ist weit mehr als die Hälfte der Einwohnerschaft (393.000 laut Volkszählung von 1910). Im Lande selbst verfolgten die Militärbehörden auch nach Abschiebung der als gefährlich eingestuften Personen eine Politik des Misstrauens und der Repression. Kein Wunder, dass es gegen Ende des Krieges nur mehr wenige italienische Tiroler gab, deren Wunsch es gewesen wäre, bei Tirol und bei Österreich zu bleiben. Dass man den im November 1918 einrückenden Italienern dennoch nicht überall freundlich oder gar begeistert begegnete, beweist nur, dass der radikale Stimmungs- und Gesinnungswandel nicht notwendigerweise kommen hätte müssen, sondern durch unsensible und auch unmenschliche Maßnahmen der österreichischen Behörden, vor allem des Militärs, weitgehend verschuldet oder zumindest mitverschuldet war. Das Ende der Einheit des multinationalen alten Tirol war jedenfalls nicht von den italienischen Waffen erzwungen, sondern von Bürokraten und Militärmachthabern herbeigeführt worden.

Das letzte Aufgebot rückt aus

Die Standschützen und ihr Mythos • Wer sie waren, was sie geleistet haben

Obwohl die Haltung Italiens schon im August 1914, als der Krieg begann, den Verantwortlichen der politischen und militärischen Führung größte Sorge bereitete und man vor allem im Generalstab mit dem Übertreten des Bündnispartners auf die Seite der Gegner rechnete – dies sei nur eine Frage der Zeit, meinte Feldmarschallleutnant Conrad von Hötzendorf – wurden sämtliche regulären Truppen, die Tirol stellen konnte, nach Galizien und Serbien geschickt. Den Feldbataillonen der ersten Wochen folgten – nach kurzer Ausbildungszeit – noch im September und Oktober sämtliche zu Kriegsbeginn aufgestellten Marsch- und Ersatzbataillone. Insgesamt musste Tirol bis Ende 1914 über 60.000 volltaugliche Männer für die zu Abwehrschlachten gewordenen Feldzüge der Monarchie stellen. Und immer noch zogen Musterungskommissionen durch das Land und rekrutierten mit gelockerten Richtlinien für die Tauglichkeit neues „Menschenmaterial". Bis Ende März 1915 rollten Züge mit Truppennachschub an die russische Front, die gemeinsam mit deutschen Truppen möglichst bald in einer entscheidenden Schlacht durchbrochen werden sollte. Vielleicht würde ein großer Sieg der Mittelmächte Italien davon abhalten, sich auf die Seite der Entente zu schlagen. So hofften nicht wenige der Strategen und Diplomaten.

So war Tirol im Frühjahr 1915, als die Gefahr aus dem Süden immer offenkundiger wurde, fast vollständig von Truppen entblößt. Außer einem Marschbataillon des unter dem Namen „Die Rainer" bekannten Salzburger Infanterieregiments Nr. 59, weiters dem nicht einmal in Bataillonsstärke aus Serbien zurückgekehrten Landsturmregiment I sowie den Kompanien der Festungsbesatzungen und der Festungsartillerie waren dies vielfach nur bedingt für den Frontdienst taugliche Ersatzbataillone der Kaiserjäger und der Landesschützen und einige andere Einheiten mit mehr provisorischem Charakter. Rechnet man dazu noch Gendarmerie und Finanzwache, waren dies keine 20.000 Mann. Damit war Tirol nicht zu verteidigen. In dieser Situation kam alles auf den letzten Rest der alten Tiroler Wehrtradition an, auf die Schützen der Schießstände!

Obwohl sie von der Armeeführung nicht sehr ernst genommen wurden, hatte der Landtag nicht zuletzt auf Drängen des Tiroler Militärkommandanten Ludwig von Können-Horak schon im Mai 1913 ein Gesetz beschlossen, das die eingeschriebenen Mitglieder der Schießstände und der vielerorts bestehenden Veteranenvereine zu „landsturmpflichtigen Körperschaften" erklärte und damit im Ernstfall deren Einsatz für Verteidigungszwecke ermöglichte. Auf dieser gesetzlichen Grundlage gab Können-Horak am 19. August 1914, während die regulären Tiroler Regimenter in den Krieg zogen, den Befehl, die „immatrikulierten Standschützen" Tirols und Vorarlbergs, gleich welchen Alters, einer Musterung zu unterziehen und zu vereidigen. Rudolf von Pfersmann, Hauptmann im österreichisch-ungarischen Generalstab und durch persönlichen Einsatz mit den Tiroler Verhältnissen bestens vertraut, verfasste 1932 eine militärwissenschaftliche Studie zum „Werden des Tiroler Standschützenkorps" und schreibt darin: *„Dieser Tag* [der 19. August 1914] *ist der eigentliche Geburtstag des Tiroler und Vorarlberger Standschützenkorps."*

Da die Schießstandschützen der wehrpflichtigen Jahrgänge bereits eingezogen waren, war die Zahl dieser potentiellen Landesverteidiger nicht sehr groß. Also

Ihre ersten Einsätze im Jahr 1914 erledigten die Standschützen noch in ihrer Schützentracht und nicht in Uniform: Erinnerungsfoto der Jenbacher Standschützen an ihren Wachdienst.

begann zugleich die Werbung vor allem bei den 42- bis 60-Jährigen, aber auch bei den noch nicht wehrpflichtigen Burschen unter einundzwanzig, sich in den örtlichen Schießständen zu immatrikulieren. Aus ihnen wurden in den einzelnen Gerichten noch im September 1914 Standschützenkompanien gebildet, die wiederum – sofern die Zahl ihrer Mitglieder groß genug war – bezirksweise zu ersten Bataillonen zusammengefasst wurden. Eingesetzt wurden die neu zusammengestellten Formationen noch nicht oder nur für die Bewachung von Eisenbahnlinien, Brücken und strategisch wichtigen Objekten. Außerdem wurde am Schießstand geübt. Uniformen gab es keine, beim ersten Zusammentreten und Ausrücken war als Bekleidung „Nationaltracht oder Schützenrock“ erwünscht.

In einer mit Bleistift auf zwei Blättern Papier niedergeschriebenen Ansprache, die bei einem derartigen Anlass im Osttiroler Defereggental von dem zum Hauptmann gewählten „Landwirt und Handelsreisenden“ Peter Feldner gehalten wurde und durch Zufall erhalten blieb, ist von konkreten Aufgaben für die Standschützen nicht die Rede. Der Redner beruft sich auf das Gesetz, demzufolge *„zu gewissen Dienstleistungen behufs Entlastung der regulären Truppen* [...] *auch jene Mitglieder der k.u.k. Schießstände und der Veteranenvereine herangezogen werden können, welche persönlich nicht wehrpflichtig sind“*. Es brauche aber nicht *„die Bestimmungen eines Gesetzes“*, sondern nur *„die Erinnerung an eine große Vergangenheit“* und die *„unwandelbare Liebe und Treue zu unserem angestammten Kaiserhaus“*, um uns *„in diesen ernsten Zeiten für Kaiser und Reich dienstbar zu machen“*. Von einer Bedrohung der Landesgrenzen im Süden weiß der Redner offenbar nichts, denn er ruft den *„Schützen und Veteranen Tirols“* zum Schluss zu: *„Gestützt auf unser gutes Recht und unsere glorreiche Armee, wie auf die unerschütterliche Bundestreue Deutschlands und Italiens blicken wir mit fester Zuversicht den kommenden Ereignissen ins Auge.“*

Die Abwehr eines möglichen italienischen Angriffs kann er damit also nicht gemeint haben. Tatsächlich wusste niemand, wann und zu welchem Einsatz diese letzte Reserve verwendet werden würde. Die Reihen dieser Standschützen der ersten Stunde lichteten sich bereits zu Jahresende 1914 wieder, da immer mehr bisher Freigestellte zum regulären Militärdienst einberufen wurden. Also war man bestrebt, immer ältere und jüngere Jahrgänge, letztlich auch eingeschränkt verwendungsfähige Männer für die Schießstände anzuwerben, was bei der rasch abnehmenden Kriegsbegeisterung nicht leicht fiel. Sich dort einzuschreiben, kam nämlich um die Jahreswende 1914/15 einer Meldung zum freiwilligen Kriegsdienst gleich. Einen Tiefpunkt erreichte die Bereitschaft, Standschütze zu werden, als im März 1915 Gerüchte kursierten, Österreich werde – nicht zuletzt unter dem Druck Deutsch-

Propagandapostkarte: Jeder in Tirol sieht Italien als Verräter.

lands – der Forderung Italiens nach einer Abtretung Welschtirols nachkommen. Einerseits war man empört über das Nachgeben dem untreuen Bundesgenossen gegenüber, andererseits musste man nun befürchten, statt an die Südgrenze Tirols nach Serbien oder Galizien geschickt zu werden, wo gerade ein besonders verlustreicher Karpatenwinter zu Ende ging und dringend neues Kanonenfutter gebraucht wurde. Freiwillig war ja nur das Einschreiben beim Schießstand, danach war man landsturmpflichtig und konnte nicht mehr mitentscheiden, wo und gegen wen man zu kämpfen bereit war.

Erst als ab Mitte April an den kriegerischen Absichten Italiens nicht mehr zu zweifeln war und das Königreich am 3. Mai den Dreibund mit Österreich und Deutschland kündigte, strömte Alt und Jung zu den Schießständen. Jetzt war der Krieg vor der Haustüre, jetzt ging es um die Verteidigung Tirols, man wusste wieder, wofür man kämpfte, nicht gegen die Russen, die einem ja nichts getan hatten, sondern gegen das treubrüchige, verräterische Italien, das Österreich in einer lebensbedrohenden Situation in den Rücken fiel und billig zu einem Stück Tirol kommen wollte. Die Propagandisten hatten es leicht. Umgehend begannen die Behörden mit der Ergänzung der bestehenden und der Gründung neuer Standschützenkompanien und Bataillone. Für die Bewaffnung standen nicht genügend moderne Gewehre zur Verfügung. Viele mussten sich mit alten einschüssigen Waffen begnügen. Auch die Uniformierung ging schleppend vor sich. Gefechtsübungen oder sonstige Ausbildungsmaßnahmen kamen über notdürftige Ansätze nicht hinaus.

Bei den jeweils für zwei Tage angesetzten Inspizierungen der Mannschaften wurden allzu eifrige alte Männer, denen die zu erwartenden Strapazen nicht zugemutet werden konnten, nach Hause geschickt. Wie Pfersmann berichtet, musste man dabei sehr behutsam vorgehen: *„Als Grundsatz galt:* [...] *Jeder der sich selbst für ‚tauglich' hielt und in den Krieg mitzuziehen wünschte, musste in der Feldformation verbleiben. Kein aus Begeisterung zu den Frontkämpfern drängender Tiroler durfte durch Einteilung zur Ersatzformation gekränkt werden."* Die Folge dieser an und für sich lobenswerten Rücksichtnahme war später in den ersten Einsatzmonaten eine hohe Ausfallquote durch Krankheit und Überanstrengung. Über die Anweisung des Kommandos der Südwest-

Propagandapostkarte: Erinnerung an Anno Neun

front, keine Burschen unter 17 Jahren an der Front einzusetzen, ging man in der Praxis einfach hinweg. Und seinem Wunsch, nicht voll ausgebildete Schützen *„aus der Front auszuscheiden“* und zentral *„einer gründlichen Schulung zu unterziehen“*, damit aus *„dieser Jugend Altösterreichs nicht nur bald brave Kämpfer werden, sondern eine Gardetruppe“*, widersprach das Tiroler Landesverteidigungskommando in Innsbruck sogar ausdrücklich: *„Die Standschützen sollen ja keine militärisch geschulte Truppe sein, dafür haben sich die jungen Leute nicht gemeldet. Vaterlandsliebe und Begeisterung braucht man ihnen nicht erst einzubläuen. An der Front bekommen sie am besten den sukzessiven Training.“* Man sieht sich genötigt, den Oberbefehlshaber über *„das Wesen der Standschützenbataillone“* aufzuklären, das nicht in der Ausbildung bestehe, sondern darin, *„daß alle Leute aus gleicher Gegend sind, daß oft Vater und Sohn, Onkel und Neffe etc. nebeneinander im Kampfe stehen“*.

Matreier Standschützen, zur Inspizierung angetreten

Mitte Mai hatte das inzwischen militärisch erfasste und organisierte Korps der Schießstandschützen eine Stärke von rund 35.000 Mann, von denen allerdings nur die Hälfte als felddiensttauglich anzusehen war. Die Zahlenangaben über die schließlich ausgerückten Standschützen schwanken in der Literatur, weil oft alle gemeint sind, die sich gemeldet haben, und dann wieder die Zahl nach der ersten Siebung durch die Militärbehörden genannt wird. Und auch dann kann man entweder die Stärke der Kompanien angeben, die an die Front geschickt werden sollten, oder die im Hinterland verbleibenden Wachmannschaften aus den weniger Tauglichen dazurechnen. Entscheidend sind letztlich die „Verpflegsstärke" der Truppe (um die 24.000) und die Zahl der tatsächlich im Kampf eingesetzten Schützen (zwischen 19.000 und 20.000).

Propagandakarte von Albin Egger-Lienz

Oft wurde in der späteren Literatur bewusst oder unbewusst der Eindruck erweckt, die Standschützen wären ausschließlich junge Burschen und alte Männer gewesen. Das stimmt so natürlich nicht, auch wenn man bedenkt, dass ein sechzigjähriger Bauer damals bei weitem nicht mehr in dem gesundheitlichen Zustand war wie heute ein Mann in diesem Alter. Sicher, es waren auch sechzehn- und siebzehnjährige Burschen und über sechzig Jahre alte Männer dabei, ja sogar ein paar über Siebzigjährige, aber diese Jahrgänge waren nicht repräsentativ für ihre jeweiligen Kompa-

Die jüngsten Lienzer Landesverteidiger stellen sich kämpferisch dem Fotografen.

nien. Auch unter den Standschützen waren viele im normalen wehrpflichtigen Alter, aber wegen ihres Berufs, als Familienväter mit mehreren Kindern oder aus anderen Gründen (z. B. Mindertauglichkeit) nicht einberufen worden. Interessanterweise ist trotz der unsicheren Altersstruktur nie eine genaue Analyse der Geburtsjahrgänge gemacht worden, auch in der neueren wissenschaftlichen Literatur nicht, obwohl dies anhand der im Tiroler Landesarchiv lagernden Bände des Standschützen-Grundbuchs und der Vormerkblätter leicht möglich gewesen wäre.

Unterzieht man sich dieser Mühe wenigstens für einige Bataillone (beispielsweise Lienz, Auer und Innsbruck I) und rechnet die Zahlen hoch, so ergibt sich folgendes Bild: Knapp 25 Prozent der Standschützen waren zwischen 21 und 42 Jahre alt, waren also im Alter, in dem man den Präsenzdienst leisten musste, zur Reserve zählte oder zum Landsturm einrücken musste. Dass sie bisher nicht eingezogen worden waren, muss mit dem Grad ihrer Tauglichkeit oder mit einer geltenden „Enthebung“ (Freistellung) zu tun haben. Alle anderen, also drei Viertel der Mannschaft, waren älter oder jünger, wobei die unter 21-Jährigen „nur“ 16 Prozent ausmachen, die über 42-Jährigen 61 Prozent. Schlüsselt man noch weiter auf, denn die Altersgrenze für den Landsturm wurde mit 1. Mai 1915 auf 50 Jahre angehoben, so stellt man fest, dass immerhin 24 Prozent der Männer, die sich zu den Standschützen meldeten, über 50 und weitere 10 Prozent sogar über 60 Jahre alt waren. Älter als 70 waren ganz wenige. Der 76-jährige Meraner Standschütze Michael Senn, der schon 1859 und 1866 gegen Italien ausgerückt war und jetzt auf der Hochfläche von Lavarone den ersten Schuss seiner Einheit abgeben durfte, war die absolute Ausnahme. Der oft besonders hervorgehobene Anteil der Standschützen, die das 19. Lebensjahr noch nicht erreicht hatten, beträgt bei den untersuchten Bataillonen knappe 10 Prozent.

Ähnliche Legenden wie um die ganz alten und ganz jungen Standschützen bildeten sich auch um ihre Offiziere und Unteroffiziere. Denn diese wurden nach alter Tiroler Schützentradition von den Mannschaften aus den eigenen Reihen gewählt. Aber dass deshalb ein Hausdiener oder Bauernknecht über einem Lehrer oder einem Notar gestanden wäre, kam wohl nur im Lied vor, in dem es unter anderem heißt: *„Der Herr Major, so fesch und stramm, / war Hausknecht einst im Goldenen Lamm. – Der Hauptmann, der uns kommandiert, / hat früher fleißig Mist geführt.“* Und dann: *„Der Oberlehrer – nur nit g'lacht, / hat's bis zum Unterjäger 'bracht. – Der freiheitliche Herr Notar / is gmoaner Standschütz schon zwei Jahr. – Was brauchen wir a Intelligenz? / Miar pfeifen auf die Sakra-Schwänz!“*

Die Wahrheit ist, dass natürlich kein Bauernknecht je zum Hauptmann gewählt wurde, sondern dass die

Wahl der Kommandanten durchwegs auf anerkannte und in Führungspositionen bewährte Persönlichkeiten des gesellschaftlichen Lebens fiel, also auf Wirte, Unternehmer, Großbauern, Gemeindevorsteher, Lehrer, höhere Beamte. Dass auch die Politik eine gewisse Rolle spielte, bestätigt Cletus Pichler, Generalstabschef des Landesverteidigungskommandos Tirol vom Mai 1915 bis Juni 1916 und als solcher nicht nur Augenzeuge, sondern auch Mitverantwortlicher für den Einsatz der Standschützen, in seinem 1924 erschienenen Buch „Der Krieg in Tirol 1915/16".

Dass auch viele der Ortspfarrer, Kooperatoren oder Patres der diversen Klöster als Militärseelsorger mit den Stadtschützen ihrer Gemeinde auszogen oder von den in Frontnähe liegenden Pfarreien aus regelmäßig ihre Stellungen besuchten, war für diese bodenständige Truppe aus größtenteils gläubigen Männern vielleicht wichtiger als die geistliche Betreuung durch Feldkuraten bei anderen Einheiten. Entsprechend viele Fotos von Feldmessen für die Standschützen, Bilder von der

Messfeier für die Standschützen am Gletscher im Tonalegebiet

Austeilung der Kommunion, von Predigten und Segnung der Soldaten im unmittelbaren Frontbereich sind überliefert. Aus der Sicht höherer Kommandostellen war ihre Aufgabe, den *„Geist der Truppe zu heben“*, wie es im Tagesbefehl eines Abschnittskommandos heißt, gemeint war im Grunde eine gewisse psychologische Betreuung, eine Möglichkeit der vertrauten Aussprache für die mit all ihren Problemen allein gelassenen Soldaten. Die Frömmigkeit vieler Standschützen, besonders das Rosenkranzgebet, wurde von Angehörigen anderer Einheiten, besonders von deren Offizieren oft belächelt oder gar verspottet. Dass es in schwierigen Situationen tatsächlich helfen konnte, erzählt der 18-jährige Haller Student Karl Mayr: *„Es war dieses Trommelfeuer das fürchterlichste, was ich in dieser Beziehung im ganzen Krieg erlebt habe. Überall blitzten die Geschütze, von überall krachten die Granaten daher, übersprühten die Knaben mit Fontänen aus Steinen und Erde. Eng kauerten sie alle in den Gräben zusammen, bis plötzlich der Unterjäger Nitzlader in höchster Verzweiflung einen Rosenkranz hervorzauberte. Und er begann den Rosenkranz vorzubeten. Es war keiner unter uns, der nicht andächtig nachgebetet hätte und es war wunderbar, wie uns dieses Gebet in höchster Todesnot beruhigte.“* Dass Feldkuraten neu aufgestellte Geschütze segneten, kritisiert andererseits der 17-jährig zum Sillianer Bataillon eingerückte Standschütze Max Fichtner in seinen Kriegserinnerungen. Für den jungen Soldaten

Ein Militärseelsorger wird ins Ortlergebiet gebracht.

war das nicht richtig, immerhin würden die damit abgefeuerten Geschoße Tod und Verderben über andere Menschen bringen.

Die Wahl der Offiziere und Unteroffiziere durch die Mannschaften war für die damalige Zeit des Kastendenkens in allen Armeen der Welt mehr als nur ungewöhnlich. Daran änderte es auch nichts, dass der Rang nur für die Zeit des militärischen Einsatzes Geltung hatte und auch kein Pensionsanspruch bestand. Mehr Bedeutung hatte fast noch die Tatsache, dass sich das Kaderpersonal der Stadtschützen durch andere Rangabzeichen – Sternchen, Streifen etc. – von den „richtigen" Offizieren und Unteroffizieren unterschied. Warum die Militärbehörden diesen alten Schützenbrauch auf die Ebene des modernen Militärs hoben, kann nur vermutet werden. Wahrscheinlich sollte es nicht nur ein Ansporn sein, sich bei den Schießständen einschreiben zu lassen, und eine propagandataugliche Erinnerung an die so oft zitierten glorreichen Zeiten der Freiheitskämpfe von 1809, sondern es sollte auf diese Weise wohl auch dem Mangel an Kaderpersonal begegnet werden, der durch die hohen Verluste an der Front inzwischen katastrophale Ausmaße angenommen hatte. Den Offizieren der regulären Armee passte es jedenfalls überhaupt nicht, auf welche Weise man bei den Standschützen in Positionen kommen konnte, für die sie eine harte Ausbildung durchlaufen und sich jahrelang hatten anstellen müssen. Wie Christoph von Hartungen feststellte, hatte „das gespannte Verhältnis an der Front zwischen Standschützen und regulärem Militär, das trotz anderslautender Propaganda nicht nur unterschwellig stets vorhanden war, zum Großteil darin seine Ursache".

Tatsächlich schauten nicht nur die Offiziere auf ihre „Kollegen" bei den Standschützen geringschätzig herab. Auch den Mannschaften ging es nicht anders. Vor

Abmarsch des Bozner Bataillons an die Front: Gouache von Albert Stolz.

allem wurden mangelnde Disziplin und eigenmächtiges Entfernen von der Truppe beanstandet, etwa um im Tal die Sonntagsmesse zu besuchen oder weil ein Unterstand nicht genügend Sicherheit vor Artilleriebeschuss zu bieten schien. *„Sowohl ich als auch mehrere erfahrene Offiziere sind der Ansicht"*, beschwerte sich Feldmarschallleutnant Ludwig Goiginger, der Befehlshaber des Frontabschnittes Pustertal in Innsbruck, *„dass von den Standschützen nur dann Ersprießliches zu erwarten ist, wenn dieselben so wie jeder andere Soldat, welcher den Eid geleistet hat, unter scharfe Disziplin genommen werden und wenn man es nicht ihrem freien Willen anheimstellt, zu kämpfen oder sich gegebenenfalls dem Gefecht zu entziehen, wie dies geschehen ist."* General Viktor Dankl, seit 23. Mai Landesverteidigungskommandant von Tirol, stimmte ihm darin zu, dass auch die Standschützen *„ihre militärische Pflicht voll und ganz erfüllen müssen"* und dass Zuwiderhandelnde zu bestrafen sind, jedoch *„müssen den spezifischen Eigenschaften dieser aus freiwillig sich meldenden, patriotisch fühlenden Leuten bestehenden Einheiten ge-*

Die Standschützen von Trens und Stilfes bei Sterzing

wisse Erleichterungen oder Konzessionen gemacht werden [...]" Diesbezügliche Klagen und Kommentare sind im Übrigen nur aus den ersten Monaten bekannt.

Beschwerden in umgekehrter Richtung gibt es auch später noch, nämlich über eine geradezu feindselige Behandlung der Standschützen durch Kommandanten der regulären Truppe, wobei sich besonders untere Ränge und Offiziere aus nicht deutschsprachigen Ländern der Monarchie hervortaten. *„Es spottet jeder Beschreibung, mit welcher Verachtung die Leute behandelt wurden"*, zitiert Anton von Mörl in seinem Buch „Die Standschützen im Weltkrieg" den Kommandanten der Kompanie Taufers. Sie seien nur mit Schimpfwörtern wie *„Saustandschütze"* und *„ihr Hunde"* angesprochen worden, und *„man gab den Leuten, obwohl für sie gefaßt worden war, drei Tage nichts zu essen. Der Feind hätte nicht mehr gehaßt werden können als unsere arme Patrouille."* Ähnliche Beschwerden gab es genügend. Sie wurden vielfach an Politiker geschickt, die gerade einen entsprechenden Frontabschnitt besucht und dort mündlich einiges zu hören bekommen hatten. Die Berichte, die man dann – wohl dazu aufgefordert – schriftlich formulierte, gipfeln in Einzelfällen sadistischer Gewalt gegen erkrankte oder erschöpfte Standschützen oder in Anklagen wie der gegen einen gewissen Hauptmann Hirsche im Ortlergebiet, der *„auf die eigenen Leute Steine geworfen und auf die Posten geschossen habe"*. Im Landesverteidigungskommando war man natürlich über derartige Vorfälle nicht erfreut. Man kümmerte sich aber mehr darum, solche Zustände nicht bekannt werden zu lassen – etwa durch die Einschränkung von Frontbesuchen *„reisender Politiker"* –, als die Ursache abzustellen.

Umgekehrt wurden Frontbesuche von Journalisten gefördert, waren die Standschützen doch – zusammen mit der berühmten Bergkulisse der Dolomiten zwischen Marmolata und den Drei Zinnen – äußerst propagandawirksam und pressetauglich. Auch davon rührt ein Gutteil des Standschützenmythos her. Man kommt nicht umhin, in diesem Zusammenhang die überschwängliche Reportage der Alice Schalek zu zitieren, der Karl Kraus in seinen „Letzten Tagen der Menschheit" ein ironisch-sarkastisches Denkmal gesetzt hat. In ihren Frontreisebericht „Tirol in Waffen" schreibt sie: *„In den Schützengräben leben die Standschützen, die beinahe so gestellt aussehen wie die Defregger-Bilder. Einige sind auch von Egger-Lienz und manche von den Holzschnit-*

Abschiedsfoto bei der Einwaggonierung des Bataillons Meran I

zern aus dem Grödental. Mit ihren derben Schuhen und ihren harten, schweren Gesichtern, mit den großen Bärten und den kindlichen Blauaugen sehen sie fast unwirklich aus. Daß sie echt sind, lebendig und beweglich, will man anfangs kaum glauben. Erst wenn sie ausspucken und ‚Grüß Gott' sagen und plötzlich schlau verstohlen zwinkern, daß man sie ja nicht für dumm halten möge, dann fühlt man, wie hier jeder Mann für sein Volk symbolisch auftritt. Künstlerisch wirken diese markigen mittelalterlichen Gestalten und dennoch ungeschlacht, treuherzig sind sie und doch mißtrauisch, kühn und doch vorsichtig, leidenschaftlich und doch bedächtig, poetisch und zugleich theatralisch und ehrlich, aber verschmitzt […]"

Wer wollte bezweifeln, dass es alle diese Typen gab unter den Standschützen, und wer wollte der berühmten Reporterin nicht zugestehen, dass sie es mit sprachlicher Meisterschaft versteht, sie zu schildern. Dass das Bild, das sie zeichnet, in der Verallgemeinerung und Übersteigerung trotzdem falsch ist, muss wohl nicht extra betont werden. Sie stammten übrigens aus allen Teilen des alten Tirol und aus Vorarlberg (von dort inklusive Offiziere 2080 Mann). Die Zahl der Standschützen, die sich in Welschtirol gemeldet hatte, entsprach nicht dem Anteil des italienischen Tirol an der Gesamtbevölkerung des Kronlandes. Das ist nur zu verständlich angesichts des zu bekämpfenden Feindes und der irredentistischen Propaganda, die ja nicht erfolglos war. Zwar war der Anteil an Befürwortern eines Anschlusses an Italien im Trentino nicht übermäßig groß, doch auch die weit verbreitete Gleichgültigkeit in dieser Frage sprach nicht dafür, dass sich viele für den freiwilligen Einsatz an der Front melden würden. Immerhin rückten 3440 Welschtiroler als Standschützen aus. Ihre Verlässlichkeit wurde von den Militärbehörden jedoch von vornherein angezweifelt, was sich später im Kampfeinsatz nur zum Teil bestätigte. Während von einigen Kommandanten tatsächlich Desertionen italienischer Standschützen gemeldet wurden, kam aus anderen Bereichen der Front höchstes Lob, vor allem für die Kompanien aus dem Rendenatal zwischen Adamellogruppe und Brenta, der Vallarsa (bei Rovereto abzweigend) und der Hochfläche von Folgaria-Lavarone. Auch das Bataillon Cavalese (Fleimstal und Primiero) verhielt sich mustergültig, nicht zu vergessen die Standschützen aus dem Fassatal (Kompanien bzw. Halbkompanien Pozza und Vigo), die als Ladiner aber ohnehin mehr zu Deutschtirol tendier-

Die prächtigen Typen unter den Standschützen (hier aus Lienz und Umgebung) faszinierten die berühmte Reporterin Alice Schalek.

ten und mit ihrer verwaltungsmäßigen Zugehörigkeit zum Trentino nicht glücklich waren.

Die italienischen Angreifer waren höchst erstaunt, wenn sie merkten, dass ihr Vorrücken ausgerechnet von Italienern aufgehalten wurde, die sie befreien wollten. So war es zum Beispiel vor Ala, das im Vorfeld der eigentlichen österreichischen Verteidigungslinie lag und offiziell vom Militär aufgegeben worden war. Die Standschützen von Ala und die Kompanie Borghetto, zusammen kaum über 100 Mann stark, zogen sich jedoch am 27. Mai erst nach hartem Kampf gegen zwei italienische Infanteriebataillone zurück und verloren dabei 30 Gefallene, Verwundete und Gefangene. Das Misstrauen den Welschtiroler Soldaten gegenüber entsprach oft lediglich den herrschenden Ressentiments, und so manche Meldung, eine Mannschaft sei desertiert, stellte sich als falsch heraus oder betraf lediglich einzelne Soldaten, die nicht mehr kämpfen wollten und sich von ihren ebenfalls italienischen Gegnern gefangen nehmen ließen. Jedenfalls wurden als unzuverlässig geltende Mannschaften – nicht nur von den Standschützen, sondern auch von der Gendarmerie- und Finanzassistenz – bereits im Sommer nach und nach von der Front abgezogen, als Arbeiterkompanien im Hinterland eingesetzt oder nach Galizien verlegt und in andere Truppenkörper eingereiht.

Wo es möglich war, sollten die Einsatzorte der Standschützen möglichst nahe bei ihren Wohnorten sein. Als Italien am 23. Mai Österreich-Ungarn den Krieg erklärte, waren die 47 Bataillone der k. k. Standschützen gerade dabei, ihre Stellungen entlang der 350 km langen Tiroler Front zwischen Ortler und dem Karnischen zu besetzen. Zusammen mit den anderen im Land befindlichen Einheiten und 1700 freiwilligen Schützen aus Oberösterreich waren es bei Kriegsbeginn rund 35.000 Mann, die dem erwarteten Angriff

Als die Innsbrucker Kompanie in ihren Einsatzraum im Bereich des Zinnenplateaus kam, gab es hinter und neben dem Toblinger Knoten weder Stellungen noch Unterkünfte.

von zwei kompletten, gut ausgerüsteten und ausgebildeten Armeen standhalten sollten; es kam bei Kriegsbeginn ein Mann auf zehn Meter Front. Gegen einen raschen und starken Vorstoß der um ein Vielfaches stärkeren italienischen Truppen hätte die schwache Verteidigungslinie nichts ausrichten können, da waren sich damals und sind sich heute alle Militärexperten einig. Nur kam es nicht dazu. Dass für den italienischen Generalstabschef Graf Luigi Cadorna die Isonzofront mit den Hauptzielen Görz und Triest wichtiger war, kann nicht der alleinige Grund dafür gewesen sein, obwohl natürlich im Falle eines raschen Durchbruchs am Isonzo der Weg nach Laibach und Graz offen gestanden wäre. Doch sah Cadornas Angriffsplan vom 1. April 1915 auch ein zügiges Vorgehen im Raum Sexten-Toblach-Sellagruppe in Richtung Rienz und Eisack vor. Dass der größte Teil der Truppen tagelang in den Bereitstellungs- und Aufmarschräumen verharrte und der Krieg überhaupt nur langsam in Gang kam, war sicher nicht in seinem Sinn. Aber alle Mahnungen an die Befehlshaber einzelner Korps und Divisionen, selbst der Austausch von Kommandanten nützten nichts. Einem neutralen Beobachter musste es so scheinen, als ob das plötzliche Auftauchen von Truppen an den Grenzen eines unverteidigt geglaubten Landes eine Schockstarre ausgelöst hätte und Anlass zu extremer Vorsicht gewesen wäre. Schon am 27. Mai forderte Cadorna alle Armeekommandanten auf, mehr *„Kühnheit und Offensivgeist“*, zu entwickeln und rasch jene Stellungen einzunehmen, deren Eroberung nach Erstarken des Gegners viel größere Opfer kosten würde.

In Österreichs Generalstab hatte man befürchtet, einen Vormarsch der Italiener nur mit Mühe oder gar nicht aufhalten zu können. *„In fünf Wochen sind sie in Wien“,* orakelte Generalstabschef Conrad von Hötzendorf und riet dem am 23. Mai zum Landesverteidigungskommandanten von Tirol ernannten General Viktor Dankl, sein Hauptquartier gleich in Innsbruck aufzuschlagen, *„da er aus Bozen doch bald werde ausziehen müssen“*. Und das Lienzer Standschützenbataillon wurde nicht in die Dolomiten geschickt, sondern blieb bis September im Lienzer Becken und in der anschließenden Enge des Drautals stationiert. Es sollte rund um die bereits 1809 bewährte Engstelle der Lienzer Klause eine zweite Verteidigungslinie aufbauen, die im Falle eines Durchbruchs der Italiener über den Kreuzbergsattel nach Sexten und Innichen deren Weitermarsch nach Kärnten und somit in den Rücken der Isonzofront stoppen oder zumindest bremsen könnte. Von einem feindlichen Vorstoß sofort nach der Kriegserklärung ging auch Dr. Anton von Mörl aus, der Adjutant des Standschützenbataillons Innsbruck I und Autor des 1933 erschienen Buches „Die Standschützen im Weltkrieg“. Mörls Werk, das neben eigenen Erinnerungen und Aufzeichnungen auch solche vieler anderer Bataillone verarbeitet, kommt im Gegensatz zur sogenannten „Offiziershistoriographie“ traditionsreicher Regimenter weitgehend ohne Pathos und Glorifizierung aus. Es ist deshalb – von wenigen Passagen abgesehen, in denen er sich vom Stolz über die Leistungen der Standschützen zu überschwänglichen Formulierungen hinreißen lässt – durchaus als ernstzunehmende historische Quelle anzusehen, die zudem den Vorteil besitzt, sehr verständlich und spannend geschrieben zu sein.

Mörls Standschützenbataillon Innsbruck I war in der Nacht vom 23. auf den 24. Mai mit der Eisenbahn nach Innichen transportiert worden. Auf dem Fußmarsch ins Sextental, wo sie die kaum ausgebauten Höhenstellungen besetzen sollten, erfuhr das Bataillonskommando von der Kriegserklärung Italiens. Das Telegramm schloss mit den Worten *„Die Feindseligkeiten können sofort beginnen“* und war für Mörl Anlass zu größter Besorgnis: *„Ich dachte mir, wenn die Italiener klug sind, und es so machen wie die Deutschen bei Lüttich, stoßen sie noch in der Nacht auf der Talstraße durch und sind am Morgen an der Pustertaler Bahn. Die Entfernung Kreuzberg–Innichen beträgt nur 12 Kilometer. Südtirol muß dann aufgegeben werden. In der weiten Talfläche zwischen Sexten und Moos lagen nur die Standschützenkompanien Hall von Innsbruck II, Sexten, Sillian und Vintl sowie eine Kompanie des Landsturmbataillons Nr. 157, sonst nichts. Das Werk Haidegg ohne Geschütze. […] Unser Bataillon sollte ohne Weg in der Nacht auf die bis 2500 m hoch gelegenen Stellungen marschieren. Ich dachte, die Leute kommen übermüdet, wie sie sind, sicher nicht hinauf und bleiben liegen. Der Feind marschiert unterdessen ungeschoren die Talstraße hinaus. […] Unsere Kompanien auf den Höhen können das nicht hindern. Also muß die Hauptmacht des Bataillons im Tal bleiben.“*

Die Befestigungsanlage Haideck zwischen Sexten und dem Kreuzbergsattel war bei Kriegsbeginn ohne Geschütze.

Leutnant Mörl sprach darüber mit seinem Kommandanten, Major Gotthard Freiherr von An der Lan, der ihm sofort zustimmte. Zusammen gingen sie zu Hauptmann Frisch vom Sperrkommando, das in einem Bauernhaus untergebracht war, und brachten ihre Bedenken vor. Bei ihm war der Hauptmann Radio, Kommandant eines Marschbataillons der Kaiserjäger, das ebenfalls Höhenstellungen im Raum Sexten besetzt hielt. *„Der an blinden Gehorsam gewöhnte ehemalige Berufsoffizier riet Major An der Lan, den er persönlich kannte, dringend, den erhaltenen Befehl sofort auszuführen. Ich warf ein, wenn auf den Bergstellungen schon Truppen seien, könne das Bataillon um so eher in den wichtigen Talstellungen bleiben. Hauptmann Radio würdigte die Ansicht eines Standschützenleutnants nicht einmal einer Antwort und redete dringend auf Major An der Lan ein, dem er die bedenklichen Folgen der Nichtbefolgung eines Befehls vor Augen führte. Unterdessen hatte aber das Abschnittskommando in Innichen über*

Anfrage des Sperrkommandanten telefonisch unsere Ansicht als richtig gewertet und befohlen, dass das Bataillon [...] *in Sexten zu bleiben habe.*“

Nun, die Italiener kamen nicht, glücklicherweise, wie Mörl schreibt. Dass der auf politischer Ebene lange vorbereiteten Kriegserklärung an Österreich nicht sogleich und mit aller Kraft militärische Aktionen folgen würden, konnte niemand ahnen. Die Italiener begannen erst ein paar Wochen später mit ernsthaften Versuchen, die Tiroler Front zu durchbrechen. Was ihnen ohne den Einsatz der Standschützen sicher gelungen wäre, zumal der deutsche Bündnispartner den Österreichern eine wesentliche militärische Unterstützung versagte. Dass mit dem Deutschen Alpenkorps schließlich nur eine Truppe in Divisionsstärke anrollte und diese sich an der Front zurückhalten musste, weil Italien Deutschland noch nicht den Krieg erklärt hatte und man es in Berlin bei diesem Zustand belassen wollte, sorgte für einige Verstimmung im österreichisch-ungarischen Generalstab.

„Ein Symbol der deutschen Armee“

Das Deutsche Alpenkorps, seine Bestimmung und sein Einsatz an der Tiroler Front vom Mai bis Oktober 1915

„Am Morgen des 31. Mai kam ein bayerisches Jägerbataillon gegen Sexten anmarschiert“, erzählt der eben zitierte Anton von Mörl von der ersten Begegnung mit dem deutschen Verbündeten, der gleich nach der italienischen Kriegserklärung an Österreich ein Truppenkontingent zur Hilfe bei der Verteidigung Tirols geschickt hatte. *„Für uns war es ein ungewohntes Bild“,* schreibt Mörl weiter. *„Die Kompanien dicht geschlossen, jede Doppelreihe mit der Nase beinahe auf dem Tornister des vorderen. Die Kompanien im strengen Schritt und gleichen Abständen. Kommando: ‚Singen!‘ ‚Eins, zwei, drei, vier‘, zählt der Feldwebel. Dann: ‚Drei Lilien, drei Lilien, die pflanzt' ich auf mein Grab‘, ‚eins, zwei, drei vier‘, ‚da kam ein stolzer Reiter und brach sie ab.‘ ‚Eins, zwei, drei, vier.‘ Die hohen Stiefel rauschten im Takte einer Maschine durch den grundlosen Kot der Sextener Straße, in derselben Weise zog das Bataillon am Abend des nächsten Tages wieder heraus. Es hatte sich nur den Italienern gezeigt.* [...] *Uns allen schien diese unentwegt durch Regen und Kot marschierende Truppe mit dem unwiderstehlichen Rhythmus ihres Marsches wie ein Symbol der deutschen Armee.“*

Da kein militärischer Fachmann dem „letzten Aufgebot“ der Tiroler eine erfolgreiche Verteidigung ihrer Südgrenze zutraute, schickte die Oberste Heeresleitung der Deutschen, um nicht plötzlich einem neuen Feind im Süden gegenüberzustehen, ein speziell zusammengestelltes Korps erfahrener Soldaten zu Hilfe. Im österreichischen Generalstab war man enttäuscht, dass es statt eines wirklichen Korps nur eine etwas grö-

General Konrad Krafft von Dellmensingen mit seinem Stab vor dem Hotel Elefant in Brixen, seinem Hauptquartier

ßere Division mit ca. 26.000 Mann war. Aber immerhin. Die Führung dieses „Deutschen Alpenkorps" hatte man dem königlich-bayerischen Generalleutnant Konrad Krafft von Dellmensingen übertragen, was für diesen einerseits eine Auszeichnung war, andererseits ein Abschieben, genau genommen sogar eine Degradierung bedeutete. Immerhin war er bis dahin Generalstabschef der 6. deutschen Armee. Tatsächlich war es ein Schachzug des deutschen Oberkommandanten Erich von Falkenhayn, dem der aufmüpfige Bayer im Hauptquartier lange schon lästig geworden war. Versteht sich, dass dies niemand so sagte, im Gegenteil. Es gab triftige Gründe für die Wahl des Kommandanten, verfügte seine Familie doch über enge Verbindungen zu Tirol, seine Eltern sind in Meran begraben. Er selbst hatte in seiner Jugend viele Wochen in Südtirol verbracht und in ausgedehnten Wanderungen die Berge kennengelernt, die jetzt zum unmittelbaren Kriegsgebiet werden sollten.

Acht der 13 Bataillone, die ab Mitte Mai 1915 im Lager Lechfeld zum „Deutschen Alpenkorps" zusammengestellt und zur Sicherung der bedrohten Südflanke nach Tirol geschickt wurden, waren bayerische Einheiten. Den Kern bildeten drei Bataillone des bayerischen Infanterie-Leibregiments, an dessen Spitze der Münchner Oberstleutnant Franz Xaver Ritter von Epp stand, der spätere NSDAP-Reichsstatthalter in Bayern. Seine Offiziere entstammten großteils dem bayerischen Adel. Ein Bataillon der berühmten „Leiber" kommandierte Prinz Heinrich von Bayern persönlich. Dazu kamen Jäger- und Schneeschuhbataillone mit Soldaten aus Baden, Preußen, Mecklenburg und Hannover. Auch später als hohe Militärs berühmt gewordene Persönlichkeiten wie die Feldmarschälle Erwin Rommel und Friedrich Paulus begannen hier ihre Karriere. Im Rückblick wurde das Alpenkorps als die erste deutsche Gebirgstruppe bezeichnet, doch war es *„zwar aus auserlesenen und kriegserprobten Truppen zusammengestellt"*, aber *„nicht für den Gebirgskrieg ausgerüstet und ausgebildet"*. So urteilt zwanzig Jahre später der inzwischen pensionierte Korpskommandant Krafft von Dellmensingen über das ihm für die heikle Aufgabe zur Verfügung stehende Kontingent. *„Die Lage zwang auch dazu, sie ohne Vorbereitung sofort an die neue Front zu werfen, wo man einen schnellen Einbruch der Italiener befürchtete. Das Versäumte konnte also erst in Tirol und am Feinde nachgeholt werden. Da der Gebirgskrieg eine nicht so ganz einfache Sache ist, musste dabei manches*

Erinnerungsfoto einer Waffenbrüderschaft

Lehrgeld gezahlt werden.“ Viele der Soldaten des Alpenkorps hatten vorher noch keinen Berg gesehen und mussten in den folgenden Monaten manchmal auf 2500 Meter Seehöhe bei Regen und Schneetreiben kampieren.

Bayerischer Jäger auf Dolomitenwacht. Aus dem Kriegsskizzenbuch von Albert Reich

Als General Krafft am 20. Mai 1915 erstmals nach Innsbruck gekommen war, um sich über den Stand der Verteidigungsmaßnahmen und über die Art der Verwendung der deutschen Hilfstruppe zu informieren, da war es noch höchst ungewiss, wie es weitergehen sollte. Der erfahrene bayerische Truppenführer schrieb damals in sein Tagebuch: *„Der Anfang ist wenig ermutigend. Man kann hier in Tirol, in dieser von vornherein gründlich verfahrenen Lage leicht Ehre und Reputation verlieren. Aber man muss im Kriege die Dinge nehmen, wie sie sind.“* Im ersten Schrecken über den bevorstehenden italienischen Angriff auf Tirol hatte der General nur den Auftrag erhalten, auf jeden Fall den Alpenkamm nördlich des Inn zu halten und damit den Italienern, an deren Eindringen in Tirol man nicht zweifelte, den Vormarsch nach Süddeutschland zu verwehren. Doch nach der Kriegserklärung Italiens verging Tag um Tag, ohne dass die italienischen Truppen ernsthaft angegriffen hätten. So konnte der General aus Bayern ohne Hektik in Brixen sein Hauptquartier einrichten. Am 25. Mai schrieb er in sein Tagebuch: *„Ich erfahre, dass der Feind bis jetzt noch an keiner Stelle etwas Ernstes unternommen hätte.*

Der versteht sein Geschäft schlecht. Mit der Kriegserklärung hätte er auf allen Straßen einmarschieren müssen.“ Und noch am 7. Juni notiert er: *„Im Gesamtverhalten zeigt sich der Feind noch immer sehr vorsichtig. Er schiebt sich langsam an die Stellungen heran, hinter denen er seine Artillerie aufbauen kann, und gräbt sich sofort ein. Er ist taktisch nicht ungeschickt; strategisch ist er sehr unklug verfahren.“*

Es blieb also genügend Zeit, die deutschen Truppen hinter die dünne Tiroler Verteidigungslinie zu bringen. Seit Ende Mai rollte das Alpenkorps in langen Zügen über den Brenner, den Anfang machte am 27. Mai das 1. Jägerregiment Nr. 3, zwischen 1. und 4. Juni folgten die anderen drei Regimenter. Die Bevölkerung bereitete den Soldaten aus dem Nachbarland einen mehr als herzlichen Empfang. *„Überall an den Bahnhöfen wurden sie jubelnd begrüßt“*, heißt es in einer Geschichte des 3. Jägerregiments. *„Es regnete Zigaretten und andere Liebesgaben. Mit Rosen von schönen Mädchenhänden*

Der beeindruckende Fuhrpark der Deutschen

geschmückt, von einer Militärkapelle begleitet, ziehen sie in Bozen ein.“

Nicht weniger glücklich war man natürlich an der Front über die Verstärkung durch kriegserprobte Einheiten. Vor allem erleichterte die von Anfang an große Zahl von Personen- und Lastkraftwagen – bald sollten es an die 500 sein – die Bauarbeiten an der Verteidigungslinie und den Nachschub, was angesichts der mangelhaften Motorisierung des österreichischen Militärs dankbar registriert wurde. Auch erkannte Krafft von Dellmensingen sogleich die Notwendigkeit, zur besseren Erreichbarkeit der Höhenstellungen Seilbahnen zu bauen. Er richtete im Alpenkorps ein „Referat Bahnen“ ein, das in den folgenden Monaten die technische Erschließung des Frontgebietes zielstrebig und mit dem nötigen technischen Rüstzeug vorantrieb. Auch neue Straßen und Schienenwege entstanden auf Anregung und mit Hilfe des Verbündeten. Für seine Truppe forderte und erhielt ihr Anführer schon in den ersten Wochen vom deutschen Oberkommando besseres und vor allem gebirgstaugliches Ausrüstungsgerät, außerdem eine große Zahl in den Bergen gut einsetzbarer, also nicht zu großer Geschütze.

Der deutsche General hatte ursprünglich seine Truppen auf neuralgische Punkte der gesamten Südtiroler Front verteilen wollen, doch unterstand er dem Landesverteidigungskommandanten Viktor Dankl, der davon wenig hielt und den Deutschen die zwei als Rayone IV und V bezeichneten südöstlichen Frontabschnitte Fleimstal und Pustertal zuwies. Denn im Raum Sexten-Toblach und im Fassatal war ein Durchbruch der Italiener am ehesten zu befürchten. Wie sich bald zeigen sollte, war diese Einschätzung richtig. Einer Meinung waren die beiden Generäle und auch der deutsche Generalstabschef, mit dem General Dankl stets in Verbindung war, über den Vorteil, den in diesem Gebiet

Zwischenstopp auf einer Inspektionsreise: Kommandant Krafft von Dellmensingen ist viel unterwegs.

eine Vorverlegung der Front auf italienisches Gebiet gebracht hätte. In diesem Sinne wurde auch gleich eine Offensivaktion geplant, die von österreichischen und deutschen Truppen gemeinsam durchgeführt werden sollte. Am 5. Juni stand alles bereit zum Angriff. Doch im letzten Moment kam das „Halt" aus dem deutschen Hauptquartier. Das Unternehmen musste abgeblasen werden, weil sich das Deutsche Reich mit Italien noch nicht im Kriegszustand befand und ein Vordringen des Alpenkorps auf italienisches Gebiet als Kriegserklärung hätte ausgelegt werden können, was möglicherweise weitere Staaten zum Kriegseintritt gegen die Mittelmächte bewogen hätte. Rumänien etwa hatte mit Italien sogar einen diesbezüglichen Beistandspakt abgeschlossen.

Einem Brief, den der bayerische Korpskommandant am Tag darauf aus Brixen an seine Gattin Helene in München schrieb, merkt man seine Enttäuschung darüber deutlich an: *„Lieber Schatz! Ich sitze immer* *noch hier. Höhere Mächte haben sich ins Mittel gelegt u. unseren Armeeführer an der Ausführung dessen verhindert, was er vor hatte. Die leidige Politik hat auch anscheinend zur Unzeit wieder einmal im Rat Gehör gefunden.*" Dem offiziellen Kriegstagebuch hätte der korrekte General solch kritische Worte sicher nicht anvertraut. Wie sehr er auf ein Ende des Abwartens hoffte, lassen die nächsten Zeilen im privaten Brief erahnen: *„Der Feind braut schon etwas zusammen u. ich denke, er soll seine Suppe verflucht heiß finden. Ich habe schon eine solche Wut auf diese Wälschen Schufte u. werde auch alles aufbieten, meine Leute in die richtige Stimmung zu versetzen! Sie brennen schon so wie so darauf, sich mit diesem Gesindel zu messen und man sieht nur vergnügte Gesichter, wenn auch die Unerfahrenheit mit dem Gebirge noch manche Reibungen bringt. Die überwindet nur die Gewöhnung.*"

Er selbst fühlt sich wohl im Kreise seiner zum Teil selbst ausgewählten Stabsoffiziere und in seiner Unterkunft: *„Wir sind in dem altrenommierten ‚Elefanten', ein richtiges biederes Haus, in dem noch prachtvoller alter Besitz an Schränken, Truhen, Bildern, Geschirr u.s.w. vorhanden ist. Es geht uns sehr gut. Lange wird unseres Bleibens hier nicht mehr sein. Es geht dann irgendwie hinauf auf ein Joch-Hotel. Da freue ich mich schon darauf.*" Wie aus der erhofften Offensivaktion wird auch nichts aus einem Heranrücken des Kommandositzes an die Front. Umso mehr muss sich der bayerische General in seinen beiden Frontabschnitten mit dem Auto herumkutschieren lassen, um seine Truppen zu inspizieren und möglichst Authentisches vom Verhalten des Feindes zu erfahren. Darüber berichtet er in seinem Kriegstagebuch und ganz ähnlich, doch angereichert mit sehr persönlichen Kommentaren, mehrmals in der Woche seiner Frau. Im Brief vom 3. Juli 1915 schreibt er ihr: *„Ich war gestern wieder unterwegs* *im Raum von Sexten, wo ich die Stellungen oben auf den Höhen, deren Besuch viel Zeit erfordert noch nicht gesehen hatte. Man braucht zumeist 12 Stunden und darüber – das kann man sich nicht alle Tage leisten* [...] *Es war gestern sehr interessant, die Bergstellungen zu sehen, deren Anlage ganz eigenartige Schwierigkeiten bietet. Leider war es nicht ganz schön, oben wehte ein hübsch kalter Wind, aber die Landschaft ist doch immer wundervoll: Was ist das doch für ein Wechsel gegen Flandern! Es ist viel mehr ein Sommeraufenthalt, denn ein Krieg. Ich fahre* [...] *in den schönsten Gegenden herum, an den Stellungen haben wir tagelang weder Geschütz noch Inf. Feuer – ich habe hier noch gar kein Inf. Geschoß pfeifen gehört. Da ist es im Westen doch ganz anders! Nun, es kann sich vielleicht doch auch hier einmal ändern. Vorderhand sind die Italiener ein feiges Gesindel, das zeigen uns viele Einzelnachrichten.*“

Und aus dem Brief vom 3. August erfährt die Generalsgattin: „*Sonntag war ich draußen in den Stellungen auf einem ziemlich hohen Berg, dem Sasso di Mezzodì – er liegt nördlich der Marmolata – von wo aus es militärisch u. landschaftlich viel zu sehen gab. Man kann dort den Italienern in die Karten sehen. Ihrem Beobachter auf der Mesola ist man dort auf 800 m gegenüber. Der landschaftliche Blick ist da ganz wundervoll, auch war der Ausblick recht gut, wenn auch nicht überall ganz rein. Ich bleibe gerne auf einem solchen Punkte lange Zeit, suche alles mit dem Glase ab u. habe dann zehnmal mehr gesehen, als wenn ich stundenlang unten herum gelaufen wäre. Es hat sich auch sehr verlohnt. Ich weiß auf solche Weise dann ganz genau, was der Feind u. was meine Leute machen. Niemand kann mir was vormachen. Sie versuchens auch schon gar nicht mehr. Drüben lügen sie offenbar ihren Herrn Cadorna an, daß er schwarz und hernach wieder weiß wird. Offenbar hat da von den oberen Stellen noch niemand vorne nachgesehen.*“ Es folgt

Erinnerungsfoto für den Kommandanten des Deutschen Alpenkorps: Rast auf einer Frontbegehung mit Thronfolger Karl Franz Joseph (Mitte) und dem Abschnittskommandanten General Ludwig Goiginger

dann noch eine Bemerkung über seine Fitness, die im Kriegstagebuch fehlt. *„Mit dem Bergsteigen geht es allmählich wieder leidlich. Aber ich brauche doch noch viel Übung, um auf meinen früheren Stand zu kommen u. komme dazu leider nicht oft genug auf längere Wege."*

Am 16. Juni heißt es in einem Brief nach Hause: *„Ich war gestern bei den Grenzsperren von Pavereggio am Rolle Paß östlich Predazzo (Fassa Tal), einer wundervollen Gegend über die der Cimon della Pala u. die übrige Pala Gruppe mächtig und eindrucksvoll hereinragen. Hier ist auch eine vortreffliche Arbeit für die Vorbereitung der Verteidigung geleistet worden. Überhaupt haben die wenigen Landesschützen-Offiziere die in der Gebirgsheimat zurückbehalten worden sind mit unendlicher Mühe u. ausgezeichneter Energie Großes zu Stande gebracht. Schade, daß die ausgezeichneten Tiroler Truppen im Osten stark mitgenommen worden sind. Man hat sie stets vor die schwierigste Aufgabe gestellt."* Typisch, dass der deutsche General nur die Leistungen

Eine Krankenschwester des Alpenkorps im Brunecker Fotostudio Mariner

der regulären Truppen erwähnt und nicht die Mannschaften der Standschützen, die sicherlich mehr Mühe und Energie aufbringen mussten beim Stellungsbau als die wenigen Offiziere der Landesschützen. Krafft von Dellmensingen soll zwar bei seinem Eintreffen in Tirol angesichts der von allen Männern verlassenen Dörfer *„vom Opfermut des Tiroler Volkes"* tief beeindruckt gewesen sein, wie Pfersmann berichtet, militärisch hält er jedoch wie die meisten österreichischen Militärs nicht viel von diesem „letzten Aufgebot". Bezeichnend dafür ist eine Stelle aus dem Brief an seine Frau vom 16. Juni, in dem er sich insgesamt kritisch über die österreichischen Formationen an der Tiroler Front äußert, gegenüber den Welschtirolern unangemessene Bemerkungen macht – Desertionen hatte man grundlos befürchtet – und sich von den Standschützen enttäuscht zeigt: *„Unsere Truppen waren nur an wenigen Punkten im Feuer. Sie haben da allerdings dem Gegner gezeigt, daß das Angreifen gegen Deutsche nicht so einfach ist. Wir haben wenig verloren. Nur ein paar Patrouillen sind bei nächtlichem Vorgehen etwas zerpflückt worden. Das steht aber in keinem Vergleich zu den feindlichen Verlusten. Leider sind mir die Österreicher nicht überall zuverlässig; sie haben z.B. den oben erwähnten kleinen Reinfall durch Unpünktlichkeit verschuldet; an einer anderen Stelle hat sich ein jüdischer Kadett mit 30 Mann ganz ohne*

Grund ergeben; italienisch gesinnte Mannschaften sind mehrfach übergelaufen, Standschützen bei den ersten Schrapnellschüssen glatt davon gelaufen. Wir müssen also überall zwischenschieben, um das Gebäude zu stützen [...]“

Eine weniger überhebliche Haltung nahmen die meisten Offiziere des Alpenkorps ein, sehr zur Freude der Tiroler Standschützen, die sich die offene Missachtung vieler österreichischer Armee- und Landwehr-Offiziere gefallen lassen mussten. So sahen es die Tiroler nicht ungern, wenn in Teilbereichen der Front das Kommando einem Deutschen übertragen wurde, wie es mehrmals geschah. Nicht nur ihr größeres Verständnis für die besondere Situation der zusammengetrommelten, noch völlig unerfahrenen Landesverteidiger nahm man dankbar zur Kenntnis, auch deren militärisches Fachwissen und die klare und entschiedene Befehlsführung wurde allgemein bewundert. Gut zum Ausdruck kommt das im Bericht Anton von Mörls von einer Kommandantenbesprechung in Sexten, die der neue Befehlshaber des Unterabschnitts, Oberstleutnant Epp, einberufen hatte.

„Der große Festungsplan wurde auf den Tisch gelegt und an Hand dieser Karte [...] vom rechten Flügel auf dem Zinnenplateau angefangen, jede einzelne Stellung eingehend besprochen. Es war eine scharfe Prüfung für alle anwesenden Kommandanten. Sie hat aber auch gezeigt, wie überraschend viel unklar und verbesserungsbedürftig war. Epp zeigte sich als selbstbewusster und verantwortungsfreudiger Führer. Auf seine Frage, warum in einer Stellung des Landsturmbataillons Nr. 167 an einer bestimmten Stellung ein Maschinengewehr eingebaut sei, antwortete der Bataillonskommandant, dass General Bankovsky die Aufstellung des Maschinengewehrs an dieser Stelle befohlen habe. Epp antwortete darauf scharf: ‚Das sagt mir gar nichts. Ich will wissen,

welche Ziele das Maschinengewehr hat und ob diese Ziele die Aufstellung eines Maschinengewehrs rechtfertigen. Ist dies nicht mehr der Fall, werde ich das Gewehr an eine andere Stelle geben, wo es vorteilhafter verwendet werden kann. In solchen Dingen lasse ich mir von niemandem hineinkommandieren, auch vom Herrn General nicht. In erster Linie bin ich für den Abschnitt verantwortlich, in zweiter Linie erst der Herr General.' Eine solche Sprache hatten wir noch nicht gehört. Die beiden Standschützenbataillonskommandanten An der Lan und Fuchs hatten bei der Prüfung am besten abgeschnitten, weil sie fleißig die Stellungen abgegangen waren und daher über die einschlägigen Verhältnisse richtigen Bescheid geben konnten. Gehobenen Gefühls verließen wir die Besprechung. Wir Standschützen waren zum erstenmal behandelt worden wie jede andere Truppe, was bisher bei unseren österreichischen Kameraden oft nicht der Fall gewesen war.“

Im harten Fronteinsatz entwickelte sich rasch ein überaus freundschaftliches Verhältnis zwischen den Tiroler Landesverteidigern und ihren Kameraden aus Bayern und anderen deutschen Landen. Besonders gut verstanden sich die „Leiber“ mit den Standschützen. Die Bayern teilten die von zu Hause geschickten Liebesgaben mit den in dieser Hinsicht viel schlechter gestellten Tirolern, die im praktischen Felddienst viel von den erfahrenen Kriegern lernen konnten, auch den Unterschied zwischen Theorie und Praxis. So berichtet Mörl die Episode von einem Standschützen, der mit einem der Leiber auf Horchposten eingesetzt war. Der Bayer zündete sich eine Zigarette an, was den Tiroler entsetzte: *„Ja, derfts ös rachn?!“ – „Warum denn nit?“ – „Uns haben sie g'sagt, man darf nit die Stellung verraten, und dös tuat man, wenn ma racht.“ – „Was Stellung verraten? Miar woint ja, daß s'kumma. Zu dem seima ja herkumma!“*

Und sie kamen, wenn auch zunächst nur in Einzelaktionen. Immer häufiger wurden die Soldaten des Alpenkorps in Kämpfe verwickelt, erstmals am 9. Juni zwischen Falzaregopass und Som Pauses. Nur wenig später unterstützten sie die Standschützen bei der Abwehr italienischer Angriffe am Karnischen Kamm zwischen Tillianer Joch und Filmoorhöhe. Für Krafft von Dellmensingen war das *„immer noch nichts Rechtes"*, wie er am 13. Juni seiner Frau schreibt: *„Seit dem Angriff neulich auf die Sperre Som Pauses, bei dem der Feind leicht abgewiesen wurde, hat er sich nicht mehr vorgewagt. Er ist noch immer beschäftigt nach u. nach schwere Artillerie in Stellung zu bringen, schießt damit auch hin u. wieder, hört wieder auf, fängt anders wo an. Die ganze Sache macht einen ziemlich zusammenhanglosen Eindruck. Vielleicht hat d. Feind doch mit recht vielen Schwierigkeiten zu kämpfen, die wir nicht ganz kennen, besonders auch im Munitions-Ersatz, der natürlich auf die Berge schwer hinauf zu bringen ist. Jedenfalls geht er sehr vorsichtig zu Werke, was ja ganz richtig ist. Aber die Zeit nützt er nicht. Wir dürfen für unsere verschiedenen Neuformationen, die noch nicht zusammengelebt u. ohne jede Erfahrung sind, um jeden Tag froh sein."*

Kurz darauf, am 18. Juni, war das dritte Jägerregiment der Deutschen wesentlich daran beteiligt, den ersten wirklich groß angelegten Durchbruchversuch italienischer Verbände vom Marmolatagebiet ins Fassatal zu vereiteln. Einen Monat spät kam es zu heftigen Kämpfen am Karnischen Kamm, die durch ein gemeinsames Kommandounternehmen von Standschützen und einer Abteilung des bayerischen Leibregiments entschieden wurden. Mörl berichtet darüber: *„Der Lienzer Bergführer Rudl Eller hatte mit Seil und Mauerhaken eine Abteilung der Leiber mit einem Maschinengewehr die steilen Schieferwände der 2690 Meter hohen Königswand hinauf befördert. Sie kamen gerade recht.*

Als sich um 9 Uhr der Nebel hob, erkannten sie die Lage und warfen sich in schneidigem Ansturm auf die Italiener. Das Maschinengewehr knatterte, und die Italiener vom 3. Alpiniregiment mussten unter schweren Verlusten zurück." Weitere schwere Abwehrkämpfe hatte das Alpenkorps zwischen 7. und 19. Juli im Raum um den Col di Lana zu bestehen. Danach folgten Wochen relativer Ruhe.

Wie ernst das Deutsche Alpenkorps seine Aufgabe in Tirol nahm, beweisen die hohen Verluste. Allein in den ersten beiden Monaten verloren fünf Offiziere sowie 79 Unteroffiziere und einfache Soldaten ihr Leben im Kampf. Durch Verwundungen, Unfälle und Krankheiten fielen in dieser Zeit weitere sechs Offiziere sowie 242 Unteroffiziere und einfache Soldaten aus.

Der Einsatz des Alpenkorps an der Tiroler Front dauerte nur wenige Monate. Ab dem Sommer trafen laufend Kaiserjäger-, Landesschützen- und Landsturmregimenter in der Heimat ein und lösten Anfang Oktober die deutschen Einheiten ab, die nur ungern – *„zum größten Leide aller"*, wie es der Geschichte des 3. Jägerregiments heißt – ihre Stellungen und Quartiere ver-

Die Prinz-Heinrich-Kapelle im umkämpften Gebiet des Karnischen Kamms

ließen. Von der Stimmung im Kreuzberg-Abschnitt, wo noch am 6. September ein heftiger Angriff der Italiener blutig abgewiesen worden war, schreibt Anton Mörl: *„Der Abschied von den Leibern fiel uns wirklich schwer. Die Monate gemeinsamer Kämpfe hatten uns fester aneinandergekettet, als wir je hätten vermuten können.* [...] *Am 15. Oktober verließen die Bayern Innichen. Sie wussten noch bei der Einwaggonierung nicht, wohin sie kommen würden. Prinz Heinrich von Bayern* [...] *versprach uns Nachricht. Eine Karte, in deren Text Champagner vorkomme, bedeute Frankreich, Schnaps Russland, Reisfleisch Serbien. Die Karte kam. Es war darin vom Reisfleisch die Rede."* Ein Jahr später, kurz bevor er in Rumänien fiel, schrieb der bayerische Prinz dem Standschützenmajor Aigner auf einer Karte folgende Worte, die sicher die Gefühle der meisten Soldaten des Alpenkorps zum Ausdruck brachten: *„Wer denken alle sehr oft und voll Dankbarkeit der schönen Tage des Vorjahres, als wir Schulter an Schulter kämpfen durften."*

Prinz Heinrich von Bayern war nicht nur bei den Standschützen und bei anderen Soldaten an der Dolomitenfront überaus beliebt. Auch die Zivilbevölkerung in Innichen, Sillian, Kartitsch und Obertilliach hatte ihn wegen seiner steten Liebenswürdigkeit und Bescheidenheit ins Herz geschlossen. Eine in den Kriegstagen auf den umkämpften Höhen des Karnischen Kamms oberhalb von Kartitsch errichtete Kapelle trägt seinen Namen.

Die Front in Fels und Eis

Planung, Ausbau und Verlauf der Verteidigungslinie • Der Beginn der Kämpfe

Im österreichischen Generalstab hatte man sich trotz des bestehenden Bündnisses mit Italien auch Gedanken für einen möglichen Kriegsfall I (= Italien) gemacht, nicht nur solche theoretischer Art. Als sich Italien nach der österreichischen Kriegserklärung an Serbien für neutral erklärte, konnte man nur hoffen, dass es dabei bleiben würde, denn notgedrungen musste man angesichts des russischen Eingreifens alle regulären Truppen aus Tirol abziehen. Trotzdem bereitete man sich, so gut es eben ging, auf einen Angriff Italiens vor. In diesem Sinn ist der Aufbau des Standschützenkorps ab September 1914 zu sehen, auch wenn es durch die ständigen Nachmusterungen und Einberufungen immer älterer Jahrgänge laufend geschwächt wurde und zuletzt auf den freiwilligen Einsatz eines wahrlich letzten Aufgebotes angewiesen war.

Zugleich setzte man seit dem Sommer 1914 fort, was man noch in den Friedensjahren begonnen hatte, nämlich die Planung und Anlage einer Verteidigungslinie und den Ausbau eines Gürtels von Befestigungsanlagen im Süden des Landes. Aus Rücksicht auf den Noch-Bündnispartner und seit Kriegsbeginn neutralen Nachbarn waren diese nicht direkt an der Grenze, sondern mit gebührendem Abstand errichtet worden, wobei auch das Argument einer günstigeren Lage oder einer notwendigen Verkürzung der Frontlinie Bedeutung hatte. Als die Experten für Artillerie und Festungsbau feststellten, dass fast alles, was im 19. Jahrhundert, ja sogar bis 1912 gebaut worden war, den modernen Geschützen nicht standhalten würde, entschloss man sich teils zum Neubau von Panzerwerken, teils zur Verlegungen der Geschütze in Kavernen. Teilweise passierte dies noch später, nach den ersten praktischen Erfahrungen im Krieg. Einige der nutzlos gewordenen Fortifikationen ließ man zur Täuschung des Gegners stehen, der mit ihrem Beschuss wertvolle Munition verschwenden würde. Von Juni 1914 an wurde jedenfalls vielerorts, vor allem auf der Hochfläche von Folgaria-Lavarone südöstlich von Trient, mit Hochdruck gearbeitet. Die hier errichteten Bastionen waren nicht nur zur Abwehr eines italienischen Angriffs gedacht, sondern sollten mit ihren weit reichenden Geschützen auch der Vorbereitung und Unterstützung einer möglichen österreichischen Offensive über die anschließende Hochfläche der zum italienischen Staatsgebiet gehörigen Sieben Gemeinden dienen.

In die Planung einer effizienten Verteidigungslinie wurden Panzerwerke an strategisch wichtigen Stellen und „feldmäßig befestigte Stellungen“ an anderen

Die neue Front gegen Italien vom Stilfser Joch bis zum Golf von Triest: Auch auf dieser vereinfachten Karte kann man erkennen, dass zur Verkürzung der Kampflinie kleinere und größere Gebiete dem Feind überlassen wurden.

Punkten einer zukünftigen Front einbezogen. Als es dann tatsächlich zum Krieg mit Italien kam, enthielten die Generalstabskarten einen detaillierten Frontverlauf, der über weite Strecken nicht mit der Staatsgrenze übereinstimmte. Die gesamte österreichische Italienfront verlief zuerst einmal rund um Tirol, folgte dann dem Karnischen Kamm nach Osten bis ungefähr Tarvis. Dort bog sie nach Süden und erreichte über die Julischen Alpen das Quellgebiet des Isonzo, der von nun an den Verlauf der Front bestimmte. Ein breiter Streifen westlich des Flusses mit dem Becken von Karfreit (slow. Kobarid, it. Caporetto) im Norden und der Gradisca im Süden wurde aufgegeben. Während die Staatsgrenze Richtung Südwesten weiterging und westlich des zu Österreich gehörenden Fischerortes und Seebades Grado das Meer erreichte, verlief die Verteidigungslinie weiter östlich dem Isonzo entlang und endete bei Monfalcone am Meer.

Während die Landesgrenze zwischen Österreich und Italien rund 700 km lang war, konnte die Front um gute 100 km verkürzt werden, indem vor allem in Tirol einige Täler und Becken von vornherein dem Angreifer überlassen wurden. So hatte die Tiroler Front nur mehr eine Länge von 350 Kilometern. Sie begann westlich des Ortlergebirges am Stilfser Joch, wo die Schweiz, Italien und Österreich ein Dreiländereck bilden. Von dort folgte sie über Gipfel und Grate der Staatsgrenze bis nördlich vom Tonale-Pass. Zwischen diesem und der Presanella ging es weiter nach Süden. Hier endeten die ersten Rayone (Frontabschnitte) „Ortler“ und „Tonale“, und es begann der Rayon III „Südtirol“. Von nun an entfernte sich die Verteidigungslinie von der Grenze und blieb am Bergkamm östlich des Daonetales. Storo und Condino in den südlichen Judikarien den Italienern überlassend, überquerte sie am Sattel von Roncone die nach Tione führende Talsenke, erklomm

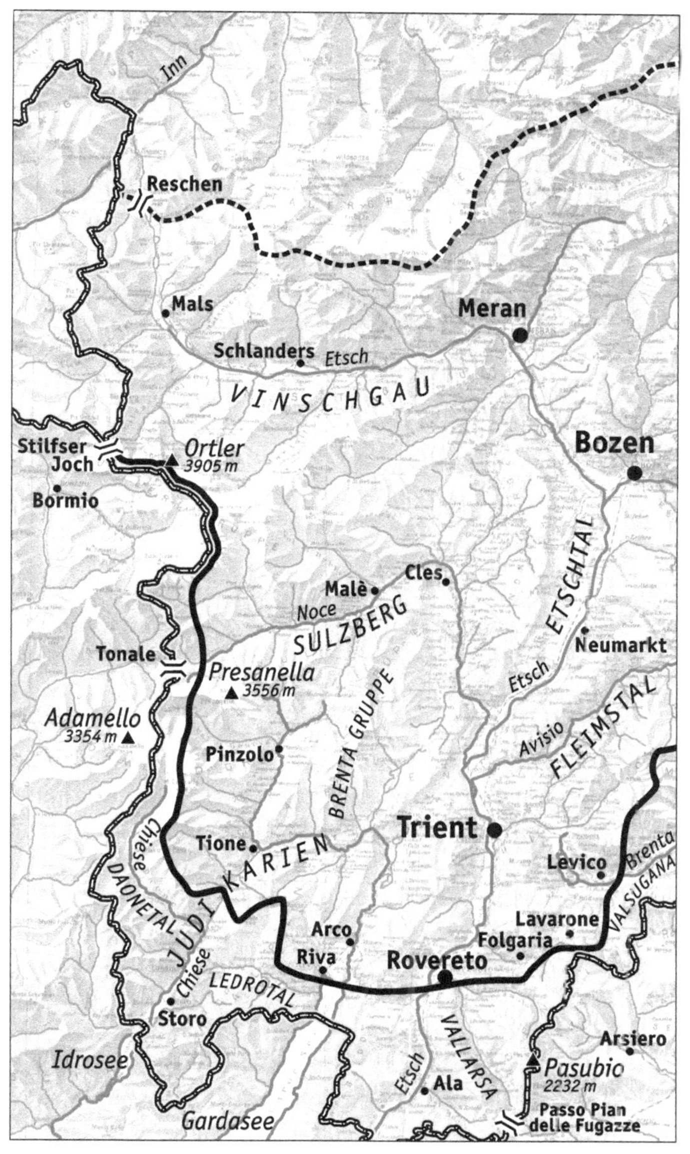

Verlauf der Tiroler Verteidigungslinie im Westen und Süden (schwarze Linie, oben strichliert angedeutet die heutige Staatsgrenze)

den Monte Cadria, führte um die Einbuchtung der Val di Concei herum und setzte sich nördlich des Ledrotals fort bis zu den teils felsigen Höhen am nördlichen Ende des Gardasees (Riva-Torbole). Verteidigungsanlagen am Ufer und artilleriebestückte Festungen am Monte Creino, Monte Tombio und Monte Brione sowie die Sperren Ponale und Bella Vista machten hier ein Durchkommen fast unmöglich. In den Monaten rund um die italienische Kriegserklärung erhielt zusätzlich auch die über Riva aufragende Rocchetta neue Verteidigungs- und Artillerieanlagen. Vom Gardasee verlief die Front an der Nordseite des Tals von Loppio nach Osten und überquerte knapp südlich von Rovereto das Etschtal. Dass der Frontverlauf die Vallarsa samt dem Gebirgsstock des Monte Pasubio ausklammerte, sollte sich später noch bitter rächen und tausenden Soldaten das Leben kosten.

Zwischen der Altstadt von Rovereto (mit der Festung) und dem Hügel des Castel Dante hindurchführend, erreichte die Front die Nordseite des Terragnolotals und die Hochfläche von Folgaria (Vielgereuth) und Lavarone. Dort war sie dem Bogen der sieben Panzerwerke Serrada, Sommo, San Sebastiano, Gschwendt, Lusern, Verle und Vezzena vorgelagert. Dann senkte sie sich in die Valsugana hinab und querte das Tal – unter Verzicht auf Borgo, aber auch auf Roncegno und Novaledo – östlich von Levico, um über den Monte Gronlait zur Catena del Lagorai hinaufzusteigen, was bedeutet, dass San Martino di Castrozza und das Gebiet von Primiero nicht verteidigt wurden. Es begann der nächste Frontabschnitt (Rayon IV), der „Fassaner Kamm" genannt wurde. Die Kampflinie verlief oben am Berg auf der Südseite des Fleims- und Fassatales, ging weiter über die Marmolata – wo der Abschnitt V „Pustertal" begann – ins Buchensteintal, zum Col di Lana und zum Falzaregopass. Diese mögliche Einbruchstelle war an-

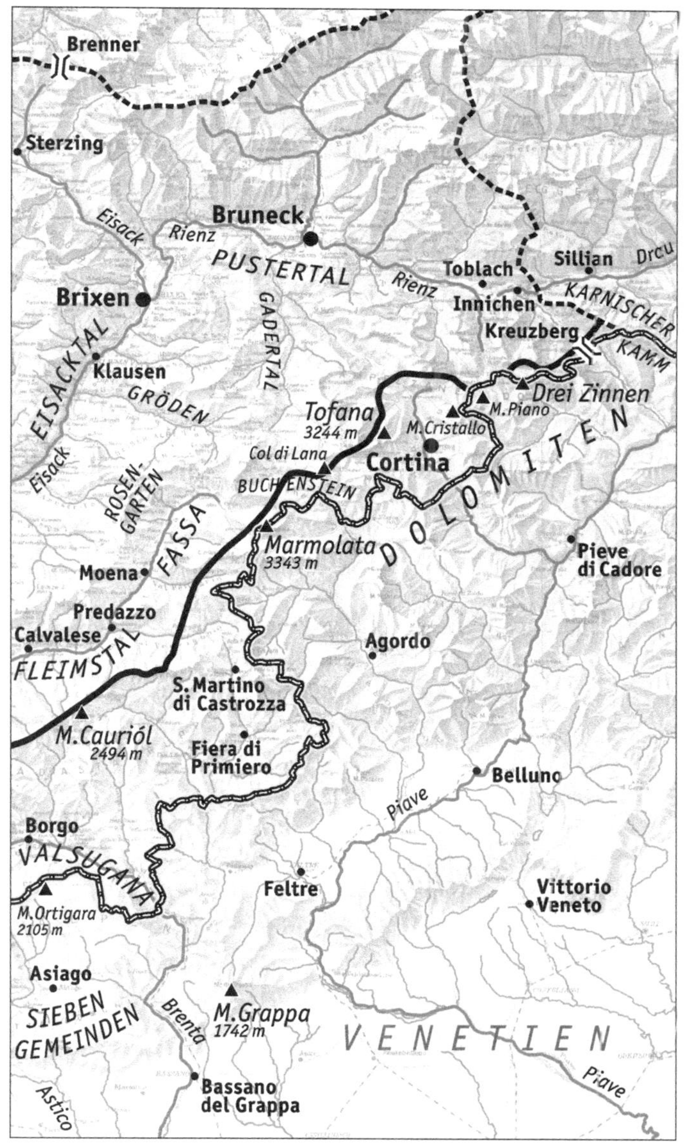

Verlauf der Tiroler Front im Südosten

fangs durch die beiden Sperrwerke Tre Sassi und Corte geschützt. Die Front führte dann über die drei Tofanastöcke um das Becken von Cortina herum zum Monte Cristallo und zum Monte Piano (it. Monte Piana), den man bei Festlegung der Verteidigungspositionen unbesetzt hatte lassen, dann über das Drei-Zinnen-Plateau und die anschließenden Gipfel hinunter zum Kreuzbergsattel und wieder hinauf auf den Karnischen Kamm.

An dieser Frontlinie standen ab Ende Mai 35.000 Mann österreichischer Truppen und 25.000 Mann ihres deutschen Verbündeten rund 200.000 italienischen Soldaten gegenüber. Diese rückten in den ersten Tagen nur langsam vorwärts, hauptsächlich in die Räume, die ihnen vor der österreichischen Militärführung freiwillig überlassen worden waren. Von der italienischen Presse wurde dieses Besetzen von Tiroler Grenzräumen als siegreiche Unternehmungen gefeiert. In den Frontberichten italienischer Militärs – wie sie das Buch „Der Kampf um die Berge Tirols in österreichischen und italienischen Darstellungen" von Eduard Fröhlich (erschienen 1932) enthält – erspart man sich, auf die Art und Weise des Vormarsches näher einzugehen (die Übersetzungen stammen von Fröhlich, die Abkürzung Baon steht wie in militärischen Texten üblich für Bataillon).

Generalleutnant Pompilio Schiarini schreibt beispielsweise über den kampflosen Kriegsbeginn in den Judikarien: *„Ende Mai machten wir in dieser Gegend einige Fortschritte. Wir besetzten Condino in der Val Chiese und kamen in der Daone-Niederung etwas vorwärts."* Erst dann wird es ernst: *„Eine hochalpine Aktion von einiger Bedeutung spielte sich am 9. Juni im Raum des Tonalepasses ab. Hier beabsichtigte das Alpinibaon Morbegno sich in den Besitz des Passo Paradiso zu setzen. Doch der herrliche Mut der Alpini war nicht von Glück begleitet. Das Baon war um 8 Uhr abends 450 Gewehre*

Die höchste Stellung der Front am höchsten Gipfel Tirols, dem Ortler (3905 m)

stark von Ponte di Lego abmarschiert. Ein schwerer Schneesturm verzögerte das Marschtempo. Schon war es helllichter Tag, als es sich zum Angriff bereitstellte. Unter dem Schutze einfallenden Nebels gelang es den Alpini, unbemerkt bis auf wenige Schritte an die dreifache österreichische Stellung heranzukommen und die Feldwachen zu verscheuchen. Doch da teilte sich der Nebel, das Überraschungsmoment ging für uns verloren und der Feind konzentrierte das Artilleriefeuer aus den Werken Presanella und Tonale, sowie das Feuer seiner Infanterie auf unsere Alpini. In dieser öden Steinwelt isoliert, brachen die Alpini nach einer Stunde das Gefecht ab und zogen sich in Ordnung wieder zurück, wobei sie allerdings von den Österreichern mit schwerem Feuer verfolgt wurden. Das kleine Baon hatte drei Offiziere tot und 2 verwundet. Von der Truppe waren 18 tot, 62 meist schwer verwundet und 40 vermisst, wovon die meisten verwundet liegen geblieben sind.“

Über den ersten *„kleinen Zusammenstoß“* im Raum Stilfser Joch berichtet der Italiener nur so viel, dass es *„am 4. Juni auf dem Monte Scorluzzo einem österrei-*

Die Front im Eis: Unterstand in der Gletscherspalte

chischen Zug nach kurzer Artillerievorbereitung gelang, unsere kleine Patrouille zu vertreiben". Es war aber eine sehr wichtige Unternehmung, die typisch ist für die ersten Kriegswochen. Denn bei der Planung der Verteidigungslinie hatten die österreichischen Militärbehörden oftmals nicht auf die strategische Bedeutung einzelner Grate und Gipfel geachtet oder achten können. Der 3094 m hohe Monte Scorluzzo liegt immerhin auf italienischem Gebiet und konnte vor der Kriegserklärung nicht von Österreich in Besitz genommen werden. Er hat aber als ein hoch aus dem Gletscher ragender eisüberzogener Felsklotz mit freier Sicht in alle Richtungen entscheidende Bedeutung. Generalmajor Moritz von Lempruch schreibt: *„Schon der Laie erkennt, dass nur der, welcher diese beherrschende Höhe besitzt, das in der Tiefe liegende Stilfser Joch (2700 Meter) dauernd zu behaupten vermag."* Dementsprechend beeilten sich die Italiener und besetzten den Gipfel mit einer *„stärkeren italienischen Patrouille unter dem Kommando eines Leutnants. Unsere schwache*

Passbesatzung hatte unter dem Feuer der Italiener vom Monte Scarluzzo her schwer zu leiden. Da entschloss sich der als Stationskommandant in Trafoi befindliche Kaiserjägerhauptmann Andreas Steiner, den Monte Scorluzzo kurzerhand, und ohne einen Befehl hiezu erst abzuwarten, zu nehmen. – Ein selbständiger Entschluss, der von durchschlagender Bedeutung für die Verteidigung dieses Teils der Westtiroler Front werden sollte. – Von der Batterie auf Goldsee durch kurzes aber treffsicheres Feuer prächtig unterstützt, stieg ein kleines aber entschlossenes, aus Gendarmerie-Assistenzen zusammengewürfeltes Detachement zum großen Monte Scorluzzo auf und nahm diese wichtige Höhe nach Verjagung der italienischen Besatzung in Besitz.“

Bezeichnend, dass der Generalmajor die Beteiligung von Standschützen an der Aktion verschweigt. Tatsächlich waren sieben Männer der Kompanie Stilfs unter Zugführer Trafoier in der Abteilung, der die Eroberung des Gipfels gelang. Sie hatten durch ihre alpinistische Erfahrung entscheidenden Anteil am Erfolg, Trafoier wurde verwundet.

Was der Monte Scorluzzo am westlichen Eckpunkt der Tiroler Front, war der 2324 Meter hohe Monte Piano bzw. Monte Piana im Nordosten. Der dem Monte Cristallo nördlich vorgelagerte Bergstock hat zwei Gipfel, zwischen denen die österreichisch-italienische Staatsgrenze verlief. Der nördliche gehörte seit Kaiser Maximilians Zeiten zu Tirol und wurde wie der ganze Berg Monte Piano genannt, der südliche auf dem Gebiet der italienischen Provinz Cadore heißt auf italienisch – ebenfalls wie das gesamte Massiv – Monte Piana. Von dort oben aus kann man das vom Pustertal ins Innere der Dolomiten hineinführende Tal überblicken und die wichtige Straße zwischen Toblach und Cortina d’Ampezzo beherrschen. Wie die meisten anderen Gipfel zwischen Kreuzbergsattel und dem

Einer der Schicksalsberge: der Monte Piano (rechts der Monte Cristallo)

Becken von Cortina hatten die für die Planung der Verteidigungslinie zuständigen Militärs auch den Monte Piano unbesetzt gelassen. Die Standschützenführung hatte es besser erkannt, sich aber nicht durchsetzen können. Bald nach Kriegsbeginn wurde klar, welchen Fehler man damit gemacht hatte, denn jetzt mussten die Italiener erst wieder aus den beherrschenden Höhenstellungen vertrieben werden, nicht selten unter hohen eigenen Verlusten. In dieser Phase entwickelte sich an der Tiroler Front ein Krieg der Alpinisten und Bergführer. Denn meistens leiteten solche Kommandounternehmen erfahrene Bergsteiger der Standschützen, die sich eine kleine Mannschaft aus den geeignetsten Freiwilligen der an Ort und Stelle eingesetzten Truppenkörper – Standschützen bis hin zu Werkartilleristen – zusammenstellten.

Durch eine solche Einheit wurde in der Nacht vom 6. auf den 7. Juni 1915 der Monte Piano im Handstreich genommen, allerdings ging der Südgipfel bald darauf wieder verloren, was einen zwei Jahre andauernden

Kampf auf dem Hochplateau zwischen den beiden feindlichen Gipfelstellungen heraufbeschwor.

Am 4. Juli kam bei der Eroberung des Paternkofels durch fünf Standschützen der berühmte Bergführer und Standschützenoberjäger Sepp Innerkofler ums Leben, ob durch die Kugel eines Verteidigers oder durch das als Unterstützung der Aktion gedachte Maschinengewehrfeuer vom Zinnenplateau aus, wie Innerkoflers Sohn erst 50 Jahre später behauptete, konnte nie eindeutig geklärt werden. Ein weiteres Beispiel für ein derartiges Unternehmen ist die Wiedereroberung des Foramegipfels im Monte-Cristallo-Massiv. Diese wichtige Position hatte im Zusammenhang mit den Kämpfen um den Monte Piano im Juni 1915 besetzt werden können, doch wurde sie einer dafür völlig ungeeigneten Abteilung eines ruthenischen Landwehr-Infanterieregiments anvertraut. Als diese sich, ohne einen Schuss abzugeben, von einigen Alpini gefangen nehmen ließen, glaubte man auf österreichischer Seite, den strategisch wichtigen Gipfel als uneinnehmbar abschreiben zu müssen. Mörl: *„Wer die Gegend kennt, hält die Erstürmung für unmöglich, wenn die Italiener oben nur mit Steinen werfen.“* Doch der in der Brixner Gegend geborene Sillianer Standschützenhauptmann Vinzenz Goller, früher als Lehrer und Organist im Pustertal tätig, inzwischen bekannt als Kirchenkomponist und Leiter der Abteilung für Kirchenmusik an der Wiener Aka-

Sepp Innerkofler aus Sexten, gefallen bei der Eroberung der Gipfelstellung am Paternkofel (Gemälde von Franz Defregger)

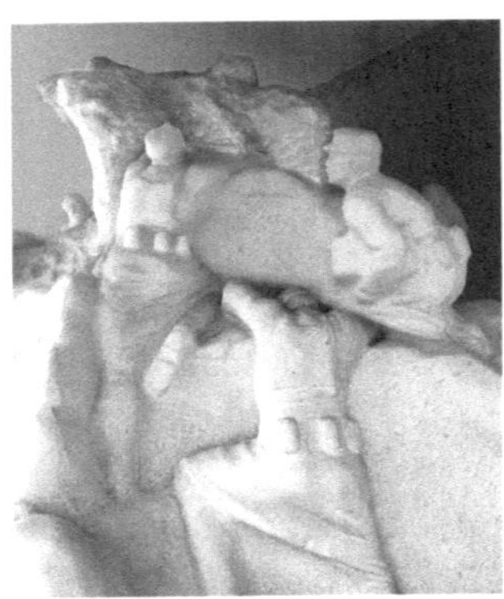

Als einzige Formation erhielt das Sillianer Standschützenbataillon noch während des Krieges ein Denkmal. Es erinnert an die kühne Erstürmung des Foramegipfels.

demie, fand in seiner Kompanie 30 Freiwillige, die mit ihm am 6. September 1916 den Versuch wagten, *„in der Nacht über unüberwindbar scheinende Grate kletternd, die Italiener auf dem Foramegipfel zu überfallen“*. Das Unternehmen gelang, und der Gipfel blieb von nun an in Tiroler Hand. Professor Goller wurde für die gleichermaßen alpinistische wie militärische Sonderleistung ausgezeichnet, die Sillianer Standschützen erhielten – als einzige Formation – noch während des Krieges ein Denkmal in ihrer Heimatgemeinde.

In seinem Standschützenbuch berichtet Mörl von vielen ähnlichen Einzelunternehmungen und spektakulären Abwehrerfolgen in den Dolomiten. Größer angelegte Angriffsaktionen der Italiener gab es in den ersten beiden Kriegsmonaten nur im Raum zwischen Falzaregopass und dem im Grunde unscheinbaren, aber strategisch bedeutsamen Doppelrücken des Col di Lana und des Monte Sief. Sie sind der Mittelpunkt der ersten Dolomitenoffensive. *„Der Kampf wurde am 6. Juli von unserer Artillerie gegen die österreichischen Werke Corte und Tre Sassi eröffnet“*, beginnt der vom italienischen Hauptmann Badini verfasste Bericht darüber. *„Diese wurden wohl schwer beschädigt; doch die Österreicher hatten vorher die Geschütze aus den Werken herausgenommen und sie versteckt im Gelände aufgestellt. Am Morgen des 7. Juli griffen wir in drei Kolonnen zu je 6 Baonen den Col di Lana, Sief und Falzaregopass an.“* Die Verteidiger waren hauptsächlich Standschüt-

Von der Expositur der Technischen Gruppe des 10. Armeekommandos hergestelltes Panorama des Zinnenplateaus. Im Vordergrund Stacheldrahtverhaue und Stellungen, rechts der Toblinger Knoten. Links von den Zinnen der Paternkofel.

zen aus Enneberg und bayerische Jäger, Pioniere und Artilleristen des Alpenkorps. Dazu kamen eineinhalb Kompanien des Landsturmbataillons Nr. 165 und eine Maschinengewehrabteilung des Wiener Landwehrinfanterieregiments Nr. 24, insgesamt kaum mehr als 800 Mann gegen ca. 12.000 von 400 Offizieren ge-

Typische Stellung im Dolomitenfels ...

... und so an die Wände geklebt waren die dazugehörigen Kommandobüros und Unterstände.

führte Italiener. Bis zum 20. Juli erfolgten – laut Badini – 15 Angriffe, die jedes Mal scheiterten. Der italienische Hauptmann spricht von 233 gefallenen und 940 verwundeten Soldaten (inklusive Offizieren), die sie zu beklagen hatten. Auf Seite der Verteidiger scheinen es – konkrete Zahlen sind schwer zu eruieren – 30 bis 40 Gefallene gewesen zu sein. Es sollte in diesem Bereich der Tiroler Front noch viel schlimmer kommen. Die Italiener gaben dem verhängnisvollen Berg den Namen Col di Sangue – Blutberg.

Auch im weiteren Verlauf der Front, vom symbolträchtigen Gletscherkoloss der Marmolata über den Kamm der Fassaner Berge bis zur Valsugana war die österreichische Abwehr in diesen ersten Monaten durch das Deutsche Alpenkorps entscheidend verstärkt.

Stellung am oder im Marmolatagletscher

Die Täler, die beiderseits der Höhen von Folgaria-Lavarone und der „Sieben Gemeinden" ins Zentrum von Welschtirol führen, das Etschtal (in diesem Teil auch Val Lagarina genannt) und das Tal der Brenta, die Valsugana, standen den Italienern bei Kriegsbeginn

Fast alle bestehenden Brücken und Straßen in die Berge mussten für den Transport schwerer Geschütze verstärkt, verbreitert oder neu gebaut werden.

zwar offen, doch rückten die Voraustrupps nur zögernd vor, was wiederum die Österreicher nützten, um Zeit für den weiteren Ausbau ihrer vorgesehenen Verteidigungslinie zu gewinnen. Von Bassano del Grappa aus vormarschierend und dabei von Einheiten der Gendarmerie und Finanzwache in zeitraubende Scharmützel verwickelt, kamen Einheiten der 1. italienischen Armee erst Ende Juni in die Nähe von Borgo, waren zu dem Zeitpunkt also noch mehr als zehn Kilometer von der eigentlichen Front entfernt. Auch im aufgegebenen Etschtalabschnitt konnten die Italiener nicht kampflos vorrücken, sondern stießen auf zähen Widerstand der Standschützen von Ala, Borghetto und der Vallarsa.

Je mehr Zeit verging, umso schwerer wurde es für die Angreifer, denn mit Hilfe des Deutschen Alpenkorps wurde eifrig am Ausbau der Stellungen entlang der Front gearbeitet, unmittelbar dahinter wurden Straßen und Wege für Munitions- und Verpflegungsnachschub sowie für Truppentransporte angelegt. Jetzt

Munitionsnachschub ins Ortlergebiet. Im Hintergrund das Bahn- und Posthotel Hirsch in Neu-Spondinig

zeigte sich der Wert der in den Jahren nach 1900 errichteten „Großen Dolomitenstraße“ nicht nur als Touristenattraktion, sondern auch – und das war ja mit ein Argument für das Projekt gewesen – in strategischer Hinsicht. Von ihr aus führten jetzt in alle Richtungen Abzweigungen zu abgelegenen Artilleriestellungen und Unterständen. Die Motorisierung der Armee war inzwischen vorangetrieben worden, außerdem war das Deutsche Alpenkorps bestens mit Lastkraftwagen ausgerüstet. Ende Juni kam die Autokolonne Innsbruck aus Galizien zurück und bezog ein Standquartier in Neumarkt, von wo aus alle Transporte für den Rayon IV abgewickelt wurden. Die angeschlossene Werkstätte übernahm sämtliche Reparaturarbeiten. Zur Versorgung der übrigen Rayone wurden weitere k. u. k. Autokolonnen nach Tirol verlegt. Die Automobile gelangten natürlich nicht überall hin. Wo die Straßen endeten, mussten die Soldaten selber zupacken und zu Fuß oder mit Tragtieren eine Baustelle oder ihren Einsatzort erreichen. So manche hoch gelegene Stellung war bald schon mittels Seilbahn zu erreichen.

Völlig anders als in allen anderen Rayons der Tiroler Front war die Charakteristik des Krieges auf der Hochfläche von Folgaria und Lavarone. Dort hatte schon am 24. Mai der Beschuss der österreichischen Festungswerke durch schwere Artillerie begonnen. *„Die Räume eines Werks erinnern an ein Kriegsschiff. Niedere Gänge, in denen bündelweise Kabel hängen, Kasematten, eiserne Treppen, die zu den Drehtürmen führen; Scheinwerfer hinter Panzern, Dieselmotoren, Sausen und Kolbengestampf.“* So beginnt Fritz Weber sein Buch „Feuer auf den Gipfeln. Südtiroler Alpenkrieg“, ein zwar romanhaft geschriebener, aber – wie der Festungsspezialist Erwin Anton Grestenberger in seinem Buch über die k. u. k. Befestigungsanlagen in Tirol und Kärnten bestätigt – durchaus authentischer Erlebnisbericht aus dem Werk Verle bei Lusern, wo der Autor vom Mai 1915 bis Juni 1916 als Fähnrich des Festungsartillerie-Bataillons Nr. 6 stationiert war. *„Den ganzen Nachmittag ging ich umher und besah mir dieses Meisterstück moderner Kriegstechnik. Zehn Geschütze, darunter vier Haubitzen in Kuppeln, die anderen mit Stirnpanzern versehen; ferner zweiundzwanzig Maschinengewehre, ebenfalls gepanzert. Vor dem Werk ein zwölf Meter tiefer, zehn Meter breiter Graben in den Felsen gesprengt. Im Vorfeld ein dreifacher Hindernisgürtel und Minen.“*

Fähnrich Weber erlebt die Verkündigung der Kriegserklärung an die 300-köpfige Besatzung, fast durchwegs Oberösterreicher, Salzburger und Tiroler, und den Beginn des gegnerischen Artilleriefeuers am Mor-

Das von den Italienern zusammengeschossene Sperrfort Gschwendt

gen des 24. Mai. „*Über uns heult es sekundenlang, dann kracht ein Schlag nieder, daß das Gemäuer zittert. Brocken poltern. Stille. Unheimliche Stille. Nur das Herz pocht.* [...] *Da beginnt der Raum über uns zu heulen, es dröhnt in den Beton, wirft sich mit höllischem Krachen gegen die eisernen Fensterläden. Poltern. Stille. Alle drei Minuten kommt ein Schuß. Eine Granate kantet an der Rückwand des Werkes und krepiert dicht vor unserem Fenster. Es dröhnt, als ob der Himmel eingestürzt wäre. Eh die letzten Trümmer aufklatschen, brüllt schreckliches Bersten dazwischen. Eine zweite Batterie hat das Feuer auf uns eröffnet. Der Einschlag ihrer Geschosse erfolgt rascher hintereinander, ist aber weniger wuchtig als die der ganz Schweren. Wir beschließen uns anzukleiden und uns den Krieg vom Panzerstand aus anzusehen. Da faucht es wieder über uns, kracht nieder. Die Tür schmettert auf, das Licht erlischt. Einen Augenblick Totenstille, dann Laufen auf*

Kaiserschützen-Besatzung des Panzerwerks Sommo

den Gängen, gellende Rufe: ‚Sanität! Sanität!‘ [...] Ein paar Leute mit Tragbahren drängen vorüber. Das Licht der Lampe flieht die Wände hinauf, bleibt an der Decke hängen. Nirgends Spuren eines Durchschlags. Wir laufen weiter. Zwei, drei Menschen wanken uns entgegen, die Gesichter rauchgeschwärzt, aus offenen Augen stierend, Blutgerinsel über Stirnen, Wangen, Hände. Einer stumm vor Entsetzen, ein anderer leise wimmernd, unverständliche Worte lallend. ‚Was gibt's? Was ist geschehen?‘ – ‚Den zweiten Turm hat's durchschlagen. Vier sind tot, einen haben sie noch nicht gefunden.‘ [...] Wir klimmen die verbogenen Stufen hinauf. Die Haubitze steht schief, das Podium ist aufgerissen, im Vorpanzer gähnt ein mächtiges, kreisrundes Loch [...]“

Zwischen den Festungswerken sicherten Laufgräben und vorgelagerte Stacheldraht- und Minenfelder die Front. Hier ein Zug der 1. Kompanie des Standschützenbataillons Meran I im sogenannten „Feldwerk Basson“ zwischen den Panzerwerken Verle und Lusern

Es kommen noch viel grauslichere Stellen in dem Buch, bedrückende Schilderungen der ungeheuren psychischen Belastung des Beschossen-Werdens, aber auch des eigenen Schießens, das zusammengepferchte Eingesperrt-Sein, den Tod vor Augen, die Abwehr sinnloser Infanterieangriffe, die in Gestalt zerfetzter Leichen in den Gräben und Stacheldrahtverhauen des Vorfeldes hängen bleiben.

Die Dramatik des tatsächlichen Geschehens auf der Hochfläche von Folgaria-Lavarone in den ersten Tagen des Krieges kann mit einer erfundenen Romanhandlung durchaus mithalten. Das Bombardement mit schwersten Geschützen verursacht riesige Schäden an den Betonbauten. Der Kommandant von Verle verliert die Nerven – der Festungsarzt findet ihn weinend im Keller – und zieht mit einem Großteil der Besatzung ab, einige Offiziere mit 40 Mann Besatzung bleiben und verhindern die Aufgabe des Werks. Der Kommandant von Lusern lässt die weiße Fahne hissen und befiehlt das Verlassen der Anlage. Mitten durch das Schrapnellfeuer beider Seiten und angesichts der sich langsam nähernden italienischen Infanterie fährt der Student Otto Jöchler, Patrouillenführer in der 2. Meraner Standschützenkompanie, von seiner nahen Stellung auf der Malga Costa mit dem Fahrrad zum Festungswerk und holt die weiße Fahne herunter. Die Mannschaft des Forts besinnt sich daraufhin und kehrt an ihre Posten zurück.

Zwei Vorkommnisse von entscheidender Bedeutung. Ohne Verle und Lusern wäre die Verteidigungslinie von Folgaria-Lavarone nicht zu halten gewesen. Im Übrigen zeigt sich an den verschiedenen Panzerwerken des Festungsgürtels die Entwicklung der Kriegstechnik. Dem einige Jahre jüngeren Werk Gschwendt, von den Italienern „Forte Belvedere" genannt, konnte die italienische Artillerie wesentlich weniger anhaben als den benachbarten Anlagen.

Nach dem Eintreffen schwerer österreichischer Geschütze wurden die Artillerieduelle ausgeglichener, der Beschuss durch die Italiener – vor allem vom Monte Verena aus – ließ merklich nach. Die Vorstößen der Infanterie wurden seltener und hörten zeitweise auf, was die Verteidiger zum Ausbau der Feldstellungen nützten, die dem Festungsgürtel vorgelagert waren.

Vom Isonzo zum Pasubio

Kaiserjäger und Landesschützen kommen zurück • Die Offensive im Mai 1916 und das Kriegsgeschehen bis Frühjahr 1917 • Karl I. tritt die Regierung an

Ab Mitte Juni 1915 wurden die Tiroler Regimenter aus Galizien abgezogen und in die von Italien angegriffene Heimat zurückbeordert. Tirol war allerdings längst nicht mehr für alle Soldaten dieser Formationen die Heimat. Die immensen Verluste konnten nur mehr durch die Eingliederung von jungen Männern anderer Kronländer ausgeglichen werden. Auch wurden die Kaiserjäger und die Landesschützen zuerst nicht in Tirol eingesetzt, sondern am Isonzo, wo der neue Feind am 23. Juni, also erst einen Monat nach der Kriegserklärung, den ersten massiven Versuch eines Durchbruchs gestartet hatte. Auch hier waren die Italiener viel zu zögerlich ans Werk gegangen und hatten zugesehen, wie die Abwehrfront der Österreicher von Tag zu Tag stärker wurde. Trotz massiven Einsatzes von Mensch und Material verzeichneten die beiden italienischen Armeen in dieser ersten Isonzoschlacht nur geringe Geländegewinne. Selbst das Minimalziel, bei Görz einen Brückenkopf zu errichten und weiter im Norden bei Tolmein den Isonzo zu überschreiten, wurde verfehlt.

Als die Regimenter I und II der Tiroler Landesschützen im Raum Görz ankamen, war die bis 7. Juli andauernde Schlacht schon entschieden. Das 2. und 3. Regiment der Kaiserjäger wurde ebenfalls direkt von Galizien an den Isonzo dirigiert. Dagegen waren das 1. und das 4. Regiment schon in Tirol angekommen und zum Teil in den neuen Stellungen, als auch sie in die am 17. Juli beginnende zweite Isonzoschlacht geschickt wurden. Die Tiroler Einheiten waren an einigen der umkämpftesten Punkte eingesetzt. So wurde am 21. Juli eine vom Feind genommene Höhenstellung bei Redipuglia zurückerobert, konnte jedoch wegen der artilleristischen Übermacht der Italiener und mangelnder Deckungsmöglichkeit nur ein paar Tage gehalten werden. Eine Aktion, bei der von 1000 Mann nur 200 übrig blieben. Alle anderen waren verwundet, gefallen oder in italienische Gefangenschaft geraten. Kein Wunder, dass diese Kämpfe im Karst, wo die Einschläge der schweren Geschosse durch die herumfliegenden Gesteinsbrocken vielfache Wirkung hatten, von den Kämpfern als wahre Hölle empfunden wurden. Die dem infernalischen Dauerbeschuss folgenden Angriffe der Infanterie endeten vor und hinter den kaum Schutz bietenden lockeren Steinmauern oder in Schützengräben, in denen sich bald Leichen und Leichenteile türmten. Der Kampf Mann gegen Mann wurde dann mit sogenannten „Grabendolchen“ ausgetragen.

Landesschütze Erich Mayr, dessen Tagebucheinträge aus der Bukowina schon zitiert wurden, traf mit der Scheinwerferabteilung, zu der es ihn verschlagen hatte, lange nach seinen Regimentskameraden erst am 23. August am Isonzo ein. Er hatte vorerst das Glück, im Örtchen Sesana einige Tage relativer Ruhe zu erleben, sich in den Duschkabinen eines „Badezuges“ nahe der Küste gründlich reinigen zu können, das Seebad Opcina kennenzulernen und sogar im friedlich wirkenden Triest spazieren gehen zu können. *„Wir sind nunmehr der 28. Division zugeteilt, die aber gegenwärtig für uns keine Verwendung hat.“* Das sollte bald anders werden. Die kleine Tiroler Gruppe wurde nach Šempolaj geschickt, wo *„wir einer Ballonabwehrkanone zugeteilt und im Kirchhofe des Ortes aufgestellt wurden“*. An der Isonzofront wurden die Soldaten erstmals damit konfrontiert, dass der Feind auch in und aus der

Erzherzog Eugen, Oberbefehlshaber der Südostfront, auf Inspektionsfahrt am Isonzo (Mai/Juni 1915)

Luft operierte. Deutsche Flieger hatte Mayr schon in der Bukowina gesehen, österreichische Aeroplane waren im ersten Kriegsjahr jedoch eine Seltenheit, nur in Krakau waren einige stationiert. Und mit Fesselballonen wurde in Frontnähe Luftaufklärung betrieben. Die Waffen, mit denen man den feindlichen Einblick in die Aufmarschräume verhindern wollte, konnten natürlich auch gegen Flieger eingesetzt werden, die am Isonzo bereits in größerer Zahl auftauchten und auch schon mit Maschinengewehren bestückt waren oder Bomben in die Schützengräben warfen. Ja selbst Angriffe auf die Stadt Görz wurden geflogen und richteten dort größere Zerstörungen an.

Mayrs erste Notiz darüber stammt vom 27. August 1915: „*Über Triest flog gestern ein feindliches Flugzeug und vorgestern soll ein solches über Nabresina erschienen sein und Bomben abgeworfen haben. Überhaupt treiben die Flieger hier ein großes Unwesen. Abends um 7^{h} wurde einer von ihnen von dem bei Montfalcone aufgestellten Abwehrgeschütz heruntergeschossen.*“ Notiz vom 1. September: *„Ein italienischer Flieger zeigt sich in den Morgenstunden und wird von uns heftig beschossen. Jedoch leider ohne Erfolg. Indessen gelang es dem Welschen, 2 Bomben abzuwerfen, die mehrere Tote und 3 Schwerverwundete zur Folge hatten.“* Mayr schreibt wiederholt von schwerem Artilleriefeuer, das von zwei Fesselballonen aus geleitet wird. Diese *„beherrschen die ganze Gegend“*.

Nach dem Ende der für die Italiener ziemlich erfolglosen zweiten Isonzoschlacht waren die Angriffe der Infanterie seltener geworden, während das Geschützfeuer anhielt und ringsum die feindlichen Geschosse detonierten, *„sodass die ganze Gegend unter ihrer Wucht erzittert“*. Während die Regimenter der Landesschützen und Kaiserschützen inzwischen nach Tirol zurückkehren hatten dürfen, blieben Erich Mayr und seine Tiroler Kameraden mit ihrer Ballon- bzw. Fliegerabwehrkanone vorerst am Isonzo. Sein Tagebuch beweist, dass es für die einzelnen Soldaten oft wenig Unterschied ausmachte, ob gerade eine der zwölf Isonzoschlachten im Gang war oder nicht. Denn das Grauen machte kaum einmal eine Pause. In seiner Stellung hinter der eigentlichen Front notierte Mayr am 7. Oktober, zehn Tage vor dem Beginn der dritten Isonzoschlacht: *„Nach 1 ½-stündiger Artillerievorbereitung griffen unsere braven 87er an. Das ‚Hurra‘ schallte vermischt mit Gewehrfeuer recht lebhaft zu uns herüber. Nun begann auch der Welsch mit seiner Art.*[illerie] *derart zu schießen, dass man nichts mehr hören konnte als ein fortwährendes Heulen und Zischen durch die Luft.* [...] *Bei Kerzenschein beteten wir für die Armen, welche diesen schrecklichen Angriff mitmachen mussten. Wie viele werden wieder ihr Leben für die Sache des lieben Vaterlandes geopfert haben?* [...] *Das Hurra ist verklungen. Wird der Angriff gelungen sein?* [...] *Das Gewehrfeuer nimmt wieder zu. Ein Schrapnell wirft seinen*

Bewirtung heimgekehrter Truppen am Bozner Waltherplatz

Kirschregen auf das Dach unserer Deckung, kann aber die dicken Bretter nicht durchschlagen. Drüben bei Doberdò wie ferner Donner das ununterbrochene Krachen der Geschütze. Dann wieder Ruhe. Unheimliches Todesschreien: Die Dolchmesser [Grabendolche], *welche gestern von den Zügen aus gefasst wurden, kamen heute in erste Tätigkeit. Wie viel Blut, wie viele Wunden bei Freund und Feind.“*

Wenn man von einzelnen Angehörigen diverser Spezialabteilungen absieht, waren an der Mitte Oktober beginnenden dritten Isonzoschlacht keine Tiroler mehr beteiligt. Auch nicht an der zu diesem Zeitpunkt bereits im Gang befindlichen Offensive gegen Serbien und Montenegro, die im Zusammenwirken deutscher und österreichisch-ungarischer Verbände bis Dezember niedergeworfen wurden.

Die Landesschützen waren in den ersten Septembertagen in ihre neuen Einsatzräume an der Tiroler Front gebracht worden, das erste Regiment in den Bereich Ortler-Tonale, das zweite großteils auf die Hochfläche von Folgaria-Lavarone und das dritte in die Dolomiten. Die vier Regimenter der Kaiserjäger verließen die Isonzofront Ende September und Anfang Oktober. General Viktor Dankl hatte als Tiroler Landesverteidigungskommandant ihre Verwendung am Isonzo äußerst ungern gesehen und konnte nun den Abzug des Deutschen Alpenkorps, das nach Serbien transferiert wurde, als Argument benützen, die Kaiserjäger endlich nach Tirol zurückzuholen. Sie kamen in die Frontabschnitte Fassaner Kamm und Pustertal-Dolomiten, wo sich der Monte Piano zu einem Zentrum ihrer Kämpfe entwickelte. Aufgabe der Kaiserjäger war es, einen Durchbruch der Italiener im Raum zwischen der Marmolata und dem Kreuzbergsattel zu verhindern. Als erfahrene Truppe trugen sie hier von nun an die Hauptlast und die Hauptverantwortung. Die Standschützen wurden deshalb nicht heimgeschickt, sie waren weiter eine wertvolle, ja unverzichtbare Hilfe, doch waren ihre fronttauglichen Kompanien durch Verluste im Kampf, durch Krankheit und offensichtliche Überanstrengung vor allem der älteren Jahrgänge stark zusammengeschmolzen. Das Bataillon Lienz, das in den ersten Monaten nach der Kriegserklärung Italiens rund um Lienz in Bereitschaft gestanden war, rückte jetzt in eine Frontstellung zwischen Cortina und Toblach.

Das von der italienischen Artillerie zerstörte Sexten

Den Sommer über war es nach dem vergeblichen Beschuss der Panzerwerke im Raum Folgaria-Lavarone und dem Schei-

Stellung im Tonale-Presanella-Gebiet

tern der ersten italienischen Dolomitenoffensive entlang der gesamten Tiroler Front ruhiger geworden. Zwar gab es immer wieder irgendwo Kämpfe, auch sehr heftige Vorstöße, etwa in Richtung Col di Lana, wo die Angreifer ihre Stellungen bis knapp vor die österreichische Linie heranschieben konnten; zwar gelangen den Italienern bravouröse Einzelunternehmungen wie die Einnahme der Tofanagipfel II und III; zwar erlaubten es Geländegewinne am flachen Kreuzbergsattel, große Schiffskanonen zu installieren und mit ihnen Sexten zu zerstören und sogar Innichen zu beschießen; doch insgesamt war das Ergebnis all der Anstrengungen eher bescheiden, vor allem wenn man es mit den gesteckten Zielen vergleicht. Auch ganz im Westen, im Ortler-Tonale-Presanella-Gebiet, kam es zu größeren Gefechten, nach Heinz von Lichem sogar zur ersten „Gletscherschlacht“ der Kriegsgeschichte überhaupt. Letztlich konnten jedoch alle Angriffe abgewehrt werden, oft im Nahkampf. Einer Alpini-Abteilung gelang es allerdings am 21. August 1916, die Punta d’Albiola zu erobern, von der aus der österreichische Nachschubverkehr ins Kampfgebiet gestört und wichtige Stellungen beschossen werden konnten. Kaum hatte das „Einserregiment" der Landesschützen hier Stellung bezogen, unternahmen seine alpin ausgebildeten Leute alles, um den Feind von dieser wichtigen Position zu vertreiben. Tatsächlich eroberten sie den Gipfel am 24. September 1915 wieder zurück. Zum selben Zeitpunkt endete die zweite Dolomitenoffensive der Italiener ohne erkennbares Ergebnis.

Anfang Oktober 1915 waren die Karten neu gemischt. Auf der einen Seite standen endlich alle Tiroler Eliteregimenter an den Schlüsselstellungen der gefährdeten Grenzen der Heimat, auf der anderen Seite setzten die Italiener zu einem neuen Anlauf an, um den Tiroler Verteidigungsriegel noch vor dem Winter zu brechen. Wieder stand der Col di Lana im Mittelpunkt der Kämpfe. Die Italiener konnten sogar dessen Gipfel besetzen, aber nur einen Tag lang, dann holten sich ihn die Landesschützen wieder zurück. Im einsetzenden Schlechtwetter brach die nur mehr halbherzig vorgetragene Offensive Ende November endgültig zusammen. Wer jedoch geglaubt hatte, und das waren nicht wenige, der Krieg würde im winterlichen Hochgebirge eine Pause einlegen, der hatte sich getäuscht. Einerseits verlegten die italienischen Generäle ihre Aktivitäten in die Täler, andererseits

Im Frontbereich Val di Concei: Die Schneeschmelze hat die Opfer einer Lawine des Winters 1915/16 freigegeben.

Der Kampf gegen Eis und Schnee war selbst in den Bergen westlich des Gardasees hart und beschwerlich: Stellung auf den Corni di Pichea.

kam es selbst in den kältesten Wochen und im meterhohen Schnee – von Artillerieduellen abgesehen – laufend zu Schießereien zwischen Patrouillen, da und dort zu kleineren Gefechten und zu einzelnen Kommandounternehmen. Mehr Tote als das Kampfgeschehen verursachten jedoch Lawinenabgänge und banale Unfälle im winterlichen Gelände. Und die logistische Aufgabe, exponierte Stellungen, die weiter besetzt gehalten werden mussten, zu beheizen und trotz tief verschneiter Wege und vereister Steige zu versorgen, stellte die verantwortlichen Militärs vor größere Probleme als mögliche feindliche Angriffe.

Der Frühling 1916 wurde von einem Ereignis überschattet, das dem Gebirgskrieg eine völlig neue Qualität verlieh. Der relativ niedrige Doppelgipfel des Col di Lana und des Monte Sief, der den Eingang ins Buchensteintal und zugleich den südlichen Zugang zum Falzaregopass beherrschte, war seit Juni 1915 heiß umkämpft und wurde für die Italiener wegen der vielen Opfer, die die Eroberungsversuche schon gekostet hatten, zu einem nationalen Symbol, zum „Col di Sangue“,

Der Col di Lana am Tag nach der Sprengung des Gipfels

zum „Blutberg“. Deshalb das erbitterte Ringen um diesen Gipfelgrat, obwohl es sicher günstigere Stellen für einen Durchbruch in die ladinischen Täler und somit ins Herz Tirols gegeben hätte. Deshalb aber auch das bedingungslose Verteidigen dieses Prestigeberges, auch als die Italiener mit einer neuen Taktik zum Erfolg kommen wollten. Sie nützten die Wintermonate, um zwei Stollen in den Berg zu treiben, möglichst viel Nitroglyzerin hineinzustopfen und den Gipfel schließlich mitsamt der österreichischen Stellung in die Luft zu sprengen. Schon im Jänner bemerkten die Österreicher diese Arbeiten und erkannten die Gefahr. Man ging nun selber daran, mittels Gegenstollen die Arbeiten zu stoppen, es gelang aber nur eine Verzögerung.

Am 17. April erfolgte die Sprengung. Obwohl man schon seit Tagen gewusst hatte, dass es bald soweit sein würde, hatte die auf dem Gipfel stationierte Kaiserjägerkompanie keine Erlaubnis bekommen, die tödliche Falle zu räumen. 150 Kaiserjäger fanden den Tod. Oberleutnant Anton von Tschurtschenthaler überlebte mit einem Teil der Mannschaft in einer halb verschütteten Kaverne an der Rückseite des Gipfels und wurde von den Italienern gefangen genommen. Als er ins Freie geführt wurde, sah er das Ausmaß der Zerstörung: „*Wo man hinblickte, nur Verwüstung; der ganze Hang war eine Schutthalde! Die Unterstände und Kavernen im oberen Teil der Reservestellung waren nicht mehr zu sehen, alles war verschüttet, viele unserer Leute unter den Trümmern begraben. Unsere alte Verteidigungsstellung war bis zur Unkenntlichkeit entstellt, dort wo unsere Gräben liefen* [...] *war ein tiefer Krater, der in Sekunden über 150 Menschenleben verschlungen hatte.*" Offenbar hatten auch die Italiener durch die Sprengung selbst und durch das während des anschließenden Sturms der Infanterie noch anhaltende Artilleriefeuer große Verluste zu beklagen. Und der Erfolg war nur ein halber, denn der den Col di Lana fortsetzende Sief-Sattel konnte weder in dieser Nacht noch später genommen werden. Für die zukünftige Kriegführung in den Dolomiten und in anderen Bereichen der Front hatte die Sprengung des Col di Lana jedoch große Bedeutung, den von nun an wurde gebohrt, gegraben und gesprengt, was das Zeug hielt.

Insgesamt stand aber das Frühjahr 1916, aus österreichischer Sicht eigentlich das gesamte Kriegsjahr 1916 im Zeichen der großen k. u. k. Offensive im Raum südöstlich von Trient. Das Ziel war, die Italiener von den beiden Hochflächen zu werfen, die einerseits nach den Hauptorten Folgaria-Lavarone benannt werden, andererseits als die „Sieben Gemeinden" bekannt sind. Der Stoß sollte dann in die oberitalienische Tiefebene um Vicenza und damit in den Rücken der italienischen Armeen am Isonzo führen. Es war schon lange ein strategisches Lieblingsprojekt des Generalstabschefs Conrad von Hötzendorf. Nach der Konsolidierung der auf russisches Gebiet vorgeschobenen Front in Galizien und in der Bukowina war es möglich, von dort einige Divisionen abzuziehen. Dazu kamen diverse Infanterieregimenter, die man an anderen Frontabschnitten entbehren konnte, und Marschbataillone aus allen Kronländern der Monarchie. Es wurden unter einem Heeresgruppenkommando zwei Armeen gebildet, die 3. und die 11., die jeweils zwei Korps umfassten. Die vier Kaiserjägerregimenter bildeten zusammen mit einigen anderen Kontingenten das XX. Korps, das zur 11. Armee gehörte; die drei Regimenter der Tiroler Landesschützen, das 3. Schwadron der Reitenden Landesschützen und das Landsturmbataillon I wurden in die 3. Armee eingegliedert. Dass selbst siebzehn Standschützenbataillone in diese Offensivaktion eingebunden wurden, verblüfft, weil es überhaupt nicht der ursprünglichen Bestimmung entsprach, für die sie sich vor einem Jahr freiwillig gemeldet hatten.

Truppen standen also genügend zur Verfügung. Die ganze Operation krankte aber daran, dass sich die beteiligten Befehlshaber in grundsätzlichen Fragen und in vielen Details nicht einig waren. Alle wollten mitreden: von Generalstabschef Franz Conrad von Hötzen-

Truppenverschiebungen (hier das Infanterieregiment Nr. 59 in Trient) und …

... verstärkter Zugsverkehr zum Transport von Fahrzeugen und schwerem Gerät künden eine militärische Großaktion an.

dorf, dem dies am meisten zustand, über den Kommandanten der Südwestfront Erzherzog Eugen, der das Heeresgruppenkommando übernahm und deshalb seinen Sitz von Marburg nach Bozen verlegte, bis hin zu den Chefs der beiden Armeen und der vier Korps. Einer von ihnen war General Viktor Dankl, der mit seinem Tiroler Landesverteidigungskommando von Innsbruck nach Trient übersiedelte und das Kommando der 11. Armee übernahm. Erzherzog-Thronfolger Karl Franz Joseph war ebenfalls in die Kommandostruktur eingebunden. Ihm wurde das XX. Korps am rechten Flügel unterstellt.

Unterschiedliche Meinungen gab es schon über die Angriffsordung: Sollte die 11. Armee allein den Hauptstoß über die Hochflächen von Folgaria-Lavarone und über die Sieben Gemeinden führen und die Einheiten der 3. Armee ihr nachfolgen, um dann – noch frisch – in der Ebene den Sieg zu erfechten? Oder sollten – wie es nach einer Änderung des Plans schon kurz nach Beginn der Offensive auch gemacht wurde – die beiden Armeen gleichzeitig in verschiedenen Frontabschnitten vorgehen? Sollte zuerst Bergkette für Bergkette

Albin Egger-Lienz beobachtete, zeichnete und malte die Vorbereitungen zur Großoffensive vom Mai 1916 („Feldlager in Trient", Öl auf Sackleinen, 1916).

erobert und dann jeweils Nachschub und Artillerie herangeholt werden, bevor der nächste Angriff gestartet wurde, oder wäre es nicht besser, möglichst rasch in den Tälern vorzustoßen, in denen es leichter sein würde, Truppen, Train und Artillerie nachrücken zu lassen? Fragen, die in und zwischen den Hauptquartieren in Trient (Armeekommando), Bozen (Heeresgruppenkommando) und im böhmischen Teschen (Armeeoberkommando) ausführlich diskutiert wurden. Was die Talvorstöße betrifft, wollte Viktor Dankl – im Gegensatz zu General Hermann Kövess an der Spitze der 3. Armee – nichts davon wissen. Er war noch sturer Anhänger der alten militärischen Weisheit, dass zuerst die Höhen gesichert sein müssten.

Missverständnisse ergaben sich auch aus Erzherzog Eugens ausdrücklichem Wunsch, durch *„geschickte Führung große Erfolge mit geringen Verlusten"* zu erreichen. Von einigen Kommandanten zu einem einfachen *„Sparen mit Soldaten"* umformuliert, entstanden daraus in manchen Abschnitten der Offensive mangels Durchschlagskraft paradoxerweise besonders große Verluste. Wie überhaupt diese Order, der vom Thronfolger noch verstärkte Bedeutung gegeben wurde, angesichts des schwierigen Geländes, das den Mannschaften ein Höchstmaß an Energie und Ausdauer abverlangte, und des blindwütigen Vorwärtstreibens der besten Regimenter in ein so gut wie aussichtsloses Unternehmen aus heutiger Sicht zynisch erscheinen muss.

Der deutsche Generalstabschef Erich von Falkenhayn hatte Conrad von Hötzendorfs Offensivplan für undurchführbar gehalten und eine deutsche Beteiligung daran rundweg abgelehnt. Dafür mögen egoistische Gründen ausschlaggebend gewesen sein, weil Deutschland einen entscheidenden Angriff auf Verdun plante, oder die Überheblichkeit des deutschen Generals, der den Österreichern einen Erfolg nicht zutraute und nicht in ein Desaster hineingezogen werden wollte. Aber im Grunde hatte er – zumindest im Nachhinein betrachtet – die Chancen und Risken richtig eingeschätzt. Schließlich hatte auch der italienische Oberbefehlshaber Cadorna lange nicht glauben können, dass sein österreichischer Gegenspieler Conrad, den er sehr bewunderte, tatsächlich an dieser Stelle der Front einen Durchbruchversuch wagen würde.

Um diese Einschätzung zu verstehen, muss man sich das Gelände der bevorstehenden Kämpfe vergegenwärtigen, denn die Bezeichnung „Hochfläche“ erweckt falsche Vorstellungen. Im Zwickel zwischen den Flüssen Brenta und Etsch, deren Täler beide nach Trient führen, breitet sich ein gewaltiger Gebirgsstock aus, auf dem zahlreiche Orte in derselben Höhenlage liegen, im nordwestlichen Eck Folgaria und Lavarone (beide um 1200 m Seehöhe). Von ihnen durch das tief eingeschnittene Tal des Astico (Val d'Astico) getrennt, liegen weiter südöstlich vier Ortschaften rund um Asiago, alle um die 1000 Meter hoch, was die Bezeichnung Hochfläche rechtfertigt, die aber durch Schluchten, Wälder und Berge stark gegliedert ist. Nimmt man noch die zwei am Rande dieser Hochfläche etwas tiefer gelegenen Orte Enego und Luciana dazu, dann sind die „Sieben Gemeinden“ beisammen, die sich als Gründungen bayerischer Einwanderer im Mittelalter zu einem Bund zusammenschlossen. Die Selbstverwaltung dieser „Bauernrepublik“ wurde von den Herren der angrenzenden Gebiete durch Jahrhunderte respektiert, erst Napoleon machte ihr ein Ende. Das Gebiet gehörte von 1815 bis 1866 zur Habsburgermonarchie, danach zum Königreich Italien. Nur Folgaria und Lavarone blieben bei Welschtirol und damit bei Öster-

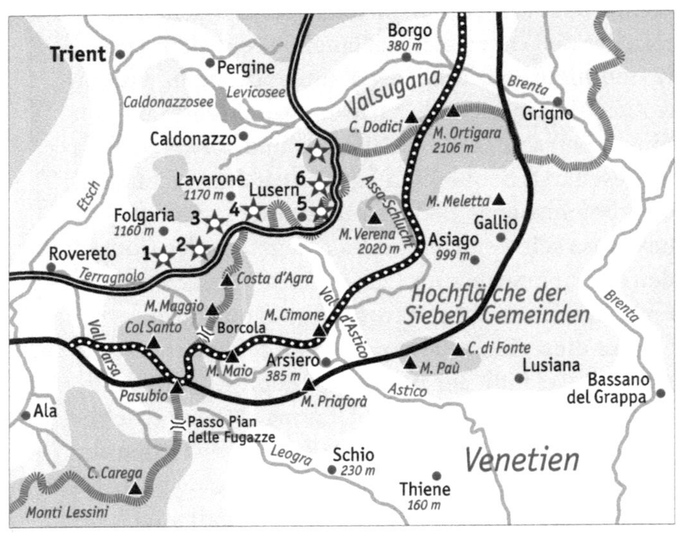

Die Hochflächen von Folgaria-Lavarone und der Sieben Gemeinden zur Zeit der Offensive im Mai 1916:
Staatsgrenze
Verteidigungslinie vor der Offensive
Gebietsgewinn bis 6. Juni 1916
Frontverlauf nach der freiwilligen Rückverlegung am 25. Juni 1916
Die österreichischen Sperrforts und Panzerwerke: 1 Serrada, 2 Sommo, 3 San Sebastiano, 4 Gschwendt, 5 Lusern, 6 Verle, 7 Vezzena

Die üblichen Artillerieduelle auf den Hochflächen von Folgaria-Lavarone und der Sieben Gemeinden verwandeln sich am 15. Mai in ein infernalisches Trommelfeuer.

reich. Nach der Kriegserklärung vom Mai 1915 wurde der Großteil der Bewohner der zum Frontgebiet gewordenen Sieben Gemeinden, in deren nördlichem Bereich die Italiener gegenüber den österreichischen Panzerwerken mehrere starke Festungen errichtet hatten, vom italienischen Militär evakuiert. Das ganze Gebiet wurde von einem gestaffelten Gürtel befestigter Anlagen gesichert.

Auf die leichte Schulter nahm auch die österreichische Armeeführung das Vorhaben nicht und begann die Offensive mit fast 160.000 Mann der kämpfenden Truppe (also ohne Tross und Mannschaften im Hinterland) und mit über 1000 Geschützen aller Kaliber. Endlich war man dem Gegner einmal überlegen, denn auf der Gegenseite standen „nur" 114.000 Mann und 800 Geschütze. Anfang April musste der geplante Angriffstermin wegen eines heftigen Wintereinbruchs verschoben werden, was den erhofften Überraschungseffekt zunichte machte. Denn natürlich hatte der Geheimdienst des italienischen Generalstabs

Das zusammengeschossene Dorf Laghi am Fuße 1800 m hoher Berge. Von dort mussten die Angreifer hinuntersteigen, um nach Arsiero vorzustoßen.

von Truppentransporten aus allen Teilen der Monarchie und vom hektischen Getriebe im Etschtal und in der Valsugana Wind bekommen. Jetzt hatte General Cadorna noch Zeit, seine Truppen entsprechend vorzubereiten und Verstärkungen herbeizuholen. Am 15. Mai begann endlich die Offensive mit einem vernichtenden Trommelfeuer auf die feindlichen Stellungen und Festungswerke.

Der erste Vorstoß erfolgte von Rovereto aus in die Vallarsa und über die steilen Hänge des Terragnolotals zum Col Santo, gleichzeitig wurde vom Vorfeld der Festungswerke Sommo und San Sebastiano aus die Erstürmung der Malga Pioverna, der Costa d'Agra und des Monte Maggio in Angriff genommen. Hinter dieser Bergkette ging es steil hinunter ins Becken von Laghi, weiter südlich war der Monte Maio zu bezwingen und der Passo di Borcola zu erreichen, dann das Tal der Posina. In harten und verlustreichen Kämpfen wurde Höhe um Höhe genommen, oft noch über knöcheltief mit Schnee bedeckte Hänge gestürmt, Berg für Berg erobert, tiefe Schluchten überwunden. Mehrmals mussten Kampfpausen eingelegt werden, um die schwere Artillerie in dem zum Teil unwegsamen Gelände nachrücken zu lassen, immer wieder zwei-, dreihundert Meter steil hinunter und am Gegenhang wieder steil hinauf, eine unendliche Schinderei, die nur ein langsames Fortkommen erlaubte. Dann ging es weiter zum Monte Cimone, der am 25. Mai eingenommen wurde. Von dieser Bastion aus konnten alle befestigten Punkte in den Tälern der Posina und des oberen Astico genommen und schließlich am 27. Mai das von der k. u. k. Artillerie in einen Trümmerhaufen verwandelte Arsiero besetzt werden.

Östlich des Val d'Astico war der Vormarsch auf Asiago gerichtet, dem Hauptort der Sieben Gemeinden. Auch hier das gleiche System: Trommelfeuer, Sturmangriff, Nachrücken der Geschütze, die alles dem Erdboden gleichmachten, was die Offensive hemmen konnte, Eroberung gegnerischer Positionen und Weitermarsch – aber keine Verfolgung der sich zum Teil panikartig zu-

Durch die Schlucht des Astico geht es hinaus nach Arsiero.

rückziehenden italienischen Truppen. Dies missfiel dem Feldmarschallleutnant Alfred Krauss, Generalstabschef des Heeresgruppenkommandos in Bozen, und er befahl den Armeeführern energische „Talstöße“. Doch Dankl weigerte sich als überzeugter Anhänger der Theorie, dass nur der Besitz der Höhen den Erfolg garantiere, seinen Korpskommandanten die Fortsetzung der Offensive durch die Täler zuzumuten. Krauss fuhr eigens nach Trient, um seinem Befehl im persönlichen Gespräch Nachdruck zu verleihen. Ohne Erfolg. Natürlich konnte Dankl darauf verweisen, dass nur durch eine gehörige Artillerievorbereitung bei den folgenden Sturmangriffen möglichst geringe Verlustziffern zu erreichen waren. Doch auch Krauss hatte gute Argumente, denn das langsame Vorgehen ermöglichte es dem Gegner, sich immer wieder zu ordnen und Verstärkungen heranzuführen, deren Bekämpfung dann erst recht hohe Opferzahlen verursachte. Es war ja auch wirklich so, dass oft hunderte Soldaten fielen, nur um einen Hügel zu besetzen oder einen Weiler zu erobern.

Feldlager am Passo Vezzena, wo die Offensive östlich des Val d'Astico in Richtung Asiago ihren Ausgangspunkt hatte

Wer auch immer recht haben mochte: Dass ein General zum Befehlsverweigerer werden konnte, demaskiert das Dilemma dieser Offensive, mit der sich so viele Hoffnungen verbunden hatten. Das Armeeoberkommando mit Franz Conrad von Hötzendorf an der Spitze, dem Erfinder des ganzen Unternehmens, war zu weit weg, um energisch und erfolgversprechend die Führung zu übernehmen. Nach dem Gespräch in Trient hatte sich Feldmarschallleutnant Alfred Krauss mit den Worten verabschiedet, Dankl werde die Nichtbefolgung des Befehls zu verantworten haben. Tatsächlich wurde der Generaloberst nach dem Scheitern der Offensive am 17. Juni seines Kommandos enthoben. Nach außen hin aus gesundheitlichen Gründen, in Wahrheit wegen „Unbotmäßigkeit". Bei einem einfachen Soldaten hätte ein solches Verhalten schwerwiegendere Folgen gehabt.

Im Zuge der Offensive zerstörte italienische Geschützstellung

Die schwersten bei der Eroberung der Sieben Gemeinden eingesetzten Geschütze hatten eine Reichweite von über 15 Kilometern und erzielten – zum Teil durch Fliegerbeobachter gelenkt – erstaunlich genaue Treffer. Zum Beispiel zerstörte schon der zweite Schuss einer 35-mm-Schiffskanone auf Asiago das dort stationierte italienische Divisionskommando. Am 28. Mai war auch dieser verlassene und zerstörte Ort im Zentrum der östlichen Hochfläche in den Händen der Österreicher. Doch der Vormarsch hatte schon an Schwung verloren, die Truppen waren erschöpft, der Nachschub stockte. Die Verteidigung dagegen konnte sich stabilisieren. Zwischen Asiago und dem steilen Abbruch der Hochfläche lagen nur mehr Wälder und ein

Willkommene Beute: von der flüchtenden italienischen Mannschaft unversehrt zurückgelassenes Geschütz

paar Berge, doch die waren stark befestigt und wurden jetzt wieder mit einer Härte und Entschlossenheit verteidigt, dass sie nicht im Handstreich genommen werden konnten. Bei Arsiero öffnete sich das Tal des Astico bereits in die Ebene hinein, doch ohne Verpflegung für die Kämpfer, ohne Munition für die Artillerie und den Einsatz nachrückender Reserven war an einen weiteren Vormarsch nicht zu denken. Vor allem auch, weil da draußen eine neue, von Cadorna aus dem Boden gestampfte Armee von 180.000 Mann wartete. So nützte es auch nichts, dass in den letzten Maitagen Stoßtrupps der Landesschützen südlich von Asiago in die weite Ebene nördlich von Vicenza hinausschauen und die Lagune von Venedig erahnen konnten; und es war nicht mehr als ein erhebender Augenblick für das 1. Regiment der Kaiserjäger, als sie südwestlich von Arsiero denselben Blick vom Gipfel des Monte Priaforà aus genossen.

Am 6. Juni kam die Offensive zum Stillstand. Die Gründe wurden schon genannt. Noch einer kommt dazu: Bis jetzt hatte die Verschiebung der Front um acht bis zwölf Kilometer in italienisches Gebiet hinein rund 44.000 Mann an Toten und Schwerverletzten gekostet. Es spielte keine Rolle, dass die Italiener noch mehr, nämlich 76.000 Soldaten verloren hatten. Aber im Gegensatz zu den italienischen Reserven gab es auf der österreichischen Seite keine Aussicht, die Gefallenen und Verwundeten zu ersetzen oder gar frische Einheiten herbeizuholen. Denn im Osten häuften sich die Anzeichen eines russischen Großangriffs.

Anfang Juni musste eine vom Isonzo abgezogene und nach Tirol einwaggonierte Division nach Galizien umgeleitet werden. Tatsächlich begannen die Russen auf Drängen Italiens am 4. Juni 1916 auf breiter Front eine nach General Alexandrowitsch Aleksey Brussilow benannte Entlastungsoffensive, die den Mittelmächten große Probleme bereitete. Dennoch liegt der Grund für das Scheitern der österreichischen Mai-Offensive im Gebiet der „Sieben Gemeinden" nicht an Brussilow, wie man selbst heute noch oft lesen kann. „Wahr ist etwas anderes, so paradox es klingen mag", analysiert Josef Fontana die historischen Fakten: „Der Vorstoß der Russen [...] hat die Österreicher vor einer Katastrophe im Süden bewahrt. Es ist nicht vorstellbar, wie sie mit der frischen 5. Armee Cadornas fertig geworden wären, wenn es ihnen gelungen wäre, in die Ebene hinunterzukommen – müde und ausgelaugt, wie sie waren." Der Vertreter des österreichisch-ungarischen Außenministeriums beim Armeeoberkommando, Dr. Friedrich Wiesner, spricht in seinem Bericht sogar von einem *„gütigen Geschick"*, das *„uns davor bewahrt hat, in die Ebene hinabzusteigen und dort – numerisch weit unterlegen – die geträumte Schlacht von Vicenza zu schlagen"*.

In den nächsten Tagen halten die Österreicher die gewonnenen Positionen, stellen aber weitere Angriffsbemühungen ein. Am 25. Juni gibt Erzherzog Eugen den Befehl zum Rückzug auf eine neue Verteidigungslinie. Etwa die Hälfte des eroberten Geländes wird aufgegeben. In der Valsugana bleibt Borgo jetzt österreichisch, auf der Hochfläche der Sieben Gemeinden führt die Front von der Cima Dieci herabsteigend der Assaschlucht entlang, lässt Asiago wieder den Italienern, auch Arsiero, doch bleiben der Monte Cimone als Eckpunkt und der Nordrand des Tals der Posina besetzt. Von dort führt die neue Front auf das Pasubio-Massiv

Blick von einer österreichischen Stellung auf den von den Italienern besetzten Südgipfel des Monte Pasubio. Am etwas niedrigeren Sattel rechts davon (Eselsrücken genannt), der zum österreichisch besetzten Nordgipfel führt, tobten fürchterliche Kämpfe Mann gegen Mann.

und zum Col Santo, quert die Vallarsa und erreicht über die Zugna Torta das Etschtal, wo sie in ihren alten Verlauf einmündet.

Schon bald musste man feststellen, welch großer Fehler es war, dass man im Verlauf der Offensive nur den Nordgipfel des Pasubiomassivs besetzt hatte, während es sich auf dessen Südgipfel die Italiener einrichten konnten. Denn dieser Eckpfeiler oberhalb des Passo Pian di Fugazze sollte die nächsten zwei Jahre das Zentrum der Kämpfe im südlichsten Frontabschnitt werden. Schon im Oktober 1916 kam es hier, wie der Historiker und Kaiserjägerchronist Franz Huter schreibt, zu einer der „heftigsten Gebirgsschlachten des Weltkriegs", die auf italienischer Seite mit über 10.000 Mann geschlagen wurde. Das 1. Regiment der Kaiserjäger verlor zwischen 8. und 20. Oktober, als ein heftiger Schneesturm das blutige Ringen beendete, über 1100 Mann an Toten, Verwundeten und Gefangenen, das 3. Regiment hatte den Verlust von fast 1300 Mann zu beklagen. Die abgewiesenen Angreifer zählten 1000 Tote, 3000 Verwundete und 400 Gefangene. Seit damals wurde der

Pasubio als „Heldenberg“ der Kaiserjäger bezeichnet. Er sollte es bis Ende des Krieges bleiben.

Die Kämpfe an der gesamten Tiroler Front gingen nach dem Ende der Mai-Offensive in alter Intensität weiter. Nur änderte sich allmählich ihr Charakter. Sicher, auch in den nächsten eineinhalb Jahren gerieten einzelne Patrouillen und Besatzungen von Höhenstellungen aneinander. Doch der Gebirgskrieg unterschied sich immer weniger von den Kämpfen an den anderen Fronten, wurde immer mehr zum Stellungskrieg. Mutige Einzelunternehmungen waren nicht mehr entscheidend. Maschinengewehr und Artillerie lösten die Scharfschützen ab. Die Technik und mit ihr das industrielle Morden hielten Einzug in die Bergwelt. Nicht mehr der schnauzbärtige Bergführer am Gipfelsteig mit dem Gewehr über der Schulter prägte das Bild, und es war keine verirrte Kugel mehr, die ihn traf. Trommelfeuer beherrschte auch die Felswand. *„Was haben wir durchmachen müssen“*, schreibt der Kulturpublizist und Verleger Ludwig von Ficker am 10. Oktober 1916 an seine Frau Cissi. *„Noch ist mein Mantel mit Blut bespritzt. Ich wage gar nicht, ihn aufzurollen. Sonst packt mich aufs neue das Entsetzen. An einem schmalen Felsband eng aneinander gekeilt, längs eines schwindeligen Abgrunds krampfhaft angeklammert an ein Drahtseil, haben wir stehend das fürchterliche Trommelfeuer über uns ergehen lassen müssen: Granaten jeden Kalibers, Wurfminen, einen Re-*

Die Gasmaske gehört zur neuen Art der industrialisierten Kriegführung (vorgeschobene österreichische Stellung bei Riva am Gardasee).

Die Marmolata wurde zur Festung im Eis.

gen von Handgranaten, und bei dem geringsten Versuch, uns von der Stelle zu bewegen, hat uns Maschinengewehrfeuer den Weg verlegt – und ich lebe noch, bin unverwundet dieser Hölle entkommen. Ich kann es immer noch kaum glauben.“

Immer öfter tritt der coole Ingenieur in den Vordergrund, bohrt Felstürme an oder unterminiert ganze Berge und jagt mit tausenden Kilogramm Sprengstoff hunderte Soldaten in die Luft. Einsame Schneenester für noch einsamere Wachen und Schützen wandeln sich in Stollensysteme im ewigen Eis. Als eines der Symbole für die neue Front und den neuen Krieg mag die Marmolata mit ihren im Gletscher verborgenen Gängen und Hallen gelten. Aber gerade hier zeigt sich auch, dass manchmal die Natur sich wehrt und zum größten Feind wird. In der Nacht vom 12. auf den 13. Dezember 1916 ereignet sich unterhalb der Punta Penia das größte Lawinenunglück des Ersten Weltkriegs, als ein an exponierter Stelle eingerichtetes Lager der Landesschützen mit über 300 Soldaten in die Tiefe gerissen wird. Schon für den November sind in den Verlustlisten der Südwestfront 123 Tote, 194 Verletzte und 51 Vermisste als Opfer des „Weißen Todes“ eingetragen. In dem besonders harten Winter 1916/17, der auch in den allgemeinen Statistiken als Katastrophenwinter geführt wird, sollen an der Tiroler Front nach realistischen Schätzungen – Freund und Feind zusammengenommen – rund 10.000 Mann durch Lawinen den Tod gefunden haben. Mehr Opfer, als im gleichen Zeitraum das gegnerische Feuer forderte.

Gestorben ist zu Beginn dieses Winters auch der alte Kaiser in Wien. Franz Joseph I., der diesen Krieg gewollt hatte, nicht zuletzt weil er darin die einzige Chance sah, seinen Vielvölkerstaat zu retten, war tot. Sein Großneffe Erzherzog Karl Franz Joseph bestieg als Kaiser Karl I. und König Karl IV. von Ungarn den Thron. Den Krieg hatte er „geerbt", er hatte weder zu dessen Beginn noch später irgendeinen Einfluss auf die Geschehnisse. Und jetzt sollte er über Nacht als nicht einmal 30-jähriger idealistisch gesinnter, aber auch eigensinniger und oft unüberlegt handelnder Neuling eine dreifache Aufgabe übernehmen, die selbst ein erfahrenes politisches Genie kaum meistern hätte können. Sie bestand darin, den Krieg zu beenden, sein Vielvölkerreich grundlegend und zukunftsweisend zu reformieren und die Monarchie, drittens, aus dem übermächtigen Einfluss des Deutschen Reiches herauszuführen. Wobei die Probleme eins und drei eng zusammenhingen. Denn ein Sonderfrieden Österreichs mit den Alliierten war bis zu Franz Josephs Tod überhaupt

Die Sprengung der Lagazuoi-Vorkuppe. Der herabstürzende Fels begrub die italienischen Stellungen unter sich.

undenkbar gewesen, und der junge Kaiser Karl konnte sich nicht einmal durchsetzen, als er daranging, die inzwischen installierte „Gemeinsame Oberste Kriegsleitung“ wieder abzuschaffen, die im Grunde nichts anderes war als eine Unterwerfung des österreichischen Oberkommandos unter den Willen des deutschen Kaisers und seiner Generäle.

Und Punkt zwei, die inneren Probleme des Staates? Karls Wissen und seine Erfahrung, auch das Gewicht seiner Persönlichkeit reichten nicht aus für folgenschwere Schritte hin zu einer neuen Form des Zusammenlebens der Völker. Es gab auch niemanden in seiner Umgebung, der ihn bei einer zügigen, aber wohl durchdachten Umgestaltung der Monarchie klug und weitsichtig beraten hätte können. Vielleicht, aber wirklich nur vielleicht, wäre es jetzt noch nicht zu spät gewesen. Viktor Adler, der Führer der österreichischen Sozialdemokraten, sagte später einmal, der junge Monarch habe das Herz am rechten Fleck gehabt und den richtigen Weg eingeschlagen, doch er habe nie wirklich eine Chance gehabt.

Ansichtskarten mit dem alten Kaiser und dem Thronfolgerpaar

Bei den Truppen war der junge Kaiser sofort beliebt. Man schätzte es, dass er sich persönlich an allen Fronten umschaute und die Armee, deren Oberkommando er bald nach seiner Thronbesteigung übernahm, nicht vom Schreibtisch aus befehligte. Man wusste von seiner humanitären Gesinnung, die geringe Verlustziffern bei Angriffen als militärische Tugend pries

Der Kaiser besucht seine Soldaten. Bis Levico kommt er mit dem Hofzug.

und das Abwerfen von Bomben auf zivile Ziele hinter der Front ablehnte. Dass er auch befahl, vor einem – damals kriegsrechtlich noch nicht geächteten und an allen Fronten üblichen – Einsatz von Giftgas seine persönliche Genehmigung einzuholen, sollte ihm später den Vorwurf eintragen, für die tausenden am Gas krepierten Italiener der zwölften Isonzoschlacht persönlich verantwortlich zu sein. Die Kämpfer an der Tiroler Front waren jedenfalls stolz, als Auszeichnung das Karl-Truppenkreuz tragen zu dürfen. Und ein Zweig der Tiroler Kampfverbände wurde von Kaiser Karl ganz besonders ausgezeichnet: Auf einer seiner Inspektionsreisen erklärte der kaiserliche Oberbefehlshaber im Jänner 1917 vor angetretenen Einheiten der Tiroler Landesschützen, dass sie in Anerkennung ihrer Kampfkraft und ihres Einsatzwillens ab sofort den Ehrennamen „Tiroler Kaiserschützen" tragen sollten.

Militärdiktatur und Kriegswirtschaft

Politiker und Zivilbeamte unter der Knute • Der Prozess gegen Cesare Battisti • Was das „Kriegsleistungsgesetz" bedeutete • Von Glockenabnahmen und Kriegsanleihen

Die italienische Kriegserklärung im Mai 1915 hatte trotz der inzwischen weit verbreiteten Kriegsverdrossenheit in der Tiroler Bevölkerung noch einmal eine Welle patriotischer Begeisterung und Opferbereitschaft ausgelöst. Die von der Propaganda heftig geschürte Wut gegen den Nachbarn im Süden, der die schwierige Situation Österreichs zu einem heimtückischen Überfall genützt hatte – niemand im Lande sah das anders –, mobilisierte letzte Kräfte. Jetzt galt es, die Grenzen des eigenen Landes zu verteidigen. Galizien war weit weg, die Russen ein Gegner, der einem Tiroler nichts getan hatte. Gegen sie kämpfte man nur, weil es der Kaiser so wollte. Die Italiener kannte man, gegen sie hatten die ältesten Männer selber noch gekämpft, in Solferino, bei Custoza. Den Garibaldi und seine Freischaren hatte man schon einmal aus dem Land gejagt.

Aber Heimatliebe und Vaterlandstreue sollten auf eine harte Probe gestellt werden. An der Front war sie leichter zu bestehen als im Hinterland. Denn hier wurden die eigenen Militärbehörden zu einem kaum minder verhassten Gegner. Nur dass der viel schwieriger zu fassen und nicht offen zu bekämpfen war, weil er sich auf Gesetze des Staates stützen konnte. Schon das Kriegsleistungsgesetz von 1913 hatte es den Militärbehörden ermöglicht, im Ernstfall das gesamte öffentliche Leben und selbst Besitz und Schaffenskraft jedes einzelnen Tirolers in den Dienst des Krieges zu stellen. Wie weit dies gehen konnte und in welcher Form, bestimmten ausschließlich die neuen Machthaber in Uniform. Am 25. Juli 1914, drei Tage vor Kriegsbeginn, waren per Verordnung die in der Verfassung von 1867 festgelegten staatsbürgerlichen Grundrechte wie Briefgeheimnis, Versammlungsfreiheit, freie Meinungsäußerung, Pressefreiheit und andere eingeschränkt, teilweise sogar ganz aufgehoben worden. Gleichzeitig wurden den Gemeinden eine Reihe von Verpflichtungen auferlegt, die alle auf die Unterstützung des Staates bei seinen militärischen Aufgaben hinausliefen. Die kriegsbedingten Maßnahmen sollten in Zusammenarbeit von militärischen und zivilen Stellen durchgeführt werden. In Tirol gab es außer einigen eher nebensächlichen Kompetenzstreitigkeiten zunächst kaum Schwierigkeiten. Auch dass der Geltungsbereich der Geschworenengerichte mit Beginn des Krieges enger gezogen wurde, die Militärgerichtsbarkeit dagegen auf Zivilpersonen erweitert, soweit das ihnen zur Last gelegte Vergehen oder Verbrechen die Sicherheit des Staates und des Heeres betraf und die öffentliche Ruhe gefährdete, war einzusehen und wurde weder von den Tiroler Politikern noch vom Mann auf der Straße kritisiert.

Erzherzog Eugen, die oberste Instanz für Tirol

Mit dem Kriegseintritt Italiens wurde freilich alles anders. Seit 1. Mai 1915 galt ganz Tirol als unmittelbares Kriegsgebiet, nicht anders als Galizien. Das brachte neuerliche und viel gravierendere Ausnahmebestimmungen, Sondergesetze und besondere Vollmachten für

General Viktor Dankl, Tiroler Landesverteidigungskommandant mit weitreichenden Machtbefugnissen

das Militär. Eine zivile Kontrollinstanz gab es nicht, denn aufgrund eines kaiserliches Patents wurde der Landtag nicht mehr einberufen. Am 23. Mai 1915 wurden durch eine allerhöchste Verordnung zudem alle zivilen Behörden des Landes *„dem Höchstkommandierenden der zu Kriegsoperationen gegen Italien bestimmten Teile der bewaffneten Macht“* unterstellt, das war der neu ernannte Oberbefehlshaber der Südwestfront, Generaloberst Erzherzog Eugen von Österreich-Teschen. Dieser verlangte zwar von seinen Kommandanten taktvolles Vorgehen und Maßhalten in den Forderungen gegenüber den politischen Behörden und der Bevölkerung, doch ließ er auch keinen Zweifel am absoluten Vorrang militärischer Interessen aufkommen. Und was im militärischen Interesse lag, bestimmte ausschließlich er.

Da Erzherzog Eugen seinen Sitz in Marburg hatte, war in Tirol der gleichzeitig zum Chef des Landesverteidigungskommandos bestellte General Viktor Dankl der mächtigste Mann. Sowohl der höchste Vertreter der staatlichen Verwaltung in Innsbruck, Statthalter Friedrich Freiherr von Toggenburg, als auch der an der Spitze der Landesbehörden stehende Landeshauptmann Theodor Kathrein, aber auch Gemeindevorsteher und Polizeibehörden hatten seine *„Anordnungen und Befehle genau zu befolgen und zu vollziehen“*. Dem Militär stand das Recht zu, *„Verordnungen zu erlassen,*

Befehle zu erteilen und die Beobachtung derselben [...] *erzwingen zu lassen"*.

Wer unter den Zivilbeamten, auch in den höchsten Ämtern, und wer unter den gewählten Abgeordneten und führenden Politikern des Landes diese vollkommene Entmachtung nicht wahrhaben wollte, bekam dies in aller Härte zu spüren. Jedes Aufbegehren, jede Aktivität, die sich gegen Maßnahmen des Militärs richtete, führte zu Verdächtigungen und Untersuchungen oder gar zu Strafmaßnahmen. Jede protestierende Eingabe wurde abgeschmettert, wobei die Wortwahl der Antwortschreiben jeden Respekt, ja selbst die primitivste Höflichkeit vermissen ließ. Die ersten Zusammenstöße zwischen Vertretern der Zivilgesellschaft und der *„bewaffneten Macht"* gab es wegen der vielfach geäußerten Beschwerden über die Behandlung von Standschützen durch Vorgesetzte aus der regulären Armee. Landesverteidigungskommandant Viktor Dankl, der sich in Galizien militärischen Ruhm, aber auch den Ruf äußerster Härte dem einfachen Soldaten gegenüber erworben hatte, wies alle derartigen Eingaben entschieden zurück.

„General Dankl gehörte zu jenen Militärs", urteilt Josef Fontana, „bei denen der Soldat immer recht und der Zivilist immer unrecht hat." Statt unzumutbare Übergriffe einzelner Offiziere im Sinne einer ohne Standschützen nicht denkbaren Verteidigung des Landes abzuschaffen, verbot er den Volksvertretern das Betreten des engeren Kriegsgebietes ohne ausdrückliche Bewilligung des Landesverteidigungskommandos. Eine solche musste *„schriftlich unter genauer Angabe der zu besuchenden Orte mit detaillierter Motivierung des Besuches"* eingereicht werden. Abgeordnete, die sich dieser Anordnung widersetzten, hätten mit Verhaftung und standrechtlicher Behandlung zu rechnen. Selbst dem Landeshauptmann Theodor Kathrein, der als persönlicher Freund des Kaisers galt, drohte er mit der *„Anwendung schärfster Mittel“*, sollte er noch einmal derartige Beschwerden unterstützen. Als sich Kathrein deshalb mit Erzherzog Eugen in Verbindung setzte und von ihm erwartete, er würde General Dankl in die Schranken weisen, wurde er bitter enttäuscht. Der zum auserwählten Kreis der kaiserlichen Familie zählende Oberbefehlshaber der Südwestfront stellte sich uneingeschränkt hinter General Dankl. Und selbst Kaiser Franz Joseph, dem gegenüber Statthalter Graf Toggenburg General Dankl des *„Cäsarenwahns“* bezichtigte, unternahm nichts in dieser Sache, was wohl nur bedeuteten konnte, dass das Verhalten der Militärmachthaber die „allerhöchste“ Billigung fand.

Landeshauptmann Kathrein jedenfalls ließ sich durch diesen unerquicklichen Wandel der politischen Landschaft nicht einschüchtern. Der Landesverteidigungskommandant könne ihn, schrieb er am 5. November 1915 voll Bitterkeit an Erzherzog Eugen, *„internieren oder, wenn er glaubt, erschießen lassen. Wir werden unter allen Umständen unsere Pflicht als treuer Untertan Seiner Majestät des Kaisers stets gewissenhaft erfüllen.“* So war denn auch die letzte Amtshandlung des Landeshauptmannes vor seinem Tod am 1. Oktober 1916 die Mitteilung an den Unterinntaler Abgeordneten Karl Niedrist, dass er aus seiner Verbannung heimkehren könne, die am 24. Februar vom Kommando der Südwestfront über ihn verhängt worden war. Niedrist war als einer der eifrigsten Kritiker der Allmacht des Militärs bekannt und diesem wegen seiner Beschwerden über die Benachteiligung der Tiroler Bauern bei den Preisen für requiriertes Vieh lästig geworden, sodass man einen geringfügigen Anlass nützte, um ihn loszuwerden. Er bekam den Befehl, das Land innerhalb von 24 Stunden zu verlassen. Kathrein musste alle seine Verbindungen geltend machen, um ein halbes Jahr später die Aufhebung dieser rechtlich kaum gedeckten Willkürmaßnahme zu erreichen.

Landeshauptmann Theodor Kathrein

Unmittelbar nach Unterzeichnung des Telegramms an Niedrist erlitt Kathrein einen Schlaganfall und starb noch am selben Tag. Sein Nachfolger Josef Schraffl, ein ebenfalls schon mehrfach mit den Militärs in Konflikt gekommener Bauernpolitiker, sollte sich noch über ein Jahr lang mit ihnen herumstreiten müssen. Erst nach dem Tod Kaiser Franz Josephs, der Thronbesteigung Karls I. und der Wiedereinberufung des Reichsrates im Mai 1917 wurde es etwas besser. Es hatte sich auch das „Personal" der ständigen Streitereien gewandelt. General Viktor Dankl und sein Landesverteidigungskommando gab es seit dem unglücklichen Ende der Südtiroloffensive im Juni 1916 nicht mehr und Graf Toggenburg wurde im Juni 1917 als Innenminister nach Wien berufen. In Tirol trat Rudolf Graf Meran an seine Stelle.

Beispiele über meist ergebnislose Untersuchungen gegen zivile Amtsträger und politische Mandatare und deren Maßregelung gibt es eine Vielzahl. Besonders krass war es – wie könnte es anders sein – in Welschtirol. Dass man sich zu Beginn des Krieges gegen Italien bemühte, einer möglichen Spionage- und Sabotagetätigkeit durch restriktive Maßnahmen zuvorzukommen, könnte man aus Sicht der Militärbehörden noch verstehen, dass sie es sich aber auch zur Aufgabe machten, nicht nur jede Spur von Irredentismus auszurotten, sondern das Ende aller Zugeständnisse an die italienischsprachige Bevölkerung zu erreichen und dem Landesteil sein italienisches Gesicht zu nehmen, war eine unzulässige und für das Staatsganze gefährliche Anmaßung politischer Kompetenzen. Es gab aber keine Instanz, die dagegen eingeschritten wäre. Die Warnungen weiterblickender Verantwortungsträger vor einer solchen Entwicklung gingen zumeist ins Leere (siehe auch S. 133/134).

Selbst wichtige Welschtiroler Politiker, die das volle Vertrauen der Spitzen des Landes genossen, waren von einer Verfolgung nicht ausgenommen. So war der Führer der Trentiner Volkspartei („Unione politica popolare del Trentino"), Guido de Gentili, für Statthalter Toggenburg ein *„mustergültiger Priester, ein fleckenloser Charakter, ein hochbegabter, schlauer, aber trotzdem ehrlicher Politiker, leidenschaftlich national, und doch weit von jedem Irredentismus entfernt"*. Trotzdem musste er 1915 genauso Heimat und Wirkungsfeld verlassen wie Enrico Conci, der immerhin das Amt eines Landeshauptmannstellvertreters innehatte. Die gegen ihn eingeleitete militärgerichtliche Untersuchung musste mangels irgendwelcher Beweise genauso eingestellt werden wie der Prozess gegen den unter fadenscheinigen Gründen verhafteten konservativen Landtagsabgeordneten und Gemeindevorsteher von Drò, Antonio Zanoni. Es gibt zahlreiche Beispiele dafür, wie die Militärdiktatur die populäre Elite der Politik im Trentino loswerden wollte, soweit sie nicht ohnehin spätestens 1915 nach Italien geflohen war, wie fast die gesamte Gemeindevertretung von Rovereto.

Gegen den früheren Trentiner Bürgermeister Vittorio Zippel wurde im April 1916 vor dem Militärgericht ein Verfahren wegen der Verbrechen des Hochverrats und der Störung der öffentlichen Ruhe eingeleitet. Er hatte nach der kriegsbedingten Auflösung des Gemeinderates im Mai 1915 die Amtsgeschäfte dem nationalliberalen Parteikollegen und Gemeinderatsmitglied Dr. Adolfo de Bertolini übergeben müssen, der vom Statthalter zum Amtsverwalter ernannt worden war. Zippel wurde als verdächtige Person konfiniert und bekam Haslach bei Linz als Aufenthaltsort zugewiesen, wo er am 6. April 1916 zusammen mit seinem Sohn verhaftet und ins Linzer Gefängnis überstellt wurde. Wegen folgender „Verbrechen" wurde er schließlich zu acht Jahren Kerker verurteilt: Er habe sein Wissen um die Verbreitung reichsitalienischer Zeitungen in Trient nicht angezeigt, in Linzer Gasthausgesprächen mit Trentiner Bekannten *„über ihre Lage, über den Krieg und über die Hoffnungen"* gesprochen, *„die seit so vielen Monaten die Gemüter aller Trentiner in Spannung hielten"*, und er habe vom Mai 1915 bis April 1916 eine Chronik mit seinen Kriegserinnerungen verfasst und für eine spätere Veröffentlichung vorgesehen. Alle diese ohnehin schon fragwürdigen Vorwürfe waren mehr Vermutungen des Gerichts, die sich auf die Aussagen des Beschuldigten stützten, als bewiesene Tatsachen. Zippel konnte von Glück sagen, dass er von den acht Jahren nur eines absitzen musste, da er in den Genuss der von Kaiser Karl nach seinem Regierungsantritt ausgesprochenen Amnestie kam.

Enrico Conci, Landeshauptmann-stellvertreter

Zippels Nachfolger an der Spitze der Trienter Stadtverwaltung, Rechtsanwalt Dr. Adolfo de Bertolini, sollte mit weit ernsteren Anschuldigungen konfrontiert werden. Er war trotz seiner nie verheimlichten nationalen

Einstellung vom Bezirkshauptmann und vom Leiter des Polizeikommissariats Trient für dieses Amt vorgeschlagen worden und galt selbst dem Festungskommandanten der Stadt als vollkommen loyal und vertrauenswürdig. Und ausgerechnet dieser Mann wurde am 3. Jänner 1918 zusammen mit einer Reihe weiterer Persönlichkeiten auf Weisung des Heeresgruppenkommandos festgenommen, weil sie auf einer Liste von Trentinern standen, die vor der italienischen Kriegserklärung Spionage für Italien betrieben haben sollten. Dieses geheime Dokument war während des Vormarsches der k. u. k. Armeen im November 1917 am fluchtartig verlassenen Sitz des 5. italienischen Armeekommandos in Palmanova sichergestellt worden. Obwohl die Beweislage höchst undurchsichtig war und Dr. Bertolini auf keinen Fall – wie sich bald herausstellte – aktive Spionage bzw. Weitergaben von militärischen Geheimnissen vorgeworfen werden konnte und obwohl sich selbst die Spitzen der Zivilverwaltung und Politik dagegen aussprachen, beharrten die Militärbehörden auf der Einleitung eines Prozesses.

Dass es bis Kriegsende nicht dazu kam, interpretieren die Historiker unterschiedlich. Josef Fontana meint, dass eine Verurteilung – vor allem auch der Mitangeklagten, die Todesstrafen zu erwarten gehabt hätten – die ohnehin schon kritische Situation im Trentino eskalieren hätte lassen und man das Verfahren deshalb bewusst hinausgezögert habe. Gerd Pircher sieht darin einen neuerlichen Beweis für die Uneinsichtigkeit und Überheblichkeit des Militärs, das einen Missgriff unter keinen Umständen zugeben wollte. Insgesamt verschlechterte der Fall Bertolini das Klima in Tirol ganz wesentlich. Im Trentino regte sich allmählich der Widerstand gegen die Militärdiktatur, wuchs der Hass gegen die Machthaber in Uniform; andererseits verstand ein großer Teil der nur im Sinne der Militärkommandos informierten Bevölkerung Deutschtirols nicht, warum den „welschen Vaterlandsverrätern" nicht endlich der Prozess gemacht wurde. So trug die Affäre dazu bei, dass auf beiden Seiten die Achtung vor den Institutionen der Monarchie weiter sank.

Nichts mit der Vorherrschaft des Militärs zu tun hat der wohl bekannteste Prozess der Trentiner Kriegsjahre, an dessen Ende die Verurteilung und Hinrichtung des früheren Welschtiroler Reichsrats- und Landtagsabgeordneten Cesare Battisti und seines Freundes und Mitstreiters Fabio Filzi standen. Denn auch unter einer zivilen Landesverwaltung wäre in seinem Fall das Militärgericht zuständig gewesen, das nach dem geltenden Standrecht zu urteilen hatte. Filzi war als Jäger einer Marschkompanie des 1. Tiroler Kaiserjägerregiments im November 1914 desertiert, Battisti hatte im August 1914 als stellungspflichtiger österreichischer Staatsbürger das Land illegal verlassen. Beide hatten seitdem für einen Kriegseintritt Italiens gegen Österreich agitiert, waren in die italienische Armee eingetreten und gerieten als Offiziere am 11. Juli 1916 am Monte Corno nahe Rovereto in österreichische Kriegsgefangenschaft. Der Tatbestand des Hochverrats stand außer Frage und wurde von den Angeklagten auch nicht bestritten. Laut Gerichtsprotokoll gaben sie als Grund dafür an, *„in Verfolgung ihres politischen Ideals gehandelt zu haben, als welches ihnen die Unabhängigkeitsmachung der welschen österreichischen Gebietsteile und deren Anschluss an das Königreich Italien vorschwebte"*.

Während dieses Ideal, ihr höchster Einsatz und der dafür erlittene Tod die beiden für die Italiener zu Märtyrern machten, waren sie für die Österreicher und besonders für Tiroler eben Verräter. Inzwischen hat sich eine differenziertere Sicht der Tatsachen und Zusammenhänge durchgesetzt. Heute kennt und achtet man die Gründe, warum vor allem Battisti zum Irredentisten und schließlich zum kämpferischen Gegner der k. u. k. Monarchie geworden ist, und man kann sie verstehen. Man nimmt zur Kenntnis, dass das Militärgericht nicht anders als auf Tod durch den Strang entscheiden konnte, obwohl sicher auch die vom Pflichtverteidiger beantragte Begnadigung „zu Pulver und Blei“ möglich gewesen wäre. Man ist aber empört über die unmenschliche Härte, den beiden Verurteilten Bleistift und Papier für einen Abschiedsbrief zu verweigern und ihre in die Maschine diktierten Briefe nicht abgeschickt zu haben.

Auch andere Begleitumstände der Hinrichtung im Graben unterhalb des Castello del Buon Consiglio waren aus heutiger Sicht beschämend. Verhandlungsleiter Karl Issleib schildert sie in einem 1921 für die Grazer Tagespost geschriebenen Artikel: *„Der Graben war angefüllt mit Offizieren, zahllose Kameras richten sich auf den düsteren Zug, kaum daß das Exekutionskarree sich Bahn schaffen kann, wilde Rufe und Flüche schallen von der massenhaft erschienenen Mannschaft, die als Zuschauer amphitheatralisch die Straßen der Steinbrüche jenseits des Grabens besetzt hält. Trommelwirbel, Kommandos, Verlesung des Urteils. ‚Scharfrichter, walten Sie Ihres Amtes!‘ Aber Battisti ruft mit volltönender Stimme: ‚Es lebe Italien, es lebe das italienische Trient; ich sterbe als Italiener und nicht als Österreicher!‘ Ein hundertstimmiges Pfui antwortet, dann wird es still. Der Tod rauscht auf schweren Flügelschlägen durch den von der scheidenden Sonne grellgelb erleuchteten steinumwallten Raum. Zuerst Battisti, dann Filzi haben vollendet, ohne Qualen haben beider Herzen in wenigen Minuten aufgehört zu schlagen. Scharfrichter und Gehilfen haben schnelle, ganze Arbeit geleistet.“* Der aus Wien geholte Scharfrichter sollte bald ins Zentrum der Erinnerung an das Sterben Cesare Battistis rücken, nicht wegen seiner eigentlichen „Arbeit“, sondern wegen einer

– wie Karl Kraus schreibt – *„wirklich und amtlich hergestellten“* Ansichtskarte und vor allem wegen seines Artikels darüber in der Zeitschrift „Die Fackel“: *„Denn das österreichische Antlitz ist kein anderes als das des Wiener Henkers, der auf einer Ansichtskarte, die den toten Battisti zeigt, seine Tatzen über dem Haupt des Hingerichteten hält, ein triumphierender Ölgötze der befriedigten Gemütlichkeit, während sich grinsende Gesichter von Zivilisten und solchen, deren Besitz die Ehre ist, dicht um den Leichnam drängen, damit sie nur ja alle auf die Ansichtskarte kommen.“*

Cesare Battisti und sein Henker auf der von Karl Kraus beschriebenen „amtlich hergestellten“ Ansichtskarte

Soweit der Satiriker, der sein Augenmerk auf ein scheinbar unwichtiges Detail lenkt und damit eine ganze Welt demaskiert. Der nüchterne Historiker Oswald Überegger weitet die Sicht auf diesen Prozess auf andere Weise. Er vergleicht die Verurteilung Cesare Battistis mit dem Ausgang anderer in Tirol durchgeführter Verfahren zum selben Delikt des Hochverrats und kommt zum Schluss, dass der Kriegsgerichtsprozess gegen Cesare Battisti und Fabio Filzi wenig repräsentativ für die Tiroler Militärgerichtsbarkeit insgesamt sei. Während nämlich hier der schwerwiegende Tatbestand zweifelsfrei gegeben war und die Verurteilung in gesetzeskonformer Anwendung des Militärstrafrechts erfolgte, seien sonst mitunter Todesurteile ausgesprochen worden, „denen offensichtliche Nichtigkeiten als Tatbestand zugrundelagen“. Entschärft wurde die An-

Immer noch mehr Tiroler müssen einrücken. Übermütige Freude kann man in den Gesichtern dieser für tauglich befundenen Burschen nicht entdecken.

wendung „eines veralteten materiellen Strafrechts“ nur durch die häufigen Begnadigungen zu einer mehrjährigen Kerkerstrafe. „Allerdings erfolgte – auch das ist ein wesentlicher Unterschied zum Battisti-Prozess – eine solche Begnadigung zu Kerkerstrafen in den allermeisten Fällen standgerichtlicher Verurteilungen.“

Neben der Politik machte sich die Militärherrschaft – sieht man von den Einquartierungen ab, die jeden ganz persönlich betreffen konnten – am meisten in der Wirtschaft bemerkbar, deren Leitung und Kontrolle ganz in die Hände der Militärs überging. Kriegswirtschaft bedeutet die Ausrichtung aller Ressourcen des Landes auf die Notwendigkeit der kämpfenden Truppe. Das brachte zunächst wohl noch geringfügige, mit der Fortdauer des Krieges aber ganz wesentliche Eingriffe sowohl in den wirtschaftlichen Alltag als auch in die längerfristige Ausrichtung auf zu erreichende Ziele. Weitgehende Machtbefugnisse waren durch die entsprechenden Ausnahmegesetze und Verordnungen gegeben, vor allem mit dem schon vor dem Krieg erlassenen „Kriegsleistungsgesetz“. Im Einzelnen wurde nach Bedarf gehandelt – und dabei stieß man immer wieder einzelne Bauern oder Unternehmer und ganze Branchen vor den Kopf. Wehren konnte man sich nicht, denn das Militär hatte das Recht, alles zu beschlagnahmen, was die Kommandostelle irgendeiner Heereseinheit glaubte zu benötigen, von Zugtieren und Fahrzeugen über Lebens- und Futtermittel bis zu Arbeitsgeräten und Maschinen. Dies sollte – musste bei entsprechender Dringlichkeit aber nicht – in Zusammenarbeit mit den Behörden der politischen Verwaltung und den Gemeinden geschehen. Der Willkür einzelner Kommandanten war durch diesen Gummiparagraphen Tür und Tor geöffnet.

Ein wichtiger Paragraph im Kriegsleistungsgesetz war die Arbeitsverpflichtung für alle arbeitsfähigen männlichen Zivilpersonen zwischen dem 18. und dem 50. Lebensjahr. Wenn sie für den Militärdienst aus irgendeinem Grund nicht in Frage kamen, konnten sie

Militärsattlerei im Pustertal, wo viele Betriebe zur Versorgung der nahen Front arbeiten

zum Einsatz in kriegswichtigen Betrieben, im Verkehrswesen oder in der Landwirtschaft herangezogen werden. Da die Zahl der zu Hause gebliebenen und somit für den Arbeitseinsatz zur Verfügung stehenden Tiroler durch die ständigen Nachmusterungen und die Einberufungen von kaum mehr feldtauglichen Burschen und Männern immer weiter sank, wurde 1916 die obere Altersgrenze auf 55 Jahre angehoben und – einmalig in allen kriegführenden Staaten – auch für Frauen die Arbeitspflicht eingeführt. Die Entlohnung dieser der Kriegswirtschaft zugeführten Arbeitskräfte sollte *„ihrer Leistung angemessen“* und auch *„den jeweiligen Lebens- und Arbeitsverhältnissen angepasst“* sein. Es gab zu dieser Frage zwar eine Schiedsstelle in Wien, an die man sich wenden konnte, wenn einem der Lohn zu gering vorkam, doch die Kriegswirtschaft ging darüber in der Regel hinweg.

Die menschlichen Ressourcen waren für die erfolgreiche Führung eines Krieges trotz dessen weitgehender Industrialisierung immer noch entscheidend, das gilt für die Kampfmannschaften an der Front genau-

Frauen im Arbeitseinsatz fürs Militär: Herstellung von Orden

Arbeitsverpflichtung für Frauen: Einsatz in Frontnähe zur Herstellung von Stacheldrahtverhauen

so wie für die Schreibkräfte und Beamten in den Militärbüros, die nach und nach die Zahl der Kämpfenden weit überstieg. Dies gilt aber auch für kriegswichtige Arbeiten an und hinter der Front. Dafür wurden Wehrdienstpflichtige eingesetzt, die nicht fronttauglich waren oder als PU (politisch unzuverlässig) eingestuft wurden, auch Flüchtlinge, die sich ihr geringes Unterstützungsgeld aufbessern wollten, oder nach dem Kriegsleistungsgesetz dienstverpflichtete Personen, nicht zuletzt Frauen, die zum Beispiel nicht selten zum Errichten von Stacheldrahtverhauen vor Gräben und Stellungen der zweiten Verteidigungslinie verwendet wurden.

Im großen Stil für militärische Arbeiten eingesetzt wurden Kriegsgefangene, für die es im Kronland Tirol und Vorarlberg zwar kein großes Stammlager gab wie im Osten Österreichs, die aber über das ganze Land verstreut in gesicherten Barackenlagern untergebracht waren und von dort gruppenweise für eine gewisse

Italienische Offiziere als Kriegsgefangene im Schloss Bruneck

Zeit an andere Einsatzorte kamen. Für Offiziere, fast ausschließlich an der Tiroler Front in Gefangenschaft geratene Italiener, gab es eigene Quartiere, sie durften laut Haager Landkriegsordnung von 1907 auch nicht als Arbeiter verwendet werden. Laut diesem Dokument durften Kriegsgefangene auch nicht für Arbeiten eingesetzt werden, die in irgendeiner *„Beziehung zu den Kriegsanstrengungen stehen"*, doch nahm man es damit nicht so genau. Die rund 27.000 Russen und Serben, die Ende 1915 in Tirol eingesetzt waren, mussten sehr wohl beim Transport überschwerer Geschütze in hochgelegene Stellungen oder beim Neubau und Ausbessern von Festungs- und Stellungsbauten helfen.

Auch der Bau von Kriegsstraßen, Materialseilbahnen und schmalspurigen Eisenbahnen, die den Nachschub leichter und schneller in Frontnähe bringen sollten, stand natürlich im Zusammenhang mit dem Krieg. Die bekanntesten Projekte, die man später erfolgreich in den Dienst des Tourismus gestellt hat, waren die Grödner und Fleimstaler Bahn. Ihr Bau wäre ohne russische Kriegsgefangene gar nicht möglich gewesen. Von den insgesamt 10.000 Arbeitern, die zwischen Waidbruck und Wolkenstein zum Einsatz kamen, waren 500 Zivilarbeiter, 3500 nicht fronttaugliche Militärpersonen sowie 6000 russische Kriegsgefangene. Im Fleimstal waren von den 6000 Arbeitern 3600 Russen. Die zunächst noch über Holzbrücken geführte Feldbahn ins Grödental wurde schon im Sommer 1915 be-

Der Bau solcher Feldbahnen wie der von Waidbruck ins Grödental und in die Nähe der Dolomitenfront wäre ohne den Einsatz von Kriegsgefangenen nicht möglich gewesen.

gonnen und im Frühjahr 1916 fertiggestellt. Von Auer ins Fleimstal rollten militärische Güter und Mannschaften seit April 1917, zuerst nur bis Castello, ab Jänner 1918 bis Predazzo.

Bau der Grödner Bahn. Die Offiziere schauen, die Russen arbeiten.

Auf Ernteurlaub am Hof zu Hause in Schwendt

Markus Freiherr von Spiegelfeld stellte als ranghöchster Vertreter der zivilen Kriegsgefangenenfürsorge der Monarchie anlässlich einer Inspektion dieser beiden Großbaustellen eine kräftemäßige Überforderung und schlechte Versorgung der Gefangenen fest: *„Die Leute hungern, so wie damals die ganze Bevölkerung hungerte."* Was nichts mit der Mangelsituation zu tun hatte: Die russischen Arbeiter waren in viel zu kleine Quartiere gepfercht und mussten bis zur Erschöpfung arbeiten. Auch ihre Bekleidung war völlig unzureichend. Die sanitären Einrichtungen reichten bei weitem nicht aus, mit ein Grund für die vielen Krankheits- und Todesfälle. In der Bevölkerung genossen die Russen zunehmend Mitleid und Sympathie, weniger beim Wachpersonal, das mit Schikanen nicht geizte. Andererseits zeigte der Etappenkommandant auch menschliche Seiten, etwa wenn er am Begräbnis eines verstorbenen Gefangenen teilnahm und nachher den Russen erlaubte, im Gasthaus ihres Kameraden zu gedenken. Am 2. Februar 1917 schreibt die Grödnerin Filomena Moroder, deren Sohn Felix in russischer Kriegsgefangenschaft war, in ihr Tagebuch: *„Die armen gefangenen Russen müssen schrecklich hungern und frieren, alle Tage fallen einige zu Boden vor Entkräftung. Wenn es so weiter geht, kommt keiner nach Russland zurück. Wie wird es den Unsrigen gehen?“*

Kriegsgefangene wurden vom Militär nicht nur für eigene Zwecke eingesetzt, sondern auch an die Wirtschaft „vermietet“. Arbeitskräftemangel herrschte vor allem in der Landwirtschaft, insbesonders als im Mai 1915 durch das Ausrücken der Standschützen oft die letzten kräftigen Männer ein Dorf verließen. Frauen und Greise blieben allein zurück und mussten schauen, wie sie mit der Arbeit zurechtkamen. Im Spätsommer und Herbst hoffte man wenigstens für die Erntewochen einige Leute zurückzubekommen, die ganz Jungen oder die Ältesten oder dass wenigstens ein Ernteurlaub bewilligt würde. Da solche Ansuchen in der Regel abgeschmettert wurden, trauten sich die Bezirkshauptleute oft nicht mehr, sie zu unterstützen oder weiterzuleiten. *„Täglich erscheinen Scharen weinender Frauen im Amt“*,

Arbeit im Weinberg ohne jede männliche Hilfe

Russische Kriegsgefangene, die längere Zeit hindurch in Prägraten in Osttirol arbeiteten

schreibt der Meraner Bezirkshauptmann Franz von Galli in einem Privatbrief an Statthalter Toggenburg, mit dem er befreundet war. *„Der herzzerreißende Jammer um mich her möge es rechtfertigen, dass ich mich auf diesem Weg an Dich wende und Dir meine Überzeugung mit größerer Offenheit mitteile, als ich es in einem Dienststück wagen dürfte.“* Die Militärbehörden hatten kein Einsehen: Die Verteidigung der Heimat habe absoluten Vorrang, deshalb *„muß man sich behelfen und Härten patriotisch ertragen“*.

Nach eklatanten Ernteausfällen im Jahr 1915 nahm das Landesverteidigungskommando im Frühjahr 1916 die Organisation und Leitung des Anbaus und im Herbst die Einbringung der Ernte selbst in die Hand. Zentral gelenkt und durch die Bezirkshauptmannschaften organisiert, wurden den Gemeinden auf entsprechende Ansuchen hin Arbeiterpartien aus beurlaubten Soldaten, Flüchtlingen und Kriegsgefangenen zur Verfügung gestellt, über deren Einsatz bei den einzelnen Bauern die Bezirkshauptmannschaft detaillierte Berichte verfassen musste. Darin war auch die volle Ausnützung der heimischen Arbeitskräfte, also von Frauen und Kindern, nachzuweisen. Das System funktionierte nur teilweise, zum Beispiel hieß es, für die Weinarbeit und auf Bergbauernhöfen seien die Kriegsgefangenen nicht geeignet. Zuerst wehrten sich auch viele Bäuerinnen gegen die Zuteilung von russischen Arbeitskräften, doch bald waren gerade sie – im Gegensatz zu den als renitent und arbeitsunwillig geltenden Serben – wegen ihrer Freundlichkeit und ihrem ordentlichen Zupacken sehr geschätzt. Eine Gemeinde musste jedoch mindestens 30 Gefangene übernehmen, was oft zu viel war, und für deren Verköstigung, Unterbringung und Bewachung sorgen. Auch eine Bezahlung war zu leisten und eine Kaution zu hinterlegen. Neben dieser Regelung war es auch möglich, dass einzelne Gefangene für längere Zeit am selben Hof blieben. Es hing dann von der einzelnen Bäuerin ab, ob sie schamlos ausgenutzt wurden oder ein anständiges Leben hatten und zur Hausgemeinschaft gehörten.

Die Lösung aller Probleme der Landwirtschaft waren die Kriegsgefangenen jedenfalls nicht. Auch die Bemühungen der Militärbehörden, durch den Einsatz von Maschinen die menschliche Arbeitskraft zu ersetzen, konnten höchstens für die Zukunft etwas bewirken. Immerhin probierten Soldaten in der landwirtschaftlichen Schule in Rotholz moderne Geräte aus und ver-

Militärische Versuche mit landwirtschaftlichen Maschinen in Rotholz

Heutransport ins Ortlergebiet zur Versorgung der dort eingesetzten Tragtiere

suchten der rasch sinkenden Zahl von bäuerlichen Kursteilnehmern beizubringen, wie man damit umgeht und welchen Nutzen sie haben. Solche gut gemeinten Initiativen konnten die aktuellen Schwierigkeiten der Landwirtschaft nicht lösen, vor allem nicht den drückenden Mangel an Saatgut und Düngemitteln. Eine Katastrophe für die hauptsächlich Viehwirtschaft betreibenden Bauern waren die Requirierungen von Zugtieren und Schlachtvieh, für das vom Militär ein niedrigerer Preis gezahlt wurde, als am Markt zu erzielen war. Der geforderten Lieferung konnte sich aber kein Bauer entziehen.

Als ab Mai 1915 massenweise Truppen nach Tirol verlegt wurden, erließ das Kommando der Südwestfront die Verordnung, im Interesse der *„klaglosen Fleischversorgung“* der Truppen die Viehausfuhr aus Tirol und Vorarlberg in andere Kronländer *„wesentlich einzuschränken“*. Jeder einzelne Verkauf von Vieh in die Nachbarländer, bisher eine Haupteinnahmequelle vieler Tiroler Bauern, war an die Genehmigung des Landesverteidigungskommandos gebunden, was praktisch einem Ausfuhrverbot gleichkam. Die Requirierung sollte nicht mehr über den Landeskulturrat und seine Bezirksgenossenschaften, sondern direkt von den Militärbehörden mithilfe der Bezirkshauptmannschaften abgewickelt werden. Schon die erste Lieferung der geforderten 4500 Stück Schlachtvieh monatlich scheiterte, weil alle Beteiligten, insbesondere das Transportsystem, heillos überfordert waren und manche untergeordnete Kommandanten zur Versorgung ihrer Leute direkt requirierten und dadurch ein Durcheinander in das System brachten. Erst langsam konnten die ärgsten Hürden überwunden werden. Das größte Problem bis Kriegsende blieb aber die Knappheit an Futtermitteln. Denn unerbittlich verlangten die militärischen Kommandostellen immer höhere Ablieferungsquoten für Heu und Stroh, die durch das Kriegsleistungsgesetz längst nicht mehr gedeckt waren, wie der Landeskulturrat in einer Eingabe feststellte. Es nützte auch nichts

Das Militär versorgt sich auch direkt auf den Höfen, hier in Schönwies

darauf hinzuweisen, dass Tirol mehr Heu an das Militär liefern musste als beispielsweise die Agrarländer Oberösterreich, Steiermark, Böhmen oder Mähren. Gegen das Militär gab es kein Auflehnen.

Was Gewerbe und Industrie betrifft, war die Wirtschaftslage von einem starken Auf und Ab und vor allem von großen Unterschieden zwischen den einzelnen Branchen gekennzeichnet. Ob kleine oder große Betriebe – am besten ging es denen, die für das Militär arbeiten konnten. Jeder gewerbliche Betrieb, der kriegsnotwendige Produkte herstellte, konnte entweder „unter staatlichen Schutz“ oder „unter Kriegsleistung“, das heißt unter militärische Verwaltung gestellt werden. Für die Arbeitnehmer bedeutete die Militärverwaltung – Oswald Überegger spricht von der „Militarisierung der Kriegsarbeit“ – praktisch den Verlust aller hart errungenen Rechte. Egal ob sie schon bisher dort angestellt waren oder zu den dienstverpflichteten Neuzugängen gehörten, mussten sie während der Arbeitszeit schwarz-gelbe Armbinden tragen. Eine Kündigung war nur Frauen und Männern ab dem 50. Lebensjahr möglich. Sie konnten zu Überstunden verpflichtet werden, unterstanden militärischen Disziplinarvorschriften und Gerichten und bekamen für das alles noch einen niedrigeren Lohn. Großunternehmer und Industrielle sowohl in der Kategorie „unter staatlichem Schutz“ als auch als Inhaber von Kriegsleistungsbetrieben genossen viele Vorteile, vor allem bei der Rohstoffzulieferung, in Bezug auf die Auftragslage und durch den Vorteil, praktisch außerhalb des Arbeitsmarktes und des Arbeitsrechts zu stehen. Satte Gewinne waren ihnen sicher.

Etwas weniger militärisch, aber auch weniger gewinnträchtig ging es in mittelständischen Handwerksbetrieben zu, die sich auf Anregung der Handels- und Gewerbekammer zu Heereslieferungsgenossenschaften zusammenschlossen. Bei ihnen ging es nach der Stagnation der ersten zwei, drei Kriegsmonate zuerst rasch wieder aufwärts. Ihr Problem setzte erst etwas später ein, als es bei den benötigten Materialien und Rohstoffen zu ersten Lieferschwierigkeiten kam. Die Armee wäre zum Beispiel auch im zweiten Kriegsjahr noch ein sicherer Abnehmer für Uniformen gewesen, doch konnte die in Tirol sehr starke Textilindustrie den Bedarf nicht mehr decken, weil die in Österreich lagernden Vorräte an Baumwolle und Garnen aufgebraucht waren und wegen der alliierten Wirtschaftsblockade keine Importe mehr hereinkamen. Altpapier und Brennnessel konnten keinen auch nur halbwegs gleichwertigen Ersatz liefern.

Anfang 1915 noch freiwillig: Metallsammlung durch Lienzer Schulbuben

Auch beim ursprünglich sogar expandierenden metallverarbeitenden Sektor setzte bald die Flaute ein, auch hier fehlten die Rohstoffe. Die Regierung versuchte mit patriotischen Sprüchen die Leute zum Abgeben von Metallgegenständen zu animieren, die man einschmelzen und für die Waffenproduktion verwenden konnte. Die ersten Sammelaktionen, meist durch Schulkinder, gab es schon im Frühjahr 1915. Das Ergebnis war gut, doch bei weitem nicht ausreichend. Also verwandelte man die Freiwilligkeit in eine Verpflichtung. Im September 1915 mussten die Mörser aus Messing gegen Eisenmörser abgegeben werden, im November waren Türbeschläge daran, mussten alle sonstigen Gegenstände aus Kupfer, Messing, Zinn und Bronze, die ein Haushalt besaß, gegen ein geringes Entgelt der

Rüstungsindustrie geopfert werden. Während die einen freiwillig ihre goldenen Eheringe dazugaben, vergruben die anderen Kupfer und Messing an sicherem Ort.

Also ging das Metallsammeln durch die Heeresverwaltung weiter. In den Privathäusern mussten bald auch Blitzableiter, Kupferdächer, Regenrinnen und Abflussrohre abmontiert werden, die Musikkapellen hatten ihre kupfernen Kesselpauken abzugeben, die Kirchen Messingleuchter und die Kreuze der Prozessionsstangen. Die Aufforderung an die Diözesen, ihre Pfarreien zum freiwilligen Abgeben der einen oder anderen Glocke zu animieren, hatte wenig Erfolg. Nur 75 meist kleinere Glocken aus dem gesamten Kronland Tirol (ohne Vorarlberg) wanderten im Frühjahr 1915 in die Schmelzöfen, was kaum für einige große Geschütze ausreichte. Also auch hier Zwang statt Freiwilligkeit, wenn man auch versuchte, durch gehörigen Druck auf die bischöflichen Ordinariate diese Tatsache möglichst zu kaschieren. Die Folge war, dass man die Schuld am Verlust des „schönen Geläuts", das die Kirchengemeinden viel Geld gekostet hatte und das viele Katholiken für wichtiger hielten als so manche liturgische Zeremonie, den Bischöfen zuzuschieben geneigt war. Nur eine für den religiösen Kult notwendige Glocke, eine möglichst kleine, sollte am Turm bleiben, auch kunsthistorisch wertvolle Exemplare, alle anderen sollten abgenommen werden.

Durch die zahlreichen Eingaben mit der Bitte um diese und jene Ausnahme unter dieser und jener Begründung verzögerte sich die für Sommer 1916 geplante Aktion, was das Militärkommando zu einem harschen Schreiben an das Bischöfliche Ordinariat veranlasste. Daraufhin begründete Bischof Egger in einem Hirtenbrief an seine Schäflein diese harte Maßnahme mit folgenden Worten und forderte sie zum Verständnis auf: *„Was würde auch das schönste Geläute uns nützen, wenn*

Glocken für den Krieg: Sammelstelle in Wilten

die Feinde uns die Kirchen selbst wegnähmen? Niemand kennt und fühlt die Größe dieses Opfers mehr als ein Bischof. Er weiß, dass die Kirchenglocken nicht einen religiösen Luxusartikel zur Verherrlichung kirchlicher Feste, sondern einen der wichtigsten Bestandteile des Gottesdienstes bilden. Nicht ohne Grund fürchtet man mit der Wegnahme der Glocken auch eine Abstumpfung des religiösen Gefühls [...] *Die Bischöfe haben darum – das darf ich mit gutem Gewissen sagen – alles getan, was in ihrer Macht lag, um die Wegnahme der Glocken, wenn nicht ganz zu verhindern, so doch zu beschränken und ihre Härten zu mildern.*" Der Bischof spricht dann weiter von den besten Absichten der Regierung, die nur die Staatsnotwendigkeit im Auge habe. „*Unser Volk ist patriotisch, aber auch intelligent genug, um sich von der Notwendigkeit und Zweckmäßigkeit einer an sich noch so schmerzlichen Maßregel belehren zu lassen und sich derselben bereitwillig zu fügen.*"

Am Schluss des in den „Innsbrucker Nachrichten" zusammengefassten Hirtenwortes geht der Bischof auf eine weitere geplante Maßnahme der Regierung zur Metallbeschaffung ein und zeigt sich auch diesbezüglich opferbereit: *„Sollte es sich bewahrheiten, daß zum Zwecke der Gewinnung von Zinn auch die Inanspruchnahme der Orgelpfeifen notwendig wird, so zweifeln wir nicht, dass in Anbetracht dessen, daß die Orgelbegleitung unmittelbar zur Feier des Gottesdienstes gehört, auch die Kirche in Behandlung dieser Angelegenheit zu Rate gezogen werde.“* Tatsächlich verfielen im Herbst 1917 die Orgelpfeifen und im Frühjahr 1918 sogar die Glockenseile der staatspolitischen, sprich: militärischen Notwendigkeit.

Natürlich wurden nicht nur versteckte Reserven an Rohstoffen vom Militär aufgespürt und beansprucht, auch die finanziellen Ressourcen der Bevölkerung wurden angezapft. Ein Mittel dazu war eine kräftige Steuererhöhung im September 1916, die für manche Einkommensklassen 100 Prozent und darüber betrug. Da die Menschen von Kriegsbeginn an Gold- und Silbermünzen horteten, während der Staat die Notenpresse ankurbelte, um seine Kriegsausgaben finanzieren zu können, waren bald nur mehr Geldscheine und Eisenmünzen im Umlauf. Dass auch diese dem Krieg zugutekamen, dafür sorgten verschiedene private und staatlich gelenkte Hilfsvereine mit ihren Sammelaktionen. Beliebt waren zum Beispiel „Wehrmänner in Eisen“, die an belebten Punkten einer Stadt aufgestellt wurden, zumeist in der Tiroler Variante des „Eisernen Blumenteufels“. Blumenteufel nannten die Russen die Angehörigen des Tiroler Edelweißkorps wegen des an der Kappe getragenen Edelweißabzeichens (siehe S. 50). Das Prinzip war dasselbe, auch beim Meraner „Eisernen Michl“. Es waren in Holz geschnitzte Figuren, in die man gegen entsprechende Spende einen Nagel einschlagen durfte, bis ihre Oberfläche ganz aus Eisen war. In kleinen Nachbildungen oder auf Ansichtskarten wurden die „Eisernen Blumenteufel“ auch als Andenken verkauft.

Ansichtskarte des Innsbrucker „Eisernen Blumenteufels“

Im November 1914 wurde die erste Kriegsanleihe aufgelegt. Sie sollte das Geld, das bei Privaten infolge des eingeschränkten Konsums, in Firmen mangels Anreiz zu Investitionen nicht ausgegeben wurde, aus den Sparstrümpfen und Panzerkassen holen und der Rüstung nutzbar machen. Dank intensiver Werbung des Staates, des Militärs und der patriotischen Vereine, aber vor allem auch dank der Unterstützung durch die Kirche wurde sie zu einem vollen Erfolg. 59 Millionen Kronen wurden gezeichnet. Versprochen war bei einer maximalen Laufzeit von vierzig Jahren eine Verzinsung von 5,5 Prozent per anno. Bis Kriegsende kam es zu insgesamt acht Kriegsanleihen, deren Ergebnisse am Nominalwert gemessen zwar stetig anstiegen, gemessen an der Kaufkraft jedoch nach unten gingen, weil ja immer mehr Leute ihr Geld schon dem Staat anvertraut hatten und nichts mehr übrig war. Um den Menschen auch noch den letzten Heller aus der Tasche zu holen, wurde lautstark an patriotische Gesinnung appelliert und der Sieg versprochen, der auch die Rückzahlung des dank der Zinsen vermehrten Betrages garantieren würde. Das letztgenannte Argument dürfte nicht das unwichtigste gewesen sein, wie das gegenüber der sechsten Tranche stark gestiegene Zeichnungsergebnis der siebten Kriegsanleihe erkennen lässt, denn zwischen den beiden wur-

Unter den Flügeln des Adlers: Werbeplakat für die Kriegsanleihe

de der Sieg in der zwölften Isonzoschlacht propagandistisch ausgeschlachtet.

Wo die Propaganda wenig nützte, und dies war sicher bei hart rechnenden Unternehmern der Fall, übten die Militärbehörden auch Druck aus, in dem sie den Wert von Heeresaufträgen oder auch nur die Höhe der Firmengewinne in Relation zur gezeichneten Summe setzten und dem sparsamen Patrioten das Ergebnis vorhielten. So ließ man es der Firma Franz Schreiner in Hall, die um fast 360.000 Kronen Monturen an das Heer geliefert hatte, nicht durchgehen, dass sie nur 10.000 Kronen für die fünfte Kriegsanleihe lockermachte. Die Firma Anton Köllensperger in Innsbruck, deren Umsatz das Finanzamt mit 2,5 Millionen Kronen bezifferte, wurde gerügt, weil sie nur 170.000 Kronen Kriegsanleihe zeichnete. Dagegen entsprach der Patriotismus der Metzgerei Andrä Hörtnagl, ebenfalls in der Landeshauptstadt, dank einem Zeichnungsbetrag von 30.000 Kronen bei 107.000 Kronen Umsatz schon eher den Vorstellungen der Landesmilitärkommandos. Die Veröffentlichung solcher Zahlen sollte für andere ein Ansporn sein, beim Kauf von Wertpapieren der Kriegsanleihen ebenfalls großzügig zu sein.

Bei der Werbung für die Kriegsanleihen nützten Kriegsministerium und Heeresverwaltung ihr ganzes Können auf diesem Sektor. Vom Vorfeld des Krieges an spielten sie mit Virtuosität auf dem Instrument der Kriegspropaganda. Und während all der Jahre des Kampfes und der Entbehrungen wurde viel Energie, Geld und Köpfchen darauf verwendet, durch gezielte Werbemaßnahmen den Patriotismus zu steigern, das Durchhaltevermögen zu stärken und Siegeszuversicht zu verbreiten. Man setzte auf eigene Erzeugnisse, wie die riesige Zahl von Bildpostkarten mit eindeutigen Botschaften, aber auch auf die unterschwellige Wirkung einer einseitigen Information durch entsprechende Bilder und geschickt formulierte Texte des Kriegspressequartiers. Die weißen Flecken auf den Zeitungsseiten zeigen an, wo ein Absatz, eine Meldung, ein Artikel im letzten Moment weggelassen werden musste. Fotos und Gemälde wurden auf Wanderschaft geschickt und auf Ausstellungen in den großen Städten besondere Attraktionen geboten. Zum Beispiel wurde das Innsbrucker Riesenrundgemälde der Bergiselschlacht von 1809 auf einer großen Schau im Wiener Prater gezeigt, ein historisches Schlachtenpanorama zwar, aber eines, das Kampfesmut und Opferbereitschaft der Vorfahren als Vorbild hinstellen konnte. Vor allem in Tirol wurden Andreas Hofer und der Freiheitskampf von 1809 bis zum Überdruss strapaziert. Der Sandwirt opferte in einem Inserat sogar seine vom Kaiser erhaltene goldene Kette für die Finanzierung des Krieges.

Andreas Hofer spendet seine goldene Ehrenkette ...

Dichter, Maler und die Propaganda

Das Brenner-Jahrbuch 1915, Bruder Willram und die Kriegsdichtung • Die Tiroler Soldatenzeitung • Die Kriegsmaler und ihr Blick auf den Krieg

Es ist verständlich, dass der Staat alle zur Verfügung stehenden Mittel einsetzte, um die Bereitschaft der Bevölkerung zu stärken, die vom Krieg geforderten Opfer wenn schon nicht freudig, so zumindest geduldig zu tragen. Die mittels Zeitungen, Postkarten, Plakaten, Ausstellungen und patriotischen Reden betriebene Kriegspropaganda wurde umso wichtiger, je länger der Krieg dauerte und je länger die Listen der Gefallenen und Verwundeten wurden, je mehr das tägliche Leben von Entbehrungen beeinträchtigt war. Umso mehr bemühten sich die Verantwortlichen, bekannte Dichter und bildende Künstler zur Unterstützung ihrer Agitation zu gewinnen. Mag es den Kriegsmalern gar nicht so sehr bewusst gewesen sein, wie selbst harmlos scheinende Bilder von der Front zur Stimmungsmache beitragen konnten, so wussten die Dichter sehr wohl um die Wirkung ihrer Worte und setzten sie auch ganz gezielt ein.

Die in der Zeitschrift „Der Brenner" versammelte intellektuelle Elite des Landes hatte – wie die gesamte geistige Führungsschicht Europas – den Krieg vor dessen tatsächlichem Ausbruch als Chance für eine tiefgreifende Erneuerung der Gesellschaft gesehen. Angesichts der brutalen Wirklichkeit verstummte „Der Brenner". Eine Folge erschien noch, als Jahrbuch 1915. Und dieses präsentierte sich als ein einziger Aufschrei gegen den Krieg, von Walter Methlagl als „unvergleichliches Antikriegsdokument" bezeichnet, mit Aufsätzen und Gedichten europäischer Geistesgrößen. Als Autoren scheinen nur wenige Tiroler auf, Carl Dallago ist der wichtigste, will man nicht Georg Trakl wegen seiner Beziehung zu Innsbruck und zum Brenner-Herausgeber Ludwig von Ficker auch zu den Hiesigen rechnen. Seine berühmten Gedichte „Klage“ und „Grodek“, die er unter dem Eindruck des furchtbaren Mordens in Galizien geschrieben hatte, erscheinen posthum in diesem Jahrbuch.

Klage

Schlaf und Tod, die düstern Adler
Umrauschen nachtlang dieses Haupt:
Des Menschen goldnes Bildnis
Verschlänge die eisige Woge
Der Ewigkeit. An schaurigen Riffen
Zerschellt der purpurne Leib
Und es klagt die dunkle Stimme
Über dem Meer.
Schwester stürmischer Schwermut
Sieh ein ängstlicher Kahn versinkt
Unter Sternen,
Dem schweigenden Antlitz der Nacht.

Ob viele Menschen etwas mit dieser expressiven, damals modernen und in Tirol noch ungewohnten Lyrik anfangen konnten, sei dahingestellt. Aber auf Breitenwirkung war „Der Brenner“ ohnehin nicht angelegt.

Grodek

Am Abend tönen die herbstlichen Wälder
Von tödlichen Waffen, die goldnen Ebenen
Und blauen Seen, darüber die Sonne
Düstrer hinrollt; umfängt die Nacht
Sterbende Krieger, die wilde Klage
Ihrer zerbrochenen Münder.

Doch stille sammelt im Weidengrund
Rotes Gewölk, darin ein zürnender Gott wohnt
Das vergossne Blut sich, mondne Kühle;
Alle Straßen münden in schwarze Verwesung.
Unter goldnem Gezweig der Nacht und Sternen
Es schwankt der Schwester Schatten durch den schweigenden Hain,
Zu grüßen die Geister der Helden, die blutenden Häupter;
Und leise tönen im Rohr die dunkeln Flöten des Herbstes.
O stolzere Trauer! ihr ehernen Altäre
Die heiße Flamme des Geistes nährt heute ein gewaltiger Schmerz,
Die ungeborenen Enkel.

Als der Innsbrucker Bankdirektor, Dichter und Essayist Karl Emmerich Hirt von der Existenz der letzten Gedichte Trakls erfuhr, trat er mit der Bitte an Ficker heran, ob er sie ihm zum Vortrag bei einer Festveranstaltung zugunsten des 1. Kaiserjägerregiments überlassen könnte. Ficker lehnte mit der Begründung ab, er könne einem Publikum, das kurz vorher einem Bruder Willram zugejubelt hatte, mit einem Gedicht wie „Grodek“ sein Begeisterungsbedürfnis für Krieg und Poesie nicht befriedigen. Der Priester Anton Müller, bekannt unter seinem Dichternamen Bruder Willram, war einer der fleißigsten Redner zu patriotischen Anlässen, schrieb für Zeitungen und Zeitschriften und schuf pathetische

Beliebte Lektüre, auch bei den Soldaten an der Front

Kriegsgedichte, die weite Verbreitung fanden. Einige davon wurden von einheimischen Komponisten wie Ignaz Mitterer vertont, für Singstimme mit Klavierbegleitung oder – noch wirkungsvoller und öfter einsetzbar – für Männerchor oder gemischten Chor. Das Bändchen „Das blutige Jahr“ enthält u. a. folgendes Gedicht:

Wiegenlied

Er ist gefallen; ich weiß nicht wie,
Ob's Kugel, ob's Säbel tat;
Sei stille, mein Kind, und vergieß es nie:
Dein Vater war ein Soldat!

Er ist gefallen: ich weiß nicht wann –
In der Schlacht auf blutigem Feld!
Sei still, mein Kind, und denke daran:
Dein Vater war ein Held!

Er ist gefallen: ich weiß nicht wo,
Vielleicht schon vor langer Frist;
Sei stille, mein Kind – und wein' nicht so:
Dein Vater im Himmel ist!

Er ist gefallen: sei stille, sei still,
Mein Kind, und trage die Last;
Es war des Herrgotts heiliger Will',
Daß Du keinen Vater hast!“

In einem anderen Gedicht bittet ein Kind das Christkind, den Vater an der Front zu beschützen und ihn *„aus blut'gem Feld“* heimkehren zu lassen, *„als Sieger und als stolzer Held – in Wunden und in Ehren“*. Das Kind schließt den Wunsch an, der Vater möge ihm doch etwas mitbringen, und zwar *„ein Kriegsandenken schlicht und klein, / Es dürft' auch ein Kosake sein, /*

Den Vater selbst gefangen!". Viel zynischer und perverser geht's wohl nicht … Nicht immer bemüht sich der dichtende Priester um den Glauben und religiöse Symbole, er kann auch rein martialische Töne anschlagen, auch deutschnationale Emotionen bei Bedarf. Als Beispiel noch ein Gedicht aus dem Bändchen „Das blutige Jahr", das Anfang 1915 in der damals noch in Brixen beheimateten katholischen Verlagsanstalt Tyrolia erschien und mehrere Auflagen erlebte:

Bajonett aufs Gewehr!

Bajonett aufs Gewehr! Trompeter blas' –
Und los wie das Hochgewitter!
Wo Jäger stürmen, da wächst kein Gras,
Da krachen die Schädel wie klirrendes Glas
Unter Klobenhieben in Splitter!

Und lachend mit hellem Jodlerschrei –
Als ging es zum Kirmestanze,
So werfen wir Jäger uns frank und frei
Ins Feuer des Feindes, ins zischende Blei –
Und stürmen und nehmen die Schanze!

Mag der Tod auch speien Verderben aus:
Granaten und heiße Schrapnelle; –
Wir Jäger kennen nicht Furcht noch Graus –
Und hausen wie Sturm- und Wetterbraus –
Und schicken den Teufel zur Hölle!

Drum sind wir Jäger der Feinde Schreck –
Und haben ein gutes Gewissen;
Wir haben das Herz am rechten Fleck,
Und bringt eine Kugel uns einmal zur Streck' –
Und hat uns zu Schanden gerissen; –

Dann liegen wir röchelnd auf roter Flur
In unseren Wunden und Wehen –
Und lächeln – und denken das Eine nur: –
Wir haben gehalten den Treuschwur,
Es ist für den Kaiser geschehen!

Als Dichter sicher begabter war der liberal-nationale Arthur von Wallpach. Von dem katholisch-konservativen Bruder Willram trennten ihn ansonsten geistige Welten, doch ihre Kriegslyrik klingt ganz ähnlich. Schon vor 1914 waren manche seiner Gedichte von deutlicher Kriegsstimmung, ja geradezu von Kriegssehnsucht geprägt (siehe S. 32). Sie erschienen 1914 im Bändchen „*Das Heilige Land*". Im Mai 1915 rückte er als Kommandant eines Standschützenbataillons an die Front und schickte seine lyrischen Ergüsse, die man als reinste Kriegspropaganda bezeichnen kann, an Zeitungen und Zeitschriften. 1916 lässt er sie und andere als kleines Büchlein mit dem Titel „*Wir brechen durch den Tod. Gedichte aus dem Felde*" bei der katholischen Verlagsanstalt Tyrolia erscheinen – er, der Antiklerikale. Aber mit der Tyrolia hatte er ein Verteilernetz, das seinen Gedichten weiteste Verbreitung garantierte:

Manneszeit

O daß wir erleben dich dürfen,
Große, gewaltige Zeit!
Die die Krume pflügen und brachen,
Die tief in der Erde schürfen,
Das Feuer der Schlote entfachen:
Sie alle, die werken und schaffen
Stehn wie Ritter todtrotzend in Waffen,
Geheiligt, geadelt, befreit –
Große, gewaltige Zeit!

Und ob die Leichen sich türmen,
Ob wir fallen vor der Zeit,
Aus der Mordschlacht ehernem Dröhnen,
Wie die Sonne aus flammenden Stürmen,
wächst die Zukunft unseren Söhnen:
In weiten, behüteten Marken
Die Heimat der Frommen und Starken,
Ein Reckengeschlecht, gefeit,
Helden der Manneszeit!

Mit solchen Versen konnte man damals Erfolg haben. Viele Verlage und der Buchhandel hatten während des Krieges nicht etwa Einbußen zu verzeichnen, sondern florierten richtiggehend. Ein extra für Soldaten zusammengestelltes Sortiment an Büchern wurde nicht nur in den Buchhandlungen der Garnisonsorte, sondern in zahlreichen neu errichteten Filialen in Frontnähe angeboten. Auch Bücherwägen kamen zum Einsatz, um das Lesebedürfnis der kämpfenden Truppe zu befriedigen.

Dicht besät mit literarischen Talenten war die Tiroler Kulturlandschaft zu dieser Zeit nicht. Die bedeutendsten waren die Dramatiker Franz Kranewitter und Karl Schönherr. Während Kranewitter immer – vor allem im ersten Kriegsjahr – bereit war, in Artikeln, Aufrufen und Gelegenheitsgedichten für den Krieg und seine Notwendigkeit Stimmung zu machen und dabei vor keiner noch so schauerlichen Phrase zurückschreckte, hielt sich Schönherr von solchen Äußerungen zurück. Er wusste es geschickt zu begründen, wenn er aufgefordert wurde, dieses Genre zu bedienen: *„Ich kann keine Kriegsgedichte machen“*, schreibt er im März 1915 an Alice Strauss-Epstein, *„es schiene mir viel zu wenig für diese große, übergroße Zeit.“* Sein gerade in Arbeit befindliches *„Freiheits-Drama“* sei *„der rechte Rahmen“* für Aussagen zu diesem Thema.

Das erkennen auch Presse und Politik, und so wird die Uraufführung seines in diesem Sinne geschriebenen Dramas „Volk in Not“ am 2. Juli 1916 im Deutschen Volkstheater in Wien zu einem patriotischen Großereignis hochstilisiert. Es geht um den Tiroler Freiheitskampf von 1809, aber die Hauptrolle in diesem *„Deutschen Heldenlied“* (so die Gattungsbezeichnung) spielt nicht Andreas Hofer, sondern das Volk, und gemeint ist das österreichische Volk im gegenwärtigen Krieg. „Dabei wird der Krieg äußerst nüchtern betrachtet“, analysiert Johann Holzner die unterschwellige propagandistische Wirkung des Stücks, „die Grausamkeit der Schlachtszenen ist kaum zu überbieten [...], und in den wortkargen Gesprächen der Frauen kommt fast nichts anderes zum Ausdruck als nackte Angst. Entscheidend ist jedoch, dass der Krieg trotzdem, auch trotz der durchaus ungelösten Schuldfrage und trotz aller Auswirkungen legitimiert wird und dass die politischen Folgen des dargestellten historischen Ereignisses ganz ausgeblendet werden.“

Alle Tiroler Zeitungen und Zeitschriften druckten gerne und gut platziert Kriegserzählungen und Gedichte ab, nicht nur solche, die ihnen von der ein-

Die „Tiroler Soldaten-Zeitung“ soll den Tiroler Landesverteidigern die neuesten Nachrichten über die militärische Lage, ferner über einzelne militärische Begebenheiten auf den Kriegsschauplätzen sowie über sonstige Angelegenheiten, die das Interesse der Armee oder Einzelner berühren, vermitteln.

„Für Gott, Kaiser und Vaterland!“

Tiroler Soldaten-Zeitung

Die „Tiroler Soldaten-Zeitung“ wird womöglich 3mal wöchentlich im Standorte des Landesverteidigungskommandos erscheinen und im Wege der Abfertigung zur weiteren Verbreitung den Kommanden, Truppen und Anstalten unentgeltlich zugestellt werden. — Von Zivilpersonen ist für 1 Exempl. der Zeitung 10 h zu entrichten.

Das Reinerträgnis ist einem Hilfsfond zu Gunsten verwundeter Tiroler Landesverteidiger gewidmet.

Nummer 1 — 2. Juni 1915. — 8 Uhr morgens

Inhalt: Geleitwort Sr. Exzellenz des Landesverteidigungskommandanten in Tirol G. d. K. Dankl. . Italiens Krieg . Unbedingte Schweigepflicht im Kriege . Trentino, Triest und Italien . Das glänzende Ergebnis der

Bringt Nachrichten von Kriegsgeschehen und Soldatenalltag, aber auch Erzählungen und Arbeiten von Tiroler Künstlern

heimischen schreibenden Zunft angeboten wurden. Auch vom Kriegspressequartier in Wien wurden sie mit geeigneten Texten beliefert. Es gab dort eine literarische Gruppe, der neben bedeutenden Autoren wie Hugo von Hofmannsthal, Ferenc Molnár, Franz Werfel, Alfred Polgar oder Leo Perutz auch gänzlich unbedeutende Dichter angehörten wie der Tiroler Hans Schrott-Fiechtl. Die Gruppe hatte den dezidierten Auftrag, nicht nur gescheite Feuilletons zum Thema Krieg zu verfassen, sondern aus den nüchternen Berichten über rühmenswerte Taten einzelner Soldaten literarisch überhöhte Kriegserzählungen und poetische Heldenbilder zu formen. Zu Hans Schrott-Fiechtls Beiträgen gehört die im Jahrbuch 1917 des k. u. k. österreichischen Militär-, Witwen und Waisenfonds abgedruckte Erzählung *„Unser Fähnrich"*, über deren Qualität genügend gesagt ist, wenn man zitiert, dass der Held der Geschichte von *„bestem Zillertaler Bergblut"* ist und das Zusammentreffen einer Kaiserjäger-Kompanie mit dem Feind *„ein Geraufe, so voll Blut und Wut und wieder so voll goldklarer Tapferkeit"* auslöst. Man versteht, warum sich Schrott-Fiechtl in der Tiroler Literaturgeschichte keinen Platz sichern konnte.

Zum Thema Kriegsliteratur und Tirol ist auch Robert Musil zu erwähnen. Immerhin war der gebürtige Klagenfurter, dessen Leben sich bis 1914 zwischen Steyr, Brünn, Wien und Berlin abgespielt hatte, seit Juli 1916 in der Redaktion der „Tiroler Soldatenzeitung" tätig und ab 8. Oktober 1916 bis zur Einstellung des alle zwei Wochen erscheinenden Blattes im April 1917 dessen verantwortlicher Redaktionsleiter. Robert Musil war im Ersten Weltkrieg als Reserveoffizier an verschiedenen Fronten eingesetzt, u. a. im südlichen Tirol. Nach einer schweren Erkrankung im März 1916 wurde er, der vor dem Krieg bei der Berliner „Neuen

Als Beilage ein von Hans Weber-Tyrol gestalteter Kalender

Rundschau" gearbeitet hatte, nicht mehr zur kämpfenden Truppe zurückgeschickt. Sein neuer Einsatzort war die Redaktion der Tiroler Soldatenzeitung in Bozen, die Landesverteidigungskommandant Dankl im Juni 1915 gegründet hatte und die sich mit ihren Meldungen vom Kriegsgeschehen und dem Soldatenalltag sowie mit allerlei interessantem Lesestoff bei der Truppe großer Beliebtheit erfreute. Fallweise wurden auch Gedichte und Erzählungen abgedruckt. Auch Maler arbeiteten für das Blatt, das regelmäßig in seinen Kunstbeilagen u. a. auch Farbdrucke von Albin Egger-Lienz brachte. Die Serie „Unsere Helden" der „Literarischen Beilage" war von einer Grafik Artur Nikodems umrahmt, und den beigelegten Kalender für das Jahr 1916 gestaltete Hans Weber-Tyrol.

Wie nicht anders zu erwarten, bemühte sich Robert Musil, das Niveau der Zeitung weiter anzuheben, ohne zunächst an Auftrag und Grundtendenz zu rütteln. Diese bestanden darin, vereinfacht gesagt, die Soldaten bei Laune zu halten und dadurch ihre Einsatzbereitschaft und das Durchhaltevermögen zu stärken. Differenzierte Kriegspropaganda also, wozu Musil mit gutem Gewissen stehen konnte, hatte er doch in einem Essay der „Neuesten Rundschau" den Krieg wie die meisten Intellektuellen Europas als Hoffnungsbringer für eine erneuerte Gesellschaft begrüßt und seine Meinung dazu nicht grundlegend geändert. Das beweist u. a. einer seiner eigenen Beiträge in der „Tiroler Soldatenzeitung". Sie sind zwar nicht namentlich gezeichnet, doch kann man laut Eberhard Sauermann den Artikel *„Aus der Geschichte eines Regiments"* vom 26. 7. 1916 mit ziemlicher Sicherheit ihm zuschreiben. Dass er bei einem Angriff das *„mörderische Infanteriefeuer"* des Feindes *„als Erlösung"* schildert, *„wie ein Bad, das man nach staubiger Wanderung erblickt"*, und das „plastisch geschilderte Sterben" (Sauermann) vieler Soldaten als Opfertod für den Sieg rühmt, kann man durchaus als literarisch überhöhte Kriegspropaganda bezeichnen.

Als die Soldatenzeitung immer mehr politische Inhalte thematisiert, von gesamtstaatlichen Verfassungsfragen über das Verhältnis zu Deutschland bis zum slowenischen und italienischen Irredentismus, und in kritischen Artikeln Missstände aufzeigt, bläst ihr alsbald ein kräftiger Wind entgegen. Obwohl politisch auf der Linie des Militärs und damit der Herausgeber, verliert sie zunehmend an Rückhalt der maßgeblichen Kreise. Die Redaktion muss jetzt jede Nummer der Zensurbehörde vorlegen, was früher nicht der Fall war, bekommt aber die Bestätigung, dass die Tendenz des Blattes eine hochpatriotische sei, *„dahingehend, ein kraftvolles und mächtiges Österreich nach aussen und innen zu schaffen"*. In den politischen Artikeln werde

Soldaten-Zeitung

Erscheint jeden Sonntag

Bezugspreis Kr. 2.50 (Mk. 2.50) für das Vierteljahr + Preis der Einzelnummer 20 Heller (20 Pfg.) + Geschäftsanzeigen 30 Heller (30 Pfg.) für die 4gespaltene Nonpareillezeile.
Adresse für alle Zusendungen: K. u. k. Feldpostamt Nr. 239
Nachdruck sämtlicher Artikel, Gedichte usw. nur mit genauer Quellenangabe gestattet.

Nummer 18 | Im Felde, 8. Oktober 1916 | 2. Jahrgang

Neuer Redakteur, neuer Zeitungskopf

lediglich wohlmeinend *„auf die bestehenden Mißstände hingewiesen“* und es würden nur die Mittel angedeutet, *„wie eine Besserung der staatlichen Einrichtungen erzielt werden könnte“*. Trotzdem, die Zeit der Tiroler Soldatenzeitung, die sich überregionales Ansehen erworben hatte, zeitweilig auch auf Italienisch herauskam – die ungarische Ausgabe scheint nur eine Episode gewesen zu sein – und heute als eines der profiliertesten Militärblätter des Ersten Weltkriegs gilt, war zu Ende. Am 10. April 1917 verfügte das zuständige Heeresgruppenkommando in Trient die Einstellung der Zeitung, am 15. April erschien die letzte Nummer. Robert Musil wurde zum Landsturmhauptmann befördert und übernahm höhere Aufgaben im Wiener Kriegspressequartier.

Nicht erst in unserer Zeit weiß man, dass ein Bild mehr sagen kann als tausend Worte. Zwar gab es schon lange das Medium der Fotografie, doch stammten immer noch – vor allem in der ersten Kriegshälfte – viele der propagandatauglichen Bilder von bildenden Künstlern. Sie skizzierten vor Ort zwar nicht das Kampfgetümmel selbst, zeichneten aber die Soldaten, ihre Waffen und Stellungen, das Leben an der Front und unmittelbar dahinter. Anschließend konnten sie im sicheren Bereich hinter der Front das Festgehaltene als

Gemälde oder Grafik gestalten. Als Postkarten oder in Zeitungen vieltausendfach reproduziert und auf großen Ausstellungen dem Publikum im Original gezeigt, erzeugten sie die gewünschte Wirkung, die Solidarisierung der Bevölkerung mit dem Geschehen an der Front, den Stolz auf die Leistungen der Soldaten zu heben und damit die Heimatfront zu stärken.

Sicher konnten auch die Fotografien der Kriegsberichterstatter Ähnliches erreichen. Und ihre Zahl schnellte von Kriegsjahr zu Kriegsjahr sprunghaft nach oben. Der Fotohistoriker Anton Holzer hat zu diesem Aspekt der Geschichte des Ersten Weltkriegs ausführliche Forschungen betrieben und die Ergebnisse seiner wissenschaftlichen Arbeit in mehreren Büchern der Öffentlichkeit zugänglich gemacht. Jede Armee, jedes Korps, jedes Kommando hatte eine – meist zivile – Fotografentruppe im Tross, sowohl das Kriegspressequartier als auch das Heeresmuseum und andere Institutionen sammelten und sichteten Fotografien von Profis, die mit entsprechenden Ausweisen versehen und mehr oder minder beaufsichtigt die Kampfzonen bereisten, aber auch die von Amateuren in Uniform zur Verfügung gestellten Aufnahmen. Die Belieferung von Agenturen, die wiederum die Bildwünsche von Zeitungen und Illustrierten zu erfüllen hatten, ursprünglich Sache der Fotografen selbst, übernahmen im Lauf der Kriegsjahre zunehmend die Militärbehörden, die auf diese Weise mehr und mehr die totale

Propagandataugliche Kriegsbilder gehen auf Wanderschaft

Viele Abnehmer garantiert: Dem Matreier Fotografen Franz Schneeberger gelingt im Frühjahr 1918 am Tonalepass dieses Erinnerungsfoto der Standschützen-Feldkompanie Lienz.

Kontrolle über das – vielfach sogar gestellte – „Bild des Krieges“ in der Öffentlichkeit erreichten.

Im Bereich der Tiroler Front war es nicht anders als in den übrigen Kriegsgebieten der Monarchie, außer dass offenbar die Aufmerksamkeit des großen Publikums, wenn man vom Dolomitenkrieg in seiner ersten Phase absieht, eben doch mehr auf Galizien bzw. Russland, auf Serbien und der italienischen Front am Isonzo lag. Dementsprechend geringer war die Zahl der offiziellen und kommerziellen Fotografen, die in Tirol den Krieg auf Glasplatten oder Zelluloidstreifen bannten. Die heimischen Berufsfotografen waren hauptsächlich damit beschäftigt, in ihren Ateliers Soldatenporträts und Erinnerungsbilder von Gruppen vor dem Ausrücken anzufertigen, manche reisten den ausgezogenen Einheiten der Standschützen nach, um sie „im Felde“ aufzunehmen. Der Windisch-Matreier Fotograf Franz Schneeberger zum Beispiel machte noch 1918 am Tonalepass ein Gruppenbild der Standschützen-Feldkompanie Lienz. Für die daraus entstandene Ansichtskarte und eine Vergrößerung im Format 45 × 62 cm hatte er dann garantiert an die 300 Abnehmer!

Private Fotos, meistens von Offizieren, die diesem Hobby frönten, gibt es eine Unzahl aus allen Kampfzonen und Etappenorten Tirols. Viele liegen heute noch in Schubladen und Schachteln der Nachkommen und harren der Sichtung und Bearbeitung durch Fachleute in den zuständigen Archiven; andere sind schon dort gelandet, wie beispielsweise das beeindruckende Fotoalbum des Zirler Bauunternehmers Anton Trixl aus der Zeit seines Einsatzes als Fortifikations-Werkmeister an der Dolomitenfront. Es enthält 366 fein säuberlich beschriftete Schwarzweiß-Abzüge und liegt heute als Dauerleihgabe im Tiroler Archiv für Photographie und Kunst in Lienz. Andere solche Schätze waren die Grundlage für Bücher, wie das prall mit Fotos gefüllte Briefkuvert, das drei Trentiner Hobbyhistoriker bei der Enkelin des fotografierenden Kaiserjäger-Hauptmannes Ludwig Riccabona in Dreikirchen entdeckten.

Nachdenklich stimmendes Foto von Anton Trixl

Daraus machte der Autor Dario Colombo, ergänzt durch anderes historisches Material, das Buch „Un Kaiserjäger in Val Concei". Ein weiteres Beispiel ist die umfangreiche Fotosammlung, die der als „Einjährig-Freiwilliger" zu den Landesschützen (später Kaiserschützen) eingerückte und zu den Fliegern abkommandierte Oberjäger Raimund Pichler angelegt hat. Sie bildete die Grundlage für das 1985 im Steiger-Verlag erschienene Buch Heinz von Lichems „Der Tiroler Hochgebirgskrieg 1915–1918 im Luftbild".

Fotos vom Krieg sind in dem vorliegenden Buch kein eigenes Thema. Es geht nicht – oder nur in Ausnahmefällen – um den fotohistorischen Aspekt, sondern um dokumentarische und illustrative Ergänzung und Unterstreichung des Textes. Anders verhält es sich mit dem Thema Kriegsmalerei, denn dabei handelt es sich – soweit Tiroler Maler damit beschäftigt waren – um einen Aspekt der Tiroler Kunstgeschichte und um die Frage, wieweit sich Künstler in die Maschinerie der politischen oder militärischen Propaganda einspannen ließen.

Das Kriegspressequartier versuchte vor allem akademisch ausgebildete und bereits bekannte Künstler als Kriegsmaler zu gewinnen und in seine „Kunstgruppe" einzugliedern. Andere stellten von sich aus den Antrag, in dieser Funktion eingesetzt zu werden. Motivation dafür kann die Überlegung gewesen sein, auf diese Weise einer Einberufung zur kämpfenden Truppe zu entgehen oder von ihr wegzukommen. Auch finanzielle Gründe im Zeichen des Überlebenskampfes können ausschlaggebend dafür gewesen sein. Man musste ja nicht unbedingt die eigene Überzeugung oder das künstlerische Gewissen verraten, obwohl die offiziellen Kriegsmaler, die eine gelbe Armbinde mit der Aufschrift KUNST trugen, schon mit genauen Anweisungen zu rechnen hatten, was abgebildet werden sollte

Gemälde des Kriegmalers Hans Bertle, das sich auch gut für eine Propagandapostkarte eignete

und in welcher Art dies zu geschehen hatte. Dies trifft vor allem auf Inhalt und Gestaltung von Kriegspostkarten zu. Sie sollen durch die Darstellung positiver Tugenden wie Patriotismus, Treue, Mut und Wachsamkeit oder von Szenen siegreichen Vordringens der eigenen Mannschaften, von eroberten Städten, starken k. u. k. Festungen und modernen Waffen den Siegeswillen oder die Durchhaltebereitschaft stärken. Symbolische oder realistische Bilder und Szenen wiederum, die Unterlegenheit oder gar Feigheit des Gegners ausdrückten, sollten auf andere Weise die Zuversicht stärken, dass dieser Krieg gewonnen werden wird. Allerdings kam es nach ersten Erfahrungen zum Verbot, den Feind lächerlich zu machen oder sonst irgendwie herabzuwürdigen. Man hatte erkannt, dass solch einseitige Propaganda leicht durchschaubar war und kontraproduktiv wirkte.

Mit Vorschriften und Wünschen traktierte man die ins Feld berufenen Maler ganz unterschiedlich, das hing vom jeweiligen Abschnittskommandanten ab und wohl auch von Ansehen und Bedeutung der jeweiligen

Künstler. Dementsprechend gab es Kriegsmaler in Zivil, während andere in Uniform als Teil der Truppe unterwegs waren. Als der damals bereits berühmte Professor Albin Egger-Lienz als offizieller Kriegsmaler im Frontgebiet von Folgaria Eindrücke sammelte und Skizzen anfertigte, traf er drei Kollegen, von denen einer der aus Brixen stammende Simplicissimus-Zeichner Eduard Thöny war. Von ihnen erfuhr er, dass nicht alle Kriegsmaler solche Möglichkeiten hatten und so vornehm behandelt wurden wie er. Egger schreibt seiner Frau: *„Es ist wirklich anerkennenswert, wie rücksichtsvoll mich das Kommando behandelt, genieße ja, wie Du weißt vollkommene Freiheit, wogegen die Anderen hingeschoben werden, ganz nach Gutdünken des Kommandos."*

Egger-Lienz hatte sich im Mai 1915 zu den Standschützen gemeldet, hauptsächlich aus Sorge, mit dem Landsturm nach Galizien geschickt zu werden. Ein Freund habe ihm dazu geraten, *„weil die* [Standschützen] *bestimmt im Lande bleiben"*, liefert er selbst in einem Brief den Grund dazu. Er war da immerhin schon 46 Jahre alt und hatte wohl vernommen, dass die Landsturmpflicht gerade bis ins 50. Lebensjahr ausgedehnt wurde. Am 20. Mai kam er mit der 1. Kompanie des Bataillons Bozen an die Front. Einsatzgebiet waren der Bergkamm, der das vom Gardasee nach Westen führende Ledrotal nördlich begrenzt, dahinter das Dorf Campi und die Bergfestung Tombio. Wie die ebenfalls als Maler bekannten Brüder Stolz, die mit derselben Einheit ausrückten, musste auch er ganz gewöhnlichen Dienst leisten. Was er am

Professor Albin Egger-Lienz als Kriegsmaler im Frontgebiet

Kriegspostkarte von Egger-Lienz

14. Juni 1915 an seine Schwester Maria Egger schreibt, ist reichlich übertrieben, denn gekämpft wurde an diesem Frontabschnitt damals überhaupt nicht: *„Ich war mit den Standschützen 14 Tage bereits in der Feuerlinie in der vordersten Front auf einer Festung bei Riva, mitten im Kanonendonner, von unserem Fort wurde auch geschossen. Die Besatzung, der auch ich angehöre, hat jedoch nicht einzugreifen gebraucht."*

Während die Brüder Stolz bald schon ihrem Sonderauftrag nachgingen und mit dem Skizzieren und Malen des Frontgeschehens begannen, erreichte Egger-Lienz beim Festungsarzt von Tombio, dass er ihm *„Herzbeschwerden beim Aufwärtsgehen"* bescheinigte. So musste er nicht länger *„in der Feuerlinie"* bleiben, sondern wurde ins Hinterland versetzt: *„Bin jetzt vom Kriegsministerium als künstlerischer Beirat im Kriegsfürsorgeamt nach Bozen kommandiert. Habe nur den angenehmsten Dienst (Civil) und werde nur künstlerisch zu tun haben."* Große Kunst ist es allerdings nicht, die der berühmte Akademieprofessor einige Monate lang in Bozen schaffen wird. Er fertigt lediglich Vorlagen für Kriegspostkarten und Illustrationen für die Tiroler Soldatenzeitung an. Im August wird Egger-Lienz zu einer Besichtigungs- und Studienfahrt an die Dolomitenfront eingeladen und beginnt danach mit der Arbeit an einem schon länger geplanten großen Kriegsbild, das zunächst „Helden“ heißen soll, später den Titel „Der Krieg“ bekommt. Auch die Vierfarbenlithographie „1915“ geht aus den Studien dazu hervor.

Egger-Lienz geht mit diesen Arbeiten das Thema „Krieg“ viel grundsätzlicher an: *„Österreichs und Deutschlands Volk in Waffen schiebt als eine unbesiegbare Macht, eine undurchbrechliche Mauer, den Feind vor sich her. Ich mußte auf intime Charakterisierung der Menschen verzichten, wenn das Symbolische, um das es sich bei so einer Sache immer dreht, wirksam werden soll. Entschlossenheit, Kraft, beflügelter Schritt u.s.w.“* Im Entwurf für „Helden“ geht es ihm ums Monumentale, er will *„das Aufrechte, Unbesiegbare Schreiten über Leichen, (das) Ewige als Mythos darstellen“*. Das schreibt Egger-Lienz in einem Brief an den Kunsthistoriker Heinrich Hammer. Weiter heißt es darin: *„Ich bin zur festen Überzeugung gelangt, daß auch ein modernes Schlachtenbild, insofern es einen höheren Zweck verfolgt, nur in mythischer oder symbolischer Form einen dauernden Wert hat, ausgenommen, es will was anderes sein. Was ist die genaue, wirkliche Situation einer Schlacht? Höchstens ein Beispiel für die Kriegsschule; für die Völker ist sie nichts. Ob wir so weit sind?“*

Was hier entsteht, hat nichts mehr zu tun mit den realistischen Skizzen und Zeichnungen, die Egger-Lienz für die Kriegspost-

Skizzenblatt von Egger-Lienz

Aus Eggers Skizzen entstehen im frontnahen Atelier Gemälde mit Kriegsmotiven, hier die „Weihnacht bei den Standschützen“

karten angefertigt hat, wenn er auch Details daraus verwendet. Offenbar will das Kriegspressequartier vom großen Meister aber doch auch wirkungsvolle Gemälde mit realem Bezug zur Front und nicht nur künstlerisch wertvolle Symbolbilder. Mitte Jänner bis Mitte Februar 1916 wird er deshalb ins unmittelbare Kriegsgebiet entsandt und arbeitet als „Kriegsmaler in Zivil“ in Folgaria, für das er selbst immer den beim Militär üblichen deutschen Namen Vielgereuth verwendet, und in Trient. Er besucht die Panzerwerke, macht Skizzen von Soldaten und Stellungen und soll den Stolz der k. u. k. Artillerie malen: *„Der Mörsercomandant ließ uns einen kolosalen Mörser 35 Cent. abdecken und nächstens wird er uns telefonieren, wenn er feuert.“* Lieber als selbst dabei zu sein, lässt Egger-Lienz das Ungeheuer fotografieren und ein Modell bauen, das hinter seinem Quartier in Trient aufgestellt wird. Dort hat er sich ein kleines Atelier eingerichtet, sogar eine Ordonanz steht ihm zur Verfügung. Zwischen 4. und 27. Mai 1916 entstehen kleinere und größere Bilder mit Motiven von der Front. Er skizziert und malt den Truppenaufmarsch für die Frühjahrsoffensive und beobachtet am 16. und 17. Mai von einer Anhöhe nördlich von Rovereto aus deren Beginn mit einem gewaltigen Artilleriefeuer auf die italienischen Stellungen.

Danach beschäftigt Egger-Lienz das Thema Krieg nur mehr im Atelier. Er kehrt wieder zu den symbolischen Darstellungen des Phänomens zurück. Er geht dabei – wie Wilfried Kirschl kommentiert – nicht mehr so formalistisch vor wie in den Bildern „Krieg“ und „1915“, sondern verbindet Symbolstärke mit realistischen Details. In vielen Entwürfen und Vorstufen – darunter „Uhnów“ (siehe S. 59) – entsteht in mehreren Fassungen sein wohl bekanntestes Kriegsgemälde: „Den Namenlosen 1914“. In einer losen Bleistiftnotiz hält der Maler fest, worum es ihm geht: *„Das Keuchen der Not, des bis zum höchsten Kraftwillen angestrengten Menschen“* und um *„die Vergeistigung des Stoffes zum Symbol; ohne jedoch dem geschichtlichen Geschehen den Boden, auf dem es sich aufzubauen hätte, zu entziehen* [...]“ Immer mehr drängt sich nach 1918 das Schreckliche des Krieges in den Vordergrund von Eggers Schaffen, das Leid, der Tod. Die Erinnerung wird übermächtig. Die Bilder „Totenfelder“, „Totenopfer“, „Missa Eroica“, „Finale“ entstehen, Leichenberge, bizarr verrenkte Tote, Särge.

Das Kriegspressequartier hätte mit solchen aussagestarken Bildern sicher wenig Freude gehabt. Zur Stärkung der Heimatfront hätten sie sicher nicht beigetragen. Diese Vorgabe hatten die weniger auf künstlerische Aussage bedachten Maler zu erfüllen, wie Reporter mit Bleistift und Skizzenblock bzw. dann im Atelier – wenn eines zur Verfügung stand – mit Pinsel und Leinwand. Das Schreckliche des Krieges sollten sie nicht zeigen, eher das Mühsame und Gefährliche, das die starken Männer an der Front zu überwinden

„Finale“, Lithographie von Albin Egger-Lienz

hatten, und natürlich den Mut der Kriegshelden. Vielfach ging es aber auch um bloße Information der Menschen zu Hause, die wissen wollten, wie ihre Lieben untergebracht waren, wo sie Wache hielten, wie es zuging an der Front, an der ja nicht jeden Tag und jede Stunde gekämpft wurde. In diese Richtung gingen die Aufträge an die Kriegsmaler.

Die Brüder Albert und Rudolf Stolz zum Beispiel zogen im Mai 1915 mit dem Bozner Standschützenbataillon an die Front bei Riva, offenbar nicht als offizielle Kriegsmaler, denn auch sie mussten zunächst beim Ausbau der Frontlinie im Bereich der Cima d'oro hoch über dem Ledrosee mithelfen. Doch sie hatten – vielleicht direkt von Dr. Viktor Perathoner, dem Kommandanten des Bozner Bataillons – vor allem den Auftrag, den Einsatz der Einheit mit Hilfe von Skizzen und Bildern zu dokumentieren. Daraus sollte später ein gemaltes Kriegstagebuch entstehen. Am 25. November 1915 schreibt Rudolf an seine Frau Theresia, dass er warme

Sachen brauche. *„Dazu bitte ich auch einige Bleistifte einzupacken, und zwar Koh-i-Noor 2B, vielleicht vier Stück, und 4 Stück 3B vom Amonngeschäft. Ein Stück kostet 36 Heller, sind zwar etwas teurer, aber ausgiebig zum Zeichnen. Daraus kannst entnehmen, dass ich viel beschäftigt bin mit Kriegszeichnen und Malen."* Auf ausgedehnten Touren zu den einzelnen Stellungen fertigen die beiden Brüder Hunderte von Skizzen an. *„Mit Strapazen sind diese Touren immerhin verbunden und muss man sich in den Unterkünften mit allem zufrieden geben, dass man wenigstens vor Kälte geschützt ist. Unsere Sachen auszuarbeiten sind wir dann wieder unten im Tal. So gehen die Tage manchmal mit ziemlich strengem Arbeiten, dass wir etwas zeigen können."*

Das Projekt eines gemalten Kriegstagebuchs der Bozner Standschützen wurde nach dem Krieg nicht mehr verwirklicht. Es kam zwar noch eine für den Druck vorgesehene Auswahl von dreißig Bildern in Aquarell, Gouache, Bleistift- oder Farbzeichnungen zustande, doch war es nicht mehr möglich, es in den Nachkriegsjahren herauszubringen. Die Originale kamen in den Besitz der Schwestern Annemarie und Rosemarie Reut-Nikolussi, Enkelinnen von Dr. Viktor Perathoner und Töchter des Kaiserjäger-Offiziers und späteren Südtiroler Politikers Eduard Reut-Nikolussi. Sie stellten die Mappe zuerst dem Kaiserschützenmuseum zur Verfügung und später, als dieses geschlossen wurde, dem Rudolf-Stolz-Museum in Sexten, das 2011 für die fast 100 Jahre zu späte Drucklegung sorgte.

Auch der in Imst geborene, aber 1914 schon länger in Meran wohnhafte Thomas Riss rückte mit den Standschützen aus. Er war nicht frontdiensttauglich, was für seinen Einsatz als Kriegsmaler kein Hindernis war. Am Pasubio, am Monte Piano und auf der Marmolata zeichnete er nicht nur Standschützen, sondern auch alle anderen Tiroler Einheiten, viele Porträts, Szenen

Gouache von Albert Stolz für ein gemaltes Tagebuch des Bozner Standschützenbataillons

und Landschaften. Als Grundlage für die ausgefertigten Arbeiten machte Riss nicht nur Skizzen, er nützte auch das Mittel der Fotografie. Zeigte Riss anfangs große Begeisterung für die Aufgabe, die ihn eine neue Facette des Lebens kennenlernen ließ, litt er später darunter, dass die Arbeitsbedingungen sehr schlecht waren. Vor allem klagte er in seinen Briefen, dass er keinen eigenen Raum zur Verfügung habe und deshalb meist im Freien arbeiten müsse. Die Kälte machte ihm zu schaffen, er war oft deprimiert, schließlich kränklich. Die Schrecken des Krieges – im Bild ausgespart – bedrückten ihn. Um Hilfseinrichtungen für Kriegsopfer, Witwen und Waisen unterstützen zu können, stellte er seine Bilder in Innsbruck und anderen Städten aus und spendete den durch Eintrittsgelder und den Verkauf von Bildern hereingekommenen Betrag.

Einer der produktivsten Kriegsmaler, die mit Tiroler Einheiten ins Feld zogen, war der gebürtige Vorarlberger Hans Bertle, der mit Fug und Recht als der Maler der Landes- oder Kaiserschützen gelten darf (siehe S. 292). Am längsten dauerte sein Einsatz in Fucine, dem Kommandositz des Rayons Tonale. Sehr ergiebig war auch die malerische „Kriegsbeute" des Franz Ferdinand Rizzi, gebürtig aus dem Fassatal, der in Prag und München studiert hatte und die Tiroler Zeit des Deutschen Alpenkorps im Bild festhielt. Zu erwähnen wären noch Hans Weber-Tyrol und Rudolf Glotz, die beide für das Kriegspressequartier tätig waren, und viele andere Tiroler, von denen Kriegsbilder bekannt sind, etwa Thomas Walch, Hanns Maria Bitterlich, Hubert Lanzinger oder Sidonius Schrom. Dass an der Tiroler Front auch zahlreiche Maler aus anderen Kronländern standen oder mit Tiroler Einheiten unterwegs waren, versteht sich von selber. Eine demnächst fertiggestellte Dissertation erwähnt außer den genannten Namen noch 21 weitere Maler, die Bilder von den Stellungen und Einsätzen der Landes- bzw. Kaiserschützen gemalt haben. Als amtlich beauftragte Kriegsmaler waren auch zwei Welschtiroler tätig, der eine war Attilio

Thomas Riss als Kriegsmaler im Einsatz

Franz Ferdinand Rizzi: „Wachposten über dem Gardasee". Kohle, Bleistift und Deckweiß auf grauem Papier

Lasta aus Villa Lagarina im Etschtal, der zuerst in Galizien eingesetzt, später in Wels tätig war; der andere malte nur im Hinterland. Er heißt Luigi Ratini, ist 1880 in Trient geboren und wurde 1915 zusammen mit seinen Eltern nach Böhmen evakuiert, 1916 kam er in der Funktion eines Kriegsmalers ebenfalls nach Wels.

Auch ohne offiziell mit dieser Aufgabe betraut zu sein, schufen manche Künstler während ihres Einsatzes bei einer der Tiroler Einheiten Skizzen und Bilder, die mit dem Krieg zu tun hatten. Einer von ihnen war Ernst Nepo, der mit dem 1. Kaiserjägerregiment in Galizien, am Isonzo und an der Tiroler Front war und 1916 zum Leutnant befördert wurde. Toni Kirchmayr wurde als Kaiserjäger in Galizien verwundet. Ein Fresko in der Wallfahrtskirche Locherboden am Mieminger Plateau und viele Skizzen erinnern an seine Kriegszeit.

Max von Esterle geriet – wie bereits berichtet (siehe S. 70 u. 90) – mit seinem Landsturmregiment in russische Kriegsgefangenschaft. Im Lager in Sibirien gab er seinen Kameraden Zeichen- und Malunterricht. Die Bilder, die er damals schuf, wurden großteils bei einem Bombenangriff im Zweiten Weltkrieg zerstört. Ebenfalls als Kaiserjäger eingerückt und bis Kriegsende an der Front war Hans Piffrader. Aus dieser Zeit gibt es eine Reihe von Skizzen und Bildern, doch wirklich künstlerisch zum Tragen kommt das gewaltige und gewalttätige Geschehen erst in seinen späteren Zeichnungen, in denen Erschießungen, Särge, Skelette, Totentänze und aus Waffen zusammengesetzte Roboter sich zu einer einzigen Horrorvision verdichten. Wenn man an der Rückseite der Kaiserjägerkapelle am Bergisel das eher konventionelle Relief mit seinen hel-

Hans Piffrader lässt das Grauen des Krieges nicht mehr los: „Inferno“, 1925 entstandene Kohlezeichnung.

dischen Gestalten betrachtet – Luis Trenker soll das Modell für die Mittelfigur gewesen sein – oder gar seine Reliefs aus den zwanziger und dreißiger Jahren für faschistische Bauten in Bozen, dann möchte man nicht glauben, dass das alles von demselben Künstler stammt.

Alfons Walde malte im Krieg nur in seiner soldatischen „Freizeit“ und erlangte trotzdem als Kriegs- oder besser vielleicht als Soldatenmaler Bedeutung. 1891 geboren, rückte Walde am 1. August 1914 zu den Kaiserschützen ein, die damals noch Landesschützen hießen, und wurde in die 3. Ersatzkompanie des 2. Regiments eingeteilt. Nach der üblichen Ausbildung als „Einjährig-Freiwilliger“ kam er in das neu gebildete 4. Bataillon des 3. Regiments, wurde zum Kadetten und zum Fähnrich befördert und erstmals am 29. September 1915 am Monte Piano eingesetzt. Nach der Frühjahrsoffensive auf den Sieben Gemeinden waren die heiß umkämpfte Schlüsselstellung der Zugna Torta zwischen Vallarsa und dem Etschtal sowie der Monte Pasubio seine Einsatzgebiete. 1917 wurde er zum Leutnant befördert. Stationierungen in Schärding und Doboi in Bosnien und in Bruneck dienten dazwischen der Erholung, was für ihn Zeit zum Zeichnen und Skizzieren bedeutete. Als ihn das Kriegspressequartier für seine Zwecke verpflichten wollte, lehnte er ab. *„Ich fürchte, als Kriegsmaler muß ich viel, viel Anstand und Pflicht abliefern, so viel ich erfahren von anderen Kriegsmalern“*, schreibt er in einem Brief als Begründung.

Für den Künstler Walde, wiewohl er als überzeugter und idealistischer Patriot in den Kampf gezogen war und dieser Überzeugung und Einstellung auch treu blieb, war das Kriegsgeschehen nur insofern wichtig und interessant, als es ihm Motive und Anregungen für sein freies künstlerisches Schaffen bot. Wenn er einen Soldaten beim Werfen einer Handgranate malte, dann wollte er nicht die Handhabung einer für den Gebirgskrieg wichtigen Waffe dokumentieren. Und der Kunsthistoriker Gert Ammann stellt fest: „Weniger die Aggression faszinierte Walde, vielmehr die Spannung der Körperdarstellung.“ Klar zu erkennen ist das, weil Walde das Gemälde – wie in vielen anderen Fällen auch – nach dem Foto eines vor weißem Schneehintergrund aufgestellten Modells ausführte. Im gemalten Bild zeigt sich Walde aber einer anderen, auf Farbe und Struktur gerichteten Idee verpflichtet: „Eingebunden in einen fast kubistisch strukturierten Hintergrund verliert die Spannung der Figur an Wirksamkeit“ (Ammann). Auch sonst könnte man Waldes Kriegsmalerei mit dem Schlagwort „Der Krieg als Modell“ charakterisieren. Abschiede, Begegnungen im Heimaturlaub, Trauerstimmung am Friedhof, Soldatenalltag sind Themen für Genreszenen, oft erst Jahre später aus Skizzen und Fotos entstanden oder frei aus Erinnerung und Vorstellung formuliert.

Alfons Waldes künstlerisches Interesse ist die „markante Formulierung von Soldatengesichtern“.

Eine besondere Stellung in Waldes Kunst aus der Kriegszeit nehmen die Porträts von Kameraden ein, in denen er zu einer ganz eigenen Bildsprache findet. Aus der Realität entsteht ein Typus in wenigen Variationen. Kantige Gesichter, oft mit einem minimalen Naturausschnitt im Hintergrund, „später durch Schrifttum und Film zu Symbolfiguren des Kaiserschützentums lanciert“, wie Gert Ammann schreibt, wurden sie „zum Idealbild des Frontkämpfers“. Was immer der Anlass für diese Porträts war, die Suche nach Modellen oder auch der Wunsch und Auftrag eines Mitkämpfers, „die markante Formulierung der Soldatengesichter" entsprach „dem eigentlichen künstlerischen Interesse Waldes".

Eine andere Facette der Kriegsmalerei zeigen die während oder nach dem Krieg entstandenen Gedanken- und Symbolbilder zum Thema Krieg, wie sie die Trentiner Futuristen Luigi Bonazza, Vittorio Casetti oder Erica Piubellini schufen. Und natürlich Fortunato Depero als deren bedeutendster. Sie waren durchwegs im Mai 1915 oder schon früher nach Italien emigriert und schufen Grafiken und Gemälde, die keine Ausschnitte aus dem realen Kriegsgeschehen zeigen, sondern abstrakte Formen rauschhaft gebündelter Energie oder ein Panoptikum aus Flugzeug-, Waffen- und Maschinenteilen. Auf diese Weise feierten sie den Krieg, den sie als das große Ereignis begrüßten, in dem die alte Welt in „Stahlgewittern" untergehen und eine neue, bessere, eben die moderne Welt erstehen sollte. Der Mensch spielt fast immer eine Nebenrolle.

Der aus Fondo stammende, in Rovereto ansässig gewordene Fortunato Depero macht mit einer eindrucksvollen Bildfolge eine Ausnahme. Er ging als einziger von den Trentiner Futuristen mit einer italienischen Einheit an die Front und kämpfte am Col di Lana. Nach diesem Erlebnis, das nur mehrere Monate dauerte, widmete er sich in Rom einem Thema, das ihn schon 1914 interessiert hat: der Mensch im Krieg, nicht der leidende freilich, nicht das Opfer, sondern der gewalttätige Mensch, der Soldat. War es 1914 noch der sehr archaisch anmutende Kämpfer aus den Reihen der Alpini, ist es jetzt der Maschinengewehrschütze („Il mitragliere"), dem er sein künstlerisches Denkmal setzt. Deperos Collage „Guerra-festa", die 1924/25 entstand und in starker Farbigkeit das Kämpfen als ein naiv-lustiges Kinderspiel darstellt, ist dann auch keine Huldigung an den Krieg mehr, wie vielfach geschrieben wurde, sondern – wie Kunsthistoriker heute meinen – Deperos sehr persönlicher, im Grund gegen den Wertekatalog der Futuristen gerichteter Kommentar, dass die Menschheit erst dann in eine bessere Zukunft gehen wird, wenn der Krieg nur mehr als Kinderspiel existiert.

Tiroler an anderen Fronten

In Montenegro und in Siebenbürgen • Was Gustav Beikircher und der Maler Artur Nikodem in der Türkei für Aufgaben hatten • Die Matrosen Ferdinand Vranc und Heinz von Perckhammer • Die Fliegerkompanien

Nicht nur in Galizien und der Bukowina, nicht nur an der Nord- und Westgrenze Serbiens, nicht nur am Isonzo und um das südliche Tirol herum verliefen im Ersten Weltkrieg die Fronten, an die Österreich-Ungarn seine Soldaten schicken musste. Gekämpft wurde auch an den Grenzen Montenegros, das schon im August 1914 an der Seite Serbiens in den Krieg eingetreten war, ohne ihn bisher im eigenen Land zu haben. Andererseits konnte das „Land der schwarzen Berge", das von seinem Fürsten Nikola Petrovic erst 1910 zum Königreich erklärt worden war, vom 1749 m hohen Bergmassiv des Lovcen herab den österreichischen Flottenstützpunkt Cattaro (Kotor) in der 30 km tief eingeschnittenen Bucht bedrohen. Am 4. Jänner 1916 griff ein österreichisches Infanterieregiment von Cattaro aus den Lovcen an, und schon am 23. Jänner musste König Nikola I. Njegos mit seiner kleinen Armee kapitulieren. Gekämpft wurde auch gegen Rumänien, das sich wie Italien bei Kriegsbeginn für neutral erklärt hatte, im August 1916 aber – wie Italien 15 Monate vorher – auf der Seite der Entente in den Krieg eintrat.

Tiroler Einheiten wurden an all diesen Fronten nicht eingesetzt, doch einzelne Tiroler waren fast überall zu finden, als Angehörige von Sondereinheiten oder als Spezialisten für irgendein Fachgebiet. Die Autokolonne Innsbruck mit Josef, Gustav und Emil Beikircher aus dem Tauferer Tal war nach ihrem Einsatz in Galizien im Juni 1915 an die neue Tiroler Front geschickt worden. Aber schon im November desselben Jahres wurde die gesamte Truppe, zu der jetzt auch der vierte Beikircher-Bruder, Eugen, gestoßen war, nach Klosterneuburg bei Wien beordert, wo es zu einer Neuordnung der Kraftwagenkolonnen kam. Die Kolonne Innsbruck wurde aufgelöst. Nicht mit nach Klosterneuburg ging Gustav Beikircher, dem eine leitende Funktion im neuen Innsbrucker Kraftfahrersatzdepot (KED) und die Ausbildung des militärischen Kraftfahrernachwuchses anvertraut wurde. Mit einer der neu formierten Kraftwagenkolonnen – von der Bezeichnung Autokolonnen war man mit Rücksicht auf die Sprachregelung des deutschen Verbündeten abgerückt – kam Emil Beikircher Anfang 1916 wieder zurück nach Tirol.

Das südlichste Ende Österreich-Ungarns, die Bucht von Kotor, war Ausgangspunkt für die Offensive gegen das kleine Königreich Montenegro (Ausschnitt aus einer zeitgenössischen Karte der Habsburger Monarchie).

Josef und Eugen dagegen wurden mit einer anderen Kolonne nach Cattaro geschickt. Am 29. Jänner 1916 schreibt Eugen Beikircher an seinen Vater in Mühlen bei Sand in Taufers: *„Wir sind gestern nach 7-tägiger Bahnfahrt hier angekommen. Ich und Peppi* [Josef] *befinden uns ganz wohl und ich glaube es wird uns auch ganz gut gehen.“* So wird es auch sein. In den folgenden Wochen ist nur die steile, schmale und kurvenreiche Schotterstraße von Cattaro über den Lovcen ins Hinterland – die Spitzkehren sind oft nur mit Reversieren zu bewältigen – eine Gefahr für das Brüderpaar. Denn die Kämpfe an dieser Front sind beendet, Montenegro ist besetzt, und es geht jetzt nur um die Belieferung der in der Hauptstadt Cetinje stationierten Truppen und den Aufbau einer Infrastruktur in dem zurückgebliebenen Bergland. Zunächst noch im Landesinneren untergebracht, bekommen sie bald schon ein richtig schönes Standquartier in der Ortschaft Risano (heute Risan) in der Bucht von Cattaro (heute Boka Kotorska), von wo aus sie hauptsächlich an der dalmatinischen Küste unterwegs sind. Am 30. März 1916 schreibt Josef Beikircher nach Hause: *„Nun haben wir uns hier schon wieder ein wenig eingelebt und geht uns ganz gut, fahren täglich 80–100 km auf Eisenrädern natürlich, steigen vom Meere also 0 auf 920 m auf, dann wieder auf 700 m herunter und wieder zurück.* [...] *Straßen hier gut und viel weniger gefährlich als am Lovcen. Es ist schon ganz schön hier am Meere, alles beginnt zu blühen, besonders die Abende sind wunderbar.“*

Drei Monate lang dürfen die Brüder dieses wenig kriegerische Leben genießen. Dann wird „Peppi“ Beikircher wieder nach Russland geschickt, wo die Offensive des Generals Brussilow wieder Bewegung in die Front gebracht hat und jede Verstärkung willkommen ist. Über seinen Einsatzort in Ostgalizien oder Wolhynien – so heißt eine historische Region im Norden der heutigen Ukraine – erfährt man zu Hause wenig, die Front verschiebt sich auch dauernd und die Zensur lässt die Nennung von Ortsnamen nicht zu. Nur kurze Zeit bleibt „Peppis“ Autokolonne in dieser unwirtlichen Gegend am Rande der berüchtigten Pripjet-Sümpfe. Den Feldpostnummern seiner Post – zweimal sind es nur die in allen Sprachen der Monarchie bedruckten „Ich-bin-gesund“-Karten, auf denen keine persönlichen Nachrichten geschrieben werden dürfen – ist eine Überstellung an die Karpatenfront bzw. in ihr Hinterland und dort ein mehrmaliger Ortswechsel zu entnehmen. In einem mit 17. Jänner 1917 datierten Brief an den Vater, den alle Söhne wie damals üblich mit Sie ansprechen, schreibt er aus einem nicht näher bezeichneten Ort: *„Ihre beiden lieben Briefe habe ich erhalten, da wir aber inzwischen wieder einen Stellungswechsel über einen Paß hatten, komme ich erst heute dazu zu antworten. Sie haben schwerlich einen Begriff was so eine Ortsveränderung für Masse Arbeit mit sich bringt, zumal man ja umziehen und arbeiten gleichzeitig soll. Momentan habe ich nur 6 Wagen, mit denen ich auf den gänzlich vereisten Straßen klaglos weiterkomme, es sind dies jene, welche mit dem von mir konstruierten Gleitschutz versehen sind.“*

Zu seiner Erfindung, die den harten und schneereichen Karpatenwinter 1916/17 bewältigen half, schreibt „Peppi“ einen Monat später: *„Mein Gleitschutz hat ziemliches Aufsehen gemacht und wird nunmehr hier allgemein verwendet. Ich bin mit meiner Kolonne an einem Tag über zwei gänzlich verschneite Pässe gefahren, und habe dazu noch einen Wagen mit Achsbruch mitgeschleppt. Darob allgemeines Staunen, Zitierung meiner Wenigkeit zum Kraftfahr-Truppenkommando, Belobigung etc.“* Nächste und letzte bekannte Station der Kolonne von Josef Beikircher ist ab April 1917 eine kleine Stadt in Siebenbürgen. Die Distanz zur Frontlinie am Karpatenkamm beträgt etwa 70 bis 80 Kilometer. Östlich des Gebirges, in Moldawien, halten sich die Russen, Rumänien ist zu diesem Zeitpunkt schon vernichtend geschlagen, der Großteil seines Staatsgebietes von den Mittelmächten besetzt. Während Josef Beikirchers Autokolonne – Kaiser Karl hat wieder die alte österreichische Bezeichnung eingeführt – unter dem zunehmenden Mangel an Ersatzteilen und anderem Material leidet, kann er mehrmals aus rumänischen Beständen Lebensmittelpakete nach Tirol schicken, wo längst Hungersnot herrscht.

Für den Einsatz an einer ganz anderen Front hatte sich Gustav Beikircher gemeldet. Während sich sein

Aus dem „k. u. k. Wüstenkrieg“: Kraftwagenkolonne bei der Einfahrt in Mossul am Oberlauf des Tigris (heute im Irak)

Bruder Josef im November 1916 mit den winterlichen Verhältnissen in den Karpaten herumschlagen muss, fährt Gustav durch heiße Steppen und Wüsten der Türkei, deren Staatsgebiet damals auch das heutige Syrien, Jordanien, Israel und die Sinai-Halbinsel umfasst und sich über den Norden der arabischen Wüste bis in das Zweistromland (heute Irak) erstreckt. Das mit den Mittelmächten verbündete Osmanische Reich des Sultans Mohammed V. Reschad muss an drei Fronten bestehen: im Nordosten am Kaukasus gegen Russland, im Südosten am Persischen Golf und im Südwesten am Suezkanal gegen die Engländer. Es hat noch eine vierte Front gegeben, doch von der im April 1915 besetzten Halbinsel Gallipoli, die den Zugang zum Bosporus und zum Schwarzen Meer beherrscht, können die Engländer in harten Kämpfen bis Ende desselben Jahres vertrieben werden. Als es im Laufe des Jahres 1916 an den anderen Fronten brenzlig wird, schickt Österreich-Ungarn eine Infanteriedivision samt Feldartillerie an den Suezkanal. Bald wird klar, dass die türkische Armee Schwierigkeiten haben würde, für entsprechenden Nachschub zu sorgen, zumal der 1903 begonnene Bau der Bagdadbahn noch nicht beendet ist und zwischen Konya in Anatolien und Aleppo in Syrien Lücken klaffen, was den Transport von Truppen, Waffen und Proviant erheblich erschwert. Also müssen die Verbündeten helfen. Sowohl Österreich als auch Deutschland schicken Kraftwagenkolonnen, mobile Werkstätten und Ausrüstung. An mehreren Stützpunkten werden Benzin- und Ersatzteillager angelegt, so dass selbst längere Strecken durch Gebirgsschluchten und Pässe oder durch Wüsten und Steppen motorisiert bewältigt werden können.

Ihre regelmäßige Inspizierung ist eine der Aufgaben, die Gustav Beikircher übernimmt, als er Mitte Oktober 1916 mit einem der beiden k. u. k. Kraftfahrersatzdepots in Konstantinopel (wie Istanbul damals offiziell noch heißt) eintrifft. Das wird ihn in den nächsten Monaten

Der Pustertaler Autopionier Gustav Beikircher bei Reparaturarbeiten in der Kurdenstadt Diarbekir, einem der wichtigsten Stützpunkte der k. u. k. Einheiten in der Türkei

bereits in die Nähe aller Fronten führen und später im Osten bis Mossul am Tigris (heute Mosul geschrieben) und im Süden über Jerusalem hinaus bis vor Gaza. Zunächst gilt es jedoch, die in der Hauptstadt benötigte Infrastruktur zu schaffen. Zu Beikirchers Tätigkeitsbereichen in der Türkei gehören weiters die Leitung der Werkstätten und die Verwaltung der Betriebsmittel, schließlich wird der Tiroler Automobilspezialist auch als Instrukteur für Mannschaften und Offiziere der türkischen Armee eingesetzt und von Regierungsmitgliedern, hochrangigen Militärs und sogar von Mitgliedern des Herrscherhauses als Chauffeur angefordert. Bis zum Kriegsende bleibt Gustav Beikircher hier, erlebt den Sieg der Engländer über die von deutschen Verbänden unterstützten türkischen Streitkräfte, wird interniert und kommt im Jänner 1919 zusammen mit anderen Angehörigen der österreichischen Kolonie in Konstantinopel per Schiff nach Österreich zurück – im Kopf sicherlich noch jene Gedanken, die er in einem Brief an seinen Vater geäußert hat, als er das erste Mal von einer großen Fahrt durch die Weiten des Osmanischen Reichs nach Konstantinopel zurückgekommen ist: „[...] *es gibt so viel Neues, Interessantes, Schönes und Häßliches zu sehen und zu erleben, daß man gar nicht satt wird. Es ist doch ganz anders, wenn man selbst sieht, fühlt und miterlebt, als wie man es in Büchern liest, so kraß hätte ich mir den Unterschied zwischen Orient und Occident nicht vorgestellt. Sitten, Gebräuche und Lebensweise der Orientalen sind den unseren großenteils direkt entgegengesetzt. Menschen, Sprachen, Zeiteinteilung, Geld und Werte alles fremd.*“

Der Krieg als Möglichkeit, fremde Welten kennenzulernen, den eigenen Horizont zu erweitern – bei Gustav Beikircher war es so. Auch bei einem anderen Tiroler, der an der Türkeifront stand, auch er im Hinterland und nicht an der Kampfzone: der Maler Artur Nikodem.

In Trient als Sohn eines aus Böhmen stammenden Offiziers und dessen italienischer Gattin geboren, hatte er seinen Militärdienst dem Wunsch des Vaters entsprechend bei der Marine absolviert, die berufliche Laufbahn aber 1891 bei der Telegraphenabteilung der Trienter Post begonnen. Neben der allgemeinen Ausbildung zum Post- und Telegraphenassistenten lernte er mit dem damals sehr gepriesenen Hugh-Morseapparat umzugehen, der mit doppelter Geschwindigkeit arbeitete und deshalb auch die Kenntnis einer eigenen Morsesprache verlangte. 1893 übersiedelte er nach Meran und 1908 in die Landeshauptstadt, wo er weiter bei der Post arbeitete, und zwar jetzt als Postoberoffizial in der Telegraphenabteilung der Innsbrucker Hauptpost. Inzwischen war ihm die Malerei immer wichtiger geworden, mit der er sich seit der Jahrhundertwende ernsthaft beschäftigte und bei Publikum und Kritik Anerkennung fand. Um 1914 galt Nikodem als einer der wichtigen Tiroler Maler.

Bei Kriegsbeginn wird Nikodem wohl wegen seines der Allgemeinheit dienenden Brotberufs noch nicht einberufen. Er leidet unter den immer deprimierender werdenden Nachrichten von den Kriegsschauplätzen, verfällt ob der langen Listen von Gefallenen und Vermissten in jene trübe Stimmung, die sich über das Land ausbreitet, bevor noch das Jahr zu Ende ist. Als am 23. Mai 1915 Italien der k. u. k. Monarchie den Krieg erklärt, was für ihn als Sohn einer Italienerin ein besonderer Schock gewesen sein muss, erhält auch Nikodem seinen Einberufungsbefehl. Da technische Spezialisten gefragt sind, kommt er nicht zur Marine, was auf Grund seines Präsenzdienstes durchaus möglich gewesen wäre, sondern wird als „Reservetelegraph" dem Tiroler Landesverteidigungskommando in Innsbruck zugeordnet. Er bleibt hier aber nicht lange, denn als sich im September 1916 der Kriegseintritt Bulgari-

Der Maler Artur Nikodem mit dem Hugh-Morseapparat in Konstantinopel

ens auf der Seite der Mittelmächte abzuzeichnen beginnt, wird der Tiroler Kommunikationsexperte Nikodem zum k. u. k. Militärattaché in Sofia entsandt, um dort eine Hugh-Abteilung zu installieren und zu warten. Da er seinen Dienst zur vollen Zufriedenheit seiner Vorgesetzten leistet, wünschen sich auch andere österreichisch-ungarische Auslandsposten seine Hilfe, und so wird er nach Konstantinopel weitergereicht, als ein Dreivierteljahr später der Einsatz österreichisch-ungarischer Truppen in der Türkei beginnt. Vom 1. August 1916 bis zum Kriegsende ist er Kommandant des 2. Zuges der Telegraphenkompanie in Konstantinopel.

Wie sehr man mit den Leistungen des Tirolers zufrieden war, geht aus den Telegrammen hervor, mit denen seine Vorgesetzten ihren Vorschlag zu Ordensverleihungen begründeten. Einmal heißt es, Nikodem habe es verstanden, *„dem k. und k. Telegraphenwesen auf türkischem Gebiet besondere Wertschätzung seitens aller beteiligten Behörden – eigene wie fremde zu verschaffen"*. Ein anderes Mal wird er als *„vorzüglicher Be-*

amter, der ganz in seinem Dienst aufgeht und hier hervorragendes in seinem Fach geleistet hat", gelobt. Nun, ganz aufgegangen in seinem Dienst ist Nikodem sicher nicht. Dazu faszinierte ihn die Welt des Orients zu sehr, gab er sich dem auf ihn einstürmenden Rausch der Sinne hin. Er genoss die Düfte und Farben im Bazar, das außergewöhnliche Licht auf den Kuppeln und über dem Meer, die Pracht der Paläste, das bunte Leben in den Gassen. So viel wie möglich davon hielt er in seinen Skizzenbüchern fest, saugte das verwirrend Neue geradezu in sich auf, um es später in seinen Bildern zu verarbeiten. Intensiv beschäftigte er sich mit Architektur und Kunst der Türken, studierte Muster und Farbgebung ihrer Teppiche und der weiß-blauen Majoliken. *„Stadt des Goldes und der Abendsonne"* nennt er Istanbul auf einem seiner Skizzenblätter, die alles Kriegerische ausklammern und sich ausschließlich dem Erlebnis neu entdeckter Schönheit widmen. Er freundete sich auch mit Einheimischen an, versuchte in die Welt des Islam einzudringen, wurde ein anderer

Am Kai, Foto (o.T.) von Artur Nikodem, Istanbul 1916–1918

Die Menschen und ihr Alltag faszinieren Nikodem, er hält seine Eindrücke auf Skizzen und Zeichnungen mit Bleistift und Buntstiften fest.

Mensch – und als Künstler neu geboren. Der Kunsthistoriker Heinrich Hammer, der Nikodems Schaffen von den Anfängen an aus der Nähe verfolgt hat, wird später über ihn schreiben: „Die Jahre in Konstantinopel, die der Krieg brachte, zeigten Nikodem die konsequenteren, dekorativen Prinzipien orientalischer Kunst, die Farbenpracht ihrer Stoffe, Teppiche und Majoliken. Sie haben Nikodem außerordentlich angeregt, alle trüben Farben wegzulassen, die Töne unvermittelter nebeneinander anzuschlagen, heller, satter, unbedingter, dionysischer zu werden."

Wenn man von „anderen Fronten" Österreich-Ungarns spricht, dann würde wohl niemand vermuten, dass es noch weiter entfernte Einsatzgebiete für Tiroler gab als den Nahen Osten. Doch es gab sie, zumindest weiß man es vom Meraner Fotografensohn Heinz von Perckhammer. Er war einer der wenigen Tiroler, die in der Marine ihren Militärdienst absolvierten. Die kleine k. u. k. Marine, deren Haupthäfen Pola in Istrien und die Bucht von Cattaro ganz im Süden der dalmatischen Küste waren, spielte im Ersten Weltkrieg keine entscheidende, ja nicht einmal eine große Rolle. Nur unmittelbar nach der italienischen Kriegserklärung hatte sie Flagge gezeigt und war zu einem Angriff auf die Hafenstadt Ancona aufgebrochen, deren Beschießung durch die schweren Schiffskanonen erhebliche Schäden verursachte. Wahrscheinlich war auf dem einen oder anderen Kriegsschiff ein Tiroler eingesetzt, den es zur Marine verschlagen hatte.

Leider weiß man fast nichts über den Lienzer Vranc Ferdl, der mit dem Dienstrang „Maschinengast" auf einem der zwölf Unterseeboote der k. u. k. Marine diente und mit einem schweren Gehörschaden aus dem Krieg heimkam. Er war ein stadtbekanntes Lienzer Original und erzählte den Kindern gerne Geschichten aus alter

An

Frau Wtw. V R A N C

Lienz (Tirol)

Ad. [illegible]cherstrasse Nr.20

Am, 17. April 1916.

Auf Ihre Anfrage wird Ihnen mitgeteilt, daß Ihr Sohn Maschinengast VRANC Ferdinand auf S.M. Unterseeboot " 6 " eingeschifft, gesund und wohlauf ist.

Der k.u.k. Unterseebootstationskommandant:
I.V.

Beruhigende Nachricht für die Witwe Vranc in Lienz: Dem Sohn geht es gut.

Zeit, nie jedoch von seinen Kriegserlebnissen, die offenbar ein schweres Trauma hinterlassen hatten. Auf einer erhalten gebliebenen Karte teilt das k. u. k. Unterseebootskommando in Pola der Witwe Vranc in Lienz am 19. April 1916 auf deren Anfrage mit, *„ihr Sohn Maschinengast Vranc Ferdinand"* sei *„auf SM Unterseeboot ‚6' eingeschifft, gesund und wohlauf"*. Laut einer Verlustliste des Kriegsministeriums ist das Unterseeboot 6 am 13. Mai in der Straße von Otranto in eine Netzsperre geraten und gesunken. Die 19-köpfige Besatzung konnte gerettet werden. Der Gehörschaden des Vranc Ferdl wird wohl von dieser Rettungsaktion aus den Tiefen des Meeres und sein offensichtliches Trauma von der damit verbundenen Todeserfahrung herrühren. Als der Vranc Ferdl 1977 starb, fand man bei seinen Sachen in der kleinen Wohnung die Uniform eines k. u. k. Unterseeboot-Matrosen, allerdings ohne die zwei Sterne als Rangabzeichen eines „Maschinengastes" am Kragen.

In einer Ausstellung auf Schloss Bruck in Lienz erinnert man sich des ehemaligen k. u. k. U-Boot-Matrosen.

Auf großer Fahrt grüßt der Meraner Matrose seine Tante in der Heimat.

Oft waren es Offizierssöhne, nicht nur aus dem Trentino, die wie der in Brixen geborene Georg Reichenberg in Fiume die Marineakademie besuchten und dann eine militärische Laufbahn bei der k. u. k. Marine begannen. Reichenberg brachte es während die Krieges über die Karrierestationen Seefähnrich und Fregattenleutnant bis zum Linienschiffsleutnant. Auch bei Heinz von Perckhammer waren es – laut Familientradition – die Empfehlung oder der Wunsch eines Verwandten, die ihn zum Matrosen werden ließen. Sein Vater Hildebrand Perckhammer, der in Meran ein fotografisches Atelier betrieben hatte, war 1911 gestorben, was den Ambitionen des damals 16-Jährigen, nach München auf die Kunstakademie zu gehen, sicher einen Dämpfer gegeben hatte. Unterlagen über seinen weiteren Werdegang fehlen. Drei Jahre später finden wir ihn jedenfalls als Steuermatrose auf dem kleinen Kreuzer SMS (Seiner Majestät Schiff) „Kaiserin Elisabeth“. Auf großer Fahrt in den fernen Osten schickt er von dort aus am 6. Jänner 1914 Grüße an seine Tante. Die „Kaiserin Elisabeth“ war schon mehrmals nach Tsingtau (heute Qingdao geschrieben) entsandt worden, eine offiziell als „deutsches Schutzgebiet“ bezeichnete Enklave, im Grunde eine Kolonie, in der auch Österreich-Ungarn ein Marine-Detachement unterhielt. Auch der vorhin erwähnte Georg Reichenberg hatte diese Fahrt einmal mitgemacht. Und Herbert Buzas erzählte in einer seiner Reportagen von dem Südtiroler Martin Rinner, der als junger Matrose ebenfalls mit der SMS Kaiserin Elisabeth nach China gekommen war. Mit anderen aus der Schiffsbesatzung löste er einen Teil der Wachmannschaft der österreichisch-ungarischen Botschaft in Tientsin (heute als Tiaujin transkribiert) ab und blieb vier Jahre dort.

Tientsin spielte auch im Schicksal Heinz Perckhammers eine Rolle. Diese Stadt an der Bohai-Bucht ist nur knappe 100 Kilometer von Peking entfernt und war damals der Standort für die Vertretungen der ausländischen Mächte bei der chinesischen Regierung. Als der österreichische Kreuzer im Sommer 1914 im Hafen von Tsingtau angekommen war, wurde er vom Ausbruch des Krieges in Europa und von dessen Ausweitung zum Weltkrieg überrascht. Japan erklärte am 24. August dem Deutschen Reich den Krieg, nicht aber der k. u. k. Monarchie, zumindest zu diesem Zeitpunkt noch nicht. Als sich die Japaner bald darauf anschickten, Tsingtau zu belagern, stellte sich für den Kapitän der SMS „Kaiserin Elisabeth“ die Frage, wie er sich verhalten sollte. An der Seite der Deutschen kämpfen, obwohl sich die

Auf diesem kleinen Kreuzer fuhr Heinz Perckhammer nach China.

k. u. k. Monarchie noch nicht im Kriegszustand mit Japan befand, und damit österreichische Zivilisten in Japan gefährden? Sein Schiff den Deutschen zur Verfügung stellen und mit ihnen zur Seeschlacht auslaufen? Das war nicht möglich, weil es nicht die nötige Geschwindigkeit für dieses Geschwader erreichte. Also baute man die Geschütze ab und postierte sie zur Unterstützung der Verteidiger am Kai. Wie es scheint, wurde ein Teil der Besatzung der „Kaiserin Elisabeth" nach Tientsin geschickt, wo man in dieser kritischen Zeit um militärische Verstärkung sicher froh war. Eine Rückkehr zum Schiff dürfte dann nicht mehr möglich gewesen sein, weil inzwischen der japanische Belagerungsring geschlossen war.

Ausflug samt Schiffsfahne zur Chinesischen Mauer

So hatte Heinz von Perckhammer mit der Versenkung der „Kaiserin Elisabeth" durch die Restbesatzung nichts mehr zu tun, die am 7. November nach der Kapitulation von Tsingtau in japanische Kriegsgefangenschaft ging. Bis zur Kriegserklärung Chinas an Österreich-Ungarn im Jahr 1917 konnten sich die Österreicher in Tientsin ziemlich frei bewegen und sogar Ausflüge unternehmen, wie Fotos von Perckhammer auf der Chinesischen Mauer bezeugen. Sie zeigen den Tiroler nämlich im Gegensatz zu späteren Aufnahmen noch in Matrosenkleidung. Wie es dazu kam, dass er sogar die k. u. k. Schiffsfahne bei sich hatte und sich den Spaß erlaubte, sie sozusagen über Chinas Nationalsymbol aufzupflanzen, bleibt unklar wie manches andere Detail. Denn korrekt war dieses Verhalten genauso wenig wie seine Adjustierung, zu schlampig für einen Angehörigen der „bewaffneten Macht" Österreich-Ungarns. Sogar heutige Militärexperten rümpfen beim Anblick dieses Fotos die Nase.

Nach der von Japan erzwungenen Kriegserklärung Chinas an Deutschland und Österreich wurde das zivile Personal der k. u. k. Botschaft nach Hause geschickt, die Militärpersonen in einem Kloster nahe der Hauptstadt interniert. Perckhammer, der seinen Fotoapparat von zu Hause mitgenommen hatte, hielt das Leben im Kloster im Bild fest, erregte damit die Aufmerksamkeit von Beamten, die ihm Fotoaufträge der Regierung verschafften. So war Heinz von Perckhammer am Ende des Krieges ein in China angesehener Fotograf, blieb bis 1927 im fernöstlichen Land und schuf mit über 20.000 Fotonegativen eine Basis, um nach seiner Rückkehr nach Europa in Berlin zu reüssieren. Mit seinen Fotobüchern und herausragenden Leistungen als Reporter, Porträtist und Aktfotograf gehörte er bald zu den Stars seiner Branche. Nach 1945 kehrte er nach Südtirol zurück und stellte seine Kunst in den Dienst der Tourismuswerbung.

Eine ganz andere, 1914 nicht weniger exotische „Front" als Suezkanal oder China lag in den Lüften, 1000 bis 2500 m über dem Erdboden. Es war die Front des Luftkrieges, die im Laufe der vier Kriegsjahre immer wichtiger wurde. Zu Beginn des Krieges quasi inexistent, gelang es der k. u. k. Armee innerhalb kürzester Zeit so weit aufzurüsten, dass schon 1916 an allen Fronten in der Luft ein Gleichgewicht herrschte. Zuerst waren es ausschließlich Aufklärungsaufgaben, die von den meist zweisitzigen, äußerst einfach konstruierten und mit Sperrholz und Leinen verkleideten Ein- oder Zweideckern bewältigt werden mussten. Mittels Fotoapparat, der bald schon nicht mehr mit der Hand bedient werden musste, sondern ins Flugzeug eingebaut war, konnten scharfe Aufnahmen der gegnerischen Stellungen gemacht werden. Der hinter dem Piloten sitzende Flugbeobachter notierte, was ihm sonst noch wichtig schien, und zeichnete nach Ausarbeitung der Fotos den Verlauf der feindlichen Verteidigungsanlagen nach, fügte Orientierungshilfen ein, bezeichnete Berggipfel und Flüsse und markante Punkte der Landschaft.

Erst ab dem zweiten Kriegsjahr waren viele Flugzeuge mit einem Maschinengewehr ausgerüstet, auch konnte der Pilot kleine Bomben abwerfen. 1917 stiegen bereits Jagdflieger und Bomber in den Himmel. Die Maschinen – „Flugapparate“ sagte man damals – waren ausgesprochen fragil, dementsprechend hoch waren die Verluste. Ein Flugzeug hatte im Durchschnitt nur eine Lebensdauer von vier Monaten! Und bei den Piloten rechnete man mit einer Ausfallsquote von fast 100 Prozent (!) durch Tod, Verwundung oder Gefangennahme nach Abschuss oder Notlandung hinter den feindlichen Linien. Die Gliederung der „k. u. k. Luftfahrtruppe“, so

Das erst im Krieg angelegte und mit den nötigen Einrichtungen für eine Fliegerkompanie versehene Flugfeld Brixen

die offizielle Bezeichnung, erfolgte in Kompanien, die jeweils dem höchsten Kommando ihres Operationsbereichs zugeordnet waren. Eine Kompanie bestand aus zehn Offizieren und ca. 100 Mann (einschließlich Unteroffizieren). Dazu kam eine Halbkompanie (50 bis 60 Mann) für den militärischen Schutz („Bedeckung"). Sechs Maschinen waren der Sollstand, meistens waren es nur vier. Die Ergänzung erfolgte aus den Offizieren und Mannschaften regulärer Einheiten der Armee oder der Landwehr oder aus dem Rekrutenkontingent. Besonders geeignete Soldaten wurden entsprechend geschult und einer Fliegerkompanie zugeteilt, bei der sie dann in der Regel blieben. Im Frühjahr 1916 verfügte die Monarchie über 24 Fliegerkompanien, Mitte 1917 waren es 57. Wegen der geringen Lebensdauer der „Apparate" war der Nachschub besonders wichtig. 1915 wurden von der Industrie der Monarchie 240 Flugzeuge und 440 Ersatzmotoren hergestellt, 1916 waren es schon 930 komplette Stück und 750 Motoren. Insgesamt wurden während des Krieges 5431 Flugapparate und 4356 Ersatzmotoren produziert. Bis Kriegsende wurde die Zahl der Fliegerkompanien auf 79 erhöht, doch klagten sie alle über mangelnde Ausstattung und zu wenige Maschinen. Der Feind gewann noch im Sommer 1918 die totale Lufthoheit.

Die Geschichte der Fliegerkompanien, die in Tirol im Einsatz waren, wurde noch nicht geschrieben. Das Buch von Heinz von Lichem „Der Tiroler Gebirgskrieg 1915–1918 im Luftbild" konnte diese Lücke nicht schließen, obwohl es viele wertvolle Informationen enthält und vor allem mit phantastischen Fotos illustriert ist. Sie zeigen u. a. die Flugfelder von Bruneck und Brixen, weitere gab es in Bozen, Neumarkt, Gardolo nördlich von Trient und Levico am Beginn der Valsugana. Von hier aus wurden die Beobachtungsflüge zur Artillerielenkung während der Offensive Mai/Juni 1916 geflo-

Bruchlandung eines angeschossenen „Flugapparates“ auf dem Flugfeld Bruneck. Der Flieger war bei einem Frontflug beschossen und beschädigt worden. Laut Zeitungsmeldung vom 15. Juni 1917 erlitten Pilot und Flugbeobachter dabei schwere Verletzungen, „doch man hofft, ihr Leben retten zu können“.

gen. Die Kompanien wechselten ihre Standorte sehr häufig und rasch. Außer den ordentlich ausgestatteten Flugfeldern konnten die damaligen Maschinen natürlich auch auf jedem anderen flachen Feld landen und starten. So stationierte das Deutsche Alpenkorps seine in zerlegtem Zustand mitgebrachten Aufklärungsflieger am Toblacher Feld.

Über Tiroler in dem einen oder anderen k. u. k. Flugapparat ist außer ein paar Namen und Fotos kaum etwas bekannt. Als Beispiel soll der 1987 im hundertsten Lebensjahr verstorbene Maler und Restaurator Osmin Höfer erwähnt sein, von dessen Militärzeit als Flugbeobachter wir durch ein kleines Photoalbum wissen, das von seiner Enkelin Elisabeth Obermoser und ihrem Mann Peter als kostbares Familienerbstück aufbewahrt wird. Ergänzende Informationen konnte Höfers über 90-jähriger Sohn Alois beisteuern, der als akademischer Maler viel für das Denkmalamt gearbeitet hat. Als der 26-jährige Innsbrucker Schneidersohn Osmin

Flugbeobachter Osmin Höfer aus Innsbruck erstattet Meldung.

Höfer, Absolvent der Gewerbeschule und in der Lehre bei einem Vergolder und Rahmenmacher, im August 1914 zum 3. Regiment der Tiroler Landesschützen einrückte, ging es gleich nach Galizien und in die Bukowina. Dort fielen den Vorgesetzten seine Begeisterung und sein Talent fürs Malen und Zeichnen auf. Und da solche Leute gerade zum Aufbau der jungen Luftfahrtruppe gesucht waren, landete der Tiroler in einer Fliegerkompanie. Anfangs mussten nämlich die Flugbeobachter – so erklärte es Osmin Höfer später seinem Sohn Alois – manche der Luftaufnahmen in eine Zeichnung umwandeln, auf der Einzelheiten besser herausgearbeitet werden konnten. Außerdem wurden auf den Abzügen der Fotos auch später noch die feindlichen Stellungen nachgezeichnet, was ein gewisses zeichnerisches Talent oder zumindest Erfahrung im Umgang mit den entsprechenden Utensilien erforderte. Über Details seiner Flieger-Einsätze habe der Vater nicht viel erzählt, bedauert der Sohn heute. Nur ein Ereignis habe er immer wieder geschildert, und man versteht, dass es ihn nicht

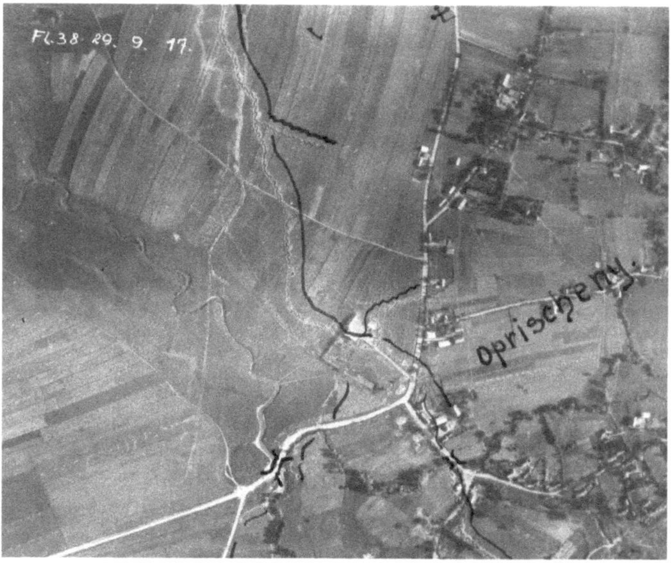

Einige seiner Luftaufnahmen klebt Osmin Höfer in sein Erinnerungsalbum, u. a. stammen sie wie dieses aus der Bukowina und zeigen mit roter Tusche gekennzeichnete russische Stellungen.

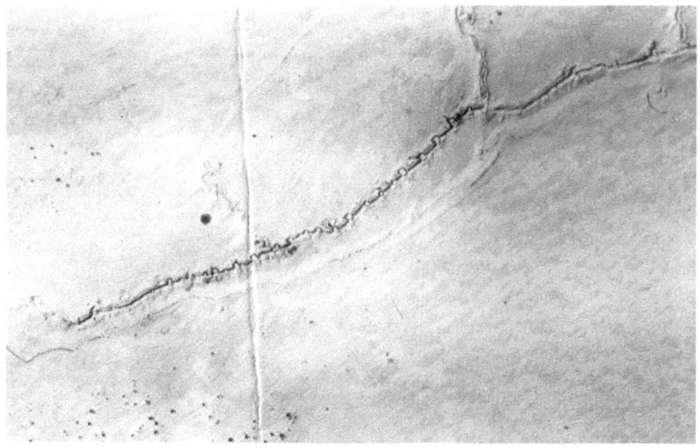

Einige Aufnahmen von der Tiroler Front lassen die feindlichen Schützengräben im Schnee erkennen.

losließ: Sein Pilot hatte ihn einmal kurz vor dem Start zurückgeschickt, den Fotoapparat zu holen, den er vergessen habe. Als Höfer wieder aufs Flugfeld kam, rollte die Maschine an ihm vorbei. Ein anderer Beobachter saß hinter dem Piloten und zeigte ihm lachend die lange Nase. Die Hänselei seiner Kameraden endete in einer Katastrophe. Kaum dreißig, vierzig Meter aufgestiegen, explodierte die Maschine. In den heruntergestürzten Trümmern fand man beide Flieger tot.

Fotos vom Wrack und vom Begräbnis klebte sich Osmin Höfer in sein persönliches Weltkriegs-Album. Es enthält leider nur ganz spärliche Angaben über die Örtlichkeiten, wo die Fotos entstanden, bei den Luftbildern steht überhaupt nur „Schützengräben" oder „Barackenlager", bei den am Boden aufgenommenen Fotos nur „Feldküche" oder „Unsere Offiziere" usw. Sicher ist, dass Osmin Höfer 1918 in Friaul, offenbar in der Nähe von Pordenone eingesetzt war und Erkundungsflüge über den Piave machte, der damals die Frontlinie bildete. Die k.u.k. Luftfahrtruppe war zu diesem Zeit-

Begräbnis von zwei unmittelbar nach dem Start abgestürzten Kameraden

Beschädigter „Flugapparat“, dessen Absturz die beiden Insassen überlebt haben

punkt dem Feind hoffnungslos unterlegen. Die entscheidende Niederlage in der letzten großen Schlacht Österreich-Ungarns hätte aber auch eine größere Zahl an Flugzeugen nicht verhindern können.

„Hoffnung auf ein Stück Brot“

Verzweifelte Bemühungen, einer Hungerkatastrophe zu entgehen • Frauen an der Heimatfront und die Not der letzten Kriegsjahre • Syphilis und Spanische Grippe

„Brotloser Tag. Auch die Arbeiterbäckerei geschlossen. Hunderte von Frauen belagern in dieser grimmigen Kälte die Geschäfte, in der Hoffnung auf ein Stück Brot“ [5. Jänner 1917] – *„Ein trauriger Anblick, wenn der Hunger schon so überhand nimmt, dass Weiber sich nicht scheuen, die halbrohen Kuttelflecke auf dem Marktplatz zu verschlingen“* [11. April 1917] – *„Das Brot, das jetzt dem Volke geboten wird, verdient diesen schönen Namen nicht mehr; es ist eine Mischung, die man früher den Schweinen oder dem Geflügel als Futter vorwarf“* [30. November 1917] – *„Getrocknete Maiskolben und Kartoffelschalen geben, in der Kaffeemühle gemahlen, ein Mehl zu Brennsuppen und anderen Speisen“* [23. Oktober 1918].

Diese Eintragungen im Tagebuch eines Innsbruckers dokumentieren die triste Ernährungssituation der Tiroler Bevölkerung in den letzten beiden Kriegsjahren. Schon im November 1914 war ein Mischbrot eingeführt worden, das zur Hälfte aus Maismehl bestand, trotzdem kam es bereits im Frühjahr 1915 zu ernsten Engpässen beim Weizenmehl, und auch Roggenmehl war nur mehr schwer zu bekommen. Später wurde die im Tagebuch genannte Mischung aus gemahlenen Maiskolben und Kartoffelschalen dem Brotmehl zugefügt.

Weil man immer mit einem kurzen Krieg gerechnet hatte, hatte die Regierung keinerlei Vorsorge für eine Rationierung und gerechte Verteilung der Lebensmittel getroffen. Einzig ein Hamsterverbot wurde erlassen – man durfte sich keinen Lebensmittelvorrat für mehr als vier Tage anlegen –, außerdem wurden schon zu

Bezugsscheine und Lebensmittelkarten – Symbol der Mangelwirtschaft

Kriegsbeginn Höchstpreise für Grundnahrungsmittel verfügt, doch mussten diese wegen der allgemeinen Teuerung immer wieder nach oben korrigiert werden. Ab April 1915 kam es zur Ausgabe von Bezugskarten für Brot und Mehl, ab Oktober dieses Jahres auch für Milch, ab 1916 für Zucker. Bald war alles rationiert, was der Mensch zum Leben braucht, von der Kohle bis zur Kleidung. Und Fleisch gab es nur mehr an gewissen Tagen zu kaufen. Warteschlangen vor den Geschäften waren alltäglich, was nicht nur mit dem Mangel zu tun hatte bzw. mit dem Bemühen, rechtzeitig im Geschäft zu sein, um noch etwas zu bekommen. Es brauchte wegen der Kontrolle der Bezugsberechtigung und dem Abschneiden oder Lochen der Karten ganz einfach länger, bis das reduzierte Personal einen Kunden bedient hatte. Mit einer guten Portion Galgenhumor reagiert der „Pusterthaler Bote" am 2. April 1915 auf die Einführung der ersten Bezugskarten und gab ein Rezept für die kommende Zeit der Rationierungen bekannt: *„Man nimmt die Butterkarte, bratet damit die Fleischkarte und schlägt die Eierkarte dazu. Kartoffel- und Gemüsekarte werden abgekocht und dazu gereicht. Zum Nachtisch brüht man die Kartoffelkarte heiß auf, fügt die Milchkarte dazu, süßt mit der Zuckerkarte und bäckt die Brot- und Semmelkarte hinein. Nachher wäscht man sich die Hände mit der Seifenkarte und trocknet sich mit dem Bezugschein ab."*

Rationierung war die eine Maßnahme zur Bekämpfung oder zur gleichmäßigen Verteilung der wachsenden Not, eine andere war die Einführung und Propagierung von Ersatzstoffen. Wiesenklee als Gemüse kam auf den Tisch, statt Tee goss man Himbeerblätter auf, aufs Brot aus Mischmehl strich man Marmelade aus Runkelrüben, aus Rübenmehl braute man auch den Kriegskaffee, Fett entzog man diversen Abfallstoffen. Wer von diesen Ersatznahrungsmitteln nicht satt wurde und es sich leisten konnte, fuhr aufs Land hinaus, um bei den Bauern zu überhöhten Preisen echte Lebensmittel einzukaufen. Das war natürlich verboten. Ab Oktober 1917 kontrollierten Soldaten die Taschen und Koffer der Städter in den Zügen und Autobussen oder überprüften auf den Straßen, was Radfahrer im Rucksack hatten. Tatsächlich hatten die Bauern noch zu essen, als die Menschen in den Städten schon längst am Hungertuch nagten, doch auch sie hatten Probleme. Einerseits wurden die vom Militär eingeforderten Lieferungen weit unter den sonst üblichen Preisen bezahlt, andererseits gab es für die benötigten Erzeugnisse des Gewerbes und der Industrie keine festgesetzten Höchstpreise. Von einem Zusammenrücken und Zusammenschweißen der gesellschaftlichen Schichten, die man sich vom Krieg erhofft hatte, war jedenfalls nichts zu bemerken, im Gegenteil. Jeder war auf den anderen neidisch, glaubte sich selbst im Nachteil und

Anstellen um Milch in Meran

die anderen bevorzugt, und alle zusammen schimpften aufs Militär, das ihnen buchstäblich das Essen vom Teller holte. Dabei bekamen auch die aktiven Truppen immer geringere Mengen an Lebensmittelrationen zugeteilt und gegen Kriegsende sank das Durchschnittsgewicht eines österreichisch-ungarischen Soldaten auf unter 55 Kilogramm. Dass gleichzeitig die höheren Offiziere in den Kommandostellen aus dem Vollen schöpften und es sich samt weiblichem Hilfspersonal der Kantinen gut gehen ließen, kann man in vielen zeitgenössischen Berichten lesen.

Schon 1915 eskalierte die Auseinandersetzung zwischen der städtischen und der bäuerlichen Bevölkerung. Es kam zu einem regelrechten Kampf um die Milch. Zu Kriegsbeginn sah man sich gut gerüstet, hatte doch eine eben erst durchgeführte Studie ergeben, dass die Tiroler Kühe jedem Bewohner des Landes täglich 1,3 Liter Milch liefern konnten. Und trotzdem stiegen bereits im Sommer 1915 auch bei Milch und Milchprodukten die Preise so stark, dass sie sich die unteren Einkommensschichten kaum mehr leisten konnten. In Zeitungsartikeln wurde die Schuld daran den Bauern und ihrer Gewinnsucht gegeben, die Bauernzeitung berief sich dagegen auf die gestiegenen Produktionskosten und die Prozente, die der Groß- und Zwischenhandel kassiere. Sie sollten auf „kurzfristiges Gewinnstreben" verzichten, appellierte auch Statthalter Toggenburg an die Bauern und beschwor im Oktober 1915 angesichts der nicht nur drohenden, sondern bereits eingetretenen Milchnot die christliche Nächstenliebe und die Rücksichtnahme auf die ärmeren Volksschichten und ihre Kinder und Säuglinge, denen man nicht die Milch wegnehmen könne! Es passierte aber nichts, und auf einer Versammlung der Innsbrucker Konsumvereine im März 1916 wurde festgestellt, dass in der Tiroler Landeshauptstadt täglich 10.000 Liter Milch fehlten. Der Landeskulturrat als Vertretung der bäuerlichen Interessen konnte als Gegenmittel nur empfehlen, der Innsbrucker Gemeinderat solle mit den großen Milchproduzenten der Bezirke Kitzbühel, Kufstein und Schwaz Lieferverträge abschließen und dieses Grundnahrungsmittel der Bevölkerung günstig zur Verfügung stellen. Mit Gesetzen und Verordnungen sei nichts zu erreichen.

Die Statthalterei versuchte es trotzdem mit der Doppelstrategie von Zwangsmaßnahmen bei gleichzeitiger Freistellung (Enthebung) oder Beurlaubung einer zum Militärdienst verpflichteten Person pro Hof, wenn dieser entsprechende Milchmengen für die Versorgung Innsbrucks und der größeren Städte abliefere. Statthalter Toggenburg konnte sich mit diesem Vorschlag sogar beim Innsbrucker Militärkommando durchsetzen und hatte somit ein brauchbares Druckmittel gegen säumige Gemeinden in der Hand. Über 100 Bauernsöhne kamen allein im Raum Innsbruck im Zuge dieser Milchbeschaffungsaktion von der Front nach

Anstellen um Milch in Innsbruck

Hause zurück. Das wiederum fanden deren Nachbarn oft nicht gerecht. Der eine oder andere Freigestellte musste sich vorwerfen lassen, er habe es sich richten können, während andere weiter an der Front kämpfen müssten. Genützt hat es wenig, und in Innsbruck kam es vor den Milchabgabestellen zu Tumulten und gewalttätigen Ausschreitungen: *„Wer gestern Augenzeuge der Szenen bei der Milchabgabe in der Pradlerstraße war, bekam ein trübes Zukunftsbild davon, wie es noch kommen mag, wenn nicht bald eine Besserung der Verhältnisse eintritt“*, schreiben die „Innsbrucker Nachrichten“ am 22. März 1916. *„Die Leute stießen sich gewalttätig und die zwei Wachleute hatten große Mühe, die Ordnung aufrecht zu erhalten. Ein halbwüchsiger Bursche bearbeitete ein Mädchen mit den Fäusten so brutal, daß es sich weinend aus dem Gedränge machte und ohne Milch heimgehen mußte.“*

Die Gründe für die bis Kriegsende nicht verbesserte Lage am Milchsektor sind vielfältig. Einerseits sank die Milchproduktion drastisch, weil zu wenig Ar-

Die Produktion lässt nach, weil die Arbeitskräfte fehlen und das Militär Futtermittel beschlagnahmt (Foto aus den Kriegsjahren von einer Alm im Brixental).

beitskräfte am Hof waren und die Bäuerinnen nicht mehr so viele Tiere halten konnten, während die am Hof gehaltenen Kühe wegen des Mangels an Futtermitteln immer weniger Milch lieferten. Andererseits wirkten sich die Marktverhältnisse negativ aus. Als der Milchpreis noch einen Gewinn brachte, verkauften die Bauern die Milch und kauften dafür Schweinefett und Käse im Geschäft, viele stiegen sogar auf Margarine um. Nun blieb der amtlich festgesetzte Milchpreis niedrig, während die Kosten für Heu, Kraftfutter, Saatgut und Düngemittel immer weiter nach oben kletterten. Also behielt man möglichst viel Milch und produzierte daraus Butter und Käse für den Eigenbedarf und zum Direktverkauf an die in die Dörfer strömenden Städter.

Um die Versorgung mit Mehl und Brot stand es nicht besser, doch weckte der Mangel an Milch als wichtigste Kindernahrung besondere Emotionen. Außerdem war es nichts Neues, dass Tirol bei Getreide von Einfuhren abhängig war, weil im Bergland nicht genügend davon angebaut werden konnte. Als mit kaiserlicher Verordnung vom 21. Februar 1915 die staatliche

Mehl- und Getreidebewirtschaftung eingeführt wurde, konnte man auf eine geordnete und gerechte Verteilung der Vorräte und der Eigenproduktion hoffen, und zunächst schien auch alles gut zu laufen. Dafür sorgte eine im Februar 1915 gegründete Kriegsgetreideverkehrsanstalt, die zunächst unter behördlicher Aufsicht von Wien aus zentral geführt wurde, aber schon im August desselben Jahres Zweigstellen in den einzelnen Kronländern erhielt.

Eine Mindestversorgung schien durch diese Maßnahme gesichert, doch gab es erhebliche Probleme. Eines war, dass bei der Festlegung der Kopfquoten für die Verteilung nicht auf verschiedene Ernährungsgewohnheiten Rücksicht genommen wurde, auch nicht darauf, dass in manchen Ländern, zu denen Tirol gehörte, bis zum Krieg noch wenig Kartoffeln angebaut wurden. Ein anderes Problem bildete Ungarn, das trotz reicher landwirtschaftlicher Produktion nicht bereit war, im notwendigen Ausmaß zur Versorgung jener Länder beizutragen, deren Böden nur magere Ernten hergaben. Schon im Herbst 1916 musste die Mehlzuweisung an die Bezirke und von dort an die Gemein-

Eine Meraner Bäckerei hat nichts mehr zu verkaufen.

Innsbruck 1917/18: Fast vor jedem Geschäft bilden sich Schlangen.

den um 20 bis 30 Prozent gekürzt werden. Dass kinderreiche Familien bevorzugt behandelt werden sollten, wurde weitgehend eingesehen, hingegen stieß auf Unverständnis, dass für Arbeiter in kriegswichtigen Industrien – zum Beispiel für die Hüttenarbeiter in Jenbach – und für Bahnbedienstete wegen der militärischen Bedeutung des Transportwesens eine höhere Kopfquote vorgesehen war. Auch zwischen Stadt und Land stiegen bei jeder derartigen Maßnahme die Spannungen. Und der Schleichhandel blühte auf.

Die zunehmende Hungersnot eines beträchtlichen Teils der Tiroler – bereits 1917 waren die ersten Toten zu beklagen und 1918 wurde die Grenze zur Katastrophe überschritten – war keineswegs eine unabwendbare Kriegsfolge, sondern hat ihre Ursache in einem Versagen der Behörden und der Politik. Allein die Tatsache, dass es in Nachbarländern besser aussah, ist ein Beweis dafür, hat allerdings auch damit zu tun, dass Tirol die riesige hier stationierte Truppenmenge mit zu versorgen hatte. Trotzdem, man hatte viel zu spät Maßnahmen zur besseren Versorgung der Bevölkerung eingeleitet. Sonst wäre es nicht möglich gewesen, dass in Vorarlberg die Lebensmittelrationen höher bemessen waren als in Tirol. Im Juni 1918 betrug die Ration Milch eines Bludenzers einen Viertelliter pro Tag, während in Meran eine Person nur Anspruch auf einen Achtelliter pro Woche hatte.

Was das Getreide betrifft, machte man sich zu lange keine Sorgen, dabei waren die Schätzungen der Ernte von 1915 zu hoch angesetzt. Weil man es nicht zugeben wollte, gab man die Schuld den Bauern, von denen bei weitem nicht alle die Vorschriften der Bevorratung befolgt hätten, das heißt, dass sie vom gelagerten Getreide einen Teil zurückgehalten und das neue Ernteergebnis falsch angegeben hätten. Jetzt wurde kontrolliert, Kommissionen zogen durch das Land, sehr weit kam man dabei aber nicht. Ende Mai 1917 kamen erstmals Zwangsrequirierungen, wie sie vom Militär für eigene Zwecke immer wieder durchgeführt wurden, auch für die Zivilbevölkerung zum Einsatz. Auch diese drastische Maßnahme zur Aufbringung von Getreide und Kartoffeln brachte wenig Erleichterung. In

Tabak ist zwar keine lebensnotwendige, aber eine sehr begehrte Mangelware.

Innsbruck kam es zu Ansammlungen protestierender Frauen, als es am Markt nichts außer ein paar gelbe Rüben zu kaufen gab. Dankbar war die am meisten geplagte Innsbrucker Bevölkerung im Sommer 1917 für die befristete Freigabe des Direktverkaufs von Frühkartoffeln durch die Bauern. Die wenigen auf der Arlbergstrecke verkehrenden Züge waren gerammelt voll mit Leuten aus der Stadt, die sich – wie die Innsbrucker Nachrichten am 27. Juli schrieben – auf die Jagd nach den *„jetzt vollends ausgereiften guten, wohlgediehenen Kartoffeln aus dem Oberland“* machten.

Hier lösten sozusagen die Menschen selber das Transportproblem, das sonst oft das größte Hindernis für die Anlieferung und Verteilung von Lebensmitteln war. Bei bevorstehenden Großoffensiven an irgendeinem Abschnitt der Fronten konnten auf Wochen hinaus so viele Eisenbahnzüge für die Verschiebung von Truppen requiriert werden, dass für zivile Zwecke, und seien sie noch so dringend, nicht genügend Waggons und Lokomotiven zur Verfügung standen. Irgendeine koordinierende Stelle gab es nicht. So konnte es passieren, dass im Herbst 1917 vor der Isonzo-Offensive 1200 Waggon Mehl in böhmischen Mühlen lagerten, die nie zu ihren Bestimmungsorten im Süden und Westen der Monarchie kamen. Auch Kartoffeln und Rüben gab es genügend, doch waren auch dafür keine Transportmittel vorhanden. Statt Nahrung wurden Soldaten und Geschütze kreuz und quer durch die Monarchie gekarrt. Dazu kamen Kompetenzprobleme, Behördenchaos und Schlampereien, wenn es etwa der Stadt Innsbruck gelang, in Hamburg einen Waggon Schellfische zu bestellen, diese Ladung aber vorher zur Kontrolle nach Wien musste, dort einige Zeit liegen blieb und schließlich völlig verdorben in Tirol ankam. *„Nicht ein Deka von der ganzen teuren Sendung war zu verwenden“*, schrieben die „Neuen Tiroler Stimmen“ am 31. Mai 1918.

Landeshauptmann Schraffl unternahm in der ersten Jahreshälfte 1918 Bittfahrten nach München, Berlin und Budapest, monierte in Wien die Einhaltung von Zusagen – viel erreichte er nicht. Von den 600 Waggons Kartoffeln, die ihm in der bayerischen Hauptstadt zugesagt worden waren und die ebenfalls zuerst per Schiff nach Wien geschickt werden mussten, behielten selbstherrliche Beamte den Großteil zurück, um in Ostösterreich die Mägen zu stopfen. Schraffl konnte gerade noch 225 Waggons für Tirol retten.

Das Hauptübel war der absolute Vorrang der Armee vor jedem zivilen Anspruch. In dieser Richtung gab es eindeutige Gesetze und Verordnungen, die beschlossen wurden, um den Krieg erfolgreich beenden zu können. Das hatte die Bevölkerung irgendwie verstanden und – mit zeitweiligem Murren und Schimpfen zwar, aber immerhin – zur Kenntnis genommen. Aber auch illegal verschaffte sich das Militär alle nur denkbaren Vorteile, die nicht der Armee oder dem Staat, sondern dem persönlichen Wohl der militärischen Führungsklasse und denen zugutekam, die irgendwie dazugehörten. Es ist in den Akten ausdrücklich festgehalten, dass sich bei den Trienter Hungerdemonstrationen verzweifelter Frauen im April 1918 der Hass vornehmlich gegen die Offiziersmessen und das dort tätige weibliche Personal richtete, das seine privilegierte Stellung öffentlich zur Schau stellte. Folgende Meldung der k. k. Bahnüberwachungsstelle Inns-

Gedränge vor einem Meraner Wurst- und Selchwarengeschäft

bruck vom 28. Februar 1917 dokumentiert beispielhaft die Situation: *„Es wurde in Erfahrung gebracht, dass während die Gendarmerie eifrig auf den Bahnhöfen die Reisenden nach Butter und anderen Lebensmitteln durchsucht, das Militär mit Autos und Fuhrwerken Lebensmittel von den Dörfern wegschafft.“* Es werden die bezahlten Preise genannt, dann die Tatsache, dass auch Vieh eingekauft werde und ein Metzger mitfahre, um dieses anschließend zu schlachten. Weiter heißt es, man behaupte zwar, die eingekauften Lebensmittel kämen an die Front, man höre aber, *„daß dieselben für die hiesige* [Innsbrucker] *Militärkommandostelle bestimmt sind“*. Es ist dieses zynische Machtgehabe und dieses Sich-über-die-Gesetze-Stellen, das die Bevölkerung ungemein erboste und das ohnehin gespannte Verhältnis zum Militär zum regelrechten Hass steigerte.

Im Jahr 1918 waren Belastbarkeit und Geduld der Bevölkerung am Ende. Nach den Frauenprotesten im Trentino kam es im Sommer zu einer Reihe von Demonstrationen, die sich mancherorts zu Revolten auswuchsen. Der Statthalter, inzwischen nicht mehr Graf Toggenburg, sondern Dr. Rudolf Graf von Meran, forderte Militärassistenz an, um gewaltsame Ausschreitungen zu verhindern. Gleichzeitig wurde das Militär eingesetzt, um die auf den Feldern heranreifende Ernte zu schützen. Denn die Diebstähle von allem, was auf dem Land zu holen war, nahmen in erschreckendem Ausmaß zu. In nahezu allen Orten mit größeren Betrieben kam es zu Protesten der Arbeiterschaft, nicht nur wegen der kaum mehr erträglichen Ernährungssituation, sondern auch wegen zu niedriger Löhne. Diese waren im Vergleich zur Vorkriegszeit bis 1916 zwar um ca. 20 bis 50 Prozent gestiegen, die Lebenshaltungskosten insgesamt aber um 200 bis 500 Prozent. Und nun ging die Schere noch weiter auseinander. 1917 wurden die Löhne durchschnittlich um 100 Prozent hinaufge-

Ein wohltätiger Meraner Verein verteilt Schuhe an bedürftige Kinder.

setzt, die Teuerung betrug inzwischen aber mehr als das Zehnfache. Zwar galt das nicht für Lebensmittel, da waren ja Höchstpreise festgesetzt, aber für fast alle wichtigen Gebrauchsgüter.

Nach diesen Lohnerhöhungen führte die Gewerkschaftskommission eine Erhebung bei 2706 Tiroler Arbeitern durch und kam zum erschütternden Ergebnis, dass nur knappe 17 Prozent von ihnen mehr als 10 Kronen am Tag verdienten, während fast die Hälfte mit 3 bis 7 Kronen pro Tag auskommen musste. Matthias Rettenwander hat errechnet, dass die Lebenshaltungskosten für eine vierköpfige Familie bei wöchentlich über 60 Kronen lagen, selbst wenn sie die Hauptmahlzeiten in einer der von Fürsorgestellen und karitativen Einrichtungen betriebenen „Kriegsküchen" erhielten. Das bedeutet, dass ein durchschnittlich verdienender Arbeiter in Tirol nicht in der Lage war, die bloße Existenz seiner Familie zu sichern, geschweige denn noch Ausgaben für Kleidung, Schuhe und Brennmaterial zu bestreiten.

Die Tabakfabrik in Schwaz, Schauplatz einer erfolgreichen Protestaktion

Die Demonstrationen und Unruhen unter der Arbeiterschaft konnten durch verschiedene Zugeständnisse und außerordentliche Lebensmittelzuteilungen immer wieder halbwegs friedlich beendet, angedrohte Streiks verhindert werden. Eine organisierte politische Vertretung der Arbeiterschaft gab es in Tirol nur in Ansätzen, war doch das politische Leben und damit auch die Tätigkeit der kleinen sozialdemokratischen Partei und der Gewerkschaften zu Beginn des Krieges abgewürgt worden. Und nach der Wiedereinberufung des Reichstages im Mai 1917 war das innenpolitische Leben erst langsam wieder erwacht. Im Landtag Probleme zur Sprache zu bringen, war zwar immer noch nicht möglich, doch wurde die Zensur allmählich gelockert und erlaubte es auch den Zeitungen wieder, auf Missstände hinzuweisen und deren Abschaffung zu fordern. Dass man Nummer für Nummer das Auseinanderdriften der Gesellschaft nachlesen konnte, ist angesichts des Aufeinanderprallens unterschiedlicher höchst egoistischer Interessen kein Wunder. Auf der Straße und in den Betrieben wurde viel diskutiert, nicht mehr so sehr über das Geschehen an der Front, viel mehr über Möglichkeiten, sich das Nötigste fürs Überleben zu beschaffen.

Das Erwachen der praktischen Politik im Jahr 1918 zeigt vielleicht am besten eine Protestaktion der Belegschaft der Schwazer Tabakfabrik, hauptsächlich Frauen, die auch von Frauen angeführt wurden. Diese kamen aus der christlich-sozialen Bewegung, traten jedoch Seite an Seite mit sozialdemokratischen Kolleginnen auf. Anlass war das überstrenge und ungerechte Vorgehen des Fabrikdirektors gegen Tabakarbeiterinnen, die beschuldigt wurden, immer wieder kleine Mengen Tabak entwendet zu haben. Diese Diebstähle hatten sich in letzter Zeit gehäuft, konnte man doch Tabak sehr gut gegen Lebensmittel eintauschen oder den Männern an die Front schicken. 120 Arbeiterwohnungen wurden durchsucht und zahlreiche Frauen auf bloßen Verdacht hin festgenommen. Als es immer mehr wurden, die hinter Gitter wanderten, legten 682 Frauen und 89 Männer die Arbeit nieder. Einige Frauen stürmten die Direktionskanzlei, wo es zu Tätlichkeiten kam und der Direktor Militärassistenz anforderte. In der Gendarmeriechronik werden die folgenden Ereignisse so geschildert:

„Dem Direktor wurde der am Leibe getragene Frack in Fetzen gerissen. Derselbe wurde bis zum Eintreffen des Bezirkswachtmeisters R. bedroht und misshandelt und bot, da er am Oberkörper nur mehr das ihm zerrissene Hemd anhatte, eine traurige Figur. Die Arbeiterschaft hatte das Bestreben, den Direktor am Boden aus der Fabrik zu schleppen [...]. *Um dies zu verhindern, war die Patrouille bzw. R. gezwungen, mit blanker Waffe die Arbeitermasse vom Direktor fern zu halten.* [...] *Das Erscheinen der Militärbereitschaft entfesselte einen ganzen Sturm der Entrüstung und wurde die Bereitschaft*

über Drängen der Arbeiterschaft vom Fabrikshof entfernt und vor der Fabrik aufgestellt und 10 Mann davon zum Schutze der Gerichtsarreste abkommandiert, da gewaltsame Angriffe gegen die Arreste, in denen sich verhaftete Fabriksarbeiterinnen befanden, mit Grund befürchtet wurden. Die Gendarmerie wurde mit den Rufen – Abzug, geht's ins Feld etc. – empfangen." Es kam dann zu Verhandlungen, in denen die Sprecherinnen der Protestbewegung bei Vertretern der Wiener Zentrale der Tabakfabrik wesentliche Forderungen durchsetzen konnten. Außer einigen Rädelsführerinnen der gewaltsamen Ausschreitungen wurde niemand bestraft, auch die bereits inhaftierten und des Diebstahls beschuldigten Arbeiterinnen kamen frei. Vor allem gab es zusätzliche Lebensmittelrationen für die Belegschaft. Und der unbeliebte Direktor wurde nach Wien versetzt.

Es waren fast überall die Frauen, die Hungerproteste und Arbeiterdemonstrationen anführten. Sie standen an der Heimatfront ganz vorne, hatten die Lasten fast alleine zu tragen, in den meisten Fällen die Familie zu ernähren, waren für die Kinder verantwortlich: die Männer im Krieg, in Gefangenschaft, heimgekehrt als Krüppel oder mit schweren physischen und psychischen Schäden. Frauen ersetzten die Männer am Hof und in Berufen, die man ihnen bisher nicht zugetraut und schon gar nicht zugemutet hätte. *„Jetzt gibt es in Tirol auch schon eine Schornsteinfegerin"*, staunt zum Beispiel der Schwazer Bezirks-Anzeiger. Und ein anderes Mal heißt es: *„Wie viele Frauen stehen jetzt großen geschäftlichen Unternehmungen vor, während ihre Gatten draußen mit der Waffe in der Hand den heimatlichen Herd schützen. Der Mann schirmt draußen das Haus, die heimatliche Scholle, gegen die von außen drohende Gefahr, die Frau hingegen erhält das vom Manne Geschaffene daheim."* Frauen aus „besseren" Gesellschaftsschichten, die das Geldverdienen nicht not-

Dem Personal des Reservespitals im Innsbrucker Pädagogium gehören vornehme Bürgerinnen an.

wendig hatten, engagierten sich in karitativen Vereinen oder machten Dienst als Krankenschwestern in den Lazaretten und Spitälern. Der Maler Egger-Lienz zum Beispiel schreibt einmal in einem Brief, dass seine Frau im Bozner *„Chirurgischen Spital bei den Schwerverwundeten"* arbeite. Soweit funktionierte noch eine gewissen Solidarität, wenn die Gesellschaft auch im Kampf ums Überleben auseinanderzubrechen drohte wie der Vielvölkerstaat der Habsburger.

Frauen litten mehr noch als die Männer unter der immer weiter auseinandergehenden Entwicklung von Preisen und Löhnen. Und sie verdienten noch dazu um einiges weniger als Männer. Während ein Familienvater „im Feld stand", erhielt die Frau eine Krone pro Tag und für jedes Kind über acht Jahren noch einmal so viel, für jüngere die Hälfte. Damit konnte eine Frau mit zwei Kindern gerade das Essen in einer Kriegsküche bezahlen. Mehr aber nicht. Für eine Kriegerwitwe wurden diese Unterstützungsbeträge anfangs nur ein halbes Jahr weitergezahlt. Als es sich in den Ministerien herumgesprochen hatte, dass der Krieg sicher länger dauern würde, wurde beschlossen, die Frauen und Kinder von Gefallenen für die ganze Dauer des Krieges mit diesem Betrag zu unterstützen, der ohnehin von Jahr

Ein beliebter neuer Frauenberuf: Schaffnerin. In Meran trugen sie diese schmucke Uniform.

zu Jahr weniger wert war. Außerdem erhielt die verwitwete Frau eine Pension und einen Erziehungsbeitrag für jedes unmündige Kind. Dass alle diese Beträge so niedrig bemessen waren, dass eine Familie davon auch bei größter Sparsamkeit nicht leben konnte, war den Regierenden vollkommen bewusst. Ganz offen sprach man das aus und erbat Beiträge zu den verschiedenen Hilfsaktionen und Spenden für die staatlichen und die vom Land eingerichteten Kriegshilfsbüros. Von den staatlichen Sammelergebnissen bekam Tirol einen Anteil nach einem dafür errechneten Schlüssel. Was in Tirol gespendet wurde, verblieb im Land. Im Jahr 1917 waren es 1,6 Millionen Kronen, eine Zahl, die heute niemandem mehr etwas sagt, es war jedenfalls zu wenig, um die unsägliche Not zu lindern, die im Lande herrschte – abgesehen davon, dass man sich die wichtigsten Sachen ohnehin nicht mehr auf normalem Weg kaufen konnte.

Um mit ihrer Familie leben zu können, bewarben sich viele Frauen ohne Rücksicht auf ihre Gesundheit um Überstunden und Nachtschichten. Dabei war die Zeit für Haushalt und Familie schon durch das stundenlange Anstellen bei jedem Einkauf eingeschränkt. Das „Erobern" von männlichen Positionen im Berufsleben durch die Frauen war angesichts ihrer drückenden Mehrfachbelastung teuer bezahlt und sicher kein Fortschritt in der gesellschaftlichen Entwicklung. Hans Heiss zitiert in seinem Beitrag „Andere Fronten" für den 1995 erschienenen Sammelband „Tirol und der Erste Weltkrieg“ die grundlegende Arbeit über Arbeiterfrauen von Ute Daniel, die von einer „Emanzipation auf Leihbasis“ spricht, und meint daran anknüpfend, „dass von ihnen als selbstverständlich erwartet wurde, nach Beendigung des Krieges wieder an den Herd zurückzukehren, um dort ihre zutiefst angeschlagenen Männer aufzupäppeln“.

Die Mangelernährung war es auch, die den rasanten Anstieg der Kindersterblichkeit während der ersten Kriegsjahre auslöste. Je nach Gegend und Jahr starb in Tirol jedes vierte bis fünfte Kind im ersten Lebensjahr. Bei den Überlebenden breitete sich Rachitis aus. Auch ältere Kinder und nicht minder die Erwachsenen waren äußerst anfällig für alle möglichen Krankheiten. Tuberkulose vor allem, gegen deren Ausbreitung von zivilen und militärischen Stellen alle damals denkbaren und finanzierbaren Vorkehrungen getroffen wurden. Trotzdem stieg die Zahl der Erkrankungen und der Todesfälle im Laufe des Krieges stetig an. Die Sterbefälle nahmen vor allem bei Frauen zu, was Fachleute darauf zurückführen, dass Mütter von ihren ohne-

Bei der Straßenbahn verdienten auch viele Innsbruckerinnen ihr rares tägliches Mischbrot.

Bis zum Kriegsende versiegte der Strom an Verwundeten nicht, die zur Behandlung und zum Auskurieren nach Innsbruck kamen. Im Stadtteil Pradl wurde für sie ein riesiges „Krankenlager" errichtet.

hin zu geringen Lebensmittelrationen einen Teil noch ihren Kindern abgaben. Nicht betroffen war Tirol dagegen von den gefürchteten Kriegsseuchen wie Ruhr, Cholera, Blattern oder Pocken, die – alle Einsatzgebiete zusammengenommen – bei über 100.000 k. u. k. Soldaten zum Tod führten. Zum Teil waren es Verwundete, die aber ohne gleichzeitige Infektion überlebt hätten. Gute hygienische Verhältnisse und präventive Maßnahmen der Militärbehörden haben das Ausbrechen von Seuchen in Tirol verhindert. Auch dass das Land als Frontgebiet nicht für die Aufnahme großer Massen an Flüchtlingen und Evakuierten bestimmt war, wirkte sich positiv aus. Trotzdem haben diese Krankheiten in Tirol mehr Opfer gefordert als in Friedensjahren.

Ärztlicher, auch stationärer Betreuung bedurften die meisten der von der Front zurückgekehrten Verwundeten. Nicht wenige waren auch ohne ersichtliche Verletzungen und mit kompletten Gliedmaßen „kriegsbeschädigt". Viele Soldaten überstanden all die Gefahren, Ängste, Verwüstungen, den Anblick des Grauens und die stete Todesnähe nicht ohne schwere psychische Schäden. Die Situation gegen Kriegsende schildert ein Schreiben des Landessanitätsrates für Tirol: „*Die Zahl der vorhandenen, einer Fürsorge bedürftigen nervenkranken Kriegsbeschädigten ist zur Zeit nicht überblickbar.* [...] *Die hiesige psychiatrisch-neurologische Klinik kann wegen ihrer räumlichen Beschränktheit diesen Anforderungen in keiner Weise genügen, da sie schon für die Aufnahme des laufenden Zivilmateriales* [!] *nicht ausreicht, vielmehr die Notwendigkeit, aufnahmesuchende Nervenkranke abzuweisen, an der Tagesordnung ist.*" Die Empfehlung, für den zu erwartenden weiteren Anstieg von behandlungsbedürftigen Kriegsheimkehrern ausreichende Aufnahmemöglichkeiten zu schaffen, verhallte ungehört.

Größte Aufmerksamkeit erregte die starke Zunahme der Geschlechtskrankheiten. Laut einer offiziellen Statistik war 1915 jeder zehnte Angehörige der k. u. k. Armee wegen Syphilis oder Tripper in Behand-

Die „Krankensortierstelle" im Pradler Barackenlager für Verwundete und Kranke. Es gab dort auch eine „Desinfektionsanlage".

lung. Allein in den Garnisonsspitälern Innsbruck und Hall stieg die Zahl der Geschlechtskranken von 183 im Jahr 1913 auf 3681 im Jahr 1915. Erschreckend war für die Sanitätsämter, dass sich laut amtlichen Erhebungen nur 20 Prozent der Erkrankten in Etappenbordellen angesteckt hatten, 80 Prozent aber im Heimaturlaub, bei Einquartierungen im Hinterland oder auf der Fahrt an den Einsatzort. Die einsetzende Ursachenforschung brachte für Tirol keine eindeutigen Ergebnisse, dagegen fand man heraus, dass in manchen Tiroler Tälern schon vor dem Krieg ganze Familien von Syphilis gezeichnet waren. Landessanitätsreferent Adolf Ritter von Kutschera folgerte, dass die sozial schwierigen Kriegsverhältnisse zu einem leichtfertigen Umgang der Menschen miteinander geführt hätten. Zeitungen bezichtigten das zum militärischen Hilfsdienst eingesetzte weibliche Personal der Schamlosigkeit und gaben vor allem den *„Zugeständnissen jenseits jeden Schamgefühls“* die Schuld, die viele Frauen auch auf dem Land den russischen Kriegsgefangenen gegenüber machten. In Wattens, so die Aussage eines Arztes, seien *„die Weibsbilder nur mit Gewalt von nächtlichen Besuchen in der Wennser Baracke* [von Kriegsgefangenen] *abzuhalten“*. Die Folge derartiger Anschuldigungen und Verdächtigungen war, dass jeder persönliche Kontakt zwischen Zivilpersonen und Kriegsgefangenen, der über das reine Arbeitsverhältnis hinausging, verboten wurde. Zu einer drastischen Methode griff die Brunecker Bezirkshauptmannschaft im Mai 1916 und ordnete an, dass die Namen jener Mädchen und Frauen, die mit Kriegsgefangenen häufigeren Kontakt hätten, zur Abschreckung und Mahnung an den Anschlagtafeln aller Gemeindeämter öffentlich kundgemacht werden sollten.

Völlig überfordert war die Sanitätsverwaltung, als im Spätsommer 1918 die Zahl von Erkrankungen an

Grippe sprunghaft stieg und bald die ersten Todesfälle zu verzeichnen waren. Die damals üblichen Medikamente Aspirin, Pyramidon und Chinin erwiesen sich als völlig wirkungslos. Zum Tod führte meistens eine durch Sekundärinfektion ausgelöste Lungen- oder Rippenfellentzündung. Die nach ihrem Ausgangspunkt „Spanische Grippe“ genannte weltweite Epidemie forderte in Tirol bis Kriegsende bereits über 100 Todesopfer, wobei man bedenken muss, dass die Statistiken äußerst ungenau sind. Viele, vielleicht die meisten Todesfälle in der Rubrik „andere Infektionskrankheiten“ (1464 allein im Jahr 1918, während es von 1914 bis 1917 nie über 80 waren), dürften auf die Spanische Grippe zurückzuführen sein. Das heißt, dass bis Frühjahr 1919 mindestens 1500 Tiroler an dieser Epidemie verstorben sein könnten. So hatten nicht wenige Familien neben dem gefallenen Vater oder einem der Söhne auch noch ein oder zwei an der Spanischen Grippe verstorbene Kinder zu beklagen.

Russischer Kriegsgefangener im Atelier des Brunecker Fotografen Albuin Mariner. Ein Andenken für die Tiroler Freundin?

Der verhängnisvolle Sieg am Isonzo

Streiflichter auf das Kriegsgeschehen im Jahr 1917 und die Tiroler Beteiligung an der zwölften Isonzoschlacht

Das Jahr 1917 verlief an der Tiroler Front zunächst wie die zweite Hälfte des Vorjahres. Einzelne größere Angriffe der Italiener auf neuralgische Punkte wurden blutig zurückgeschlagen. Da und dort flog eine Bergkuppe oder Felsnadel in die Luft. Kleinere Einzelvorstöße auf günstigere Verteidigungspositionen gelangen oder missglückten. Zu einigermaßen nennenswerten Frontverschiebungen kam es nirgends. Vom 10. Juni bis 26. Juli 1917 standen der Monte Ortigara am Nordrand der Sieben Gemeinden und der dahinter liegende Sattel der Porta Lepozze im Zentrum einer groß angelegten italienischen Offensive, mit der Generalstabschef Cadorna die Österreicher aus ihren ein Jahr vorher gewonnenen Positionen auf der Hochfläche vertreiben wollte. Die von dort drohende Gefahr im Rücken der Streitkräfte am Isonzo sollte endlich beseitigt werden. Das Großaufgebot an Truppen und Geschützen war den Verteidigern mehrfach überlegen. Eine verlustreiche Abwehrschlacht begann, in deren Verlauf verheerende Trommelfeuer mit todesmutig vorgetragenen Sturmangriffen der Alpini und Bersaglieri abwechselten. Nach mehrfachem Hin und Her und Teilerfolgen beider Seiten konnten die italienischen Elitetruppen den hoch über die Valsugana aufragenden Bergkamm am 18. Juni 1917 in ihre Gewalt bringen. Weil die Italiener sich mit diesem Erfolg vorerst begnügten und nicht nachstießen, hatte die österreichische Führung genügend Zeit, einen Gegenangriff gründlich vorzubereiten. Nach dem Eintreffen der angeforderten Verstärkung standen fünf Infanteriebataillone, zwei Kai-

Sturmmannschaft der Kaiserschützen vor dem trostlosen Gelände des Ortigara

serschützenbataillone und ein halbes Sturmbataillon dieser Truppe, zwölf Minenwerfer und 91 Geschützen bereit.

Am 25. Juli um 2.40 Uhr begann der Beschuss der Gipfelstellungen und des Vorfeldes. Bereits zehn Minuten später, während der obere Bereich des Abhanges noch unter dem Feuer der Geschütze stand, arbeiteten sich die für solche Aufgaben trainierten Sturmpatrouillen an die italienischen Drahtverhaue heran und schnitten Schneisen für die ihnen folgenden Mannschaften in die Hindernisse. Dann der erste Graben. Handgranaten. Sturm. Kampf Mann gegen Mann mit Sturmmesser und Bajonett. So rollten die Kaiserschützen Graben um Graben auf. Die Italiener leisteten hartnäckigen Widerstand, besonders in den Kavernen kam es zu erbitterten Nahkämpfen. Es ging alles sehr schnell. Schon um 3.10 Uhr meldeten weiße Leuchtkugeln vom Gipfel des Ortigara und vom Lepozze-Sattel deren Inbesitznahme durch die Österreicher. Das italienische Kommando

„Luftminenwerfer“ am Ortigara

erfuhr den Verlust der Stellung durch eines seiner Flugzeuge. Und sofort begann ein Höllenfeuer aus allen Rohren der italienischen Artillerie, das an manchen Abschnitten des Geschehens die Hälfte der Mannschaften ausschaltete. Am Abend und am nächsten Morgen versuchten die Italiener in drei Gegenangriffen, den verlorenen Gipfel wieder zu besetzen, vergebens. Gegen Mittag des 26. Juli verstummte auch das Feuer der Artillerie. Am Ende der Ortigara-Schlacht wurden auf österreichischer Seite über 6800 Tote und Schwerverwundete gezählt, die Italiener hatten 23.000 Mann eingebüßt, davon waren ca. ein Drittel gefallen.

Tief unterhalb des Monte Ortigara, in der Valsugana, wäre es kurz darauf bald zu einem Durchbruch der Italiener gekommen, an einer sonst ganz und gar ruhigen Stelle der Front, die seit der abgebrochenen Frühjahrsoffensive 1916 wieder östlich von Borgo das Tal überquerte. Dem Ereignis, das fatal hätte ausgehen können, lag keine strategische Planung des italienischen Oberkommandos zugrunde, sondern der Verrat des slowenischen Oberleutnants Dr. Ludjevit Pivko, der in den Stellungen von Carzano ein aus Tschechen und Bosniaken bestehendes Bataillon kommandierte. Er nahm über einen Mittelsmann Kontakt zu den gegenüberliegenden italienischen Einheiten auf und gewann aus seinem Bataillon an die 50 Tschechen, die das Telefon besetzen, die kaisertreuen Kameraden überwältigen und die Drahtverhaue öffnen sollten. Da Pivko das volle Vertrauen seiner Vorgesetzten besaß, konnte er mehrmals auf die andere Seite der Front schleichen und zusammen mit der italienischen Führung den Plan genau ausarbeiten. Die Meldung eines Offiziers der Bosniaken über verdächtige Vorgänge wurde nicht ernst genommen, so konnte der verräterische Oberleutnant ans Werk schreiten.

Am Abend des 17. September ließ er den Soldaten seines Bataillons, soweit sie nicht eingeweiht waren, Schlafmittel in die Getränke mischen, unterbrach die Starkstromzufuhr zum Drahtverhau und schleuste eine Vorhut der Italiener durch die ersten Hindernisse. Da sie in bosniakischen Uniformen steckten und das Losungswort kannten, war es kein Problem, die Feldwachen und – bereits hinter der Verteidigungslinie – eine Verbindungspatrouille des Nachbarbataillons zu überwältigen, ohne einen Schuss abzugeben. Doch ein bosnischer Soldat konnte sich unbemerkt in die Weinberge schlagen und seine Einheit über den Vorfall informieren. Sofort geriet der ganze Frontabschnitt in Bewegung. Zwei italienische Sturmstaffeln kamen noch ungehindert bis zur nächsten Ortschaft, wurden dort aber von den Standschützen der Kompanie Reute II gestellt und nach einem heftigen Gefecht gefangengenommen. Auch alle anderen inzwischen eingesickerten Mannschaften mussten sich nach und nach den allarmierten österreichischen Soldaten ergeben. Die 40.000 Mann, die Cadorna zum Marsch auf Trient bereitgestellt hatte, kamen nicht mehr zum Einsatz. Oberleutnant Pivko hatte sich zu den Italienern retten können, wurde von ihnen aber eingesperrt und musste vor Gericht den Vorwurf entkräften, die italienische Führung hereingelegt zu haben. Die Folge davon, dass sie sich entgegen dem militärischen Ehrenkodex auf einen Verräter eingelassen hatte, waren auf ihrer Seite über 900 Tote, Verletzte und Gefangene. Allein diese Zahlen zeigen, dass es sich nicht um ein nebensächliches Ereignis gehandelt hatte.

Die Blamage von Carzano wurde von den westlichen Verbündeten der Italiener mit ziemlicher Verärgerung zur Kenntnis genommen. Ohnehin war man auf den südlichen Bundesgenossen, bei dem nichts weiterging, schlecht zu sprechen. Zweieinhalb Jahre berannten seine Divisionen nun schon die österreichisch-ungarische Front. Außer minimalen Geländegewinnen am Isonzo war nichts erreicht worden. Und es sollte bald noch schlimmer kommen für Cadorna und seine Armeen. Denn im Sommer 1917 einigten sich die Generalstäbe Deutschlands und Österreich-Ungarns nach den üblichen Machtkämpfen, gegenseitigen Vorhaltungen und langen Diskussionen um Planung und Führung des Unternehmens auf eine große – und erstmals – gemeinsame Offensive am Isonzo. Den neuen militärischen Anstrengungen waren Friedensbemühungen vorausgegangen, hauptsächlich von Kaiser Karl aus, aber auch Außenminister Czernin und andere Persönlichkeiten streckten ihre Fühler aus. Auf der Gegenseite wäre vor allem England durchaus zu Verhandlungen bereit gewesen. Doch man ließ die Chance verstreichen, zu unterschiedlich waren die Interessen und Vorstellungen der einzelnen Mächte darüber, unter welchen Voraussetzungen und Bedingungen verhandelt werden könnte.

Eine kriegsentscheidende Bedeutung maß der geplanten Offensive niemand zu. Sie sollte in erster Linie den Truppen am Isonzo etwas Luft verschaffen, da die elfte Schlacht an dieser Front gezeigt hatte, dass man dem ständigen Druck und der wachsenden Überlegenheit der italienischen Artillerie nicht mehr lange würde standhalten können. Zum Ziel erklärt wurde das Zurückdrängen der Italiener bis an den Tagliamento, also eine Frontverschiebung um 30 bis 60 Kilometer nach Westen. Das deutsche Armeeoberkommando war bereit, sechs Infanteriedivisionen, mehrere Jäger- und Sturmbataillone, Artillerie und Flieger von der Westfront abzuziehen und nach Oberitalien zu schicken. Sie wurden knapp vor dem geplanten Angriff, nämlich erst ab Mitte September, in die Bereitstellungsräume rund um Villach und Laibach verlegt, wozu 2400 Eisenbahnzüge mit rund 100.000 Waggons notwendig waren. Österreich-Ungarn zog die nötigen Kräfte vom östlichen Kriegsschauplatz ab, wo die russische Februarrevolution für Ruhe an der Front gesorgt hatte. Aus Tirol wurde die bewährte „Edelweißdivision" herbeigeholt, die aus dem 3. Kaiserjägerregiment und dem ersten Bataillon des 4. Regiments bestand, weiters aus den Infanterieregimentern Nr. 59 („Rainer" aus Salzburg) und Nr. 14 („Hessen" aus Oberösterreich). Außerdem kam die 22. Schützendivision von Tirol an den Isonzo, der u. a. die Kaiserschützenregimenter I und II angehörten.

Der von Kaiser Karl im Februar 1917 an Stelle Conrad von Hötzendorfs zum Chef des Generalstabs ernannte Generaloberst Arthur Freiherr Arz von Straußenburg hatte bei der Planung des ganzen Unternehmens kaum eine Rolle gespielt. Sie lag, wie dessen Leitung – darauf hatten die Deutschen bestanden – de facto in den Händen ihres Generals Otto von Below und seines Generalstabschefs Krafft von Dellmensingen, wenn auch nominell Kaiser Karl den Oberbefehl innehatte und die gesamte Südwestfront weiter Erzherzog Eugen unterstand. Im Verlauf der Offensive befehligten die beiden deutschen Generäle die neu gebildete 14. deutsche Armee. Ihr waren die Edelweißdivision und die 22. Schützendivision zugeordnet. Alle Tiroler Einheiten standen demnach unter deutschem Kommando und waren für wichtige Aufgaben ausersehen. Die während der Frühjahrsoffensive 1916 auf den Sieben Gemeinden noch strittige taktische Frage: Höhenangriffe oder Talstöße entschieden die Deutschen, indem sie einen vernünftigen Kompromiss wählten. Der Hauptstoß würde im Tal erfolgen, gleichzeitig sollten aber die Hänge und Gipfel entlang der Niederungen, in denen die Truppen vorrückten, „gesäubert“ werden. Die Isonzofront der Italiener mit ihren gestaffelten Stellungen nicht im Süden zu durchbrechen, wo sie in jahrelanger Arbeit am stärksten ausgebaut war, sondern von oben herab aufzurollen, war noch eine Idee des inzwischen abgesetzten Conrad von Hötzendorf gewesen. Krafft von Dellmensingen befand sie für gut und wollte den Durchbruch am Oberlauf des Isonzo, im engen Talkessel von Flitsch (slowenisch Bovec) erzwingen und sogleich den Fluss entlang bis Karfreit (slowenisch Kobarid, italienisch Caporetto) und Tolmein (slow. Tolmin, it. Tolmino) vorstoßen, um dann nach Südwesten Richtung Cividale-Udine zu schwenken. Gleichzeitig mussten von Kärnten aus die Widerstandslinien am Oberlauf des Tagliamento geknackt und Gemona im Friaul erreicht werden.

Das schlechte Wetter in den Wochen vor dem geplanten Beginn der Offensive erschwerte zwar das Heranführen der Geschütze und Mannschaften über teils sehr hohe Pässe, hatte aber den Vorteil, dass die italienische Luftaufklärung nicht voll einsatzfähig war. Ganz unbemerkt von den Italienern blieb der Truppenaufmarsch zwar nicht, doch verschleierten gleichzeitige Aktivitäten im Trentino (Truppenbewegungen, Besuch Kaiser Karls) und auch südlich von Görz die tatsächlichen Absichten der Österreicher. Erst am 21. Oktober erfuhr das italienische Oberkommando von übergelaufenen tschechischen und rumänischen Offizieren Genaueres über den Angriffsplan. Zu spät, um noch große Umstellungen vornehmen zu können. So lief am 24. Oktober, als nach mehrstündiger Artillerievorbereitung bei Flitsch der Angriff begann, alles

Dass Kaiser Karl im Herbst 1916 die Truppen in Tirol besucht (hier in Bruneck), soll Spione von den Vorbereitungen zur großen Offensive am Isonzo ablenken.

nach Plan, vor allem zeitigte das in die Gräben und Kavernen geschossene neue Giftgas der Deutschen, gegen welches die Gasmasken der Italiener nicht genügend Schutz boten, eine verheerende Wirkung. Die deutschen und österreichischen Truppen konnten im ersten Anlauf alle drei Widerstandslinien durchbrechen. Im Bergland beiderseits des Flusstales eroberten Kaiserjäger und Kaiserschützen die strategisch wichtigen Gipfelstellungen, u. a. den Monte Stol, der das Flitscher Becken im Süden absperrt und das Vordringen nach Karfreit erschweren hätte können. Besonders gewürdigt wird in der militärgeschichtlichen Literatur die Erstürmung des Monte Maggiore durch ein Bataillon des 3. Regiments der Tiroler Kaiserjäger, denn damit fiel am 27. Oktober eine Schlüsselstellung im Norden zwischen den Flüssen Isonzo und Tagliamento. Jetzt konnte das von Kärnten aus operierende Armeekorps Krauss ohne Probleme nach Süden vorrücken.

Zu Zehntausenden gehen die Italiener am Isonzo in die Gefangenschaft.

Die italienischen Formationen waren längst in völliger Auflösung begriffen, zogen sich fluchtartig zurück oder gingen zu Zehntausenden in Gefangenschaft. Inzwischen hatten württembergische Gebirgsschützen unter Oberleutnant Erwin Rommel, der mit dem Deutschen Alpenkorps bereits in Tirol eingesetzt gewesen

Die Straßen gesäumt mit teils zerstörtem, teils intaktem Kriegsmaterial

Über den Tagliamento

war und später einmal der „Wüstenfuchs“ des Zweiten Weltkriegs werden sollte, die Bergrücken um Tolmein erobert, sodass der 14. Armee der Weg ins Hügelland von Friaul, nach Udine und zum Tagliamento offenstand. Dass Cadorna die Reste seiner 3. Armee über den Tagliamento zurücknehmen konnte und nicht vollends eingeschlossen wurde, hatte er dem zu langsamen Vorrücken der im Süden des Isonzo operierenden k. u. k. Heeresgruppe Boroević zu danken. Immerhin überschritten in den ersten Novembertagen die ersten Einheiten der 14. deutschen Armee und alle k. u. k. Truppen den Tagliamento, setzten die Verfolgung der geschlagenen italienischen Armee fort und standen am 9. und 10. November am Ostufer des Piave von der Adria bis in die Vorberge der Alpen hinein. Denn auch Belluno und Feltre wurden in diesen Tagen von Einheiten des Armeekorps Krauss besetzt.

Gerade noch rechtzeitig hatte der italienische General Mario Robilant di Nicolis mit der Räumung der Dolomitenfront begonnen, die angesichts der Niederlage am Isonzo nicht mehr zu halten war. Zwar wur-

An der Nebenfront: Das zu den Sieben Gemeinden zählende Dorf Gallio, durch österreichischen Artilleriebeschuss vollständig zerstört

den seine Einheiten im Norden von Kaiserjägern und vom Fassatal aus von Kaiserschützen verfolgt, auch versuchte ein Bataillon Kaiserjäger von Friaul her, durch die Täler des Cadore vorrückend, den Flüchtenden am Oberlauf des Piave den Weg anzuschneiden, doch erreichte ein Großteil der italienischen Truppen heil den Südausgang der Alpen. Immerhin gelang den Verfolgern bei Auronzo die Gefangennahme von 4000 Alpini. Conrad von Hötzendorf, der im Raum Tirol das Kommando innehatte, hatte mehr und aus seiner Sicht „Größeres" im Sinn, als beim Abfangen der Dolomitenkämpfer zu helfen. Dass diese sich anschickten, weitgehend ungestört den zu einer wahren Festung ausgebauten Monte Grappa jenseits des Tales der Brenta zu besetzen, was für eine Fortsetzung des Kampfes verheerende Folgen haben konnte, scherte ihn nicht. Er träumte schon wieder – wie ein Jahr vorher – von einer Offensive in die Flanke (damals war es der Rücken) des Feindes. Und die sollte wieder über die Hochfläche der Sieben Gemeinden geführt werden. Er hatte aus der Erfahrung nichts gelernt, ganz abgesehen davon, dass die italienischen Positionen um Asiago noch viel stärker befestigt waren als im Mai 1916 und Conrad nur unzureichende Artillerie zur Verfügung stand. Diesem Starrsinn und dieser Unvernunft wurden tausende Soldaten aus allen Nationen der Monarchie geopfert, auch wieder Tiroler Kaiserjäger und Kaiserschützen. Nach gut einer Woche, am 16. November, musste er das Unternehmen abbrechen. Einzelaktionen gab es auch nachher noch, etwa die Eroberung des Monte Meletta (4. Dezember 1917) und des Sisemol (6. Dezember), aber es nützte nichts mehr, für einen weiteren Vorstoß reichten die Kräfte nicht. Auch General Krauss war kein genialer Heerführer und verzettelte sein Korps in verschiedenen Unternehmungen rund um das Grappamassiv, das in den folgenden Monaten zum uneinnehmbaren Eckpfeiler der Italiener an der neuen Piavefront werden sollte.

Die Niederlage bei Caporetto, wie die Italiener zu Karfreit sagen, empfand das ganze italienische Volk als Schmach. Und in Österreich spottete man: *„Noch*

Denkmal des sinnlosen Wahnsinns: Der heiß umkämpfte und schließlich von den Österreichern eroberte Monte Meletta bei Gallio nach dem Trommelfeuer

nie lief eine Armee so / wie die am Isonzo, / in einem Momento / waren sie am Tagliamento / und erst an der Brenta / aßen sie wieder Polenta." Tatsächlich hätte es ärger nicht kommen können. Von den 875.000 Mann, die an der Isonzofront standen, waren ca. 300.000 in Gefangenschaft geraten, 30.000 waren verwundet, über 12.000 gefallen. Italienische Statistiken erwähnen weiters 66.000 Deserteure und 6000 Überläufer. Als eine sonst nicht gekannte Kategorie werden 300.000 „Versprengte" angeführt, damit sind jene Soldaten gemeint, die einzeln oder in Gruppen, ja auch im Verband ganzer Einheiten panikartig davongelaufen waren und oft erst irgendwo in Mittelitalien zur Besinnung kamen und ihre Flucht beendeten. Die meisten von ihnen kehrten früher oder später, freiwillig oder „eingefangen", wieder zur Truppe zurück. Dazu kamen immense materielle Verluste: 3512 Geschütze, 1732 Minenwerfer, 2899 Maschinengewehre, ca. 300.000 Gewehre, eine nicht zu beziffernde Menge an Pionier- und Traingerät, an Munition, an Uniformen und Ausrüstung, an Sanitätsmaterial, an Verpflegung und Schlachtvieh.

Kein Wunder, dass sich angesichts eines derartig angeschlagenen Gegners mancher Soldat, vor allem mancher höhere Offizier die Frage stellte, warum die Offensive am Piave stehen blieb. Hatte Kaiserin Zita, eine Italienerin, womöglich ihren Gemahl bewogen, ihre Landsleute vor der totalen Vernichtung zu bewahren? Ein Gerücht, das lange Zeit von vielen geglaubt wurde. Es wäre ein Leichtes gewesen, ganz Oberitalien zu besetzen, wurde gemunkelt und später auch geschrieben. Heinz von Lichem behauptete dies noch Jahrzehnte später in seinen Büchern, und sie werden auch heute immer wieder neu aufgelegt: „Der Raum zwischen Piave und Mailand war im wesentlichen militärisch entblößt. Die Eroberung wäre eine Sache von fünf Tagen gewesen ..." Man kann einen Frontkämp-

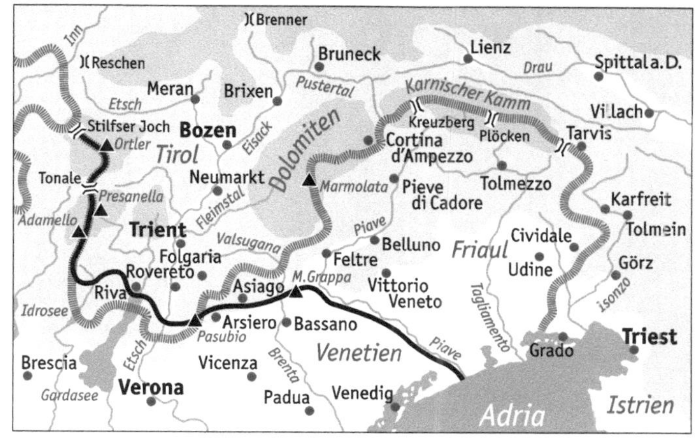

Frontverlauf gegen Italien ab Dezember 1917

fer von 1917 verstehen, wenn er vor Ort so dachte, im Siegestaumel, ohne viel an Informationen. Ein Historiker sollte die Gründe für das Ende der Offensive aber nicht übersehen. Und die waren schwerwiegend.

Erstens waren die Mannschaften nach sechzehn ununterbrochenen Kampf- und Marschtagen total erschöpft. Zweitens hatten Train und Geschütze nicht so schnell nachrücken können. Man war ganz einfach nicht vorbereitet für ein noch weiteres Vorrücken. Eine Pause wäre also unabdingbar gewesen. Aber schon nach einer Woche wäre ein Spaziergang nach Mailand nicht mehr möglich gewesen. Da hatte sich die Lage wesentlich geändert. Schon die Überschreitung des Piave wäre schwierig gewesen, denn als erste Reaktion auf die Katastrophe von Caporetto hatte Cadorna noch im Oktober die Abwehrlinie vom Monte Grappa den Fluss entlang bis zum Meer wesentlich verstärken lassen. Als die siegreichen Österreicher an den Piave kamen, war es ihnen nicht mehr möglich, die Hügelgruppe des Montello am jenseitigen Ufer als Brückenkopf zu

Der neue Frontverlauf lässt es sinnvoll erscheinen, eine Feldeisenbahn nach Cortina (Bild) und weiter ins Cadore zu bauen.

besetzen. Dass man den Monte Grappa zum „heiligen Berg des italienischen Widerstandes“ (Fontana) werden ließ, sind die k. u. k. Generäle großteils selber schuld.

Auch eine moralische Aufrüstung der so sehr dezimierten italienischen Armee zeigte zu diesem Zeitpunkt bereits Wirkung. Am 8. November war General Cadorna als Chef des Generalstabes von der Regierung abgesetzt worden. Und zu seinem Nachfolger, General Armando Diaz, konnten die enttäuschten und über ihre Führung verärgerten Soldaten neues Vertrauen schöpfen. Dazu kamen die aus den Dolomiten zurückgezogenen Soldaten der besten Einheiten, die Italien aufzubieten hatte. Die Front war für Italien um 240 km kürzer geworden, alle noch vorhandenen Kräfte konnten hier konzentriert werden. Schließlich stand Italien ab sofort nicht mehr allein. Aus Angst vor einem gänzlichen Zusammenbruch ihres Verbündeten waren Frankreich und England bereit, Truppen nach Oberitalien zu schicken. Hätten die österreichischen und deutschen Armeen den Versuch gestartet, über den Piave zu setzen, so hätten sie es auch mit den 200.000 Mann von vier britischen und vier französischen Divisionen zu tun bekommen. Die Franzosen waren schon am 1. November in Italien eingetroffen.

Allein schon mit der Aufgabe, das bisher eroberte Gebiet zu verwalten, war die Monarchie völlig überfordert. Man beließ die Beamten und zum Großteil auch die Gesetze, setzte nur einige wenige neue Bestimmungen in Kraft. Nicht verhindern konnten die Befehlshaber trotz entsprechender Verbote die Plünderungen vieler Ortschaften durch das einrückende Militär. Ob hoher Offizier oder Soldat ohne jeden Rang – man nahm mit, was man tragen oder ins Militärauto einladen konnte, vom Schinken bis zum Kronleuchter. Manche Straßenzüge sollen nach dem Bericht von Augenzeugen regelrecht verwüstet gewesen sein, Lebensmittel und wertvollste Sachen der gebotenen Eile wegen auf den Straßen verstreut, zertrampelt, in den Kot getreten.

Das Propagandafoto des Kriegspressequartiers mit dem Titel „Tauschgeschäfte in St. Giovanni in Livenza“ soll ein gutes Verhältnis der italienischen Bevölkerung zu den österreichisch-ungarischen Truppen glaubhaft machen.

Die offizielle Kriegsbeute wurde gemäß der Vereinbarung mit dem Deutschen Oberkommando mit dem Verbündeten im Schlüssel 1:1 geteilt, auch die Kriegsgefangenen, die man als Arbeitskräfte einsetzen konnte, allerdings galt es dann auch, das Versorgungsproblem zu lösen. Aus den erbeuteten Lebensmittelbeständen konnten die Soldaten der k. u. k. Armeen drei Monate lang ernährt werden. Andererseits bedeutete die zwölfte Isonzoschlacht den Beginn der Hungersnot im Hinterland. Allein die 2400 Züge und 100.000 Waggons, die man zum Heranführen und jetzt wieder zum Rücktransport der deutschen Truppen benötigte, fehlten – wie all die anderen requirierten Fahrzeuge – bei der Belieferung der Großstädte der Monarchie mit Lebensmitteln und Rohstoffen. Ein Pyrrhussieg! In Friaul, in der Provinz Belluno und im besetzten Teil Venetiens versuchten sich die Militärbehörden wenigstens insofern schadlos zu halten, als sie nicht nur die Glocken von den Kirchtürmen holten, sondern auch von den privaten Haushalten die Ablieferung von Töpfen und anderen Geräten aus wertvollem Metall verlangten. Beides war ja in der Heimat längst praktiziert worden, nur dass man hier nicht an den Patriotismus appellieren oder sich auf das Heiligste Herz Jesu als obersten Kriegsherrn berufen konnte.

Militärisch gesehen herrschte am Piave seit Mitte November eine Pattstellung. Nur am Nebenschauplatz Sieben Gemeinden war Conrad von Hötzendorfs ebenso verlustreiche wie aussichtslose Offensive noch im Gang. Und die Kämpfe dort oben gingen noch bis Jahresende weiter. Immer wieder mussten Gipfel erobert oder verteidigt werden, gab es Geplänkel und schwere Angriffe, lange Märsche, eiskalte Nächte, erschöpfte Mannschaften, Tote, zu Krüppel geschossene junge Menschen. Das Kriegstagebuch des Oberleutnants Josef Ransmayr, Adjutant beim 3. Bataillon des 3. Kaiserschützenregiments, gibt einen erschütternden Einblick in die Mühen und das Leid, das den Soldaten und ihren Offizieren abgefordert wurde, ohne dass diese Kämpfe noch irgendeinen Sinn haben konnten, außer den Ehrgeiz eines Armeeführers zu befriedigen. Am 21. Dezember, vermerkte Ransmayr in seinem Tagebuch, „*marschierte das Baon* [Bataillon] *um 7 h vormittags ab nach Campo Mulo und gelangte um 4 h nachmittags in die Frenzella-Schlucht* [Val Frenzela, östlich von Asiago, sie führt hinunter nach Valstagna an der Brenta]. *Hier sah es windig aus. Keine Baracken, kein Holz, keine ausgebaute Stellung. Alles mußte im Freien liegen, nur das Zelt über dem Kopf. In der Gefechtslinie seichte Schneelöcher. Dabei eine Kälte um* [minus] *20 Grad herum! Nur die erbeuteten Schlafsäcke retten uns vor dem Erfrieren.*“ Für den 23. Dezember 1917 war dem Bataillon ein Angriff auf den Col di Rosso befohlen worden. „*Der Kmndt* [Kommandant] *des Nachbarverbandes IR 27, ein Major, kam zu mir und klagte ganz verzweifelt, daß seine Leute zum Angriff nicht mehr aufstehen wollen, alles gute Zureden half nichts. Außer den Offizieren, Unteroffizieren und Offiziersdienern will niemand den Angriff mitmachen. Der Major, ein Deutscher* [deutschsprachiger Österreicher], *Mannschaft Tschechen und Ungarn, tat uns sehr leid, da in seinem Baon schon einmal Gehorsamsverweigerung vorgekommen war und nun Gelegenheit zur Rehabilitierung gegeben wäre.* [...] *Nach dem eigenen Trommelfeuer erlitten wir durch das feindliche Sperrfeuer sehr schwere Verluste (Gas). Infanteriegeschützzug, Techn. Zug und Handmaschinengewehrzug wurden nahezu ganz außer Gefecht gesetzt.*“

Ransmayrs ungeschminkte Schilderung des Geschehens ist es wert, weitergelesen zu werden, obwohl – oder gerade weil – es sich um eine völlig nebensächliche Aktion handelte und auch dem zur Objektivität verpflichteten Historiker die Zornesröte ins Gesicht steigt angesichts der Sinnlosigkeit, mit der Menschenleben um Menschenleben geopfert wird, um auf der Karte markierte Ziele zu besetzen, wieder zu verlieren und neuerlich anzugreifen. In diesem Fall konnte die angestrebte Position am Col di Rosso unter großen Opfern erreicht werden. In Richtung Feind verschanzte sich Ransmayrs Bataillon, aber: *„Am Hilfsplatz sah es trostlos aus: keine Kaverne, keine Unterstände, die Verwundeten im Freien, keine Möglichkeit, sie vor Einbruch der Dunkelheit zurückzubringen. Dazu immer wieder Gasminen. Die Verwundeten, meist ohne Gasmasken, schrien verzweifelt.* [...] *Wir hielten ihnen Gasmasken-Einsätze vor den Mund, mehr konnten wir für sie nicht tun. Recht brav arbeiteten die Telefonisten. Immer wieder gingen sie hinaus, und flickten zerschossene Leitungen. Als mir wieder ein Telefonist ohne Arm gebracht wurde,* [und ich] *jetzt nur mehr zwei* [Telefonisten] *hatte, verbot ich die Wiederherstellung der Leitungen. Gerade als wir den Verwundeten verbinden wollten, schlug mitten unter uns eine Mine ein und als wir uns vom ersten Schrecken erholt hatten, mußten wir sehen, daß es dem armen Teufel ein Bein weggerissen hatte.* [...] *Das Mitansehen, wie die armen Verwundeten litten, ohne ihnen helfen zu können, war schier nicht zu ertragen.“* Die feindlichen Kanonen und Minenwerfer wüteten noch den ganzen Tag, weitere Kaiserschützen starben, viele wurden verletzt. *„Gegen Abend erlitt Baonskmndt.* [Bataillonskommandant] *Mj. Hust einen Nervenzusammenbruch (Weinkrampf), er war ganz erledigt. Ich erbat vom Regimentskommando, ihn zum großen Train schicken zu dürfen.“*

Der nächste Tag war der 24. Dezember, Heiliger Abend. Trübes, nasskaltes Wetter. Zunächst wurde die Leiche des gefallenen Oberleutnants Mösenbacher geborgen und zusammen mit anderen Gefallenen zum Train gebracht. Am Nachmittag wollten die Italiener die Höhe zurückerobern. Doch zwei Angriffe brachen

Die Frenzellaschlucht, im Hintergrund der Col di Rosso

im Feuer der Maschinengewehre zusammen. 800 Mann ergaben sich. Abgekämpft und matt kauerte sich danach eine kleine Runde von Offizieren, Ordonanzen und Offiziersdiener mit dem Feldkuraten an einer geschützten Stelle zusammen. *„Kaum konnten wir den Einbruch der Nacht erwarten, hofften wir doch, daß es heute bessere Menage, Zubußen und Liebesgaben geben werde. Endlich kamen die Tragtiere mit den ersehnten Kesseln. Aber welche Enttäuschung! Die Suppe war sauer; da sie 8 Stunden auf dem Weg war, die Fleischkrapferln glitzerten im Mondschein, sie waren gefroren. Keine Zubußen, keine Liebesgaben!"* Jemand hatte einen kleinen Christbaum organisiert und die Männer begannen zögernd zu singen: „Stille Nacht". Da ertönte aus der Schlucht die mächtige Stimme eines Feldkuraten, der sich dorthin gewagt hatte, wo mehrere Abteilungen in diesem Bereich seine Weihnachtsbotschaft hören konnten. Da er trotz der tristen Situation humorvolle Worte fand, gelang es ihm, der Runde am Col di Rosso *„die trübe Stimmung zu verscheuchen. Wie mit einem Schlage setzte auch das feindl. Feuer aus, so daß* *wir den Rest der Nacht Ruhe hatten. Beim Schein eines spärlichen Lagerfeuers sangen wir nun alle Lieder, die uns gerade einfielen* [...]".

Ein paar hundert Kilometer weiter im Südwesten gab es auch am Pasubio keinen Weihnachtsfrieden. Am und um diesen Eckpfeiler der Tiroler Front tobte die Schlacht seit Sommer 1916 fast ununterbrochen auf engstem Raum. Die beiden Gipfelplatten waren längst zu regelrechten Festungen ausgebaut worden. Auch hier setzten schließlich beide Seiten auf das inzwischen bewährte Mittel der Unterminierung und Sprengung. Die Österreicher waren schneller. Am 13. März 1918 explodierten 50.000 Kilogramm Dynamit unter der italienischen Südplatte und rissen 500 Mann in den Tod.

Der Pasubio war der Berg des 2. Regiments der Tiroler Kaiserjäger. Die Regimenter 1, 3 und 4 dieser Truppe waren an anderen neuralgischen Punkten westlich der Val d'Astico eingesetzt. Die Kaiserschützenregimenter 2 und 3 hielten die Stellungen nördlich und südlich der Vallarsa, das Einser-Regiment kämpfte Anfang 1918 im Grappa-Gebiet, kam dann zur Retablierung (Erholung) nach Bozen. Anfang Juni wurde sein 3. Bataillon auf den Tonale beordert, die Bataillone 1 und 2 wurden als Reserveeinheit in Trient stationiert. Alle diese Einheiten verfügten lange nicht mehr über die im Krieg vorgesehene Mannschaftsstärke, zum Teil bestanden die Bataillone nur noch aus 400 bis 500 statt aus 900 bis 1000 Mann. Und es waren längst nicht mehr alles Tiroler, seit zwei Jahren erfolgte die Ergänzung bei den Kaiserschützen großteils aus Oberösterreich, bei den Kaiserjägern aus Böhmen. Die Kompanien und Bataillone der Standschützen waren durch Verluste im Kampf, durch Krankheiten oder Alter oder abnehmende Tauglichkeit extrem zusammengeschmolzen, jüngere Soldaten mit Matura oder Hochschulbildung waren vielfach zum regulären Militär gewechselt, wo

Seit Sommer 1917 ist die Kraftwagenkolonne Nr. 170 in Trient stationiert und versorgt die Kampfgebiete rundherum.

sie die Möglichkeit einer Beförderung zu höheren Dienstgraden hatten. Die Welschtiroler Standschützen waren Ende 1917 allesamt von der Front abgezogen und wie die als PU (politisch unverlässlich) oder gar als PV (politisch verdächtig) gebrandmarkten Trentiner in Arbeitskompanien eingereiht. Die großteils neu formierten Bataillone der Standschützen – insgesamt noch etwa 8000 Mann – standen im Sommer 1918 vorwiegend im Raum Ortler-Tonale, an der Etsch- und Ledrofront und an einigen Positionen westlich der Val d'Astico. Trotzdem lag es nicht an den bis zur Selbstaufopferung kämpfenden Tiroler Einheiten, dass der Krieg nicht mehr zu gewinnen war. Wann und ob es endlich den ersehnten Frieden geben würde, war ohnehin Sache der Politiker.

Wie die Monarchie zerfiel und der Krieg zu Ende ging

Wilsons vierzehn Punkte, die Sixtus-Affäre, eine aussichtslose Offensive am Piave und die Verwirrung rund um den Termin des Waffenstillstands

Im Frühjahr 1918 war die militärische Situation mit der vom Sommer 1917 nicht zu vergleichen. Die USA waren in den Krieg eingetreten, bald würden ihre frischen, gut ausgerüsteten Truppen auch in Italien auftauchen. Die von US-Präsident Woodrow Wilson verkündeten „Vierzehn Punkte" mit dem Selbstbestimmungsrecht der Völker als Grundlage für eine Nachkriegsordnung in Europa ließen die Exilpolitiker fast aller in der Donaumonarchie vereinten Völker auf eigene Staaten hoffen, wenn die Macht der Habsburger endlich gebrochen wäre. Ihre Aufrufe an ihre jeweiligen Soldaten in der k. u. k. Armee und in den Regimentern der Landwehr, die Seiten zu wechseln, also zu desertieren und gegen ihren momentanen Kriegsherrn zu kämpfen, wurden immer dringlicher und zeigten langsam aber sicher Wirkung. Der Zersetzungsprozess des österreichisch-ungarischen Heeres hatte ein Ausmaß angenommen, das mehr als nur bedenklich war, Desertionen und Fälle von Befehlsverweigerung häuften sich.

Seit in Wien der Reichsrat wieder einberufen wurde, konnten die Zwistigkeiten unter den Vertreten der Kronländer und ihrer Völker wieder offen ausgetragen werden, was zusätzlich Zündstoff und Propagandamaterial für innere und äußere Gegner der im Moment gültigen Form des Zusammenlebens unter dem Szepter der Habsburger lieferte. So viel man Kaiser Franz Joseph vorwerfen konnte, er war wenigstens die Figur an der Spitze, der man Respekt zollte und die das

Österreich-Ungarns Außenminister Ottokar Graf Czernin (2. von links an der Längsseite des Tisches sitzend) bei der Unterzeichnung des Friedensvertrags mit der gerade erst selbständig gewordenen Ukraine (9. Februar 1918)

morsche Reich irgendwie noch zusammenhielt. Der neue Kaiser war nicht die Persönlichkeit, der man eine zukunftsweisende Reform des Staatswesens zutraute, und er hatte auch nicht die Männer um sich, die das Steuer herumreißen hätten können. Der ersehnte Friede, den Karl I. seinen Völkern bei der Thronbesteigung versprochen hatte, war weiter entfernt als noch vor einem Jahr.

Alle geheimen oder halb offiziellen, immer aber halbherzigen Friedensbemühungen des Kaisers, seines Außenministers Ottokar Graf Czernin oder anderer Persönlichkeiten waren im Sand verlaufen und hatten nur das Verhältnis zum deutschen Bündnispartner belastet, der einseitige Vorstöße Österreichs in Sachen Frieden mit äußerstem Misstrauen und Sorge beobachtete. Als im April 1918 zwei Briefe bekannt wurden, die Kaiser Karl ein Jahr vorher an seinen Schwager Sixtus von Bourbon-Parma und dessen Bruder Xavier geschrieben und in denen er verklausuliert die Ansprüche Frankreichs auf Elsass-Lothringen anerkannt hatte, war der Skandal perfekt. Die sogenannte Sixtus-Affäre wurde von Außenminister Czernin ausgelöst, der durch seine verbalen Angriffe auf den französischen Ministerpräsidenten Clémenceau die Veröffentlichung der „Sixtus-Briefe“ provozierte, von denen Czernin nichts wusste. Sie waren als Grundlage für eine Kontaktnahme mit Frankreich gedacht gewesen und enthielten auch des Kaisers Meinung zu anderen Punkten einer zukünftigen Friedensordnung in Europa. Sie waren nicht unrealistisch und hätten durchaus die Basis für Friedensgespräche und für einen Sonderfrieden der Entente mit Österreich sein können. Statt nun zu diesen Äußerungen zu stehen und damit seinen Friedenswillen vor seinen Völkern und vor aller Welt zu bekunden, distanzierte sich der Kaiser vom Inhalt der Briefe, leugnete, sie geschrieben zu haben, und stand schließlich entweder als Verräter oder als Lügner da. Für viele war er beides. Außenminister Czernin trat zurück, wegen seiner Deutschlandtreue von nationalen Kreisen bejubelt und gefeiert, aber auch von seinen Gegnern und den Anführern der anderen Nationen mit Respekt bedacht.

Alle Vorwürfe blieben am Kaiser und noch mehr an seiner italienischen Gattin hängen, deren in der belgischen Armee dienende Brüder ja Teil der Affäre waren. Selbst mit markigen Solidaritätssprüchen gegenüber Deutschland vermochte sich Karl nicht aus dem Schlamassel herauszureden. Der Monarch hatte im eigenen Reich und auf dem internationalen Parkett alle Reputation verspielt. Manfried Rauchensteiner, einer der besten Kenner der letzten Jahre der Donaumonarchie, unterscheidet klar zwischen den Briefen und Gesprächen des Jahres 1917 zwischen Kaiser Karl und den Prinzen von Bourbon-Parma, „deren politische und moralische Berechtigung durchaus gegeben war“, und der Affäre, die daraus „durch einen unbedachten Akt psychologischer Kriegsführung, durch Unehrlichkeit und Prestigedenken auf allen Seiten“ gemacht wurde. Für den Historiker steht fest, dass „fast mit einem Schlag das Ansehen der kaiserlichen Zentralgewalt vernichtet“ war. „In das Vakuum, das sich für die Deutschösterreicher und die Ungarn der Monarchie auftat, strömte [...] das Deutsche Reich ein. Und dort, wo Deutschland dieses Vakuum nicht füllen konnte, wo ihm die deutsche Definition dieses Krieges als eine Auseinandersetzung zwischen Slawen und Germanen selbst im Wege stand, bildeten sich die künftigen ostmittel- und südosteuropäischen Nationalstaaten heraus. Es war ein Sturz ins Nichts.“

Außenminister Czernin (Mitte) bei Friedensverhandlungen mit der russischen Führung in Brest (Februar 1918), neben ihm die Chefverhandler Deutschlands (links) und des Osmanischen Reiches

Im Osten ging der Krieg in diesem Frühjahr zu Ende. Ein Friedensvertrag mit Russland, wo die Bolschewiken die Macht an sich gerissen hatten, wurde am 3. März 1918 in Brest-Litowsk unterzeichnet, am 7. Mai 1918 folgte der Friede mit Rumänien. Schon vorher hatte sich die Ukraine unter Ausnutzung der revolutionären Zustände in St. Petersburg von Russland abgespaltet und war von Berlin und Wien als selbständiger Staat anerkannt worden. Als Gegenleistung hatte sich die Ukraine zu Getreidelieferungen an Deutschland und Österreich verpflichtet, weshalb der am 9. Februar 1918 abgeschlossene Vertrag als „Brotfriede“ in die Geschichte einging. Aber sosehr der Friede von Brest-Litowsk mit Russland die Situation der Mittelmächte auch verbesserte, er verstärkte gleichzeitig die

Gefahr und Zugkraft revolutionärer Bewegungen in anderen Ländern. Für die Habsburgermonarchie bedeutete das weniger soziale Unruhen, obwohl auch solche angesichts der zunehmenden Not nicht mehr auszuschließen waren, als vielmehr eine Steigerung des Selbstbewusstseins und der revolutionären Kampfbereitschaft ihrer Völker, vor allem der Südslawen und der Tschechen.

Angesichts eines hungernden Reiches mit internen Zerwürfnissen, wohin man nur schaute, angesichts einer Rüstungsindustrie mit rapid sinkender Produktion und eines Heeres, das seine Soldaten nicht mehr mit dem Nötigsten versorgen konnte, kommt der Plan einer neuen Offensive im Grunde einer Realitätsverweigerung gleich. Und doch spukte die Idee, am Piave noch einmal anzugreifen und den „Erbfeind" endgültig zu besiegen, in den Köpfen von Politikern und Generälen. Nur wenige warnten und wollten wenigstens das Heer halbwegs intakt erhalten, was – wenn überhaupt – nur bei tunlicher Beschränkung auf eine effektive Verteidigung möglich war. Doch da kamen zwei Faktoren ins Spiel, die zum Angriff drängten: Der eine war der deutsche Verbündete, der ein solches Unternehmen gerne gesehen hätte, plante er doch eine neue Großoffensive an der Westfront, um Frankreich in die Knie zu zwingen. Würde Österreich-Ungarn in Oberitalien aktiv, könnten von dort keine Truppen der Entente abgezogen und nach Norden geschickt werden. Nicht wenige Verantwortliche in Wien glaubten, dies den Deutschen als eine Art Wiedergutmachung für die Kränkungen der Sixtus-Affäre und als Beweis der Bündnistreue schuldig zu sein. Das zweite Argument für eine Offensive an der italienischen Front war viel prosaischer und ist mit dem Wort Beute zu umschreiben. Mit einem Sieg hätten die Soldaten wieder zu essen gehabt, wäre die Versorgung der Armee für

Luftaufnahme des Piave aus dem Album des Tiroler Flugbeobachters Osmin Höfer (Mai/Juni 1918)

längere Zeit gesichert. Und wenn Italien zum Frieden gezwungen werden konnte, war man diese Sorge überhaupt los. Alles oder nichts, lautete die Parole, denn eine Niederlage bedeutete das Ende, das musste jedem klar sein.

Offenbar war man der Meinung, das Wagnis eingehen zu müssen, ja mehr noch, es sollte nicht nur am Piave losgeschlagen werden. Weil sich die Generäle nicht einigen konnten, wo eine Offensive am sinnvollsten und sichersten wäre, und sich Generalstabschef Arz von Straußenburg nicht durchsetzen konnte, wurde eine zweite, gleichzeitige Angriffsoperation am anderen Ende der Front, im Raum Tonale und Stilfser Joch beschlossen. Dort sollten sich Truppen den Weg hinab in die lombardische Ebene erkämpfen und Mailand bedrohen – ein geradezu irrwitziger Plan, der den Decknamen Lawine erhielt. Sie sollte am 13. Juni anrollen, blieb jedoch bereits in der Anfangsphase im Geschützfeuer der Italiener stecken. Das Unternehmen wurde dann doch aufgegeben. Der Kommandant der Ortlerfront, Generalmajor Moritz von Lempruch, der die Vorbereitung dieser Offensive mit Kopfschütteln verfolgt hatte, war nun froh, *„dass es infolge unseres Nichtdurchdringens am Tonale zur Durchführung dieser Operation, die wahrscheinlich Zehntausende einem schrecklichen Ende überliefert hätte, nicht gekommen ist"*.

Nicht viel besser lief es in der venezianischen Ebene, wo der Angriff am 15. Juni entlang der ganzen Front begann. Aber was sollten die in 51 Divisionen eingeteilten ca. 250.000 Mann, unterernährt und nur mehr notdürftig ausgerüstet, gegen 58 frische alliierte Divisionen ausrichten, deren Mannschaftsstärke über eine Million betrug. Am Monte Grappa und im Gebiet der Sieben Gemeinden konnte die längst zum unüberwindlichen Sperrgürtel ausgebaute Verteidigungslinie der Italiener an keiner Stelle durchbrochen werden, so dass die Offensive dort schon am zweiten Tag als gescheitert anzusehen war. Am Piave gab es einige kleine Anfangserfolge, an mehreren Stellen konnte der Hochwasser führende Fluss überquert werden, sogar die Hügel des Montello wurden besetzt und dort 10.000 Italiener gefangengenommen. Doch die Kräfte reichten bei weitem aus, um der nun beginnenden Gegenoffensive standhalten und vielleicht noch weiter vordringen zu können. Schon am 6. Tag des Unternehmens musste zum Rückzug geblasen werden, der zum Glück ziemlich ungestört gelang. An der Piavemündung, im Grappagebiet, wo österreichische Truppen den Monte Asolone besetzt hielten, und rund um Asiago gingen die verlustreichen Kämpfe allerdings noch einige Tage weiter. Die Bilanz der zehntägigen Piaveschlacht: auf österreichischer Seite 11.600 Gefallene und 81.000 Verwundete, bei den Italienern 8000 Tote und 29.000 Verwundete.

Bedrückendes Fotodokument aus der Piaveschlacht: tote Italiener, im Hintergrund kauern erschöpfte Österreicher. Das Bild wurde vom Kriegspressequartier nicht zur Veröffentlichung freigegeben.

Nicht zu messen sind die psychologischen Folgen des desaströsen Unternehmens. Während die Italiener neuen Mut und neue Kraft aus der gewonnenen Abwehrschlacht zogen, war die Stimmung in ganz Österreich-Ungarn, nicht nur innerhalb der Armee, an einem Tiefpunkt angelangt. Die Staats- und Armeeführung hatte jedes Vertrauen verspielt, an die Möglichkeit eines Sieges konnte niemand mehr glauben. Eher ist verwunderlich, dass die Niederlage nicht sofort in den gänzlichen Zusammenbruch führte, die Front noch hielt und die Monarchie ihr Dasein noch bis in den November hinein fristen konnte. Österreichs Verbündetem ging es nicht besser: Die Front des Deutschen Reichs im Westen war ins Wanken geraten. Am Balkan stand den Serben und Engländern der Weg in die un-

Während der Kämpfe um den Monte Grappa werden die Verwundeten, wenn sie den Transport ins Tal herunter überlebten, in die Lazarette der Valsugana gebracht.

garische Tiefebene offen, Mitte September kapitulierte Bulgarien, am 7. Oktober das Osmanische Reich. In dieser Situation ließen die Mittelmächte den amerikanischen Präsidenten Wilson wissen, dass sie seine Vierzehn Punkte als Grundlage für Waffenstillstands- und spätere Friedensverhandlungen annehmen würden. Doch Wilson war der falsche Ansprechpartner, wenn man einen Waffenstillstand wollte. Er meinte auch, es habe sich zu viel geändert in Europa, als dass sein Programm noch Punkt für Punkt gelten könne. Vor allem seien einige der Nationen der k. u. k. Monarchie inzwischen als selbständige Partner zukünftiger Verhandlungen zu sehen. Über deren Köpfe hinweg könne er nichts entscheiden.

In Italien wollte General Diaz so knapp vor dem Zusammenbruch Österreich-Ungarns keine weiteren Verluste mehr und möglichst keine unnützen Aktionen starten. So blieb es vom Piave über den Monte Grappa bis zu den Sieben Gemeinden und zum Pasubio in diesen Wochen relativ ruhig. Erst auf Drängen der Regierung in Rom, die bei einer zukünftigen Friedenskonferenz nicht nur auf den Londoner Vertrag pochen, sondern auch militärische Verdienste und eindeutige Erfolge vorweisen wollte, begann er am symbolträchtigen 24. Oktober, dem Jahrestag der Katastrophe von Caporetto/Karfreit, mit einer Offensive. Seine Divisionen waren inzwischen wieder aufgefüllt und erhielten Verstärkung durch ein amerikanisches Regiment, zwei französische und drei englische Divisionen und sogar durch eine tschechische Division, bestehend aus Exiltschechen, Überläufern und in Gefangenschaft geratenen k. u. k. Soldaten, die man für den Kampf gegen die Monarchie angeworben hatte. Diese tschechische Division kann als Symbol gesehen werden: Die Zahl der Fahnenflüchtigen nahm nämlich seit dem Sommer 1918 sprunghaft zu. Eine Statistik zählt 230.000 Mann aus den verschiedenen Nationen der Monarchie, die in diesen Monaten ihre Truppenkörper verlassen haben.

Der beginnende Zerfall der Monarchie ist aber noch deutlicher auf politischer Ebene zu bemerken. Es waren jetzt nicht mehr allein Exilpolitiker, die von London oder Paris aus entweder für einen autonomen Staat innerhalb des Habsburger Reiches oder immer mehr für eine vollständige Selbständigkeit ihrer Nationen und Länder agierten. Jetzt traten auch die gewählten Reichstagsabgeordneten in Wien und Prag offen für die nationale Selbständigkeit ein. Am 17. Juli 1918 gründeten die Spitzen der tschechischen Parteien einen Nationalausschuss; am 6. Oktober traten serbische, kroatische und slowenische Abgeordnete der ungarischen wie der österreichischen Reichshälfte in Agram/Zagreb zu einem Nationalrat aller Südslawen zusammen und erklärten als ihr Ziel, ihre Völker zu einem freien, unabhängigen und demokratischen Staat zusammenzuschließen. Die Vertreter der Rumänen Siebenbürgens, des Banats und der Bukowina wollten sich an das rumänische Königreich anschließen. Und die polnischen Politiker Galiziens, die seit einem halben Jahrhundert in der k.u.k. Monarchie eine führende Rolle spielten und durchaus als kaisertreu galten, tendierten jetzt ebenfalls zu einem selbständigen Großpolen. Mit dem näherrückenden militärischen Zusammenbruch Österreich-Ungarns waren all diese nationalen Tendenzen keine Utopie mehr.

Aus Tiroler Sicht kann man die Vereinigung von Abgeordneten aus Triest und Istrien mit sieben Reichstagsabgeordneten Welschtirols zum „Fascio Nazionale Italiano“ als einen Höhepunkt dieser Entwicklung betrachten. Denn diese Politiker – von denen Landeshauptmannstellvertreter Enrico Conci und Alcide Degasperi von der mächtigen Unione Popolare bisher nicht als ausgesprochene Irredentisten galten – erklärten die Vereinigung der italienisch besiedelten Gebiete Österreichs mit Italien nicht nur als ihr Ziel, sondern durch die Anerkennung der „Vierzehn Punkte“ Wilsons von Seiten der Mittelmächte als virtuell bereits vollzogen. Dieser Ansicht widersprachen einige Austriacanti im Trentino, also jene Welschtiroler, die an der Einheit des multinationalen Landes festhalten und bei Österreich bleiben wollten. Wie viele dies nach der unsäglichen Behandlung durch Militärbehörden und Politik jetzt noch waren, ist nicht genau zu sagen, die Mehrheit dürfte es wohl nicht mehr gewesen sein. Und die extrem nationalistischen Forderungen des „Deutschen Volkstages“ in Sterzing vom 9. Mai 1918, die auf eine weitgehende Germanisierung des Trentino abzielten, haben die wenigen sicher auch noch verschreckt. Aber sie wollten sich ihr Schicksal nicht von einigen Politikern in Wien, Innsbruck, Trient oder Rom aufzwingen lassen. Am 23. Oktober 1918 kamen 45 Landtagsabgeordnete, Gemeindevorsteher,

Österreichische Soldaten am Piave beobachten einen italienischen Flieger, ganz links meldet einer dessen Auftauchen per Telefon dem Kommando.

Dekane und Großgrundbesitzer Welschtirols in Trient zusammen und beschlossen eine Erklärung, dass *„eine Entscheidung über die Zukunft der Bevölkerung des Trentino einer Volksabstimmung vorbehalten bleibe“*.

Alle diese Bewegungen wollte Kaiser Karl mit einem am 16. Oktober 1918 erlassenen Manifest in verfassungsmäßige Bahnen lenken. Es sah die Umwandlung Österreichs in einen Bundesstaat vor, *„in dem jeder Volksstamm auf seinem Siedlungsgebiete sein eigenes staatliches Gemeinwesen bildet“*. Abgesehen davon, dass dies nur für die österreichische Staatshälfte gelten sollte, und von dem nicht angesprochenen Problem, dass viele „Siedlungsgebiete“ eben nicht nur von einem Volksstamm bewohnt waren, hätte allein schon der erklärte allerhöchste Wille zu einer derart grundsätzlichen Staatsreform vor zwei Jahren, vielleicht auch noch vor einem Jahr, den Zerfall der Monarchie verhindern können. Jetzt war es zu spät, hinkte nur den vollendeten Tatsachen hinterher und beschleunigte sogar das endgültige Auseinanderbrechen.

Aber noch sprachen die Waffen. Und es war erstaunlich: Als die international verstärkten italienischen Truppen am 24. Oktober am Piave angriffen, verteidigten weiterhin Soldaten aus allen Nationen der Monarchie dieses sterbende Staatswesen, standen Seite an Seite im Schützengraben, als gingen ihre Volksvertreter zu Hause nicht schon längst getrennte Wege. Geradezu verbissen leisteten sie Widerstand gegen einen zahlenmäßig und materiell vielfach überlegenen Gegner. Erst nach ein, zwei Tagen wurde deutlich, wie weit der Zersetzungsprozess schon fortgeschritten war, erreichten die Zustände zu Hause die Front. Zuerst auf der Hochfläche der Sieben Gemeinden, wo sich ungarische Einheiten weigerten, in den ihnen zugewiesenen Stellungen zu bleiben oder neue zu beziehen. Damit folgten sie der Regierung in Budapest, die ihre Truppen nach Hause zurückbeordert hatte, um der Gefahr eines serbischen Einbruchs zu begegnen. Dieses Recht hatte sie natürlich nicht, aber die Soldaten der Honvéd-Einheiten, wie die Landwehr in Österreich ursprünglich tatsächlich für die Verteidigung der Heimat vorgesehen, wollten nichts wie weg. Was sollte die Armeeführung machen? Ein Blutbad in den eigenen Reihen anrichten?

Als man die Ungarn ziehen ließ, versagten auch andere Regimenter, zuletzt die bis dahin loyal gebliebenen tschechischen Einheiten, den Gehorsam. Eine Kettenreaktion. Denn auch Kaiserjäger, Kaiserschützen und Regimenter aus Salzburg und Linz wollten sich nicht verheizen lassen, während andere anstandslos abziehen durften. Es war offensichtlich, die Front begann sich aufzulösen. Wo noch gekämpft wurde, ging die Munition aus oder blieben halb verhungerte Soldaten ohne Feindeinwirkung einfach liegen. Den Befehlshabern blieb nichts anderes übrig, als die Verteidigungslinien weiter nach hinten zu verlegen. Das belagerte Grappamassiv und die während der Maioffensive 1916 vorgeschobenen Stellungen im Gebiet der Sieben Gemeinden wurden aufgegeben. Gleichzeitig beschwor man die höheren Kommandostellen, doch endlich einen Waffenstillstand zu erreichen, koste es, was es wolle. Inzwischen waren auch die Reste der Kampflinie am Piave durchbrochen, wo Briten und Franzosen den Angriff vorwärtstrieben. Am 29. Oktober 1918 abends erreichten einige italienische Vorauseinheiten Vittorio Veneto.

Am 26. Oktober hatte Kaiser Karl an Kaiser Wilhelm die Botschaft übersandt, dass er binnen 24 Stunden Präsident Wilson um einen Waffenstillstand und einen Sonderfrieden für Österreich-Ungarn bitten werde. Daher löse er das Bündnis mit dem Deutschen Reich. An den deutschen Generalfeldmarschall von Hindenburg schrieb Generalstabschef von Arz ein Telegramm, in dem er die aussichtslose und verwirrende Lage an der Front und im Hinterland schildert und bezüglich des Waffenstillstandes schreibt: *„Da es auf Stunden ankommt, muss rasch gehandelt werden. Der Weg zu Wilson ist zu lang. Kommission versucht Verbindung mit der ital. Heeresleitung, um über einen Waffenstillstand zu verhandeln.“*

Die erwähnte Kommission unter Leitung des Generals Viktor von Weber – lauter Militärpersonen, kein einziger Diplomat – stand seit Anfang Oktober in Trient bereit. Sie war schon einmal aufgelöst, dann aber eiligst wieder zusammengerufen worden. Außer bedingungslos zu kapitulieren hatte Weber alle Vollmachten, nur schnell musste es gehen. Doch die Italiener ließen sich – als der Kontakt an der italienischen Frontlinie bei Serravalle im Etschtal von Generalstabshauptmann Camillo Ruggero hergestellt war – bewusst Zeit, bezweifelten zuerst die Vollmacht der Kommission und ließen sie dann wissen, dass mit der Aufnahme von

Die österreichisch-ungarische Waffenstillstandskommission wartet in Borghetto auf die Entscheidung, wie es weitergehen soll.

Gesprächen keine Waffenruhe verbunden sei. Dafür brauche man die ausdrückliche österreichische Zustimmung. Das wiederum musste mit dem Armeeoberkommando besprochen werden, dieses konnte aber gar nicht anders als zu akzeptieren. Mit jedem weiteren Tag wuchs die Erpressbarkeit der k. u. k. Monarchie. Erst am 31. Oktober um 7 Uhr früh erhielt die Waffenstillstandskommission endlich die Erlaubnis, sich über die Frontlinie nach Avio im Etschtal zu begeben. Von dort wurden die Unterhändler nach Padua gebracht und am Abend in der südlich der Stadt gelegenen Villa des italienischen Senators Vettor Giusti del Giardino untergebracht. Sie diente als Gästehaus der in Abano residierenden italienischen Heeresleitung, des „Comando supremo".

Geradezu dilettantisch und konfus war, was in den folgenden drei Tagen passierte und 380.000 Soldaten der k. u. k. Monarchie die Gefangenschaft bescherte. Die trotz aller Forschungsergebnisse der Historiker nie verstummte Diskussion darüber, wer schuld am

Schlamassel rund um den Waffenstillstand vom 3. bzw. 4. November 1918 war, ist *auch* eine Frage des Standpunktes und wird nie frei von Vorurteilen sein. Wie es aber dazu kommen konnte, ist bis ins letzte und winzigste Detail bekannt und lässt keine unterschiedliche Auslegung zu. Am aufschlussreichsten ist ein genauer Terminkalender:

31. Oktober, Abend: Den Österreichern in der Villa Giusti wird mitgeteilt, dass die alliierte Delegation erst am nächsten Tag in Padua eintreffen werde.

1. November, Vormittag: Generalstabschef Pietro Badoglio, der als Leiter der Verhandlungen ausersehen ist, eröffnet General Weber, dass ein Vertragstext für den Waffenstillstand vom Obersten Alliierten Kriegsrat in Paris ausgearbeitet würde.

1./2. November: In der Nacht trifft ein Entwurf des Textes ein, der – wie Badoglio versichert – nur in einzelnen Wörtern, nicht aber dem Sinne nach vom endgültigen Text abweiche. Er enthält folgende Bedingungen: Sofortige Einstellung der Feinseligkeiten; Rückzug aller Truppen von den seit 1914 besetzten Territorien und aus allen von Italien beanspruchten Gebieten einschließlich Tirol bis zum Brenner; komplette Abrüstung; Recht der Alliierten auf Besetzung strategisch wichtiger Punkte innerhalb der österreichisch-ungarischen Monarchie und Durchzugsrecht für alliierte Truppen. Die Bedingungen waren nicht zu verhandeln, nur abzulehnen oder bis 12 Uhr mittags anzunehmen.

2. November, früh am Morgen: Hauptmann Ruggero fährt nach Trient, um Kontakt mit dem Armeeoberkommando in Baden aufzunehmen. Da General Weber diese Bedingungen als bedingungslose Kapitulation ansieht, übersteigt die Zustimmung seine Vollmachten.

2. November, Mittag: Die von Badoglio gesetzte Frist zur Annahme oder Ablehnung der Bedingun-

gen verstreicht. In Baden und Wien ist man nämlich schockiert und zögert, vor allem wegen des geforderten Durchzugsrechts, da die Alliierten Deutschland auf diese Weise in den Rücken fallen könnten. Kaiser Karl will die Verantwortung nicht allein tragen, beruft die Parteiführer der inzwischen zusammengetretenen provisorischen deutsch-österreichischen Nationalversammlung zu sich und will einen Beschluss der Volksvertretung. Der Sozialdemokrat Viktor Adler als ihr Sprecher lehnt dieses Ansinnen ab und erklärt: Der Krieg sei vom Kaiser begonnen worden, nun solle er auch von *„jenen Faktoren“* beendet werden, die ihn begonnen haben. Der Kaiser flüchtet sich in die Feststellung, er gehöre auch nicht zu *„jenen Faktoren“*.

2. November, früher Nachmittag: Ein Telegramm des italienischen Generalstabes trifft ein, in dem die Entscheidung der österreichischen Armeeführung bis Mitternacht verlangt wird.

2. November, gegen 17 Uhr: General Weber in der Villa Giusti erhält den französischen Originaltext der Waffenstillstandsurkunde. Mit Befriedigung stellt er fest, dass er mit dem Entwurf übereinstimmt. Auch hier wird die sofortige Einstellung der Feindseligkeiten (*„Cessation immédiate des hostilités“*) festgeschrieben. Er meldet dies nach Wien und nennt als offizielle Zeit der Unterzeichnung den 3. November, 15 Uhr.

2. November, 21 Uhr: General Badoglio informiert die österreichische Delegation, dass die Kampfhandlungen italienischerseits erst 24 Stunden nach der Unterzeichnung eingestellt werden, da man so viel Zeit brauche, um alle Truppen bis in die vordersten Linien zu informieren. Dann erst trete der Waffenstillstand in Kraft. Eine diesbezüglich Klausel werde dem Vertrag hinzugefügt. General Weber bemüht sich sofort,

das Armee-Oberkommando über diesen Umstand zu informieren.

2. November, 23.30 Uhr: Kaiser Karl ermächtigt den Chef der Operationsabteilung des Generalstabes, an General von Weber zu telegrafieren, dass er die Bedingungen annehmen soll, den Punkt über das Recht des freien Durchmarsches allerdings unter Protest. Der Zeitpunkt der Feuereinstellung wird nicht erwähnt.

3. November, 1.30 Uhr: Der k. u. k. Generalstabschef Arz von Straußenburg telegrafiert an alle Heeresgruppen- und Armeekommandanten: *„Waffenstillstandbedingungen der Entente wurden angenommen. Alle Feindseligkeiten zu Lande und in der Luft sind unverzüglich einzustellen. Details der Feuereinstellungsbedingungen werden bekannt gegeben.“*

3. November, frühe Morgenstunden: Der Befehl zur Einstellung der Feindseligkeiten wird innerhalb der Heeresgruppe Tirol offiziell an die Kommandanten der vordersten Linien weitergegeben.

3. November, 10 Uhr: Die Italiener stellen erstaunt fest, dass die k. u. k. Truppen entlang der ganzen Front die Waffen niederlegen und den Rückmarsch in die Heimat antreten. Der langsam einsetzende Vormarsch der Italiener wird nicht behindert. Von italienischen Truppen überholte und eingekreiste Einheiten werden gegen deren Protest gefangen genommen.

3. November, 11 Uhr: Webers Mitteilung, dass der Waffenstillstand erst 24 Stunden nach der Unterzeichnung in Kraft treten wird, trifft aus ungeklärten Gründen erst jetzt in Wien ein. Kaiser Karl befiehlt dem Generalstabschef, den Befehl zur Feuereinstellung zurückzunehmen. Der wiederum schickt ein entsprechendes Telegramm an die beiden Heeresgruppen. Aus Trient kommt umgehend die Antwort, dass der Befehl bereits weitergegeben sei und eine Rücknahme völliges Chaos auslösen würde. In der weiter östlich operie-

renden Heeresgruppe des Generals Svetozar Boroević ist die Feuereinstellung zwar offiziell noch nicht bekanntgemacht worden, der Mundfunk hat jedoch annähernd dasselbe Ergebnis.

3. November, 15 Uhr: Unterzeichnung des Waffenstillstandes in der Villa Giusti.

4. November, 15 Uhr: Der Waffenstillstand tritt in Kraft. Für die Italiener ist es das Datum des Sieges von Vittorio Veneto.

Es gibt zwei Möglichkeiten, diese nüchternen Fakten zu beurteilen. Für beide stehen zwei namhafte und anerkannte Historiker. Josef Fontana schreibt, dass die Italiener rein formell natürlich im Recht waren, *„moralisch stehen sie aber miserabel da"*. Er wirft dem Comando Supremo der Italiener unehrenhaftes, ja heimtückisches Verhalten vor. *„Schade, denn die Soldaten beider Heere hatten einen ritterlichen Kampf geführt. Es war die Schuld der Führung, wenn auf das Land nun wieder ein trüber Schatten fiel."*

Dieser Meinung tritt Manfried Rauchensteiner entgegen, wenn er schreibt, die Ursache der Gefangennahme von 380.000 nicht mehr kämpfenden Soldaten liege nicht in einem Vertragsbruch (das gibt ja auch Fontana zu), sie sei aber auch nicht „perfid" oder „heimtückisch" gewesen. Sicher, 24 Stunden wären nicht notwendig gewesen, um die Truppen über den Waffenstillstand in Kenntnis zu setzen; am Balkan, der in den Waffenstillstand einbezogen war, hätte man dafür nur sechs Stunden gebraucht. „Die Argumentation mit der notwendigen Frist stand also auf denkbar schwachen Beinen", schreibt Rauchensteiner, doch die Bedingungen seien der österreichischen Delegation bekannt gewesen, und man hätte den Truppen die Feuereinstellung nicht befehlen dürfen, „ehe die Fristen ausgehandelt und die Abläufe festgelegt waren. Letztlich ist es da-

380.000 österreichische Soldaten müssen in italienische Kriegsgefangenschaft.

her nicht sinnvoll, die italienische Vorgangsweise zu kritisieren und den dann groß herausgestrichenen Sieg von Vittorio Veneto zu belächeln. Italien hat nur ganz kalt seine Chancen gewahrt und verbessert – und das k. u. k. Armeeoberkommando hatte ihm dazu jegliche Handhabe geliefert. Ein k. u. k. Armeeoberkommando, das nicht in der Lage war, eine einmonatige Vorbereitungszeit zu nutzen und [...] die notwendigen technischen Einrichtungen zu schaffen, um mit der Waffenstillstandsdelegation Kontakt zu halten, und das schließlich voreilig und unbedacht seine Weisungen gab – dieses Armeeoberkommando muss letztlich als der Hauptschuldige an dem Desaster von Vittorio Veneto bezeichnet werden." Was nichts anderes heißt, als dass Kaiser Karl I., der ja bis zum Schluss das Oberkommando innehatte, auch wenn er am allerletzten Tag einem am Balkan weilenden General ohne dessen Wissen den Oberbefehl pro forma übertrug, die Hauptverantwortung dafür nicht abgenommen werden kann.

„Was wird aus Tirol?“

Die Truppen beim chaotischen Rückzug, der Tiroler Nationalrat und die Gründung der Republik Österreich • Erste Maßnahmen der Italiener im besetzten Südtirol, der diplomatische Kampf um die Landeseinheit und der Friedensvertrag von Saint-Germain

Die verfrühte Bekanntgabe eines Waffenstillstandes und der Befehl an die österreichisch-ungarischen Truppen an der Front, die Kampfhandlungen „unverzüglich“ einzustellen, bevor man den im Vertragstext festgelegten Zeitpunkt kannte, hatten schwerwiegende Folgen. Jene Regimenter, die am längsten in den Schützengräben und Unterständen ausgeharrt hatten, also nicht zu denen gehörten, die sich schon vorher auf den Heimweg gemacht hatten oder in den letzten Tagen der alliierten Offensive von italienischen oder französischen Einheiten gefangen genommen worden waren, erlebten auf ihrem Marsch ins Hinterland eine böse Überraschung. Arglos schauten sie zu, wie sie vom Feind, den sie sich bisher vom Leib halten hatten können, überholt wurden. Und als der kehrtmachte, sich ihnen entgegenstellte und die Übergabe der Waffen forderte, mussten sie erfahren, dass der Waffenstillstand noch nicht gelte. Nur wenige Kompanien gelangten dank geschickter Anführer auf weniger bekannten Wegen ins Hinterland. Aber rund 380.000 Soldaten der verschiedensten österreichisch-ungarischen Truppenkörper blieb nichts anderes als das bittere Los der Kriegsgefangenschaft, in der an die 30.000 als Folge von Schwäche, Unterernährung und Seuchen ihr Leben verloren.

Die von diesem Schicksal nicht betroffenen Einheiten fluteten demoralisiert und hungernd nach Norden, einige geordnet, die meisten aber in Auflösung begriffen.

Chaos am Bozner Bahnhof

Von Emil Pasolli, Gemeindesekretär in Branzoll, gibt es eine anschauliche Schilderung der Lage: *„Die Reichsstraße ist von rückkehrenden Truppen, Autos, Trains, Geschützen, 30er Motorhaubitzen überfüllt, ein schreckliches Chaos, furchtbar anzusehen* [...] *Der Bahnhof und die Gleise sind von Zügen blockiert, die mit Soldaten vollgequetscht sind, sogar die Dächer der Waggons sind voller Menschen.* [...] *Offiziere wollen den Stationschef Steiner durch vorgehaltenen Revolver zwingen, die Durchfahrt für ihre Züge freizumachen, Soldaten drohen, die Station in die Luft zu sprengen.“* Nicht wenige Einheiten aus nichtdeutschen Teilen der Monarchie, die als erste die Südfront verlassen hatten, benahmen sich wie in Feindesland. Anarchie drohte und die Versorgung brach zusammen. Kein Wunder, dass die Italiener von der österreichischen Heeresleitung gebeten wurden, ihren Vormarsch zu beschleunigen, um wenigstens das Ärgste zu verhindern. In manchen Orten bildeten sich Bürgermilizen, um Plünderungen durch außer Kontrolle geratene Einheiten zu verhindern.

Gefährliche Fahrgelegenheit

Die ersten der italienischen Truppenteile standen am 4. November bei Salurn, am Mendelpass und bei Spondinig im Vinschgau. Von dort erreichte ein 500 Mann starkes Kommando am 6. November Meran. Tags darauf erschienen die ersten Italiener in Bozen, wo die Straßen von tausenden Kriegern verstopft waren, auf den Plätzen Zelte aufgeschlagen waren und Lagerfeuer brannten. Schon in den ersten Novembertagen hatten die verängstigten Bürger *„Silber und Wertgegenstände in die Keller geschleppt, die letzten Winkel auf den Dachböden mit Kostbarkeiten angestopft"*, wie ein Zeitzeuge notierte. In der Zeitung „Der Tiroler" konnte man am 8. November 1918 lesen: *„Was Gries seit dem Allerseelentag durch die zurückflutenden Soldaten gelitten, ist gar nicht zu sagen. Das waren nicht mehr Soldaten, sondern eine wilde Horde, welche einer Lawine gleich alles vernichtete und verwüstete. Die hohen Herren Stabsoffiziere des k. u. k. Heeresgruppenkommandos hatten sich bereits am Freitag, 1. November, mit dem Wiener Schnellzug in Sicherheit gebracht, und nun konnten die herrenlosen Truppen in Gries rau-*

ben und plündern, wie sie wollten. Pferde und Ochsen wurden einfach aus den Stallungen geführt und vor die Trainwagen gespannt auf Nimmerwiedersehen. Milchkühe, Kälber und Schweine wurden gestohlen [...] *Wie es in den Straßen aussieht, ist unbeschreiblich. Dies ist das Ende, ein Ende mit Schrecken.*"

In diesen Tagen wäre es beinahe zwischen den Italienern und bayerischen Einheiten zu Kämpfen auf Tiroler Boden gekommen, denn der Waffenstillstand galt nicht für das Deutsche Reich, das erst am 8. November Verhandlungen mit den Alliierten einleitete und am 11. November die Waffen streckte. Das Durchmarschrecht, das Österreich den Feinden gewähren hatte müssen, bedrohte die deutschen Streitkräfte an der Südflanke. Deshalb hatte das bayerische Kriegsministerium am 5. November Truppen nach Tirol geschickt, die wieder – wie schon im Mai 1915, als das Deutsche Alpenkorps zu Hilfe kam – unter dem Kommando des Generals Krafft von Dellmensingen standen. *„Wir kommen als Freunde"*, ließ der General plakatieren und kündigte an, auch bei der Aufrechterhaltung der

Überfüllte Züge nicht nur auf der Brennerstrecke. Dieses Foto wurde im Pustertal aufgenommen.

Die ersten Italiener erreichen am 6. November Meran.

Ordnung zu helfen und *„das Land vor Zuchtlosigkeit zu schützen"*. Unter dem Protest der deutsch-österreichischen Regierung, aber freudig begrüßt von der Tiroler Bevölkerung, besetzten die deutschen Nachbarn wichtige Punkte in Nordtirol und rückten auf den Reschenpass und sogar über den Brenner vor. Als sie am

Eine italienische Einheit in Sexten, 7. November 1918

Erscheint täglich 2 mal

Allgemeiner

Tiroler Anzeiger

Einzel-Nummer 20 Heller

XI. Jahrg. Nr. 254. Innsbruck, Mittwoch, den 6. November 1918. Mittag-Ausgabe.

Einmarsch bayerischer Truppen in Tirol.

Das bayerische Kriegsministerium München hat dem Präsidenten des Tiroler Nationalrates am 5. November, ½11 Uhr nachts, folgende Depesche übermittelt:

Die Waffenstillstandsbedingungen zwischen Oesterreich und der Entente zwingen uns, zur Sicherung unserer Landesgrenzen Truppen nach Nordtirol zu schicken.

Gleichzeitig sollen diese Truppen mithelfen, um den Abfluß aufgelöster Teile des österreichischen Heeres nach Osten zu ordnen und das Land vor Zuchtlosigkeit zu schützen.

Unsere Vorhuten überschreiten am 5. November die Grenze. Stärkere Kräfte werden folgen.

Wir kommen als Freunde und erwarten, daß unseren Bewegungen keine Hindernisse von seiten des deutsch-österreichischen Nationalrates und der österreichischen Kommandobehörden in den Weg gelegt werden.

Sollte das trotzdem der Fall sein, so sind unsere Truppen angewiesen, sich mit Waffengewalt den Weg zu bahnen.

Der kommandierende General: **Krafft von Delmensingen.**

Den Heimkehrenden.

Zeitungsmeldung über den Einmarsch bayerischer Truppen zur Sicherung der deutschen Südgrenze

8. November in Franzensfeste ankamen, erreichte gerade eine nach Norden marschierende italienische Division den südlichen Stadtrand von Brixen. Die Bayern brachten schon ihre mitgebrachte Artillerie in Stellung, und Kämpfe schienen unvermeidlich, denn die italienischen Truppen hatten den Befehl, auf schnellstem Weg den Brenner zu besetzen. Doch im letzten Moment zog die bayerische Einheit ab. In der Nacht vom 7. auf den 8. November war nämlich in München die Räterepublik ausgerufen worden, und die neue Regierung hatte ihre Truppen nach Hause zurückgerufen. Viele der bayerischen Soldaten schmückten ihre Mützen und Bajonette mit roten Kokarden und verabschiedeten sich von Tirol mit Hochrufen auf die Revolution.

Ungeachtet dieser gleichzeitig ablaufenden militärischen Bewegungen hatte der Rückstrom der (ehemaligen) k. u. k. Truppen inzwischen Nordtirol und über das Pustertal auch Osttirol und Kärnten erreicht. Auch hier bildeten sich Volkswehren, Bürgergarden und ähnliche Formationen, um den Rückzug zu regeln, für Verpflegung zu sorgen und polizeiliche Funktionen auszuüben. In Lienz übernahm ein aus Vertretern aller Parteien gebildetes Gremium, das sich „Lienzer Nationalrat" nannte, aktuelle Ordnungsaufgaben und die Agenden der Bezirkshauptmannschaft.

Ein erschütterndes Bild von der Situation und der Stimmung jener Tage gibt das Tagebuch des in Innsbruck wirkenden Historikers Ludwig von Pastor. Am 9. November 1918 notiert er: *„Nachmittags ging ich mit meinem Sohn Ludi zur Brennerstraße, dort bewegte sich ein Heereszug, so groß wie die alte Straße ihn noch nie gesehen. Die Reste der kaiserlichen Armee, nicht vom Feinde, sondern vom Hunger besiegt! Die Armee, die Helden der vier furchtbaren letzten Jahre des alten Kaiserstaates kehren zurück, entwaffnet, todmüde, ohne Dank, sie wissen nicht, wohin sie ihr Haupt legen sollen – die Monarchie, für die sie so tapfer und aufopfernd gekämpft, finden sie in den Delirien der Auflösung."*

Noch vor Kriegsende war die Donaumonarchie endgültig auseinandergebrochen. In Wien gab es zwar noch eine kaiserliche Regierung, die Geschicke des deutschsprachigen Restes der Monarchie lenkten aber bereits eine auf Grund des kaiserlichen Manifestes vom 16. Oktober 1918 zusammengetretene provisorische Nationalversammlung und ein von ihr eingesetzter Staatsrat. Die Frage der Staatsform dieses neuen Staates „Deutsch-Österreich" wurde am 11. November 1918 mit der Verzichterklärung Kaiser Karls und am 12. November mit einem einstimmigen Beschluss der Nationalversammlung zugunsten einer demokratischen Republik entschieden. In Innsbruck hatte sich im Oktober 1918 eine Tirolische Landes- oder Nationalversammlung gebildet mit einem „Tiroler Nationalrat" als Vollzugsausschuss und Landesregierung. Den Vorsitz in diesem Gremium übernahm Landeshauptmann Josef Schraffl. Im Juni 1919 wählten die Tiroler – erstmals nach dem allgemeinen und gleichen Verhältniswahlrecht – einen verfassunggebenden Landtag, der am 1. Juli zur ersten Sitzung zusammentrat. Da in dem von den Italienern besetzten Teil Tirols nicht gewählt werden konnte, wurden die Südtiroler Abgeordneten (ohne Welschtirol) aufgrund des Parteienverhältnisses der letzten Wahl ernannt. Diese Delegation aus dem südlichen Landesteil nahm erst am 16. November 1920 Abschied vom Tiroler Landtag, nachdem am 10. Oktober dieses Jahres die formelle Eingliederung Südtirols in das italienische Königreich erfolgt war.

Landeshauptmann Josef Schraffl

Dass es jemals so weit kommen könnte, hatte im November 1918 noch kaum jemand geglaubt. Dass die italienische Armee im Laufe des November ganz Südtirol bis zum Brenner besetzte, war für die meisten Tiroler lediglich eine Bedingung des Waffenstillstandes. Dass die Italiener kleinere Einheiten auch an strategisch wichtigen Punkten in Nord- und Osttirol stationieren durften, bestärkte nur den Eindruck einer vorübergehenden Maßnahme. Zwar wusste man in Tirol von den Ansprüchen Italiens auf die Brennergrenze, doch vertraute man auf das feierlich gegebene Wort des mächtigsten Mannes der Welt von der Selbstbestimmung der Völker und vom gerechten Frieden: Die berühmten 14 Punkte des amerikanischen Präsidenten Woodrow Wilson sollten Grundlage für eine Friedensordnung in Europa sein. Der zweite dieser Artikel versprach *„die Regelung aller Fragen, sowohl der*

General Guglielmo Pecori Giraldi steht an der Spitze der Militärverwaltung des besetzten Südtirol.

Gebiets- wie der Souveränitätsfragen [...] auf Grund einer freien Annahme dieser Regelung durch das Volk, das unmittelbar damit betroffen ist, und nicht auf der Grundlage materieller Interessen oder des Vorteils irgendeiner anderen Nation oder eines Volkes, das eine andere Regelung zur Ausbreitung seines Einflusses oder seiner Herrschaft wünscht." Und im Punkt 9 heißt es: „*Es soll eine Berichtigung der Grenze Italiens durchgeführt werden nach den klar erkennbaren Linien der Nationalität*". Mehr wollten die Tiroler gar nicht. Die Einheit Deutschtirols schien angesichts der Erklärungen Wilsons nicht be-

Gemäß Waffenstillstand besetzen italienische Truppen auch wichtige Punkte in Nord- und Osttirol. Dieses Foto zeigt sie beim Einmarsch in Innsbruck.

droht. Daran änderte auch die Tatsache nichts, dass Italien Südtirol besetzt hielt. Das war für die meisten Tiroler eben eine Waffenstillstandsbedingung, nichts weiter. Dass die Italiener nicht gewillt waren, sich aus Südtirol wieder zurückzuziehen und dass sie mit allen Mitteln versuchten, vollendete Tatsachen zu schaffen, wurde allerdings den weitsichtigeren Politikern bald klar. Zuerst erkannten die Südtiroler selbst die drohende Gefahr.

Seit dem 11. November 1918 wehte am Brenner die Tricolore. Die Besetzung des Landes und die Installierung der italienischen Militärverwaltung unter General Guglielmo Pecori Giraldi als Gouverneur waren ohne Zwischenfälle vor sich gegangen. Mit Ausnahme der Bezirkshauptleute, die durch italienische Kommissare ersetzt wurden, blieben die österreichischen Beamten und Gemeindefunktionäre auf ihren Posten, die meisten öffentlichen Einrichtungen arbeiteten weiter. Die Grenzen nach Österreich waren jedoch für jeden Verkehr geschlossen, auch die Verbindung durch Post, Telegraph oder Telephon funktionierte nicht. Die Zeitungen wurden einer strengen Zensur unterworfen.

Der „Südtiroler Nationalrat“, der sich in den Umbruchstagen, als die Verbindung nach Innsbruck zeitweise abbrach, mit der Absicht gebildet hatte, die Interessen der Bevölkerung zu vertreten, wurde von General Pecori Giraldi aufgelöst. Andererseits war der liberal gesinnte Soldat durchaus nicht für Gewaltmaßnahmen zur Italianisierung des besetzten Gebietes und verwendete zum Beispiel ausschließlich die deutschen Ortsnamen. Damit stand er – wie mit seiner gemäßigten Haltung überhaupt – in schroffem Gegensatz zu Ettore Tolomei, der im Auftrag der Regierung sofort nach dem Einmarsch in Bozen ein „Kommissariat für Sprache und Kultur für das Hochetsch“ eingerichtet hatte und in Rom immer wie-

Mit einer Parade in Bozen feiert die italienische Armee ihren Sieg.

der ein radikaleres Vorgehen forderte. Mit eher geringem Erfolg, da die italienische Regierung alles vermeiden wollte, was größere Protestaktionen oder gar gewaltsame Auseinandersetzungen auslösen und damit internationales Aufsehen erregen hätte können.

Die Situation änderte sich kaum, als im Juli 1919 die Militärverwaltung durch eine zivile Behörde abgelöst wurde. An ihrer Spitze stand als Generalzivilkommissar der aus dem Veltlin stammende Pädagogikprofessor und Spezialist für deutsche Philosophie Luigi Credaro. Auch er im Grunde ein gemäßigter Politiker, der jedoch durchaus zu harten Maßnahmen griff, wenn es galt, die Zugehörigkeit Südtirols zu Italien zu festigen und seine Bewohner zu gehorsamen Untertanen zu machen. Den immer stärker werdenden Nationalisten in Trient und Rom war dies zu wenig, während Credaro den Südtirolern als Unterdrücker von Volkstum und Eigenständigkeit erscheinen musste. Die Stimmung im Lande hatte sich seit dem traumatischen Schock des Kriegsendes und der Besetzung durch eine Armee, gegen die man drei Jahre lang erfolgreich gekämpft hatte, nicht verbessert, sondern nach und nach sogar verschlechtert. An der Not im Nachkriegswinter lag es nicht, die war nicht so drückend wie in Nordtirol oder gar in Wien. Überhaupt kamen die Südtiroler wirtschaftlich halbwegs glimpflich davon. Dafür wurde das Leben unter der Tricolore zunehmend von kleineren und größeren Reibereien mit Militär oder Polizei, durch provokante Verordnungen und nationalistische Nadelstiche belastet. Als die Absicht der Italiener, Südtirol zu annektieren, nicht mehr übersehen werden konnte, brachte der Südtiroler Nationalrat, der nach seiner Auflösung durch Credaro im Geheimen weitergearbeitet hatte, eine Protestaktion der gesamten Südtiroler Bevölkerung zustande. Willenserklärungen aller deutschen und der zwölf ladinischen Gemeinden wurden wegen der italienischen Überwachung auf den verschneiten Gebirgswegen nach Innsbruck geschmuggelt und von dort nach Bern zum amerikanischen Gesandten weitergeleitet. Doch die Hoffnung auf Wilson sollte enttäuscht werden. Macht ging vor Recht. Südtirol wurde zum Schacherobjekt.

Neugierig und besorgt lesen die Südtiroler die Proklamationen der neuen Herren im Lande.

Schon im Jänner 1919 war Wilson entschlossen, im Falle Südtirols seine 14 Punkte außer Acht zu lassen und das italienische Argument von der strategischen Notwendigkeit der Brennergrenze anzuerkennen. So wollte er Italien dafür entschädigen, dass das ebenfalls von Rom beanspruchte Dalmatien mit seinem in den Städten sehr hohen italienischen Bevölkerungsanteil dem neuen südslawischen Staat zugesprochen wurde. Und davon wollte Wilson auf keinen Fall abgehen. Der Londoner Vertrag, der Italien die Brennergrenze als Preis für seinen Kriegseintritt auf der Seite Frankreichs und Englands zusicherte, war für die Südtirol-Frage also nicht entscheidend. Der Präsident der Vereinigten Staaten war an das Abkommen Italiens mit Frankreich und England nicht gebunden. Eine völlige Verstimmung der italienischen Regierung wollte Wilson aber verhindern, vor allem weil er ihre Unterstützung für seinen Völkerbundplan brauchte. Auf Kosten des Verliererstaates Österreich konnte er sich am leichtesten aus der Affäre ziehen. Dabei hätte es nach dem Willen der meisten italienischen Politiker umgekehrt kommen sollen, war doch die Brennergrenze ursprünglich eher als Faustpfand gedacht, das man im Tausch gegen die Erfüllung wesentlicherer Forderungen, eben in Bezug auf Dalmatien, wieder aufzugeben gedachte.

Die Frage nach der Nationalität der Bevölkerung Südtirols spielte bei den Verhandlungen auf der Friedenskonferenz in Saint-Germain-en-Laye bei Paris, wo ab Mitte April 1919 die Tiroler Frage auf der Tagesordnung stand, ebenfalls eine viel geringere Rolle, als früher angenommen wurde. Der als Berater der italienischen Delegation in Paris weilende Ettore Tolomei legte zwar seine „Beweise" für die Italianität Südtirols vor, doch war Präsident Wilson sehr wohl über die tatsächlichen ethnischen Verhältnisse in Tirol informiert. Dennoch bedeutete es natürlich einen Nachteil für Österreich und die in Paris anwesenden Tiroler Politiker und Fachleute, dass die Italiener Wilson direkt bearbeiten konnten, während die österreichische Delegation zu mündlichen Verhandlungen nicht zugelassen war und ihren Standpunkt, der sich auf wissenschaftliche Gutachten und Willenskundgebungen der Bevölkerung stützte, nicht zur Geltung bringen konnte. Es durften nur schriftliche Stellungnahmen eingereicht werden, was umso schwieriger war, als die Argumente der Gegenseite oft gar nicht bekannt waren und die Österreicher über den Stand der Verhandlungen im Unklaren gelassen wurden. Entscheidend war dies alles nicht.

Es hätte wohl auch nichts am Schicksal Tirols geändert, wenn auf Seite Österreichs weniger Fehler gemacht worden wären. Vor allem die Tatsache, dass die Volksvertretung dieses neuen Österreich gleich bei der Staatsgründung erklärt hatte, sich an Deutschland anschließen zu wollen, stimmte die Sieger über eben dieses verhasste Deutschland misstrauisch. Die Unbeugsamkeit, mit der der österreichische Außenminister Otto Bauer die Anschlusspolitik vertrat, und sein Traum von einem sozialistischen Mitteleuropa waren nicht geeignet, die Gunst der Westmächte zu gewinnen. Uneinigkeit unter den Österreichern und diplomatische Schnitzer taten ein Übriges. Die Tiroler selbst agierten auch nicht immer geschickt und zielführend. Zwar wurde viel geredet, gefordert und – meist mit nicht kompetenten Leuten – verhandelt, doch fehlten Entschlusskraft und wohl auch die Erfahrung auf dem heiklen Parkett internationaler Diplomatie. Dass sich die Vertreter Tirols in Paris aus Misstrauen gegenüber der Wiener Regierung zu einer eigenen Politik entschlossen, die mit der offiziellen Haltung Österreichs nicht im Einklang stand, machte auf die Großmächte sicher nicht den besten Eindruck, weil sie zur Überzeugung kommen mussten, die Tiroler seien gleichermaßen gegen Österreich wie gegen Italien.

Doch den verantwortlichen Tiroler Persönlichkeiten ging es darum, ihren letzten Trumpf auszuspielen: Sie waren bereit, Tirol als neutralen Kleinstaat für selbständig zu erklären, wenn auf diese Weise die Einheit des Landes gerettet werden konnte. Dass hinter diesem heute utopisch anmutenden Plan reale Möglichkeiten standen, ist sicher. Vor allem die Franzosen hätten eine solche Lösung nicht ungern gesehen, denn als eine Art

Pufferstaat hätte ein „Freistaat“ Tirol inmitten der Alpen eine wichtige Funktion erfüllen können. Auch die italienische Diplomatie hatte Sorge, die Tiroler könnten sich mit diesem Schachzug durchsetzen. Sie bemühte sich deshalb, durch direkte Verhandlungen mit dem österreichischen Außenministerium Hoffnungen zu wecken, den Einfluss Wiens zu stärken und dadurch eine Selbständigkeitserklärung Tirols zu verhindern.

In Innsbruck konnte man sich zu keinen konkreten Schritten in Richtung auf eine Selbständigkeit des Landes entschließen. Am 3. Mai 1919 beschloss die Landesregierung zwar auf Drängen einer Südtiroler Delegation, *„der Pariser Friedenskonferenz zur Kenntnis zu bringen, daß Tirol entschlossen ist, von dem* [...] *Selbstbestimmungsrecht Gebrauch zu machen und das geschlossene deutsche und ladinische Siedlungsgebiet bis zur Salurner Klause als selbständigen, demokratischen und neutralen Freistaat Tirol auszurufen, falls nur dadurch die Einheit dieses Gebietes erhalten werden kann“*, doch wurde das entsprechende Schreiben von den Allmächtigen in Paris nicht einmal einer Antwort für würdig befunden.

In Italien selbst wurden im Sommer 1919 viele Stimmen gegen eine Annexion Südtirols laut. Die italienischen Sozialisten meldeten ernste Bedenken an und traten dafür ein, sich mit der Eingliederung italienischer Gebiete zu begnügen. Manche Italiener verwiesen auch darauf, dass Italien mit Recht stolz darauf sei, seine Einigung und Staatswerdung während des 19. Jahrhunderts aufgrund von Volksabstimmungen in den einzelnen Herrschaftsgebieten der Halbinsel erreicht zu haben. Jetzt könne man nicht plötzlich in Gebieten mit deutscher, ladinischer und slawischer Bevölkerung (Istrien!) eine andere Politik einschlagen. Doch die italienische Regierung und ihre Vertreter auf der Friedenskonferenz, Ministerpräsident Vittorio Emanuele Orlando und Außenminister Sidney Sonnino, hörten auf solche Mahnungen nicht. Sie mussten ohnehin die meisten imperialistischen Ziele (Gebiete in Dalmatien, Stützpunkte in Albanien, Kolonien) aufgeben, da Italien der schwächste der Siegerstaaten war und sich nur selten durchsetzen konnte. Umso stolzer war man auf den Gewinn Südtirols. Wo es für Italien einen Vorteil bedeutete, war sogar die vielzitierte Hauptwasserscheide plötzlich nicht mehr maßgebend: Vom Bezirk Lienz wurden unter Verletzung dieses Prinzips Innichen und das Sextental abgetrennt.

Während um die Einheit Tirols gerungen wurde, war für die im November 1918 entstandene Republik Österreich eine tragfähige Basis geschaffen worden. Dass die provisorische Nationalversammlung dieses deutschsprachigen Restes der alten Monarchie schon in ihren Anfangstagen die *„Übernahme der Staatsgewalt in den Ländern“* beschlossen und den Umfang des Staatsgebietes festgelegt hatte, zu dem auch *„die Grafschaft Tirol mit Ausschluß des geschlossenen italienischen Siedlungsgebietes“* gehören sollte, hatte in der Praxis nicht viel zu bedeuten. Wesentlicher war, dass die in Innsbruck zusammengetretene Tirolische Landesversammlung und der Tiroler Nationalrat als Landesregierung zunächst keine Zweifel an der Zugehörigkeit Tirols zum neuen Staat aufkommen ließen. Tiroler Abgeordnete saßen ja auch in dessen politischen Gremien. Zu einer feierlichen Beitrittserklärung, wie sie andere Kronländer abgegeben haben, ist es von Seiten Tirols allerdings nie gekommen. Am 25. November 1918 wies der Tiroler Nationalrat ausdrücklich darauf hin, dass erst eine neugewählte Volksvertretung berechtigt sei, über die *„endgültige Regelung der staatsrechtlichen Gestaltung des Landes“* zu entscheiden. Inzwischen spreche der Tiroler Nationalrat nur mit diesem Vorbehalt den Anschluss an die Deutschösterreichische Republik aus und führe die Verwaltung des Landes *„unter Aufrechterhaltung der Autonomie"*.

Welche anderen Möglichkeiten gab es überhaupt für Tirol? Wie sah die Rechtslage aus? Die meisten Tiroler Politiker und Experten des Staatsrechts hielten Tirol für unabhängig. Ihr Gedankengang war folgender: Die Verbindung Tirols mit den übrigen Ländern, die Österreich ausmachten, beruhte nur auf Verträgen, die von den Vertretern des Landes mit habsburgischen Herrschern geschlossen worden waren. Vertragspartner waren also das Land Tirol und das Haus Habsburg, nicht aber ein Staat Österreich, der in diesem Sinne gar nicht existiert hatte. Nach dem Rücktritt der Habsburger von der Regierung war Tirol also durch keinen Rechtstitel mehr gebunden, konnte über sein Schicksal frei entscheiden. Die verschiedenen Möglichkeiten wurden auch in der Presse erörtert. „Was wird aus Tirol?" war die logische Schlagzeile eines Leitartikels, und auch in Leserbriefen gab es Anregungen und Vorschläge. Da wurde gefühlsbetont polemisiert und sachlich argumentiert; Wirtschaft, Geschichte, Kultur, Volkstum, Religion, Parteipolitik, alles musste zur Begründung der eigenen Ansicht und zur Bekämpfung der gegenteiligen Meinung herhalten. Die einen wollten Tirol zu einem Kanton der Schweiz machen; die anderen glaubten, man müsste zusammen mit den österreichischen Nachbarländern – vielleicht auch mit Bayern – einen Alpenstaat nach Schweizer Muster gründen; vielen erschien der Anschluss an einen Freistaat Bayern als die beste Lösung, wobei Tirol einen autonomen Kreis bilden sollte; vielfach wurde auch eine direkte Verbindung mit der deutschen Republik gefordert. Deutschösterreich war noch nicht abgeschrieben, doch hatte die provisorische Nationalversammlung den Anschluss an Deutschland proklamiert; da schien der Umweg über Wien nicht sinnvoll. Dass es eine Donauföderation geben könnte, daran glaubten nur mehr wenige.

Der österreichische Staatskanzler Karl Renner trifft zu den Friedensverhandlungen in Paris ein (Illustriertenfoto).

Am meisten diskutiert wurde eine volle Selbständigkeit Tirols. Für die Staatsform und internationale Stellung eines solchen *„souveränen deutschen Alpenstaates Tirol“* gab es die verschiedensten Vorschläge: Republik, Fürstentum unter einem Habsburger, „Kirchenstaat“ (ohne genauere Definition), verbündet mit anderen Staaten, neutraler Pufferstaat unter internationaler Garantie, entmilitarisiert mit italienischen oder Schweizer Garnisonen usw. Neben der Abneigung gegen das „rote Wien“ mit seiner Industriearbeiterschaft und gegen das „protestantische Preußen“ ließ vor allem die Sorge um Südtirol die Selbständigkeit Tirols als erstrebenswerte Lösung erscheinen. Die Rettung der Landeseinheit schien im Staatsverband Deutschösterreichs wegen der Anschlusserklärung an Deutschland unmöglich. Dem verhassten Deutschland würden die Sieger Südtirol ganz sicher wegnehmen. Als neutraler Kleinstaat könnte man dagegen die Sympathien der Großmächte gewinnen, so hofften viele Tiroler.

Im Frühjahr 1919 geriet die Frage der Zukunft Tirols zunehmend ins parteipolitische Fahrwasser, da die Sozialdemokraten die Wiener Politik unterstützten und die Deutschfreiheitlichen konsequent für eine „Vereinigung aller deutschen Stämme“ eintraten. Der Tiroler Volkspartei, die aus der Vereinigung von Christlichsozialen und Konservativen hervorgegangen war, wurde von ihren Gegnern im linken und im rechten politischen

Unterzeichnung des Staatsvertrages im Schloss von Saint-Germain-en-Laye. Der Fotograf der Illustrierten war schlecht postiert, man sieht von Karl Renner nur den Kopf.

Lager vorgeworfen, es ginge ihr bei ihrem Unabhängigkeitskurs nur um die Festigung ihrer Machtposition, die sie in einem größeren Staat verlieren würde. In bürgerlichen und bäuerlichen Kreisen wiederum fürchtete man sich vor einer sozialistischen oder gar bolschewistischen Machtergreifung in Wien, die durch den Ausbau der seit Kriegsende bestehenden städtischen und dörflichen Selbstschutzverbände zur Heimwehr oder Heimatwehr verhindert werden sollte. In diesem Bemühen fand man in Bayern eifrige Verbündete. Was die Selbständigkeit Tirols betrifft, scheinen selbst ihre lautesten Befürworter an die Durchführbarkeit dieses kühnen Planes nicht wirklich geglaubt zu haben. Schier unüberwindlich waren die praktischen Schwierigkeiten. So wurde nur geredet. Und die Vertreter der Siegermächte in Paris gingen auf dementsprechende Erklärungen und Angebote der Tiroler überhaupt nicht ein. Also wurde das Projekt eines selbständigen Tirol bald wieder zu den Akten gelegt und nach dem Mai 1919 nicht mehr zur Sprache gebracht.

Der Staatsvertrag von Saint-Germain, der die Zerreißung Tirols besiegelte und Österreich die Brennergrenze aufzwang, wurde vom österreichischen Staatskanzler Karl Renner am 10. September 1919 unterzeichnet. Ohnmächtig musste man in Tirol das Unrecht hinnehmen. Kurz vorher hatten die vom Tiroler Landtag in das österreichische Parlament entsandten Südtiroler Abschied vom Vaterland genommen. Es war Dr. Eduard Reut-Nikolussi, der in der Südtiroler Politik noch eine wichtige Rolle spielen sollte, der im Namen seiner Südtiroler Landsleute die Rede hielt und zum Schluss meinte: *„Es wird jetzt in Südtirol ein Verzweiflungskampf beginnen um jeden Bauernhof, um jedes Stadthaus, um jeden Weingarten. Es wird ein Kampf sein mit allen Waffen des Geistes und mit allen Mitteln der Politik.“* Bei der Ratifizierung des Vertrags von Saint-Germain blieb den Tiroler Abgeordneten nichts anderes übrig, als aus Protest den Saal zu verlassen.

Als ein Jahr später, am 10. Oktober 1920, die offizielle und endgültige Annexion Südtirols durch Italien in Kraft trat, gab der „Tiroler Volksbote“ die seit November 1918 im ganzen Land herrschende Stimmung mit folgenden Worten wieder: *„Wochen, Monate, ja mehr als ein Jahr hatten wir gegen alle Aussicht gehofft und uns an jeden Strohhalm geklammert. Jeden untergehenden Stern haben wir für den Morgenstern*

Die ersten Südtiroler, die ins römische Parlament gewählt wurden, unter ihnen Dr. Eduard Reut-Nikolussi (zweiter von rechts)

gehalten, bis endlich die rauhe Wirklichkeit auch den hoffnungsseligsten Träumer weckte und zeigte, daß wir zwar da und dort Mitleid fanden, aber nirgends Hilfe ...“ Am 21. Juni 1921 traten erstmals vier Südtiroler Politiker als gewählte Mandatare im römischen Parlament auf, unter ihnen wieder Reut-Nikolussi. Sie protestierten feierlich gegen die Annexion ihrer Heimat durch den italienischen Staat, bezeichneten die Vorenthaltung des Selbstbestimmungsrechts als einen *„Akt der Unterdrückung“* und legten dagegen eine *„förmliche Rechtsverwahrung“* ein. Die Südtiroler würden auch nie *„auf das Recht verzichten, uns an das italienische Volk zu wenden, dem der nationale Gedanke stets das Gesetz war und von ihm zu fordern, dass es unsere nationale Freiheit wiederherstelle.“*

In dem bei Österreich verbliebenen Teil Tirols wollte man lange nicht akzeptieren, dass die Pariser Friedenskonferenz den Anschluss Österreichs (die Vorsilbe „Deutsch-“ musste in Zukunft wegbleiben) an Deutschland untersagt hatte. Jetzt erst wurde richtig deutlich, wie sehr Südtirol für alle Tiroler das Zentrum ihres politischen Denkens bedeutete. Bis weit hinein in die konservativsten Kreise dachte man jetzt erst recht an eine Verbindung mit dem nördlichen Nachbarn. Man sah nur mehr in friedlichen Verhandlungen zwischen Deutschland und Italien einen Hoffnungsschimmer. War man vor dem Friedensvertrag vielfach gegen einen Anschluss an Deutschland, weil man so der Sache Südtirols besser dienen zu können glaubte, so forderten ihn nun aus demselben Grund viele namhafte Persönlichkeiten und auch große Teile der Bevölkerung. Allerdings spielten jetzt auch immer mehr wirtschaftliche Überlegungen mit: Die Ernährungslage war katastrophal, die allgemeine Not überstieg beinahe das Maß des Erträglichen. Außerdem fühlten sich die Tiroler von Wien stiefmütterlich behandelt. Kein Wunder,

Die Zerreißung ihres Landes ist für die Tiroler nicht leicht zu akzeptieren. Es bleibt die Hoffnung, dass sie nicht von Dauer sein wird. Zum Teil sehr sentimentale Postkarten drücken die niedergeschlagene Stimmung aus.

dass vor allem im liberalen Bürgertum alte deutschnationale Traditionen in voller Stärke wieder auflebten. Dem Anschlussverbot der Siegermächte wollte man die Wirkung einer eindeutigen Willenskundgebung der Bevölkerung entgegensetzen und eine Entscheidung des Völkerbundes erreichen. Am 24. April 1921 wurde wirklich eine vom Tiroler Landtag beschlossene Volksbefragung durchgeführt. Bei 87 % Wahlbeteiligung sprachen sich 98,5 % der Wähler in Nord- und Osttirol für den wirtschaftlichen Anschluss an Deutschland aus. Diese klare Willensäußerung verhallte ungehört.

Inzwischen war das Verhältnis Tirols zur Republik Österreich verfassungsrechtlich geregelt worden. In langwierigen Verhandlungen der Parteien- und Ländervertreter war ein gangbarer Mittelweg zwischen einem zentralistischen Einheitsstaat und dem losen Zusammenschluss selbständiger Länder gefunden worden. Auch Tiroler Beamte und Rechtsgelehrte arbeiteten an den verschiedenen Entwürfen mit. Als im Sommer 1920 nur mehr die Neufassung der staatsbürgerlichen Grundrechte offen war und hier die Meinungen unvereinbar schienen, beschloss man im Verfassungsausschuss des Parlaments, die entsprechenden Formulierungen aus der Dezember-Verfassung der Monarchie von 1867 zu übernehmen. Am 1. Oktober 1920 verabschiedete der Nationalrat das Verfassungswerk. Nach den Grundsätzen der Bundesverfassung von 1920 wurde in Tirol eine neue Landesverfassung erarbeitet und am 8. November 1921 vom verfassungsgebenden Tiroler Landtag beschlossen. Erstmals wurden darin die Prinzipien der modernen parlamentarischen Demokratie und des allgemeinen, gleichen und direkten Wahlrechts ohne Unterschied des Geschlechts verankert. Die Zukunft des neuen Staates schien den meisten Österreichern jedoch mehr als ungewiss. Wirtschaftskrise und Not, Verbitterung über die Abtrennung Südtirols und den Diktatfrieden der Siegermächte, ernste Zweifel an der Lebensfähigkeit des Kleinstaates Österreich – all das waren keine günstigen Bedingungen für einen neuen Anfang.

In Südtirol war es noch schlimmer, da musste man um die Existenz der Tiroler Identität bangen. Mit der offiziellen Annexion des Landes durch das Königreich Italien am 10. Oktober 1920 war auch der allerletzte, ohnehin nur mehr schwache Hoffnungsschimmer einer Rückkehr zu Österreich erloschen. Es blieb dabei: Rund 240.000 Tiroler deutscher und ladinischer Muttersprache wurden dem italienischen Staat einverleibt. Eine Verpflichtung zum Schutz dieser Minderheit musste das zentralistisch regierte Königreich nicht übernehmen. Dennoch schien es zunächst so, als würden die Südtiroler gewisse Rechte erhalten. Darauf hatten die Proklamationen des einrückenden Militärs und Versprechungen während der Friedenskonferenz hoffen lassen. Ebenso eine Erklärung des italienischen Königs in der Thronrede vom 1. Dezember 1919: *„Die* *neu annektierten Gebiete bedeuten für uns neue Probleme. Unsere freiheitlichen Traditionen werden uns die Richtung weisen, wie wir sie lösen sollen unter sorgfältigster Wahrung der lokalen Institutionen, der Selbstverwaltung und der lokalen Sitten.“*

Die Gegner der Brennergrenze in Italien traten, als diese Wirklichkeit geworden war, für eine umfassende Autonomie Südtirols ein. Der linksliberale Politiker und Historiker Gaetano Salvemini schrieb, *„dass wir mit weniger Zögern der Brennergrenze zustimmen würden, wenn* [...] *wir sicher wären, dass unser Parlament Südtirol eine komplette Autonomie gewähren und kein italienischer Beamter hingesandt wird, um die österreichische Verwaltungsordnung zu sabotieren und den Hass gegen Italien zu lehren; wenn wir schließlich sicher wären, dass unsere Regierung aus Südtirol eine Art Schweizer Kanton zu machen verstünde, völlig frei in der Verwaltung, im Schulwesen, im religiösen Leben, mit einem eigenen, vom römischen Parlament unabhängigen Landtag* [...]*; wenn wir also der Intelligenz und des gesunden Menschenverstandes unseres Parlaments, unserer Bürokratie und unseres abscheulichen Pressewesens sicher wären... Aber wir haben unsere Zweifel.“*

Salveminis Zweifel waren nur zu berechtigt. Die Bemühungen der Südtiroler um eine Autonomie hatten tatsächlich keinen Erfolg, obwohl die italienische Regierung im Frühjahr 1920 Verständnis für ihre Wünsche zeigte und Verhandlungen fast schon vor einem positiven Abschluss standen, was heftige Proteste nationalistischer Kreise im Trentino auslöste. Aber bald darauf, noch vor der faschistischen Machergreifung, zeigte sich, was von all dem zu halten war. Im Juni 1920 kam es anlässlich des Herz-Jesu-Festes zu ersten gewaltsamen Auseinandersetzungen und zu Verhaftungen, weil Credaro das Entzünden von Bergfeuern, das Hissen der Tiroler Fahne und das Abschießen von

Böllern verboten hatte und einige Südtiroler sich diese Freiheiten nicht nehmen lassen wollten. Möglichst viel Eigenständigkeit innerhalb des Königreichs Italien wollten im Übrigen auch viele Trentiner, Alcide Degasperi zum Beispiel, der vor 1918 als österreichischer Politiker für ein „Trentino der Trentiner" eingetreten war, jetzt allerdings die Parole „Südtirol den Südtirolern" nicht gelten lassen wollte, sondern die Autonomie für das gesamte ehemals österreichische Gebiet anstrebte. Darin würden jetzt eben die Italiener die Mehrheit haben. Für die „klerikale" Partei der Popolari wäre eine Autonomie im liberalen Italien auch parteipolitisch wichtig gewesen.

Doch sie kam genauso wenig zustande wie eine Selbstverwaltung der Südtiroler. Bis das möglich war und die Südtiroler innerhalb Italiens erreichten, was sie zum Schutz der Minderheit forderten, musste noch mehr als ein halbes Jahrhundert vergehen. Kann man sagen, dass erst damit der Erste Weltkrieg aus Tiroler Sicht beendet war? Zumindest seine Folgen überwunden?

„Ein gewaltiger Schmerz“

Epilog

Für Georg Trakl war der Krieg nach den ersten Wochen selbsterlebten Grauens ein „gewaltiger Schmerz“ – für ihn, der ihn nicht zu ertragen vermochte, für jeden der Beteiligten, für die Menschen zu Hause, ja selbst für die „ungebornen Enkel“. Viele wurden nicht geboren, weil die Großväter und Väter dahingingen, abgeschlachtet auf den Feldern Galiziens, erschossen im angeblich so ritterlichen Kampf des ersten Jahres an der Tiroler Front in Fels und Eis. Opfer der herausgeforderten Naturgewalten und hingemordet vom industrialisierten Krieg der Riesengeschütze und Sprengkommandos. Vermittelt Anton Trixls Foto vom Sarg des am Berggipfel gefallenen Sepp Innerkofler vor der Naturkulisse der Drei Zinnen noch etwas vom Patriotismus der Standschützen, so bleibt in einem anderen Foto dieser Serie nichts als Trauer, Schmerz, Sinnlosigkeit, ja auch Fassungslosigkeit: Es ist das Bild von Innerkoflers Sarg, der über die nackte Feldwand herabgelassen wird. Mir scheint es in seinem Symbolgehalt fast so stark wie Trakls Worte. Ein gewaltiger Schmerz der ungebornen Enkel.

So soll dieses Foto als Abschluss eines Buches stehen, das mir schlaflose Nächte bereitete. Nicht der vielen Arbeit wegen. Sondern weil mich all der dokumentierte Wahnwitz, die nachweisbaren Verbrechen, das x-tausendfache Sterben an der Front und in den Lazaretten, die Not und das Leiden im Hinterland oft ganz einfach nicht mehr einschlafen ließen. Helfen kann da nur das Handwerk des Historikers: Fakten darlegen, Zusammenhänge, Folgen. Deshalb zum Schluss die nüchterne Bilanz dieses „Großen Krieges“, wie man ihn allgemein genannt hat, bevor es einen zweiten, in mancher Hinsicht noch größeren gegeben hat. Schätzungen der durch Artilleriebeschuss zerstörten materiellen Werte zu nennen, hat wenig Sinn, da niemand sich etwas vorstellen kann unter Millionen von Kronen oder damaligen Lire. Es genügt wohl zu sagen, dass fast überall hinter der Front – von Sexten bis Riva – Einzelgebäude oder ganze Dörfer in Ruinenlandschaften verwandelt wurden, ganz abgesehen von den unmittelbaren Kampfgebieten. Wenn die evakuierten Menschen in ihre Dörfer zurückkamen, standen sie buchstäblich vor dem Nichts. Eine direkte Kriegsfolge ist auch die Not der Nachkriegszeit, ist der wirtschaftliche Zusammenbruch des Landes. Und sind die Männer, die ihr weiteres Leben als Invalide – früher verwendete man das härtere Wort Krüppel – fristen mussten, die vielen an Leib und Seele erkrankten Menschen.

Sie lebten immerhin. Materielle Schäden sind irgendwann ersetzbar, die Wirtschaft erholt sich. Unersetzbar sind die Menschenleben. Die „ungebornen Enkel“ kann niemand zählen. Die Zahl der Gefallenen zu nennen, fällt schwerer, als man meinen möchte. Archivdirektor Dr. Karl Böhm hat zum Teil noch während des Krieges und in den Jahren danach ein Tiroler Ehrenbuch angelegt, das die Namen und Lebensdaten aller Gefallenen der Tiroler Regimenter enthält. Doch sind das nicht alles Tiroler. Umgekehrt haben die Gemeinden Welschtirols nach Kriegsende nur unvollständige oder überhaupt keine Daten geliefert. So muss man sich mit ungefähren Zahlen zufrieden geben. Nach den immer noch gültigen Forschungen von Ernst Eigentlicher aus den 1950er Jahren kann man etwas über 30.000 Kriegstote aus dem Bereich des alten Tirol – also mit Welschtirol – als gesichert annehmen. Und das bei ca. 890.000 Einwohnern.

Oft ist, um den besonderen Einsatz Tirols hervorzuheben, davon gesprochen und geschrieben worden, dass im Verhältnis zu seiner Einwohnerzahl Tirol den höchsten Blutzoll von allen Kronländern der Monarchie entrichtet habe. Das stimmt nicht, die Opfer waren groß, aber ihre Zahl ist nicht höher als in anderen Bundesländern.

Anders als andere ehemalige Kron- und spätere Bundesländer hatte Tirol einen Schmerz ganz anderer Art zu ertragen und zu verarbeiten: Die Teilung des Landes und der Verlust Südtirols, auch eine direkte Folge des Ersten Weltkrieges. Es ist die einzige, die bis heute spürbar ist, für die junge Generation sicher nicht als ein gewaltiger Schmerz, aber als Tatsache.

Anhang

Literatur und gedruckte Quellen

Die Literatur zum Thema Erster Weltkrieg ist längst unübersehbar geworden. Manfried Rauchensteiners Verzeichnis ausgewählter gedruckter Quellen und Literatur umfasst nicht weniger als ca. 800 Titel. Und das ebenfalls als Auswahl bezeichnete Literaturverzeichnis des neuesten Tiroler Sammelbandes „Katastrophenjahre" nennt über hundert der wichtigsten Arbeiten zum Thema. – Auch ich beschränke mich auf eine Auswahl. Es sind hauptsächlich die zur Erarbeitung dieses Buchs herangezogenen wissenschaftlichen Aufsätze und Bücher der letzten 20 Jahre, einige immer noch gültige und unverzichtbare „Klassiker", ältere Einzeldarstellungen zu Themen, denen sich nachher niemand mehr gewidmet hat, sowie Erinnerungsbücher und edierte Zeugnisse von Zeitzeugen. Jedes der genannten Werke kann zur Vertiefung der Thematik und als Grundlage zur eigenen Meinungsbildung empfohlen werden.

Einzeldarstellungen zum Gesamtthema

Fontana, Josef: Vom Neubau bis zum Untergang der Habsburgermonarchie (1848–1918), (= Geschichte des Landes Tirol, Bd. 3), Bozen-Innsbruck 1987 – *Die Darstellung der Zeit des Ersten Weltkriegs durch den Südtiroler Historiker im Rahmen seines Bandes der „Geschichte des Landes Tirol" ist die letzte große Zusammenfassung auch der militärhistorisch relevanten Ereignisse und als solche immer noch gültig. Bemerkenswert seine Vorwegnahme der damals erst in Ansätzen erkennbaren Schwerpunktverschiebung der einschlägigen Forschung durch ein faktenreiches Eingehen auf die inneren Verhältnisse im Kronland Tirol.*

Hirschfeld / Krumeich / Renz: Enzyklopädie Erster Weltkrieg (= UTB 8396), Paderborn 2009 – *Lexikalischer Zugang zu diversen Themenbereichen des Ersten Weltkriegs.*

Rauchensteiner, Manfried: Der Erste Weltkrieg und das Ende der Habsburgermonarchie 1914–1918, Wien 2013 – *Der Wiener Historiker und langjährige Direktor des Heeresgeschichtlichen Museums hat mit dieser erweiterten Neufassung seines 1993 erschienenen Buches „Der Tod des Doppeladlers. Österreich-Ungarn und der Erste Weltkrieg" zum Weltkriegs-Gedenkjahr ein unverzichtbares, spannend geschriebenes Standardwerk voller interessanter Details vorgelegt.*

Neue Tiroler Forschungen mit geändertem Blickwinkel

Den Wechsel hin zur sozial- und kultur-, auch mentalitätsgeschichtlichen Perspektive, zur Erforschung des Zustände im Hinterland, zu Wirtschaft und Alltag im Krieg, vollzogen – dem internationalen Trend folgend – die Tiroler Historikerinnen und Historiker seit Anfang der 1990er Jahre. Erstes Ergebnis war ein Sammelband mit bis heute wesentlichen Aufsätzen und einer Einleitung, die prägnant und treffend formuliert den neuen Tiroler Blick auf das Geschehen des Ersten Weltkriegs zusammenfasst.

Steininger, Rolf: „Gott gebe, daß diese schwere Zeit bald ein Ende nimmt." Einleitung zum Sammelband „Tirol und der Erste Weltkrieg", hrsg. von Klaus Eisterer und Rolf Steininger (= Band 12 der Innsbrucker Forschungen zur Zeitgeschichte), Innsbruck 1995

In diesem Band formuliert Richard Schober abschließend Desiderate an die Tiroler Forschung. Zur Beseitigung der in seinem Beitrag angesprochenen „weißen Flecken in der Geschichtsschreibung" hatte er bereits – anfangs mit Rolf Steininger als Co-Herausgeber, dann alleine – mit der Herausgabe einer wissenschaftlichen Reihe zum Thema begonnen, deren erster Band 1995 erschien und die bis heute neun Bände umfasst (alle im Universitätsverlag Wagner).

Die Publikationsreihe „Tirol im Ersten Weltkrieg. Politik, Wirtschaft und Gesellschaft"

Band 1 und 2 herausgegeben von Richard Schober und Rolf Steininger, ab Band 3 herausgegeben von Richard Schober

Band 1
Pircher, Gerd: Militär, Verwaltung und Politik im Ersten Weltkrieg, Innsbruck 1995
Band 2
Rettenwander, Matthias: Stilles Heldentum? Wirtschafts- und Sozialgeschichte Tirols im Ersten Weltkrieg, Innsbruck 1997
Band 3
Überegger, Oswald: Der andere Krieg. Die Tiroler Militärgerichtsbarkeit im Ersten Weltkrieg, Innsbruck 2002

Band 4
Überegger, Oswald (Hrsg.): Zwischen Nation und Region. Weltkriegsforschung im internationalen Vergleich. Ergebnisse und Perspektiven, Innsbruck 2004
Band 5
Rettenwander, Matthias: Der Krieg als Seelsorge. Katholische Kirche und Volksfrömmigkeit in Tirol im Ersten Weltkrieg, Innsbruck 2005
Band 6/1–2
Überegger, Oswald: Heimatfronten. Dokumente zur Erfahrungsgeschichte der Tiroler Kriegsgesellschaft im Ersten Weltkrieg, Innsbruck 2006
Band 7
Auer, Werner: Kriegskinder. Schule und Bildung in Tirol im Ersten Weltkrieg, Innsbruck 2008
Band 8
Mayr, Angelika: Arbeit im Krieg. Die sozioökonomische Lage der Arbeiterschaft in Tirol im Ersten Weltkrieg, Innsbruck 2010
Band 9
Überegger, Oswald: Erinnerungskriege. Der Erste Weltkrieg, Österreich und die Tiroler Kriegserinnerung in der Zwischenkriegszeit, Innsbruck 2011

In unterschiedlicher Intensität bilden die Bände dieser Reihe die wesentliche Grundlage für mein vorliegendes Buch. Am wichtigsten für mich waren die Bände 1, 2, 3, 5 und 8. So bin ich den Autorinnen und Autoren, deren Leistung ich uneingeschränkt bewundere, zu großem Dank verpflichtet. Wesentliche Erkenntnisse und zu verarbeitendes Material lieferten auch die Autorinnen und Autoren folgender Sammelbände (sie werden noch einzeln angeführt):

Sammelbände

Bachinger, Bernhard / Dornik, Wolfram (Hrsg.): Jenseits des Schützengrabens. Der Erste Weltkrieg im Osten: Erfahrungen – Wahrnehmung – Kontext (= Veröffentlichungen des Ludwig Boltzmann-Instituts für Kriegsfolgen-Forschung Graz–Wien–Klagenfurt, Sonderband 14), Innsbruck 2013
Eisterer, Klaus / Steininger, Rolf (Hrsg.): Tirol und der Erste Weltkrieg (= Band 12 der Innsbrucker Forschungen zur Zeitgeschichte), Innsbruck 1995 (Im Folgenden abgekürzt als Eisterer u.a.: Tirol und der Erste Weltkrieg, 1995)

Kuprian, Hermann J.W. / Überegger, Oswald (Hrsg.): Der Erste Weltkrieg im Alpenraum. Erfahrung, Deutung, Erinnerung (= Veröffentlichungen des Südtiroler Landesarchivs, Bd. 23), Innsbruck 2006 (Im Folgenden abgekürzt als Kuprian u.a.: Der Erste Weltkrieg im Alpenraum, 2006)

Kuprian, Hermann J.W. / Überegger, Oswald (Hrsg.): Katastrophenjahre. Der Erste Weltkrieg und Tirol, Innsbruck 2014 (Konnte für das vorliegende Buch nur mehr eingeschränkt verwendet werden, im Folgenden abgekürzt als Kuprian u.a.: Katastrophenjahre, 2014)

Mazohl-Wallnig / Barth-Scalmani / Kuprian (Hrsg.): Ein Krieg – zwei Schützengräben. Österreich–Italien und der Erste Weltkrieg in den Dolomiten 1915–1918, Bozen 2005 (Im Folgenden abgekürzt als Mazohl u.a.: Ein Krieg – zwei Schützengräben, 2005)

Eine rein alphabetisch geordnete Aufzählung der Fülle an zusätzlich benützter Literatur und der Bücher und Aufsätze, die für Interessierte empfohlen werden können, wäre nicht sehr aufschlussreich. Ich versuche deshalb, Hinweise für die einzelnen Kapitel und Themenschwerpunkte des Buches zu geben. Auch wird der eine oder andere schon genannte Band noch einmal angeführt.

Spezialthemen, die sich durch das ganze Buch ziehen

Beikircher, Ivo Ingram: Tiroler Autopioniere im Ersten Weltkrieg. Galizien, Alttirol und der Vordere Orient in Fotografien und Briefen des k.u.k. Feuerwerkers Gustav Beikircher, Innsbruck 2012 – *Das Buch enthält auch viele interessante Details zum Leben im Pustertal, da auch die Briefe von Josef Beikircher sen. an seine vier im Feld stehenden Söhne berücksichtigt werden.*

Dornik, Wolfram: Des Kaisers Falke. Wirken und Nach-Wirken von Franz Conrad von Hötzendorf. Mit einer Nachbetrachtung von Verena Moritz und Hannes Leidinger, Innsbruck 2013

Holzer, Anton: Die andere Front. Fotografie und Propaganda im Ersten Weltkrieg, 3. Auflage, Darmstadt 2012 – *Der Titel täuscht insofern, als dieses beachtliche Werk nicht nur großartige, bisher kaum gesehene Fotos bietet, sondern auch profunde Texte zu vielen Problem- und Themenkreisen des Krieges.*

Schimon, Wilfried: Österreich-Ungarns Kraftfahrformationen im Weltkrieg 1914–1918, Klagenfurt 2007

Kapitel und Themenbereiche

Die Entfesselung des Krieges (Kapitel 1)

Clark, Christopher: Die Schlafwandler. Wie Europa in den Ersten Weltkrieg zog, München 2013 – *Dieses Buch ergänzt das oben erwähnte und vor allem für dieses Kapitel herangezogene Werk von Manfried Rauchensteiner und ist zum Erfassen der internationalen Zusammenhänge wichtig.*

Kriegsbeginn und Stimmungsumschwung (Kapitel 2 und 5)

Gschließer, Oswald von: Tirol im Kriegssommer 1914, in: „Tiroler Tageszeitung" vom 29. August 1964

Heiss, Hans: Andere Fronten. Volksstimmung und Volkserfahrung in Tirol während des Ersten Weltkrieges, in: Eisterer u.a.: Tirol und der Erste Weltkrieg, 1995

Klettenhammer, Sieglinde / Wimmer-Webhofer, Erika: Aufbruch in die Moderne. Die Zeitschrift „Der Brenner" 1910–1915, Innsbruck 1990

Paulin, Karl: Innsbrucker Mobilmachungstage 1914, in: „Innsbrucker Nachrichten" vom 25., 26. und 28. Juli 1939

Rettenwander, Matthias: Stilles Heldentum? Wirtschafts- und Sozialgeschichte Tirols im Ersten Weltkrieg, Innsbruck 1997

Rettenwander, Matthias: Der Krieg als Seelsorge. Katholische Kirche und Volksfrömmigkeit in Tirol im Ersten Weltkrieg, Innsbruck 2005

Überegger, Oswald: Der andere Krieg. Die Tiroler Militärgerichtsbarkeit im Ersten Weltkrieg, Innsbruck 2002

Wiedemayr, Ludwig: Weltkriegschauplatz Osttirol. Die Gemeinden an der Karnischen Front im östlichen Pustertal, Lienz 2007

Sehr aufschlussreich ist auch ein Blick in verschiedene Gemeinde- und Stadtbücher, beispielsweise (und hier konkret verwendet):

Duschek, Wolfgang / Pichler, Florian: Meran wie es war 1900–1930, Meran 1983

Fontana, Josef: Neumarkt 1848–1970. Ein Beitrag zur Zeitgeschichte des Unterlandes, Bozen 1993

Pizzinini, Meinrad: Lienz. Das große Stadtbuch, Lienz 1982

Schreiber, Horst: Für Gott, Kaiser und Vaterland. Schwaz im Ersten Weltkrieg 1914–1918, in: Schwaz. Der Weg einer Stadt, Innsbruck 1999

Senfter, Matthias / Überegger, Oswald: „Totaler Krieg" in der Kleinstadt. Bruneck im Ersten Weltkrieg, in: Lechner, Stefan (Hrsg.): Der lange Weg in die Moderne, Innsbruck 2006

Spiss, Roman: Von der Eröffnung der Arlbergbahn bis zum Ende des Zweiten Weltkrieges, in: Stadtbuch Landeck, Landeck 1998

Außerdem habe ich den Band 1914 des „Tiroler Volksboten" durchgeschaut. Daraus sind einige Passagen aus Artikeln des Reimmichl sowie der aus Enneberg eingesandte Soldatenbrief zitiert (siehe S. 109–111).

Das Kriegsgeschehen in Galizien und Serbien (Kapitel 3 und 4)

Beimrohr, Wilfried: Die Landes- bzw. Kaiserschützen im Ersten Weltkrieg, in: Hinterstoisser, Hermann (Hrsg.): Die k. k. Landwehr-Gebirgstruppen, Wien 2006

Eisterer, Klaus: „Der Heldentod muß würdig geschildert werden". Der Umgang mit der Vergangenheit am Beispiel Kaiserjäger und Kaiserjägertradition, in: Eisterer u.a.: Tirol und der Erste Weltkrieg, 1995

Gioppi, Franco / Brandalise, Claudia: „Gospodi Pamilo". Aiutaci o Signore. Diario vivente di Pietro Carraro „Ava". Tiroler Kaiserjäger in Galizia, Russia e Ucraina 1914–1918, Castello Tesino, 2004

Gorgolini, Luca: Kriegsgefangenschaft auf Asinara. Österreichisch-ungarische Soldaten des Ersten Weltkriegs in italienischem Gewahrsam, Innsbruck 2012 – *Der Autor behandelt ausführlich die Aussagen österreichischer Kriegsgefangener über die Massaker in Serbien.*

Huter, Franz: Ein Kaiserjägerbuch. 1. Teil: Die Kaiserjäger und ihre Waffentaten 1816–1918, Innsbruck o.J.

Jakoncig, Guido: Tiroler Kaiserjäger im Weltkrieg. Eine Regimentsgeschichte in Bildern, 2. Auflage 1935

Ladurner-Parthanes, Matthias: Kriegstagebuch eines Kaiserjägers. Nach dem Originalmanuskript bearbeitet von Josef Rampold, Bozen 1996

Lichem, Heinz von: Spielhahnstoß und Edelweiß. Die Friedens- und Kriegsgeschichte der Tiroler Hochgebirgstruppe „Die Kaiserschützen" von ihren Anfängen bis 1918, Graz 1977

Oberkofler, Gerhard / Rabofsky, Eduard: Tiroler Kaiserjäger in Galizien, in: Weiss, Sabine [Hrsg.]: Historische Blickpunkte. Festschrift für Johann Rainer (= Innsbrucker Beiträge zur Kulturwissenschaft, Band 25), Innsbruck 1988

Raschin, Karl von: Die Einser-Kaiserjäger im Feldzug gegen Russland 1914–1915. Auszug aus dem Tagebuch des Regimentsadjutanten, Bregenz 1935
Sauermann, Eberhard: Trakls Tod in den Augen Ludwig v. Fickers, in: Mitteilungen aus dem Brenner-Archiv Nr. 5, Innsbruck 1986
Sauermann, Eberhard (Hrsg.): Georg Trakl. Briefwechsel, Frankfurt a.M. 2002
Schneider, Constantin: Die Kriegserinnerungen. Eingeleitet und kommentiert von Oskar Dohle (= Veröffentlichungen der Kommission für neuere Geschichte Österreichs, Bd. 95), Wien 2003
Stolz, Otto: Das Tiroler Landsturmregiment Nr. II im Kriege 1914–15 in Galizien, in: Veröffentlichungen des Ferdinandeums 18, Innsbruck 1938
Weichselbaum, Hans: Georg Trakl. Eine Biographie, Salzburg 2014
Zangerle / Methlagl / Seyr / Unterkircher (Hrsg.): Ludwig von Ficker. Briefwechsel 1914–1925 (= Brenner-Studien Bd. 8), Innsbruck 1988

Italiens Kriegserklärung (Kapitel 6)

Afflerbach, Holger: Vom Bündnispartner zum Kriegsgegner. Ursachen und Folgen des italienischen Kriegseintritts im Mai 1915, in: Kuprian, Hermann J.W. / Überegger, Oswald (Hrsg.): Der Erste Weltkrieg im Alpenraum. Erfahrung, Deutung, Erinnerung (=Veröffentlichungen des Südtiroler Landesarchivs, Bd.23), Innsbruck 2006 – *Hier vor allem eine Auseinandersetzung mit den Motiven der Verhandlungspartner.*
Gatterer, Claus: Unter seinem Galgen stand Österreich. Cesare Battisti. Porträt eines „Hochverräters", Wien 1967 (= Band der Reihe „Europäische Perspektiven") – *Unerlässlich zum Verständnis der Haltung Cesare Battistis. Ein schmales, aber bis heute grundlegendes Werk.*
Rauchensteiner, Manfried: Der Erste Weltkrieg und das Ende der Habsburgermonarchie 1914–1918, Wien 2013 – *Hier vor allem eine ausführliche und ins Detail gehende Chronologie der Verhandlungen.*
Überegger, Oswald: Der Intervento als regionales Bedrohungsszenario. Der italienische Kriegseintritt von 1915 und seine Folgen in der Erfahrung, Wahrnehmung und Deutung der Tiroler Kriegsgesellschaft, in: Hüter, Johannes / Rusconi, Gian Enrico (Hrsg.): Der Kriegseintritt Italiens im Mai 1915 (= Schriftenreihe der Vierteljahreshefte für Zeitgeschichte, Sondernummer), München 2007

Das Trentiner Autonomieproblem, das Trentino im Ersten Weltkrieg, die Evakuierung bzw. Besetzung der ladinischen Täler (Kapitel 1 und 7)

Ambrosi, Claudio: Vite Internate. Katzenau 1915–1917 (= Pubblicazioni della Fondazione Museo Storico del Trentino. Quaderni di Archivio trentino 18)

Benvenuti, Sergio: Enrico Unterveger Irredentista, in: Enrico Unterveger. Katzenau, Ausstellungskatalog (mit einer biografischen Notiz von Floriano Menapace), Trento 1980

Forcher, Michael: Tirols Geschichte in Wort und Bild, 9. Auflage, Innsbruck 2011

Gatterer, Claus: Unter seinem Galgen stand Österreich. Cesare Battisti. Porträt eines „Hochverräters", Wien 1967 (= Band der Reihe „Europäische Perspektiven")

Gatterer, Claus: Erbfeindschaft. Italien – Österreich, Wien 1972 (= Band der Reihe „Europäische Perspektiven")

Giacomel, Paolo: 1914–1919. Dramma di una famiglia Ampezzana (= Edizioni La Cooperativa di Cortina, Quaderno n. 2), Cortina 1999

Giacomel, Paolo: 1914–1915. Cortina d'Ampezzo dal Tirolo all'Italia (= Edizioni La Cooperativa di Cortina, Quaderno n. 1), 3. Auflage Cortina 2007

Kuprian, Hermann J. W.: „Entheimatung". Flucht und Vertreibung in der Habsburgermonarchie während des Ersten Weltkrieges und ihre Konsequenzen, in: Kuprian u.a.: Der Erste Weltkrieg im Alpenraum, 2006

Palla, Luciana: Il Trentino orientale e la Grande Guerra: combattenti, internati, profughi di Valsugana, Primiero e Tesino (1914–1920), Trento 1994

Palla, Luciana: La memoria della Grande Guerra nelle Dolomiti, Treviso 2001

Palla, Luciana: Kampf um die Dolomitentäler. Der Große Krieg im Grenzgebiet, in: Mazohl-Wallnig u.a.: Ein Krieg – zwei Schützengräben, 2005

Pallaver, Günther: Cesare Battisti. Das Unbehagen der Tiroler im Umgang mit einem Österreicher, in: Klischees im Tiroler Geschichtsbewusstsein. Symposium anlässlich des zehnjährigen Bestehens des Tiroler Geschichtsvereins vom 8. bis 10. Oktober 1992, Innsbruck 1996

Pircher, Gerd: Militär, Verwaltung und Politik im Ersten Weltkrieg, Innsbruck 1995

Überegger, Oswald: Der andere Krieg. Die Tiroler Militärgerichtsbarkeit im Ersten Weltkrieg, Innsbruck 2002
Schober, Richard: Das Trentino im Verbande Tirols 1815–1918, in: Kühebacher, Egon (Hrsg.): Tirol im Jahrhundert nach Anno Neun (= Schlern-Schriften 279), Innsbruck 1986

Standschützen (Kapitel 8)

Hartungen, Christoph von: Die Tiroler und Vorarlberger Standschützen – Mythos und Realität, in: Eisterer u.a.: Tirol und der Erste Weltkrieg, 1995
Joly, Wolfgang: Standschützen. Die Tiroler und Vorarlberger k.k. Standschützen-Formationen im Ersten Weltkrieg. Organisation und Einsatz (= Schlern-Schriften 303), Innsbruck 1998
Mörl, Anton von: Die Standschützen im Weltkrieg, Innsbruck 1934
Pfersmann von Eichtal, Rudolf: Die Entstehung des Standschützenkorps, in: Militärwissenschaftliche Mitteilungen 63, Wien 1933
Wiedemayr, Ludwig: Weltkriegschauplatz Osttirol. Die Gemeinden an der Karnischen Front im östlichen Pustertal, Lienz 2007

Außerdem wurden zur Untersuchung der Altersstruktur der Standschützen im Tiroler Landesarchiv, Innsbruck, die Bände des Standschützen-Grundbuchs herangezogen.

Das Deutsche Alpenkorps (Kapitel 9)

Burtscher, Guido: Das Deutsche Alpenkorps und die Verteidigung Tirols 1915. Das Tagebuch des Generalleutnants Krafft von Dellmensingen über den Feldzug in Tirol, in: Innsbrucker Nachrichten 1935/115
Dellmensingen, Konrad Krafft von: Alpine Aufgaben deutscher Gebirgstruppen zu Beginn des Krieges in Tirol 1915, in: Der Bergsteiger 1937 Nr. 38
Forcher, Michael: Waffenbrüderschaft in Fels und Eis. Bayerische Hilfe für Tirol beim Angriff Italiens im Jahr 1915, in: Bayern–Tirol. Die Geschichte einer freud-leidvollen Nachbarschaft, Wien 1981
Heiss, Hans: „Bayerisch-tirolische Waffenbrüderschaft 1915“. Mythos und Wirklichkeit im Rahmen einer langen Beziehungsgeschichte, in: Flachenecker, Helmut / Heiss,

Hans (Hrsg.): Franken und Südtirol. Zwei Kulturlandschaften im Vergleich (= Mainfränkische Studien, Bd. 81), Innsbruck 2013
Herbert, Günther: Das Alpenkorps. Aufbau, Organisation und Einsatz einer Gebirgstruppe im Ersten Weltkrieg (= Militärgeschichtliche Forschungen 33), Boppard am Rhein 1988
Kaltenegger, Roland: Das Deutsche Alpenkorps im Ersten Weltkrieg. Von den Dolomiten nach Verdun, von den Karpaten zum Isonzo, Graz 1995
Mörl, Anton von: Die Standschützen im Weltkrieg, Innsbruck 1934

Außerdem habe ich im Bayerischen Kriegsarchiv, München, die Bestände „Deutsches Alpenkorps" und „Handschriften und Nachlässe" durchgesehen. Daraus zitiert werden die privaten Briefe Krafft von Dellmensingens an seine Ehefrau.

Die Front in Fels und Eis und das Kriegsgeschehen an den Fronten gegen Italien (Kapitel 10, 11, 16 und 17)

Beimrohr, Wilfried: Die Landes- bzw. Kaiserschützen im Ersten Weltkrieg, in: Hinterstoisser, Hermann (Hrsg.): Die k. k. Landwehr-Gebirgstruppen, Wien 2006
Brandauer, Isabelle / Illing, Stefano: Der Erste Weltkrieg auf dem Sasso di Stria. Illustrierter Führer der Kriegsstellungen. Mit historischen Zeugnissen, Belluno 2008
Brandauer, Isabelle: „Der Krieg kennt kein Erbarmen". Die Tagebücher des Kaiserschützen Erich Mayr (1913–1920) (= Erfahren – Erinnern – Bewahren 2), Innsbruck 2013
Colombo, Dario: Un Kaiserjäger in Val Concei. La storia del Capitano Ludwig Riccabona sul fronte di Ledro 1915–18, Rovereto 2004
Etschmann, Wolfgang: Die Südfront 1915–1918, in: Eisterer u.a.: Tirol und der Erste Weltkrieg
Fröhlich, Eduard: Der Kampf um die Berge Tirols in österreichischer und italienischer Darstellung, Bregenz 1932
Grestenberger, Erwin Anton: K.u.k. Befestigungsanlagen in Tirol und Kärnten 1860–1918, Wien 2000
Hinterstoisser, Hermann (Hrsg.): Die k. k. Landwehr-Gebirgstruppen, Wien 2006
Huter, Franz: Ein Kaiserjägerbuch. 1. Teil: Die Kaiserjäger und ihre Waffentaten 1816–1918, Innsbruck o.J.
Langes, Gunther: Die Front in Fels und Eis. Der Weltkrieg 1814–1918 im Hochgebirge, 4. Auflage Bozen 1972

Lichem, Heinz von: Spielhahnstoß und Edelweiß. Die Friedens- und Kriegsgeschichte der Tiroler Hochgebirgstruppe „Die Kaiserschützen“ von ihren Anfängen bis 1918, Graz 1977
Lichem, Heinz von: Der einsame Krieg. Erste Gesamtdokumentation des Gebirgskrieges 1915–1918 von den Julischen Alpen bis zum Stilfser Joch, Bozen 1981
Regele, Ludwig Walter: Monte Ortigara. Vorbemerkungen zu einem Augenzeugenbericht, in: Der Schlern 54. Jg. 1980, Heft 4–5
Rosner, Willibald: Die fortifikatorische Sicherung der Ostgrenze Südtirols, in: Mazohl-Wallnig u.a.: Ein Krieg – zwei Schützengräben, 2005
Pfersmann von Eichthal, Rudolf: Die Entstehung der Tiroler Landesverteidigungslinie, in: Militärwissenschaftliche Mitteilungen 64, Wien 1933
Weber, Fritz: Feuer auf den Gipfeln. Südtiroler Alpenkrieg, Regensburg 1932
Zangerle / Methlagl / Seyr / Unterkircher (Hrsg.): Ludwig von Ficker. Briefwechsel 1914–1925 (= Brenner-Studien Bd. 8), Innsbruck 1988

Dichter, Fotografen, Maler und die Propaganda (Kapitel 13)

Alpenfront, Ausstellungskatalog des Vorarlberger Landesmuseums Nr. 134, Bregenz 1986/87
Ammann, Gert: Alfons Walde 1891–1958, Innsbruck 1981
Die düstern Adler. Der Erste Weltkrieg in Kunst, Literatur und Alltag, Ausstellungskatalog, Landesmuseum Schloss Tirol, Dorf Tirol 2005
Frei, Mathias: Hans Piffrader, Bozen 2005
Holzer, Johann: Die Tiroler Literatur und der „Große Krieg“, in: Eisterer u.a.: Tirol und der Erste Weltkrieg
Hörmann, Magdalena: Gefangen in Sibirien. Schicksale einiger Tiroler Künstler im Ersten Weltkrieg, in: Die düstern Adler. Der Erste Weltkrieg in Kunst, Literatur und Alltag, Ausstellungskatalog, Landesmuseum Schloss Tirol, Dorf Tirol 2005
Kirschl, Wilfried: Malerei und Graphik in Tirol 1900–1940, Ausstellungskatalog, Innsbruck 1973
Kirschl, Wilfried: Albin Egger-Lienz 1868–1926. Das Gesamtwerk, 2 Bände, Wien 1996
Kofler, Martin / Wurzer, Markus: Zur Entstehung und Entwicklung eines Mythos. Sepp Innerkofler und die Fotografien seiner Bergung 1918 von Anton Trixl, erscheint im Herbst 2014 im Jahrbuch „Tiroler Heimat“

Kraus, Carl: Zwischen den Zeiten. Malerei und Graphik in Tirol 1918–1945, Lana 1999

Kraus, Carl: Der Erste Weltkrieg und die bildenden Künstler, in: Die düstern Adler. Der Erste Weltkrieg in Kunst, Literatur und Alltag, Ausstellungskatalog, Landesmuseum Schloss Tirol, Dorf Tirol 2005

Kriegsmaler. Pittori al fronte nella Grande Guerra, Ausstellungskatalog, Fondazione Belvedere-Gschwent, Lavarone 2004

Libardi / Orlandi / Scudiero (Hrsg.): „Qualcosa di immane". L'arte e la grande Guerra, Scurelle 2012

Ofer, Hans-Peter: Thomas Riss. Künstler am Anbruch einer neuen Zeit, Innsbruck 2002

Pizzinini, Meinrad: Il museo dei Kaiserschützen del Tirolo e il pittore di guerra Hans Bertle, in: Hans Bertle. Pittore di guerra dal fronte del Tonale, Ausstellungskatalog, Forte Strino-Vermiglio 1998

Sauermann, Eberhard: Literarische Kriegsfürsorge. Österreichische Dichter und Publizisten im Ersten Weltkrieg, Wien 2000

Sauermann, Eberhard: Kriegsdichtung und Kriegsberichterstattung im Ersten Weltkrieg in Tirol, in: Die düstern Adler. Der Erste Weltkrieg in Kunst, Literatur und Alltag, Ausstellungskatalog, Landesmuseum Schloss Tirol, Dorf Tirol 2005

Stolz, Rudolf und Albert: Tagebuch 1915–1916, Sexten 2011

Urbaner, Erich: „... daran zugrunde gegangen, daß sie Tagespolitik treiben wollte"? Die „(Tiroler) Soldatenzeitung" 1915–1917, in: eForum zeitGeschichte 3/4 2001. http://www.eforum-zeitgeschichte.at/ (11.02.2014)

Tiroler an anderen Fronten (Kapitel 14)

Beikircher, Ivo Ingram: Tiroler Autopioniere im Ersten Weltkrieg. Galizien, Alttirol und der Vordere Orient in Fotografien und Briefen des k.u.k. Feuerwerkers Gustav Beikircher, Innsbruck 2012

Jung, Peter: Der k.u.k. Wüstenkrieg. Österreich-Ungarn im Vorderen Orient 1915–1918, Graz 1992

Desoye, Reinhard Karl: Die k. u. k. Luftfahrtruppen. Die Entstehung, der Aufbau und die Organisation der österreichisch-ungarischen Heeresluftwaffe, 2 Bde, Dipl. Wien 1994

Donko, Wilhelm M.: Österreichs Kriegsmarine in Fernost. Alle Fahrten von Schiffen der k. (u.) k. Kriegsmarine nach Ostasien, Australien und Ozeanien von 1820 bis 1914, Berlin 2013

Lichem, Heinz von: Der Tiroler Hochgebirgskrieg 1915–1918 im Luftbild, Berwang 1989
Pawlik, Georg / Baumgärtner, Lothar: S. M. Unterseeboote. Das k. u. k. Unterseebootwesen 1907–1918, Graz 1986
Sokol, Hans Hugo: Des Kaisers Seemacht 1848–1914, Wien 2002

*Zu diesem Kapitel habe ich zwei Personen zu danken. Erstens Frau Mag. Renate Erhard, die den Nachlass ihres zur See fahrenden und fotografierenden Vorfahren Heinz Perckhammer betreut und sich um die Aufklärung der Vorgänge rund um die letzte Fahrt der „SMS Kaiserin Elisabeth" sowie die Jahre Perckhammers in China bemüht. Die gesicherten biographischen Daten Perckhammers sind einer von ihr betreuten Internetseite (homepage. i-med.ac.at/q001re/***perckhammer***/index.html) zu entnehmen, darüber hinaus stand sie mir für mehrere Gespräche zur Verfügung. – Was ich über den Tiroler Fliegersoldaten Osmin Höfer schreiben konnte, verdanke ich ausnahmslos seinem Sohn Alois, der mir alles erzählte, was er noch von seines Vaters Militärzeit weiß. – Über den Lienzer U-Boot-Matrosen Vranc Ferdl schrieb seine Lienzer Nachbarin Annemarie Pichler ein paar Zeilen für eine Ausstellung im Schloss Bruck in Lienz.*

Verhältnisse im Inneren: Militärdiktatur, Kriegswirtschaft, Hunger und Not (Kapitel 5, 12 und 15)

Barth-Scalmani, Gunda: Frauen, in: Kuprian u.a.: Katastrophenjahre, 2014
Dietrich, Elisabeth: Der andere Tod. Seuchen, Volkskrankheiten und Gesundheitswesen im Ersten Weltkrieg, in: Eisterer u.a.: Tirol und der Erste Weltkrieg, 1995
Egger, Matthias: Kriegsgefangene, in: Kuprian u.a.: Katastrophenjahre, 2014
Eigentler, Ernst: Tirol im Inneren während des Ersten Weltkrieges von 1914–1918, phil. Diss. Innsbruck 1954
Forcher, Michael: Die Geschichte der Stadt Innsbruck, Innsbruck 2008
Gatterer, Claus: Unter seinem Galgen stand Österreich. Cesare Battisti. Porträt eines „Hochverräters", Wien 1967 (= Band der Reihe „Europäische Perspektiven")
Jäger, Daniela: Die braven Soldatinnen des Hinterlandes. Zur wirtschaftlichen und sozialen Situation der Frauen in Nordtirol während des Ersten Weltkrieges (im Spiegel der regionalen Zeitungen), Dipl. Innsbruck 1999

Kuprian, Hermann J.W.: Flüchtlinge, Evakuierte und die staatliche Fürsorge, in: Eisterer u.a.: Tirol und der Erste Weltkrieg, 1995
Mayr, Angelika: Arbeit im Krieg. Die sozioökonomische Lage der Arbeiterschaft in Tirol im Ersten Weltkrieg, Innsbruck 2010
Pichler, Cletus: Der Krieg in Tirol 1915/16, Innsbruck 1924
Pircher, Gerd: Militär, Verwaltung und Politik im Ersten Weltkrieg, Innsbruck 1995
Prassnigger, Gerhard: Hunger in Tirol, in Eisterer u.a.: Tirol und der Erste Weltkrieg
Rettenwander, Matthias: Stilles Heldentum? Wirtschafts- und Sozialgeschichte Tirols im Ersten Weltkrieg, Innsbruck 1997
Überegger, Oswald: Der andere Krieg. Die Tiroler Militärgerichtsbarkeit im Ersten Weltkrieg, Innsbruck 2002
Schnaiter, David: Beten für den Krieg? Bruder Willram und der „Heilige Kampf" Tirols, phil. Diss. Innsbruck 2002

In diesem Abschnitt sind auch wieder die oben genannten und andere Stadt- und Gemeindebücher zu erwähnen, aus denen man interessante und beispielhafte Details zum Leben im Krieg erfahren kann.

Was wird aus Tirol? (Kapitel 18)

Fontana, Josef: Unbehagen. Südtirol unter der Militärverwaltung 4. November 1918 – 31. Juli 1919, Innsbruck 2009
Forcher, Michael: Was wird aus Tirol? Kriegsende 1918, Gründung der Republik Österreich und Kampf um Südtirol im Spiegel der zeitgenössischen Presse, in: Tiroler Nachrichten 1968/259–266
Forcher, Michael: Tirols Geschichte in Wort und Bild, 11. Auflage, Innsbruck 2009
Schober, Richard: Die Tiroler Frage auf der Friedenskonferenz von Saint Germain (= Schlern-Schriften 270), Innsbruck 1982

Personenregister

Bildnachweis

Archiv der Verlagsanstalt Tyrolia, Innsbruck 71, 83
Archiv des Verlags Athesia, Bozen 303
Archiv Gonzaga, Borghetto 392
Archiv Haymon Verlag, Innsbruck 261 (2×), 415, 416
Archiv Raetiaverlag, Bozen 397
Archiv Schimon 217, 227, 364 (u.), 377
Archiv Steiger, Innsbruck 176, 180, 204, 209, 233, 257, 325, 327, 386
BayHStA, München, Abt. IV Kriegsarchiv, Nachlass Krafft von Dellmensingen Nr. 361 bzw. 362 179, 182, 184, 187
Bergiselstiftung – Kaiserjägermuseum-Innsbruck 76, 101, 145, 259
Bilddokumente aus dem Buch „Die Einser-Kaiserjäger im Feldzug gegen Russland" von Karl v. Raschin 48, 61
Bilddokument aus dem Buch „Die Standschützen im Weltkrieg" von Anton von Mörl 173
Bilddokument aus dem Buch „Dolomitenwacht" von Albert Reich 181
Bilddokumente aus dem Buch „Spielhahnstoß und Edelweiß" von Heinz v. Lichem (Athesia) 212
Bilddokumente aus dem Buch „Tiroler Kaiserjäger im Weltkrieg" von Guido Jakoncig 42, 51, 53, 63, 70, 75, 78, 91 (2×), 202, 211, 224, 231, 232, 234, 235, 238, 241, 357, 358, 364 (o.), 365, 366, 367
Forschungsinstitut Brenner-Archiv, Innsbruck, Kryptonachl. Georg Trakl, Sig. 041-99-64-02-01 85
Forschungsinstitut Brenner-Archiv, Innsbruck, Nachl. Max (von) Esterle, Sig. 073-01-5.2 72
Gemeindechronik Schönwies 267
Industriellenvereinigung Tirol 228
Kaiserschützenmuseum, Innsbruck 292
Ladinisches Museum von Fassa 81, 219
Museo del Risorgimento, Bologna 389
Museum Kitzbühel (Besitz Michael Walde-Berger) 305
Museum Schloss Bruck, Lienz 295, 319, 320
Nachlass Erich Mayr 95, 97
Nikodem-Museum, Natters (Ing. Martin Krulis) 316, 317, 318
Österreichische Nationalbibliothek, Wien 146, 243, 352, 353, 371, 385
Österreichisches Staatsarchiv, Wien, Abteilung Kriegsarchiv 312, 313
Privatbesitz Familie Obermoser 328, 329 (2×), 330, 331, 383
Rudolf-Stolz-Museum, Sexten 167, 300
Sammlung OSR Brandstätter, Kitzbühel 36
Sammlung Eisenbahnfreunde Lienz – Tiroler Archiv für photographische Dokumentation und Kunst (TAP) 401

Sammlung Forcher 13, 14. 17, 18, 19, 22, 23, 24, 27, 35, 39, 43, 47, 50, 59 (Repro), 92, 119, 121, 126, 128, 129, 133, 160, 161, 164, 169, 171, 192, 201, 205, 242, 245, 246, 251, 255, 263, 265, 289, 296 (Repro, Original in Privatbesitz), 298 (Repro), 309, 337, 341, 346, 363, 379, 381, 405, 406 (u.), 419
Sammlung Franco Gioppi, Borgo di Valsugana 89
Sammlung Gunther Waibl, Bruneck 31, 116, 188, 256, 260, 355
Sammlung Haberditz Hans-Peter, Jenbach 77, 156, 258
Sammlung Paolo Giacomel, Cortina d'Ampezzo 37, 151, 152, 370
Sammlung Pizzinini, Völs 41, 103, 162, 206, 269
Sammlung Reimo Lunz, Bruneck 114
Sammlung Renate Erhard, Innsbruck 321, 322, 323
Sammlung Urbanek, Lofer 165, 210, 266
Sammlung von Grebmer – Tiroler Archiv für photographische Dokumentation und Kunst (TAP) 87
Sammlung Werkmeister Anton Trixl – Tiroler Archiv für photographische Dokumentation und Kunst (TAP) 290, 402 (u.), 425
Sammlung Willi Pechtl, Tarrenz 55
Sammlung Wörgötter, St. Johann 262, 338
Stadtarchiv Bozen 49, 399, 400
Stadtmuseum Meran 335, 339, 343, 345, 350, 402 (o.), 406 (o.), 417
Standarchiv/Stadtmuseum Innsbruck 33, 46, 102, 104, 113, 271, 333, 340, 349, 351
Stiftung Museum Trient 139, 302
SWGR Otto Peter Lang, Salzburg 375
Tiroler Landesmuseum Ferdinandeum, Innsbruck, Bibliothek 29, 44, 45, 64, 69, 79, 105, 107, 109, 123, 124, 137, 142, 158, 159, 168, 207 (2×), 208 (2×), 213, 220, 221, 226, 236, 239, 240, 242, 249, 264, 273, 274, 275, 278, 283, 285, 287, 288, 294, 403

Trotz intensiver Bemühungen konnten nicht alle InhaberInnen von Bildrechten ausfindig gemacht werden. Für entsprechende Hinweise ist der Autor dankbar.

Michael Forcher
Kleine Geschichte Tirols
352 Seiten
HAYMONtaschenbuch 102
ISBN 978-3-85218-902-4

Die Geschichte Tirols von der Zeit Ötzis bis in die unmittelbare Gegenwart kompakt und fundiert zusammengefasst. Übersichtlich gegliedert und mit zahlreichen Abbildungen veranschaulicht, verbindet der Autor politische Ereignisse mit kultur-, wirtschafts- und sozialgeschichtlichen Entwicklungen und ermöglicht so einen Überblick über die wichtigsten Etappen in der wechselvollen Geschichte des Landes.

„Ein fundiertes und sehr gut lesbares Werk, das sich für alle an der Geschichte Tirols Interessierten empfiehlt."
Bücherrundschau

www.haymonverlag.at